普通高等教育"十一五"国家级规划教材

普通高等教育"九五"国家级重点教材
普通高等教育"十五"国家级规划教材
2002年全国普通高等学校优秀教材一等奖
全国教师教育优秀课程资源

U0652808

当代教育学 （第5版）

袁振国 主编

教育科学出版社
·北京·

出 版 人　李　东
责任编辑　孔明丽
版式设计　沈晓萌
责任校对　张晓雯
责任印制　叶小峰

图书在版编目（CIP）数据

当代教育学／袁振国主编. — 5 版. — 北京：教育科学出版社，2020.10
ISBN 978-7-5191-2345-1

Ⅰ.①当… Ⅱ.①袁… Ⅲ.①教育学—高等学校—教材 Ⅳ.①G40

中国版本图书馆 CIP 数据核字（2020）第 186417 号

当代教育学（第 5 版）
DANGDAI JIAOYUXUE

出 版 发 行	教育科学出版社		
社　　　址	北京·朝阳区安慧北里安园甲 9 号	邮　　编	100101
总编室电话	010-64981290	编辑部电话	010-64981321
出版部电话	010-64989487	市场部电话	010-64989009
传　　真	010-64891796	网　　址	http://www.esph.com.cn
经　　销	各地新华书店		
制　　作	北京金奥都图文制作中心		
印　　刷	保定市中画美凯印刷有限公司		
开　　本	720 毫米×1020 毫米　1/16	版　　次	2020 年 10 月第 5 版
印　　张	22.5	印　　次	2020 年 10 月第 1 次印刷
字　　数	399 千	定　　价	39.00 元

图书出现印装质量问题，本社负责调换。

目　　录

上　　篇

中　篇

下　篇

《当代教育学》序

顾明远

近20年来出版的教育学方面的著作大约不下两百部。但有新意的不多，都没有摆脱旧的体系和模式。虽然有的也增加了一些新的内容，但体系仍然是旧的，还是因循原来的四大块，与热火朝天的教育现实不相称。最近读到袁振国教授主编的《当代教育学》，顿感面目一新。新在什么地方？我认为主要表现在立意新、体系新、内容新这三个方面。

首先引起我思考的是，作为一本教科书的《当代教育学》，想教给学生些什么呢？我想，教科书有两类：一类是知识性的，主要教给学生知识，让他们能够在此基础上进一步学习，例如许多自然科学的课本；另一类是观念性的，主要教给学生该专业的理论观点和方法，例如社会科学中哲学、经济学等的许多课本。当然，知识和观点是不能分开的，没有知识的观点是空洞的，没有观点的知识是盲目的。但从教学任务来讲，总有一个侧重点。那么《当代教育学》这本教科书想教给学生什么呢？过去的教科书总想集多种任务于一身：既想给师范生尽可能多的教育方面的知识，又想使学生建立一种教育观念，还想教给学生各种教育方法。结果内容庞杂，学生抓不住要领，观念没有建立起来，方法也没有学到。教育学是教育学科体系中的一门基础性理论学科。因此，我认为教育学教科书的任务，主要是让学生通过基础理论的学习建立起正确的教育观念，具有思考问题、处理问题的能力。而正确的教育观念不是通过说教和灌输获得的，而是在对各种教育问题的探讨中建立起来的。教育是很复杂的社会活动，叶圣陶老先生曾经讲过，教学有法，教无定法。也就是说，教育教学是有许多方法的，不是固定不变的，需因事、因人、因情境而异。但是教育规律是不变的，符合教育规律的正确的教育观念是相对稳定的。建立了正确的教育观念，就能创造出许多新的方法，取得良好的教学效果。当然，教育观念也要随着时代的变化和教育科学研究的新成果而不断更新，这是符合教育发展规律的。

《当代教育学》的新，首先体现在立意新。该书作者在开篇的"教学建议"中写道："本书编写的一个基本追求是，不仅告诉学生是什么、怎样做，更要启发学生为什么和怎样想。我们相信，没有一种教育观点、教育原则或教育方法是唯一的或最好的，对任何一种教育现象都可能有不同的理解，对教育的理想有不同的追求，并形成不同的教育风格。所以本书力图通过对不同教育思想、不同教育流派、不同教育模式的介绍分析，激发学生的学习兴趣，提高学生发现问题、思考问题、处理问题及自我选择的能力，并使之形成习惯。"这就是说，不是把现有的知识灌输给学生，而是把教育问题的一些理论、思想、方法介绍给学生，让学生根据实际情况思考、讨论，掌握解决教育问题的能力，包括教育观念和方法。这也体现了学生主体的思想。

其次体现在体系新。该书打破了旧的四大块理论体系，力图建立新的理论体系。全书分上、中、下三篇，上篇介绍教育学的基本内容；中篇以现代学生发展观为起点，讨论教学的全过程；下篇讨论教育的社会功能，及由此引发的教育与经济、教育与政治、教育与科技、教育与文化的关系。我不能说这个体系就是最好的，但可以说它是新颖的、有新意的。旧的教育学体系是先讲教育的外部问题，接着讲的都是学校具体工作。越讲越具体，越讲越没有理论，学生越学越没有兴趣。1980年，我在编写中等师范学校用的《教育学》教材时就发现了这个问题，第一版我就把它颠倒过来，先讲教育的主体——教师和学生，再讲教育目的、内容和方法，最后再讲教育的外部问题以及国际教育的新动向。谁知，讲授中师教育学的教师对这样的体系很不习惯。第二版又只好改过来，可见习惯势力之顽强。这次《当代教育学》打破四大块的体系，在勾勒了教育和教育学的整体面貌后把内容分成两大块：第一块把教育诸要素统一起来，教育目的、教育评估和管理形成了一个整体；第二块作为提高部分，讲教育与其他社会活动之间的关系。颇有新意。

最后体现在内容新。正是因为编写的立意新，所以这本书的内容很新。对于每一个问题，不是列出现存的概念和结论，而是介绍当代教育界对这一问题的新观点、新认识、新理论。内容新表现在以下方面。

一、注意继承和创新的关系。创新，不是抛开历史，而是在历史的基础上发展。例如在讲"教育学的发展"时，不仅讲到教育学的思想来源，从古代到近代，从中国到西方；而且系统地介绍了赫尔巴特的《普通教育学》、杜威的《民主主义与教育》、凯洛夫的《教育学》，这是影响中国教育最深的三本教育学著作，还讲到当代教育学的多元化。又如讲当代中国教育时，不是像一般教育学教科书那样只讲中国的教育方针和学制，而是先简要地介绍新中国成立以来教育方面的经验教训，然后讲当代教育的目的、结构。

二、重视吸收世界教育发展的经验和研究成果。教育事业是未来的事业，教育工作者需要有前瞻性。要达到这一点，就要面向世界，了解世界教育发展的现状和趋势。《当代教育学》专门辟一章"当代世界教育"，介绍当代世界教育发展的概况和各种教育思潮，其他各章中也有介绍世界各国的教育理论。这对于教师开阔视野，放眼世界，把握未来是很有帮助的。

三、重视理论和实际的结合。本书不仅介绍了许多先进的教育思想和理论，而且紧密联系我国的实际，重视总结我们自己的经验。书中有许多案例引导学生思考。特别是道德教育部分，讲到道德判断、两难问题时举了一些案例，对学生会有很大的启发。

书中还有许多新的内容，或者是关于老问题的新解释，本文不能一一列举。可以说，本书从标题到内容都用一种新的方式来表述，用现代时髦的说法，作者是企图建立新的教育学的话语体系。

教学建议

教育学是师范教育的核心课程，是对未来教师和在职教师进行现代教育观念、教育学知识和教育研究等教育的基本途径。教育学课程对教师素质的影响很大。而教育学教材是教育学课程的主要依托，因此，编写一本好的教育学教材，是多年来教育学研究人员孜孜以求的。本教材之所以命名为"当代教育学"，是基于下述想法。

首先，当代教育思想、当代教育研究成果，特别是 20 世纪 60 年代以后影响教育发展的新理念和教育呈现的新特征、新面貌，在这本书中有比较突出的地位。思想容量、信息容量有比较明显的增加，内容也有较大的更新。

其次，为体现当代教学新理念，促进学生主动积极地参与教学过程，问题性和选择性的原则贯穿教材编写的全过程。虽然有不同的文化背景、不同的教育思想、不同的教育对象、不同的教学风格，但完全可能有适合自己的相对较好的教育内容、教育形式、教育方式等。

一、本书编写的一个基本追求是，不仅要告诉学生是什么、怎样做，更要启发学生为什么和怎样想。我们相信，没有一种教育观点、教育原则或教育方法是唯一的或最好的，对任何一种教育现象都可能有不同的理解，对教育的理想有不同的追求，并形成不同的教育风格。所以本书力图通过对不同教育思想、不同教育流派、不同教育模式的介绍分析，激发学生的学习兴趣，提高学生发现问题、思考问题、处理问题及自我选择的能力，并使之形成习惯。为此，我们建议在教学过程中，尽可能多地通过讨论和案例分析，引起对问题的关注和争论，而不期望所有问题都有标准答案，更不鼓励死记条文。

二、本书分上、中、下三篇。上篇是教育学的基础内容。第 1 章介绍教育和教育学的基本概念和发展历程；第 2、3 章勾勒了世界和中国教育发展的经纬及发展走向，希望学生通过这些内容的学习，掌握关于教育状况的整体概念。中篇以教育与人的发展的关系、以现代学生发展观为起点，讨论了教学的全过程，这是本书的主体。中篇包括第4—11章，第4章讨论教育与人的发展关系，特别阐明了教育以发展人为最高追求的现代教育观和提升人的地位、培养人的素质的现代教育功能；第5章讨论教师和学生的关系，以期形成一种新的师生观；第6—11章，从学、教、管三个层次讨论学校教学的理论和实践。下篇是教育学的提高内容。第12—15章分别就教育与社会发展关系的主要方面进行了重点的讨论，期望学生通过这部分的学习，形成宏观分析教育问题的视野和能力。教学时，可以根据不同的教学对象，有所选择，有所侧重。有些章节也可以学生自学为主。

三、本书立足于当代，力图尽可能全面地反映第二次世界大战以后特别是20世纪80年代以后教育的新思想、新观点和新研究成果。有很多内容大家可能还不是十分熟悉。由于信息、资料的缺乏，在教学这些内容时可能会产生一些困难，为此，我们建议在使用这一教材时，要加强讨论和交流，甚至可以由几位教师共同开课，各自教授自己相对熟悉的内容；有些章节，则可以在学生自学的基础上再行讲授。

四、本书对重要的定义做了特别的处理，将它们用方框标明，目的是将激发学生的思考和讨论的知识点较好地提炼出来，以保证学生对这些知识点熟练掌握。事实上，这些提炼的内容就是本书的详细纲要。希望这样可以便于教学检查和学生复习。

再版说明

《当代教育学》自 1998 年首版以来，已经修订过四次，这是第五次修订，也是比较大的一次修订。这次修订的主要任务是更新内容、更新数据，反映教育学研究的新进展、新思想、新理论，使"当代"二字更名副其实。

近十年来，世界发生了重大变化。首先，科学技术突飞猛进，互联网、大数据、云技术，特别是人工智能，深刻改变着人类的生产方式和生活方式，也深刻改变着人类的教育方式和学习方式；哲学、信息科学、学习科学、脑科学等学科推陈出新，教育形态和教育理论都有很多突破性的进展。其次，我国经济社会发展取得巨大成就，我国经济进入高质量发展的新阶段；我国在实现了从人口大国向人力资源大国转型之后，大踏步地向人力资源强国迈进，中国经验、中国化理论不断呈现。再次，面对充满不确定性的未来，人才培养的规格和质量面临新的挑战，把立德树人作为教育的根本任务，把促进公平和提高质量作为教育的战略重点，成为我国新时代教育的突出特点，高考改革、课程改革、育人方式改革等不断深化。反映这种发展变化，以更好地适应和应对未来教育，是这次修订的主要目的。同时，据不完全统计，本教材被全国七百多所高校列为基本教材或参考教材，各校在使用过程中积累了大量的经验，为我们提供了很多很好的建议。这些意见和建议也被尽可能地吸收了进来，希望新修订的教材更有利于教学和自学。

这次修订分为三个层次。

第一个层次是在建设具有中国特色社会主义教育学的思想指导下，强化了立德树人、教书育人的思想，强化了中国成就、中国经验的内容，强化了新兴学科如学习科学、信息技术、人工智能对教育形态变革的意义。

第二个层次是章节具体的内容变更，每个章节都进行了不同程度的修改或调整，有些章节几乎是重新撰写的。这次修订总结提炼了世界教育和中国教育的新形势、新特征，大量增补了反映新的师生关系理论、课程理论、教学理论、评价理论、管理理论、班级理论等的新进展、新成果。

第三个层次是将教材中的数据尽可能更新到 2020 年，以便学习者更好地掌握教育态势、了解教育发展的历史，并增强对教育发展的判断力。

但是，教材的完善是没有止境的，我们将继续不断听取各方面特别是使用单位的意见，不断改进，不断完善。在这里，我们对积极使用这一教材，为我们提供反馈意见的单位、同人表示衷心的感谢！使用这本教材，对我们以往的知识结构和教学方式会形成一定的挑战，我们愿意与全国同人一起，为了切实改进教育学的教学效果、提高教育质量而共同努力。

袁振国
2020 年 8 月 20 日

上　篇

DANGDAI JIAOYUXUE

第*1*章
教育与教育学的发展

教育既是国计，也是民生；教育既是今天，更是明天。教育在现代社会生活中扮演着越来越重要的作用。"教育是民族振兴、社会进步的基石，是提高国民素质、促进人的全面发展的根本途径，寄托着亿万家庭对美好生活的期盼。强国必先强教。优先发展教育、提高教育现代化水平，对实现全面建设小康社会奋斗目标、建设富强民主文明和谐的社会主义现代化国家具有决定性意义。"① 《国家中长期教育改革和发展规划纲要（2010—2020 年）》对现代教育的作用做了非常精辟的描述。充分发挥教育应有的作用，不断提高我国的教育水平和教育质量，离不开党、政府和全国人民的共同努力，也离不开千百万教育工作者深刻认识教育规律、为教育的高质量发展发挥保障和引领作用。

■ 第1节 教育的发展

■ 一、教育的概念

教育是培养人的一种社会活动，是承传社会文化、传递生产经验和社会生活经验的基本途径。从广义上说，凡是能增进人们的知识和技能、影响人们的思想观念的活动，都具有教育作用；狭义的教育，主要指学校教育，是教育者根据一定的社会要求，有目的、有计划、有组织地对受教育者的身心施加影响，期望他们发生某种变化的社会活动。

教育是人类特有的社会现象，随着人类的产生而产生，随着社会的发展而发展。当生产力发展到一定水平，一部分人脱离了生产劳动，当语言的发展也达到了较为完善的文字形态后，便出现了学校。教育与社会的发展、与人的发

① 中华人民共和国教育部. 国家中长期教育改革和发展规划纲要（2010—2020 年）［EB/OL］.（2010-07-29）［2020-07-15］. http://www.moe.gov.cn/srcsite/A01/s7048/201007/t20100729_171904.html.

展有着本质的联系，互相促进：一方面，教育为社会的发展、为人的发展提供了动力；另一方面，社会和人的发展又不断为教育的发展创造更好的条件，向教育提出更高、更新的要求。

> 教育是培养人的一种社会活动，是承传社会文化、传递生产经验和社会生活经验的基本途径。学校教育则是教育者根据一定的社会要求，有目的、有计划、有组织地对受教育者的身心施加影响，期望他们发生某种变化的社会活动。

二、学校教育制度

（一）学校教育制度在形式上的发展

从形式上看，教育经历了从非形式化教育到形式化教育再到制度化教育的发展过程。

非形式化教育是指与生活过程、生产过程浑然一体的教育，没有固定的教育者，也没有固定的受教育者。形式化教育的教育者和受教育者相对稳定，有稳定的教育场所和设施，教育内容也相对规范化。随着学校教育的独立程度越来越高，教育的育人功能和筛选功能越来越重要，学校制度、课程设置、考试制度也越来越完备，制度化教育逐渐形成。学校教育制度（简称学制）的建立，是制度化教育的典型表征。

（二）我国现代学校教育制度的建立

从世界范围说，现代教育制度起源于18、19世纪欧美国家的义务教育。在我国，1904年清政府以日本学制为蓝本，颁布了《奏定学堂章程》，这是我国第一个实际执行的现代学制，因该年为旧历癸卯年，故称"癸卯学制"。该学制规定学堂的办学宗旨为："以忠孝为本，以中国经史之学为基。俾学生心术壹归于纯正，而后以西学瀹其知识，练其艺能，务期他日成才，各适实用。"[①] 还规定了各级各类学堂的性质、任务、入学条件、修业年限及相互衔接的关系。这个学制于1911年废止。1922年，全国教育会联合会以美国的学制为蓝本，提出了改革学制的方案——壬戌学制，即通称的"六三三"学制。这一学制虽然后来几经修改，但基本上是民国时期的学制模式。

新中国成立后，中央人民政府政务院于1951年颁布了《关于改革学制的决定》，确定了新学制。该学制强调了全国人民特别是工农干部受教育的权利，体现了教育为工农服务的方针；规定了各类技术学校和专门学院在学制中

---

① 中国大百科全书总编辑委员会《教育》编辑委员会，中国大百科全书出版社编辑部．中国大百科全书　教育 [M]．北京：中国大百科全书出版社，1985.

的地位，体现了教育为生产建设服务的方针；学历教育和非学历教育在学制中都有重要位置，体现了正规教育和非正规教育同样受重视的特点。我国现行学制以这一学制为基础，根据社会的发展情况有所发展变化。小学和中学有"六三三"制和"五四三"制；1986 年，我国颁布了《义务教育法》，基础教育的基础性在学制中得到了加强；高中阶段实行职业教育与普通教育分轨；大学教育以四年制的本科和二至三年制的专科为主体。随着时代的发展，终身教育的学制特征日渐显现，成人教育、继续教育、远程教育和网络教育进一步受到重视。

> 学校教育制度（简称学制）是一个国家各级各类学校的系统，它规定着各级各类学校的性质、任务、入学条件、修业年限以及它们之间的关系。学制受社会生产力发展水平和科学技术发展水平、政治制度和意识形态、人口发展状况以及青少年心理特征等的制约。

■ 三、教育发展的历史轨迹

■ （一）古代教育

教育活动可以说与人类的活动一样古老，在很长一段时间里，它与人类的生产过程、社会生活过程是同一过程。教育随着人类文明的发展而发展。随着人类文化的不断积累、语言文字的不断丰富，独立的教育形式——学校教育逐渐孕育产生。

1. 古代中国教育

据史书记载，早在四千多年前的夏代，我国就有了学校教育的形态。

《孟子》里说夏、商、周"设为庠序学校以教之。庠者，养也；校者，教也；序者，射也。夏曰校，殷曰序，周曰庠，学则三代共之，皆所以明人伦也"。这里，《孟子》不仅记载了我国古代学校教育起源的情况，而且记载了当时教育的内容和宗旨。西周以后，学校教育制度已经出现比较完备的形式，建立了典型的政教合一的官学体系，并有了"国学"与"乡学"之分，即设在王城和诸侯国都的学校与设在地方的学校、设在闾里的塾校。西周还形成了以礼、乐为中心的文武兼备的六艺教育体系。六艺由六门课程组成：礼，包括政治、历史和以"孝"为根本的伦理道德教育；乐，包括音乐、诗歌、舞蹈教育；射，指射箭技术教育；御，指以驾驭马车、战车为主的军事技术教育；书，指习字教育；数，指简单的读、写、算技术的教育。到了春秋战国时期，官学衰微，私学大兴，儒、墨两家的私学成为当时的显学。孔子私学的规模最大，存在了四十多年，弟子三千人，其中"身通六艺者七十有二人"。春秋战国时期私学的发展是我国教育史、文化史上的一个重要里程碑。私学冲破了

"学在官府"的限制，学校从宫廷发展到民间，教育对象由贵族扩大到平民，教师可以随处讲学，学生可以自由择师，教学内容与社会现实生活有了较广泛的联系。由于各家各派互相争辩，又互相补充，形成了百家争鸣的思想文化盛况。

汉武帝采纳了董仲舒提出的"罢黜百家、独尊儒术"的建议，实行了思想专制主义的文化教育政策和选士制度，对后世产生了深远的影响。后来，我国的教育思想虽然在以什么为统治思想方面有过变化，比如黄老之学和佛老之学都曾成为我国历史上的道统，但儒家思想定于一尊的思维模式基本没有改变过。隋唐以后的科举制度使得政治、思想、教育的联系更加紧密，对改变魏晋南北朝时期"上品无寒门，下品无世族"的严格等级制度起到了积极的作用，为广大的中小地主阶级子弟升官为吏开辟了道路，但也加强了对知识分子的思想和人格的限制。宋代以后，程朱理学成为国学，儒家经典被缩减为"四书五经"，特别是《大学》《中庸》《论语》《孟子》四书被作为教学的基本教材和科举考试的依据，科学技术和文学艺术的内容不再是科举的内容，知识分子将毕生精力都用在了经书的研读上。明代以后，八股文被规定为科举考试的固定文本，不仅使社会思想受到钳制，而且使文章形式上的创造性也被扼制。一直到光绪三十一年（1905），科举制度再也不能适应社会发展的要求，清政府才下令废止科举制度。

2. 古代印度教育

古印度是世界四大文明古国之一，它的教育同样有着悠久的历史。古印度宗教权威至高无上，教育控制在婆罗门教和佛教手中。婆罗门教有严格的等级规定，把人分成四个等级，处于最高等级的是僧侣祭司，能接受最优良的教育；其次是刹帝利，为军事贵族；再次是吠舍，仅能从事农工商业；最低等级的是首陀罗，他们被剥夺了受教育的权利，识字读经被认为是违反了神的旨意，可能被处死。婆罗门教的教条是教育的指导思想，婆罗门教的经典《吠陀经》是教育的主要内容，婆罗门教的僧侣是唯一的教师。教育的活动主要是背诵经典和钻研经义。

佛教比较关心大众，表现在教育上主要是广设庙宇，使教育面向更多的群众，形成了寺院学府的特色。

3. 古代埃及教育

大约四千年前，古埃及发展成强大的中王国，文化繁荣，古代教育达到鼎盛时期。根据文献记载，埃及在古王国末期已有宫廷学校，它是法老教育皇子皇孙和贵族子弟的场所；中王国以后，宫廷学校已不能满足培养官吏的需要，于是开设了职官学校。这些学校都是以吏为师、以法为教，招收贵族和官员子弟，也兼负文化传承和业务训练的任务。古埃及设置最多的是文士学校。文士精通文字，能写善书，拥有治事权限，比较受尊重，"学为文士"成为一般奴隶主阶级追求的目标。为了满足这种需要，许多文士便设立私学，招收生徒；同时也有传授天文、数学、医学等实用知识的文士学校。于是"以僧为师""以（书）吏为师"成为古埃及教育的一大特征。当然，农民子弟与学校是无缘的，奴隶子弟更没有受教育的权利。

古埃及教育最重视的是道德品质的教育，其目标是敬日神、忠国君、恭长官、孝父母。国君是日神的儿子，长官替法老效命，双亲是一家之主，是相互联通的。这与我国的"君君、臣臣、父父、子子""三纲五常"颇有异曲同工之妙。

4. 古代希腊、罗马教育

古代希腊、罗马的教育与东方的教育有所不同，7—12 岁的儿童进入私立学校学习，但进入这种学校的学生大都是社会地位比较低下阶层的子弟；贵族阶级都是聘请家庭教师，不送子女上学。而这里的中等教育则主要是贵族和富人的教育，学习内容以文法为主，还有拉丁文和修辞。

古代雅典教育的目的是培养有文化、有修养、具有多种才能的政治家和商人，注重学生身心的和谐发展，教育内容比较丰富，教育方法也比较灵活。古代斯巴达教育的目的是培养为统治阶级服务的强悍军人，强调军事体育训练和政治道德灌输，教育内容单一，教育方法也比较严厉。

罗马帝国灭亡之后，西欧进入基督教与封建世俗政权紧密联系并互相利用的时期。统治残酷、等级森严、思想专制，文化教育几乎被宗教所垄断，异教学校被取缔，世俗文化被否定。最受重视和尊重的教育是培养僧侣人才的教育，这种教育由僧院学校或大主教学校承担，学习的内容主要是神学和七艺，七艺即文法学、修辞学、辩证法（逻辑学）、算术、几何学、天文学和音乐七门学科，学生盲目服从圣经和僧侣教师的权威，学习方法以背诵为主。为了更好地布道，教堂内也设立了当时为数众多的教区学校，主要负责对普通贫民子弟的宗教教育，也适当讲授一些读写知识。教会学校都奉行禁欲主义，实行严格的管理和残酷的体罚。其次是骑士教育。骑士教育并无专门的教育机构，主要在骑士的生活和社会交往中进行，教育内容首先是效忠领主的品质，然后是军事征战的本领，以及附庸风雅的素养。中世纪也有世俗教育，主要学习文法、修辞、天文、历法、算术等实用知识，但神学也是主修课程。

东西方的古代教育虽然在具体内容和形式上存在许多差异，但都反映了社会发展水平的基本特征，这些特征在教育上具体表现在以下方面。

第一，等级性。不同的阶级地位享有不同的教育权利和等级，贵族与平民、主人与仆人之间有着不可逾越的鸿沟。

第二，道统性。统治阶级的政治思想和伦理道德是唯一被认可的思想，天道、神道与人道往往合而为一。

第三，教育的象征性功能占主导地位，教育的功用性价值不受重视，即受教育的目的不是习得实用知识，而是受教育本身。能不能受教育和受什么样的教育是不同社会地位的象征；经典、教义的教育处于社会较高的地位，习得实用知识的教育则地位较低。

> 等级性、道统性和象征性功能是古代教育的基本特征。

■ （二）近代教育

14世纪以后，欧洲产生了资本主义的萌芽并很快发展起来，新兴的资产阶级为了谋取他们的经济利益和政治地位，以复兴古代希腊、罗马的文化为借口，掀起了反对封建文化、创造资产阶级文化的文艺复兴运动。这场运动以人性反对神性、以科学理性反对蒙昧和神秘主义、以个性解放反对封建专制、以平等友爱反对等级观念，重视现实生活，肯定现实生活的幸福和享乐，反对禁欲主义，对当时和后世的教育产生了重大影响。

当时很多著名的人文主义思想家都很重视教育问题，如意大利的维多里诺（Vittorino da Feltre，1378—1446）、尼德兰（今荷兰和比利时）的伊拉斯谟（Desiderius Erasmus，1466—1536）、法国的拉伯雷（Francois Rabelais，1483—1553）和蒙田（Michel de Montaigne，1533—1592）等人，或发表言论，或兴办学校，从事教育革新。他们反对封建教会对儿童本性的压抑，强调教师要尊重儿童的个性，关心儿童、信任儿童。他们认为应该通过教育使人类的天赋和能力得到和谐的发展，包括思维、情感和性格的发展。他们主张恢复古罗马时期重视的体育教育，组织学生进行击剑、角力、骑马等富有挑战性的运动。他们揭露贵族僧侣阶级虚伪的道德，主张既保持虔诚的宗教信仰，又把勇敢、勤勉、进取、荣誉心等与个人福利有直接关系的品质作为道德方面的主要要求。在智育方面，他们主张扩大教学内容的范围，增加新的学科内容；同时注意调动学生的兴趣，改变经院主义的学风，建立生动活泼的教学气氛。他们还主张恢复古希腊重视美育的传统，将美与善结合起来。文艺复兴运动对欧洲教育的人文化、世俗化，以及增加新的学科教育内容、扩大受教育的范围，产生了巨大的影响。但是当时不少人文主义者对古希腊教育的实施过于理想化，特别是过于注重希腊文、拉丁文及文法、修辞的教学，逐渐形成了古典主义倾向，脱离实际，形成了新的烦琐哲学和形式主义。

> 文艺复兴运动对欧洲教育的人文化、世俗化，以及增加新的学科教育内容、扩大受教育的范围产生了巨大的作用和深远的影响。

16世纪，世界进入近代。火药、造纸术、印刷术、指南针从我国传入西方，为世界的军事和交通带来了大发展的机遇；哥伦布发现新大陆，极大地激发了人们的想象热情；18 世纪，蒸汽机的发明，带来了人类历史上的第一次工业革命，手工劳动、作坊生产被大机器生产取代。科学技术的发展引起了社会制度、思想观念和生活方式的巨大变化，也引起了教育的巨大变化。这种变化特别表现在以下几方面。

1. 国家对教育愈加重视，加强了对教育的干预，公立教育崛起

19 世纪以前，欧美国家的学校教育多为教会或行会主持，国家并不重视。19 世纪以后，资产阶级政府逐渐认识到公共教育的重要性，逐渐建立起公共教育系统。比如，在历史上，工业革命的策源地英国的教育为教会所垄断，19 世纪 30 年代以后，国家加强了对教育的干预，1833 年议会开始拨款资助教育，并加强了对教育的监督和管理。之后，任命了四个皇家教育委员会，分别对高等教育、初等教育、公学和文法学校进行调查、审议和制定改革方案，英国教育逐渐形成行政管理的特点。17—18 世纪，德意志许多公国颁布学校法令，规定学校的开办权由教会手中转移到国家。在法国，1804 年拿破仑政变成功以后，采纳了康多塞法案的基本思想，建立了中央集权的教育领导体制，私立学校基本被取缔，国家对学年安排和课程设置实行统一管理。这种中央集权的教育领导体制，成为法国近现代教育的重要特点。

2. 初等义务教育的实施

第一次工业革命的基本完成和第二次工业革命的兴起，促使资本主义国家提出了普及初等教育的要求，并为初等教育的普及提供了物质基础。英国 1880 年实行 5—10 岁儿童的义务教育，1893 年将接受义务教育的年龄提高到 11 岁，1899 年又将其提高到 12 岁，1891 年在全国实施免费初等教育，19 世纪 80 年代全国学龄儿童入学率达到 90%。德国 1763 年制定了乡村学校规程，做出了普通义务教育的规定。在美国，从 1852 年马萨诸塞州第一个颁布义务教育法，到 1918 年密西西比州最后一个颁布义务教育法，经过了六十多年，义务教育在全国得到了法律保证。日本，19 世纪 80 年代以后资本主义飞速发展，封建主义的经济转化为半封建的、军事的、特权商人的资本主义经济，教育也走上了国家主义的道路；义务教育不断发展，1902 年初小入学率达到 90%，1907 年又将义务教育的年限延长到 6 年，1920 年国民入学率达到 99%。

3. 教育的世俗化

与公立教育的发展相应，教育逐渐建立了实用、功利的教育目的，从宗教教学中分离出来。有些国家明确规定，宗教、政党不得干预学校教育。比如，英国在全面实施义务教育和加强对教育管理的同时，规定公立学校可以不进行宗教教学，允许学生不参加学校的宗教教学，学生家长可以要求子女不参加学校的宗教仪式和宗教教学。美国 18 世纪 80 年代实行宗教与国家分离，并规定

举办教育的权利属于州政府，确立了地方分权的原则，这也成为美国教育的一大特点。

4. 重视教育立法，以法治教

西方近代教育发展的一个显著特点就是重视教育立法，教育的每次重要进展或重大变革，都以法律的形式予以规定和提供保障。

> 19世纪以后的近代教育，发展的主要特点是教育国家化，初等教育义务化，教育世俗化和法制化。

■（三）20世纪以后的教育

进入20世纪以后，世界出现了社会主义与资本主义两大阵营的对垒，第二次工业革命在主要国家已经完成，两次世界大战深刻地改变了世界的格局，民主化、工业现代化、国家主义成为世界三股最强大的潮流。在这样的背景下，教育在数量上获得更大的发展，义务教育普遍向中等教育延伸，职业教育发展受到普遍重视，政治道德教育普遍呈现出国家主义特征，平民教育运动、进步主义教育运动在世界各地都有不同程度的展开。

第二次世界大战以后，社会主义与资本主义两大阵营进入"冷战"时期，科学技术革命魔术般地改变着世界的面貌。教育，在发展中国家被看作是追赶现代化的法宝，在发达国家被看成增强国家竞争力的基础；教育迅速发展，特别是高等教育突飞猛进。另外，生产力的发展，政治结构的重组，人类对自身的生命价值、人生态度、价值观念、生活方式的重新认识，也极大地影响着教育的改革和发展，使得教育制度、教育观念、教育内容、教育形式均发生了深刻的变化。

1. 加强学前教育，并重视学前教育与小学教育的衔接

第二次世界大战以前，学前教育很少被纳入国民教育系统。第二次世界大战以后，各国政府普遍加强了对学前教育的重视，很多国家将学前教育纳入了国民教育系统，并重视其与小学的衔接工作，比如重视入学的最佳年龄、教学内容的衔接等。

2. 强化普及义务教育，延长义务教育年限

义务教育是国家用法律形式规定的对一定年龄的儿童免费实施的某种程度的学校教育。19世纪中叶，义务教育逐渐成为国际潮流，被视为一个国家是否文明的标志之一[①]。据联合国教科文组织统计，到20世纪90年代，世界186个国家中有98个国家规定了九年或九年以上的义务教育；2008年，世

---

① 联合国教科文组织.世界教育报告2000 教育的权利：走向全民终身教育［M］.联合国教科文组织中文科，译.北京：中国对外翻译出版公司，2001.

界义务教育年限平均为 9.24 年，有些国家更把义务教育年限延长到高中阶段。

3. 普通教育与职业教育朝着相互渗透的方向发展

普通教育是以升学为主要目标、以基础知识为主要教学内容的教育，职业教育是以就业为主要目标、以从事现代职业所需要的知识和技能为主要教学内容的教育。第二次世界大战以前，世界各国普遍推行双轨制教育制度，两种教育相互隔离。双轨制教育制度的主要弊端是，职业教育的学生缺乏重新选择的机会，普通教育的学生缺乏适应社会的专业技能。第二次世界大战以后，各国综合中学的比例逐渐增加，出现了普通教育职业化、职业教育普通化的趋势。

4. 高等教育大众化和类型日益多样化

随着社会经济和文化的发展，高等教育逐渐大众化（一般把适龄入学人口中高等教育的入学率达到 15% 视为高等教育大众化的起点）。高等教育的功能也越来越丰富。知识传授（教学）、知识创新（科研）、知识转化（社会服务）被视为高等教育的三大基本功能。不同水平的学校根据自己的条件和社会需要确定自己的办学层次和办学特色。

5. 学历教育与非学历教育的界限逐渐淡化

随着一次性教育向终身教育的转变，以获得学历文凭为受教育目的的情况正在发生变化，通过教育补充知识、丰富人生的人数正在增加；没有学历文凭的社会教育的市场越来越大，这使得学历教育与非学历教育的界限逐渐淡化。

6. 教育制度有利于国际交流

交通、通信技术的发展，使得世界日益缩小，国际间的相互理解和交流的重要性突出，也越来越现实。各国的教育制度朝着有利于交流沟通的方向发展，比如学历、学位、学分的互认，国际间的教师交流日益频繁。

20 世纪 80 年代以后，知识经济逐渐成为经济的主流，并且迅速而深刻地改变着世界。1996 年，经济合作与发展组织在题为《以知识为基础的经济》的报告中，首次提出知识经济的概念：一个区别于农业经济、工业经济的新的经济形态正开始兴起，即一个 "以知识为基础的经济"（the knowledge-based economy）的时代已经来临，一个以知识和信息的生产、分配和使用为基础，以创造性的人力资源为依托，以高科技产业及智力为支撑的经济占整个经济的比例越来越大。1998 年世界银行年度报告估计，1998 年，知识经济占世界经济总额的 5%—20%；而到 2005 年，这个比例扩大到 90% 以上。知识经济是一种信息化、网络化、创新型的经济，它对教育的改革提出了新的要求，同时也为教育的革命性变化提供了前所未有的机会和条件，特别是对网络教育、创新教育、个性教育、综合学科教育和教育的国际化提出了要求，并提供了可能。

当前，人类进入了智能时代。智能时代是以互联网、云技术、大数据特别是人工智能等高科技为动力，以智能产品、智能生产、智能互联为主要特征。智能时代正加速发展，预计两三年后，人类社会将从目前的弱人工智能时代进入强人工智能时代。在人工智能的影响下，人类的生产方式、生活方式正在发生深刻变革，毫无疑问，教育方式和学习方式也将发生深刻变革。人工智能为教育的颠覆性变革创造了条件。从学校教育走向泛在教育，从大规模标准化教育走向大规模的个性化教育，是教育变革的方向。积极探索人工智能在教育场景的有效应用，是实现人类教育颠覆性变革的契机。党的十九届四中全会报告明确提出："发挥网络教育和人工智能优势，创新教育和学习方式，加快发展面向每个人、适合每个人、更加开放灵活的教育体系，建设学习型社会。"我们需要以新的思想和精神准备迎接新时代新教育的到来。

> 第二次世界大战以后的当代教育发生了新的深刻变化，加强了学校教育，强化并延长了义务教育，普通教育与职业教育相互渗透，高等教育走向大众化和多元化，学历教育与非学历教育的界限淡化，教育制度有利于国际交流。这些变化既是生产力发展、政治力量变化、科学技术进步的结果，也是人类的社会理想、人生态度更新的结果。当今社会已经进入人工智能时代，预示着新的更大的教育变革的到来。

第2节　教育学的发展

教育学是研究教育现象、教育问题和教育规律的科学，目的是深化人们对教育的认识，更新人们的教育观念，并为教育的发展和改进提供决策依据，为提高教育管理水平和教学水平提供理论选择。教育学与其他许多社会科学一样，有着漫长而又短暂的历史。说它漫长，是因为早在几千年前，我们的先哲就有对教育问题的专门论述和精辟见解；说它短暂，是因为作为一门规范学科，它只有两百年的历史。

> 教育学是一门以教育现象、教育问题为研究对象，探索教育规律的科学。

一、教育学的思想来源

作为一门独立学科的教育学，至少要回答这样一些基本问题：教育是什么，比如教育的理想、功能是什么，教育与其他社会现象有着怎样的关系；教育是为了什么，比如教育的目的是什么，衡量教育好坏成败的标准是什么；为谁而教，比如教育的对象是谁，谁有受教育的权利和优先权；由谁来办教育，如谁对教育有支配权和控制权，谁对教育有评价权；由谁来教，如教师的资格、条件等；教什么，如课程、教材等；怎样教，包括教育的形式、途径、方法等。对这些问题的不同回答，就形成了不同的教育观，甚至形成了不同的教育流派。哲学是古代的包罗万象之学，后来的各门社会科学都是从中分化出来的，教育学也不例外。换句话说，教育学的思想来源于古代哲人博大精深的哲学、社会思想，并且从较早分化出来的心理学、统计学、社会学、经济学中吸取了丰富的营养。

■ （一）中国古代的教育思想

孔子是我国古代伟大的教育家和思想家，以他为代表的儒家文化对我国文化教育的发展产生了极其深刻的影响。孔子的思想集中体现在他的言论记录《论语》里。孔子从探讨人的本性入手，认为人的先天本性相差不大，个性的差异主要是后天形成的（"性相近也，习相远也"），所以他很注重后天的教育工作，主张"有教无类"，希望把人培养成"贤人"和"君子"。孔子大力创办私学，培养了大批人才。孔子的学说以"仁"为核心和最高道德标准，并且把仁的思想归结到服从周礼上（"克己复礼为仁"），主张"非礼勿视，非礼勿听，非礼勿言，非礼勿动"，强调忠孝和仁爱。孔子继承西周六艺教育的传统，教学纲领是"博学于文，约之以礼"，基本科目是诗、书、礼、乐、易、春秋。孔子的教学思想和教学方法是承认人的先天个性差异的，但更强调"学而知之"，重视因材施教。因材施教的基本方法是启发诱导。孔子曰："不愤不启，不悱不发。"宋代理学家朱熹解释："愤者，心求通而未得之意；悱者，口欲言而未能之貌。启，谓开其意；发，谓达其辞。""启发"一词即由此而来。这是强调在教学过程中要掌握学生的心理状态，使教学内容与方法适合学生的接受水平和心理准备条件，以充分调动学生的求知欲和学习的主动性。孔子很强调学习与思考相结合，"学而不思则罔，思而不学则殆"；他又很强调学习与行动相结合，要求学以致用，把知识运用到政治生活和道德实践中去。

先秦时期以墨翟为代表的墨家与儒家并称显学。由于政治思想和社会观念的不同，墨家与儒家的教育主张也有所不同。墨翟以"兼爱"和"非攻"为教，同时注重文史知识的掌握和逻辑思维能力的培养，还注重应用技术的传习。对于获得知识的理解，墨家认为主要有"亲知""闻知"和"说知"三种途径，前两种都不够全面和可靠，所以必须重视"说知"，依靠推理的方法，来追求理性知识。

道家是我国传统文化的一个重要组成部分，由于其主张"绝圣弃智""绝仁弃义"，其教育理论长期得不到重视。其实道家的许多教育思想也是很值得研究的。根据"道法自然"的哲学，道家主张回归自然、"复归"人的自然本性，一切任其自然，便是最好的教育。

战国后期，《礼记》中的《学记》从正、反两方面总结了儒家的教育理论和经验，以简约的语言、生动的比喻，系统地阐述了教育的作用和任务，教育、教学的制度、原则和方法，教师的地位和作用，师生关系和同学关系等，是罕见的世界教育思想遗产。

《学记》提出"化民成俗，其必由学""建国君民，教学为先"，揭示了教育的重要性以及教育与政治的关系。《学记》设计了从基层到中央的完整的教育体制，提出了严密的视导和教育考试制度；提出"时教必有正业，退息必有居学"，即主张课内与课外相结合，藏息相辅。《学记》提出了教学相长的辩证关系和"师严然后道尊"的教师观。在教学方面，《学记》反对死记硬背，主张启发式教学，"君子之教，喻也""道而弗牵则和，强而弗抑则昌，开而弗达则思"，主张开导学生但不要牵着学生走；对学生提出比较高的要求，但不要使学生灰心；为学生指出解决问题的路径，但不提供现成的答案；重视学生的学习，指出"善学者，师逸而功倍，又从而庸之"。这些原则和方法都已经达到了很高的认识水平。

汉代的董仲舒、宋代的朱熹、明代的王阳明、清代的王夫之等许多我国古代的教育家和思想家，都有丰富的教育实践和精辟的教育见解。

■ （二）西方古代的教育思想

在西方，要追溯教育学的思想来源，毫无疑问，首先需要提到的是古希腊的哲学家苏格拉底（Socrates，前469—前399）和柏拉图（Plato，约前427—前347）。苏格拉底以其雄辩和与青年智者的问答法著名。他在与鞋匠、商人、士兵或富有的青年贵族问答时，佯装无知，通过巧妙的诘问，揭露对方观点的破绽和自相矛盾之处，从而使其发现自己并不明了所用概念的根本意义。这种问答分为三步，第一步称为苏格拉底讽刺，他认为这是使人变得聪明的一个必要步骤，因为除非一个人很谦逊"自知其无知"，否则他不可能学到真知。第二步叫定义，在问答中经过反复诘难和归纳，从而得出明确的定义和概念。第三步叫助产术，引导学生自己进行思索、自己得出结论。正如苏格拉底所说，他虽无知，却能帮助别人获得知识，好像他的母亲是一个助产婆一样，虽年老不能生育，但能接生，能够催育新的生命。

柏拉图是对哲学的本体论研究做出重要贡献的古希腊客观唯心主义哲学家，他把可见的"现实世界"与抽象的"理念世界"区分开来，认为"现实世界"不过是"理念世界"的摹本和影子，以此建立了本质思维的抽象世界。据此他认为，人的肉体是人的灵魂的影子，灵魂才是人的本质。灵魂是由理性、意志、情感三部分构成的，理性是灵魂的基础。理性表现为智慧，意志表现为勇敢，情感表现为节制。根据这三种品质中的哪一种在人的德行中占主导地位，他把人分成三种集团或等级：运用智慧管理国家的哲学家，凭借勇敢精神保卫国家的军人，受情绪驱动的劳动者。人类要想从"现实世界"走向"理念世界"，非常重要的就是通过教育，帮助未来的统治者获得真知，以"洞察"理想的世界。教育只有贯彻了睿智的哲学家和统治者的思想，才能引导芸芸众生走向光明。教育与政治有着密切的联系，以培养未来的统治者为宗旨的教育乃是在现实世界中实现这种理想的正义国家的工具。柏拉图的教育思想集中体现在他的代表作《理想国》中。

古希腊百科全书式的哲学家亚里士多德（Aristotle，前 384—前 322），秉承了柏拉图的理性说，认为追求理性就是追求美德，这是教育的最高目的。他认为，教育应该是国家的，每一个公民都属于城邦，全城邦应有一个共同目的，所有的人都应受同样的教育，"教育事业应该是公共的，而不是私人的"。但他又主张一部分人可以受教育，一部分人则是不可受教育的，没有公民资格的奴隶是不可以受教育的。亚里士多德注意到了儿童心理发展的自然特点，主张按照儿童心理发展的规律对儿童进行分阶段教育，这也成为后来强调教育中注重人的发展的思想渊源。亚里士多德的教育主张在他的《政治学》中有充分的反映。

（三）近代教育思想的发展

14—16 世纪的欧洲文艺复兴时期，进步的思想家提倡反封建、反神学的人文主义，宣扬以"人"为中心，要求个性解放，重视现实生活，崇尚理性和知识。维多里诺、伊拉斯谟、拉伯雷、蒙田等人，著书发文，从资产阶级的"人性论"出发，否认教会的"原罪说"，反对封建教育对儿童本性的压抑，认为应该通过教育使人类的天赋和能力得到和谐的发展，即在思维能力、热情和性格，在多才多艺和学识广博等方面发展，以便使人能够独立从事经济、文化和政治等方面的活动。

他们不仅进行思想宣传，而且进行实际的教育革新活动。其中最著名的是维多里诺主持的设在曼托瓦郊外的宫廷学校"快乐之家"和瓜里诺主持的费拉拉宫廷学校。这些学校聘请著名学者讲学，招收欧洲各地来的学生，施以通才教育。教学活动生动活泼，师生关系也亲密和谐，成为欧洲人文主义教育的榜样。

在资本主义发展较早的尼德兰，由"平民生活兄弟会"主办的学校较早体现了人文主义的教育思想。法国于 1530 年建立了法兰西公学院，广设学科，学生享有很大的思想自由。拉伯雷、蒙田等人成为文艺复兴后期最重要的人文主义教育家。英国的文艺复兴运动兴起较晚，但 16 世纪后的"绅士教育"运动把英国的人文主义教育推向了新贵族主义方向。人文主义教育思潮在德国的表现则是文科中学的推广。

夸美纽斯（J. A. Comenius，1592—1670）是受到人文主义精神影响的捷克教育家。年轻时他就具有强烈的民主主义思想，强调教育的自然性。自然性首先是指人也是自然的一部分，人都有相同的自然性，都应受到同样的教育；其次是指教育要遵循人的自然发展的原则，尊重人的自由发展；最后指要进行把广泛的自然知识传授给普通人的"泛爱教育"，而不是仅强调宗教教育。

启蒙时期的思想家、教育家对自然性思想予以了更充分的发挥，并使之哲学化。这首先要提到法国的卢梭（Jean-Jacques Rousseau，1712—1778）。卢梭对自然性的强调到了使之与现代文明对立的程度，曾因宣扬他的自然主义教育理想的作品《爱弥儿》而险些被当局逮捕。他所理解的自然，是指不为社会和环境所歪曲、不受习俗和偏见支配的人性，即人与生俱来的自由、平等、纯朴和良知。卢梭认为，现存的人是坏的，但人的本性是善的，因此假如能为人造就新的、适合人性健康发展的社会、环境和教育，人类就能在更高阶段回归自然。因此，人为的、根据社会要求加给儿童的教育是坏的教育，让儿童顺其自然发展才是好的教育，甚至越是远离社会影响的教育才越是好的教育。

卢梭的自然主义思想对德国哲学家康德（Immanuel Kant，1724—1804）的影响很大。康德探究道德的本质，充分肯定了个人的价值。他力图通过教育实现他的哲学理想，改造社会。他认为，人的所有自然禀赋都有待于发展，只有这样才能生存，"人是唯一需要教育的动物"，教育的根本任务在于充分发展人的自然禀赋，使人人都成为自身，成为本来的自我，都得到自我完善。

瑞士教育家裴斯泰洛齐（Johann Heinrich Pestalozzi，1746—1827）深受卢梭和康德思想的影响，并且以他博大的胸怀和仁爱精神进行了多次后来产生世界影响的教育试验。他认为，教育的目的在于按照自然的法则全面、和谐地发展儿童的一切天赋力量。教育应该是有机的，应做到人的智育、德育和体育的一体化，使其头、心和手都得到发展，教育者的首要职责在于塑造完整的、富有个性特征的人。他主张教育要遵循自然，教育者对儿童施加的影响，必须和儿童的本性一致，使儿童自然发展，并把这种发展引向正确的道路。

近代以来，国民教育的思想与民主教育的思想都在发展。这在英国哲学家洛克（John Locke，1632—1704）身上得到了集中体现。一方面，他提出了著名的"白板说"，认为人的心灵如同白板，观念和知识都来自后天，并且得出结论——天赋的智力人人平等，"人类之所以千差万别，便是由于教育之故"。他主张取消封建等级教育，认为人人都可以接受教育。另一方面，他主张的又是绅士教育，认为绅士教育是最重要的，一旦绅士受到教育，走上正轨，其他人也都会很快走上正轨。绅士应当既有贵族气派，又有资产阶级的创业精神和才干，还要有健壮的身体。对绅士的教育，要把德行教育放在首位，基本原则是用资产阶级利己主义的理智克制欲望，确保个人的荣誉和利益。形成鲜明对照的是，他轻视国民教育，认为普通的学校里集中了"教养不良、品行恶劣、成分复杂"的儿童，有害于绅士的培养，主张绅士教育应在家庭实施。

二、规范教育学的建立

作为一门规范学科的建立、独立的教育学诞生，通常以赫尔巴特（Johann Friedrich Herbart，1776—1841）及他的《普通教育学》（1806）、杜威（John Dewey，1859—1952）及他的《民主主义与教育》（1916）作为代表人物和作品。

（一）赫尔巴特及《普通教育学》

在赫尔巴特之前，夸美纽斯已经从理论上概括了欧洲文艺复兴以来的教育经验，研究了新兴资产阶级在教育上提出的新问题，建立了比较完整的教育理论体系。他的《大教学论》（1632）一般被认为是教育学形成独立学科的开始。此后，洛克的《教育漫话》（1693）、卢梭的《爱弥儿》（1762），也都比较全面地描述了他们的教育思想。教育学作为一门课程在大学里讲授，最早始于康德，他于 1776 年在德国的柯尼斯堡大学的哲学讲座中讲授教育学。但对后世影响最大、最明确地构建教育学体系的是赫尔巴特。1809—1833 年间，赫尔巴特一直在柯尼斯堡大学继续康德的哲学讲座，讲授教育学。1835 年，他出版了《教育学讲授纲要》。他第一个提出要使教育学成为科学，并认为应以伦理学和心理学作为教育学的理论基础。赫尔巴特的贡献在于把教学理论建立在心理学的基础上，把道德教育理论建立在伦理学基础上，可以说是奠定了科学教育学的基础。《普通教育学》共分三编，第一编阐述"教育的一般目的"，论述了儿童管理的目的和方法，教学应以发展多方面的兴趣为目的。第二编论述多方面兴趣的对象、教学的过程等，他把哲学中的统觉观念借用过来，强调教学必须使学生在接受新教材的时候，唤起心中已有的观念；认为多方面的教育应该是统一而完整的，学生所学到的一切应该是一个统一体；提出教学的四个形式阶段：明了、联想、系统、方法。第三编讨论道德性格的形成及通过教育形成儿童性格的理论。赫尔巴特的教育观是二元论的。一方面，他强调儿童的兴趣是教育的出发点，是教学的依据；另一方面，他认为教育主要是接受的过程，强调教师、教授、教材在其中的主导作用。在政治伦理观上，他主张教育应从国家理念、国家思想出发，教育的根本目的在于培养良好的国家公民。所以他特别强调道德教育，强调道德教育是教育的首要任务，而且道德教育就是强迫的教育，纪律和管理是教育的主要手段。纪律的本质就是约束儿童的意志，使其与国家的意志相一致，由此他提出威吓、监督、命令、禁止和惩罚等是管理的有效方法。

赫尔巴特的教育思想对19世纪以后的教育实践和教育思想产生了很大影响，被看作是传统教育学的代表。

■ （二）杜威及《民主主义与教育》

作为现代教育的代言人，杜威的教育思想与赫尔巴特的教育思想针锋相对，其代表作《民主主义与教育》在体系上与《普通教育学》也大不相同。

杜威主张教育为当下的生活服务，主张教育即生活。由于生活是一个发展过程、生长过程，所以，从教育的纵向上说教育即生长。而从生活的横向上来说，人与环境相互作用，并形成了个体的和集体的经验。由于生活环境是不断变化的，人要适应环境就需要不断改造或改组经验，所以教育实际上是经验的改造或改组，促进学生形成更新、更好的经验。

为此，他强调教法与教材的统一，强调目的与活动的统一，主张"在做中学"，在问题中学习。他认为，教学的任务不仅在于教给学生科学的结论，更重要的是要促进并激发学生的思维，使他们掌握发现真理、解决问题的科学方法。引导学生发现真理的方法包含两个因素，一个是智慧，一个是探究。智慧与冲动相对立，由于运用了智慧，人对于问题的解决，就与动物的"尝试与错误"区别了开来。探究则与传统学校"静听"的方法相对立，它是一种主动、积极的活动，它的价值在于可以使学生在思维活动中获得"有意义的经验"，将经验中的模糊、疑难、矛盾的情境转化为清晰、确定、和谐的情境。杜威对传统教育的批判，不仅是对方法的批判，而且是对整个教育目的的批判，是对教育目的的外铄性的批判。他认为，那种外铄的教育目的使受教育者无思考的余地，限制人的思维。受教育者不需要也不可能有自由思考、主动创造的空间，只能使用机械的注入法，学生消极地对教师所教的东西做出反应，成为教师和教科书的奴隶。在《经验与教育》一书中，他这样概括进步教育与传统教育的对立：反对从上面的灌输，主张表现个性和培养个性；反对外部纪律，主张自由活动；反对向教科书和教师学习，主张从经验中学习……。他所主张的教育是没有外铄的目的，是让学生在问题的情境中自己探索，自己改造和改组经验，自己得出结论，从而得到发展。

杜威试图把"民主"和"科学试验方法""进化论""工业的改组"等因素联系起来，探讨它们对教育的意义。在《民主主义与教育》一书中，他批判性地讨论了西方以前的教育思想，同时吸取现代哲学、社会学、生物学、心理学上的成就，形成了一个完整的实用主义教育思想体系。

《民主主义与教育》全书共分26章，前7章首先讨论了教育为生活所必需以及教育的社会机能，然后提出了他的一个重要观念——"教育即生活"。杜威认为，教育并不从属于任何其他事物的目的或目标，教育的目的是教育本身的生长。教育的理想既不是从内部将潜在的能力展开，也不是从外部进行塑造工作。

书中最重要的思想是教育为民主社会创造条件的思想。关于教育上的民主，杜威认为，"首先是一种联合生活的方式，是一种共同交流经验的方式"，是"个人各种能力的自由发展"。为了实现民主主义的联合生活，就必须教育所有的社会成员，发展个人的首创精神和适应能力，必须把生长作为一切成员的理想标准。

第 8—23 章根据上述观点，杜威对教育的目的、兴趣与训练、经验与思维、教学法与教材和课程、教育的价值、教育与职业等问题进行了分析。他特别强调教育的目的（结果）与过程的一致性，认为教育的目的在过程之中，而不是在过程之外。活动的自身便是达到目的的手段，这样的活动才是真实的、生动的、变幻无穷的、有意义的。反之，如果目的在过程之外，即目的是外部强加的，那么活动自身便不能成为达到目的的手段，这样的活动便不能在特定的情况下激发智慧，是盲目的、机械的和有害的。

最后三章是将其论述归结到实用主义的理论基础上，根据认识和有目的地改造环境的活动之间的连续性的观点，他认为教育要使学校中知识的获得和在共同生活的环境中所进行的活动和作业联系起来，这构成了实用主义课程论和方法论的核心。

杜威的《民主主义与教育》及反映在他其他作品中的教育思想，对 20 世纪的教育和教育学有深远的影响。

> 赫尔巴特的《普通教育学》和杜威的《民主主义与教育》可以被看作是规范教育学形成的标志。

三、当代教育学的发展

（一）马克思主义教育思想的传播

马克思主义的诞生和在全世界的传播，是近代人类思想史上最重要的事件。马克思、恩格斯虽然没有教育学方面的专著，但他们对教育都非常关心，有许多精辟的论述，指导着马克思主义教育学的研究。马克思主义的思想体系，揭示了教育与社会关系的本质联系及相互作用的辩证关系，深刻分析了人的全面发展的含义和意义，分析了社会发展水平特别是社会分工与人的发展的关系，强调无产阶级掌握了全人类的知识、通晓现代科学才能拥有全世界的意义，强调了教育与生产劳动的有机联系和教育对人的全面发展的重要性。1936 年，革命家杨贤江就撰写了《新教育大纲》，这是我国第一部试图以马克思主义观点论述教育的著作。

（二）凯洛夫等教育学的影响

1939 年，苏联教育理论家凯洛夫主编了当时被认为是具有权威性的以马克思主义理论为指导的《教育学》。该书系统地总结了苏联 20 世纪二三十年代的教育经验，吸收了赫尔巴特的教育思想，把教育学分成总论、教学论、德育论和学校管理论四个部分，其主要特点是重视智育在学生全面发展中的地位和作用，认为学校的首要任务就是授予学生以自然、社会和人类思维发展的深刻而确实的普通知识，形成学生的技能、技巧，并在此基础上发展学生的认识能力，培养学生的共产主义人生观；肯定课堂教学是学校工作的基本组织形式，强调教师在教育和教学中的主导作用，强调教材的权威性和稳定性。该书1951 年被译成中文，成为之后相当长时期内我国教育工作的主导理论和指导思想。凯洛夫的《教育学》对我国教育的规范起到积极作用，但其教育理论在国家行政部门领导与学校的关系的问题上，忽视了学校的自主性；在学校与教师的关系的问题上，忽视了教师的自主性；在教师与学生的关系的问题上，忽视了学生的自主性；过于强调课程、教学大纲、教材的统一性和严肃性，忽视了它的灵活性和不断变革的必然性。

■ （三）教育学的多元化

20 世纪 60 年代以后，我国开始尝试编写具有中国特色的马克思主义教育学，改革开放以后陆续出版了一些不同版本的教育学著作。党的十一届三中全会以后，在解放思想精神的鼓舞下，教育理论中的许多重要理论和实践问题，得到了广泛而深刻的讨论。我国教育界对教育的许多基本问题有了新的认识，对教育的性质、教育的本质、教育与社会发展的关系、教育与人的发展的关系，课程、教学、思想品德教育等问题的认识大大深化。教育改革的实践和教育实验，为教育学的发展提供了重要的认识源泉。国外新的教育科学研究成果，如皮亚杰（Jean Piaget, 1896—1980）的发生认识论以及布鲁纳（J. S. Bruner, 1915—2016）的知识、课程结构理论和科尔伯格（L. Kohlberg, 1927—1987）的道德发展阶段理论，赞可夫（Zankov, 1901—1977）的教学与发展理论，布卢姆（B. S. Bloom, 1913—1999）的教育评价理论，舒尔茨（T. W. Schultz, 1902—1998）的人力资本理论，马斯洛（A. H. Maslow, 1908—1970）的人本主义教育思想等，也大大地推进了我国教育学的发展。联合国教科文组织编写的三份报告：《学会生存——教育世界的今天和明天》(1972)、《教育——财富蕴藏其中》（1996）、《反思教育：向"全球共同利益"的理念转变?》(2015)，经济与合作发展组织的国际学生评估项目（简称PISA）及其分析报告，对丰富和发展我国的教育学思想产生了积极意义。

学术的发展和教育活动本身的日益丰富，促进了教育学的多元化。不仅理论背景、学科体系发生了分化，而且不同学者对教育学的学科性质、学科功能以及核心内容也产生了不同的理解。

社会的发展、文化的交流和人的主体性的高扬，使得世界文明越来越呈现出多元化。在社会结构、生活方式、思想观念的影响下，教育学也同样呈现出多元化的新格局。多元化的思想认为，任何事物没有最好的，只有相对较好的。人们只有充分发挥自己的主观能动性，根据时间、地点、对象和自己的特征，运用教育思想于实际，才能达到最好的结果。这就要求我们的教育学，一方面，既体现学术发展的新成果和时代的共同特征，又反映中国特色社会主义的教育实际；另一方面，既能给人以思想的启迪和操作的规范，又有运用者创造性改造发挥的广阔空间。

■ （四）当代教育学的综合化

当代教育学呈现多元化的同时，也不断走向综合。教育学综合化是指具有不同学科背景的教育研究者运用不同学科的理论和方法观照同一教育现象，拓宽了教育研究的视野，丰富了教育研究的方法，完善了教育学的理论体系。教育学最初的理论基础和方法论来自于思辨哲学和心理学，主要研究对象是教学过程，其目的和理想是提高实际教学的效率和效果，这是人类发展到大工业时代经济效率至上思想在教育领域的反映。这一时期的教育学主要是以教授学（pedagogy）为核心领域。第二次世界大战后，随着各国政府对学校教育制度的高度重视和社会科学的迅速发展，社会学家、经济学家和人类学家等其他学科的研究者纷纷开始关注学校教育，为传统教育学带来了新的理论视点和研究方法，主要体现在方法上强调以数量、材料为基础的实证研究方法，在对象上重视教育和政治、经济以及社会制度之间关系的宏观层次的研究。这一时期的教育学远远超出了传统教授学所能概括的理论体系。"教育科学"（educational science）这一名词在西方国家的使用及其固定化是当代教育学综合化的基本象征。几十年来，随着我国经济社会的不断发展和对外开放的不断深化，我国教育学通过多种多样的途径和方式方法，与其他国家尤其是欧美发达国家的教育学体系之间互相借鉴和影响，极大地促进了我国当代教育学的综合化。

我国当代教育学的综合化主要体现在两个主要方面。第一，出现了诸如教育经济学、教育社会学、教育技术学等具有鲜明时代特征的新兴交叉学科，使当代教育学成为一个兼收并蓄、能够包容和借鉴多学科理论和方法的综合性的学科体系；第二，对同一教育制度、教育现象的探索，产生了具有不同视角、研究方法和价值取向的理论体系。不同理论之间又能够积极地互相影响和取长补短，这极大地丰富了当代教育学的理论内容，增强了当代教育学理论对教育现实的解释力和对教育决策的影响力。

进入 21 世纪，随着信息技术、脑科学、大数据、人工智能等学科取得长足发展，学科综合化趋势也更加明显。随着对人的学习和成长的生理心理特别是脑神经机制认识的不断深化，学科之间的知识和方法从相互借鉴、综合运用发展到深度融合，教育政策学和学习科学就是多门学科交叉融合形成的新学科。这些教育综合学科的发展，将给教育学的发展带来怎样的新进展？值得期待。

> 教育学的综合化是当代教育学发展的又一特征。教育学的综合化主要是指借鉴其他学科的研究方法、融合其他学科的理论成果，出现了一批新兴交叉学科和多视野的教育理论体系。当今教育神经科学、学习科学的发展预示着教育学新的突破。

主题词

教育　　　　　　　　　当代教育学
学校教育　　　　　　　教育学
教育科学　　　　　　　规范教育学
古代教育　　　　　　　《普通教育学》
文艺复兴时期教育　　　《民主主义与教育》
近代教育　　　　　　　教育学多元化
现代教育　　　　　　　教育学综合化
教育经济学　　　　　　教育政策学
学习科学

习　题

1. 教育发展和变革的基本原因是什么？
2. 古代教育的特征是什么？
3. 近、现代教育的特征是什么？
4. 赫尔巴特和杜威教育思想的主要分歧是什么？
5. 你怎样看待教育学的多元化和综合化？

参考文献

1. 赫尔巴特. 普通教育学 ［M］. 李其龙，译. 北京：人民教育出版社，2015.

2. 杜威. 民主主义与教育 ［M］. 王承绪，译. 北京：人民教育出版社，1990.

3. 凯洛夫，等. 教育学 ［M］. 陈侠，等译. 北京：人民教育出版社，1957.

4. 筑波大学教育学研究会. 现代教育学基础 ［M］. 钟启泉，译. 上海：上海教育出版社，1986.

5. 奥恩斯坦. 美国教育学基础 ［M］. 刘付忱，等译. 北京：人民教育出版社，1984.

6. 袁振国. 教育原理 ［M］. 上海：华东师范大学出版社，2001.

7. 联合国教科文组织国际教育发展委员会. 学会生存——教育世界的今天和明天 ［M］. 华东师范大学比较教育研究所，译. 北京：教育科学出版社，1996.

8. 联合国教科文组织. 教育——财富蕴藏其中 ［M］. 联合国教科文组织总部中文科，译. 2版. 北京：教育科学出版社，2014.

9. 联合国教科文组织. 反思教育：向"全球共同利益"的理念转变？［M］. 联合国教科文组织总部中文科，译. 北京：教育科学出版社，2017.

第*2*章
当代世界教育

第二次世界大战以后，世界的政治、经济、科技、文化各个领域所发生的一系列重大变化，深刻地改变着教育的历史进程，教育的发展也强有力地影响着社会的生产和生活。战后每隔十年左右，世界教育就呈现出一些新的发展特点。第二次世界大战结束伊始的首要任务是消除法西斯的影响，重建民主主义的教育秩序。20 世纪 60 年代掀起战后第一次教育大发展浪潮。由于受经济衰退的影响，20 世纪 70 年代教育发展速度明显放慢。20 世纪 80 年代迎来了教育的第二次大发展浪潮，教育改革如火如荼，全民教育和终身教育成为最具有影响力的两大教育思潮，世界教育逐渐向民主化、现代化、多样化的目标迈进。在结束"冷战"开辟多极化世界格局的 20 世纪 90 年代，促进教育的多样化发展，协同解决全球性的"人类困扰"，成为时代主题。进入 21 世纪，"确保包容和公平的优质教育，促进全民享有终身学习机会"成为时代主题。当代世界教育的变化虽眼花缭乱，但其基本特征仍清晰可辨：教育规模以前所未有的速度增长；教育体制和结构趋于灵活、多样、高效；教育的内涵逐渐扩大，信息化、智能化助力学习型社会的发展；国内、国际移民加剧了教育供给的复杂性，教育不平等的状况依旧存在。

■ 第 1 节　当代世界教育的现状

■ 一、当代世界教育发展的背景

■ （一）政治变革

第二次世界大战后，美国凭借其雄厚的经济、军事和科技实力妄图称霸世界。20 世纪 40 年代末至 90 年代初，以美国为首的帝国主义阵营和以苏联为首的社会主义阵营相对峙，在政治、经济、军事、意识形态等各个方面展开较量，由此形成了持续四十多年的"冷战"局面。20 世纪 60 年代，世界各政治力量出现大动荡、大分化与大改组，一方面是美、苏两个国家的两极对立；另一方面，资本主义世界呈现美、日、西欧三足鼎立的局面。同时，第三世界迅速崛起。80 年代，长期争霸的美、苏两个超级大国由激烈的对抗走向缓和与对话，国际局势也趋于缓和。90 年代，东欧剧变，苏联解体，"冷战"时代宣告结束。西欧、日本的实力、地位显著上升，西方发达资本主义国家之间的矛盾日益发展并呈上升趋势。第三世界在困境中缓慢发展。中国的改革开放取得了举世瞩目的成就。

■ （二）经济发展

第二次世界大战后到 20 世纪 80 年代世界经济的基本特点是：在经济全球化趋势日益加强的背景下，国际经济关系有了空前的发展；资本主义经济体系经历了恢复、高速发展、危机、萧条和停滞、缓慢发展等阶段；社会主义经济体系发展壮大，同时经历了动荡、分化和严重的曲折。广大第三世界国家的经济不断发展，但它们走着不同的发展道路，遭遇着曲折和困难。

当今世界经济出现了全球化、信息化、高科技化等一系列新的特点，经济活动向全球化、国际化的方向加速发展，各国经济上的相互依存、相互渗透和激烈竞争不断加深，商品、劳务和资金的国际流通大大超过国内市场的发展。区域性经济的作用加强，如欧共体逐步实现更加完备的一体化。美、加、墨建立了北美自由贸易区。2008 年金融危机之后，二十国集团（G20）逐渐成为全球经济治理的新核心。2010 年，南非加入金砖国家，新兴经济体组合从原先的四国扩容为五国，在全球经济格局中发挥着重要作用。

■ （三）科技革命

20 世纪中叶以来，科学技术发展速度之快、发展规模之大、作用范围之广、产生影响之深，是历史上前所未有的。以蒸汽机、电力为代表的两次工业革命后，以原子能、电子计算机的发明和应用为代表，发生了第三次科学技术革命。人类进入 21 世纪，又发生了以人工智能、虚拟现实、量子信息技术等为代表的第四次科学技术革命。这次科学技术革命，不只是在个别的科学理论上、个别的生产技术上获得了突破，而是几乎在各门科学和技术领域都发生了深刻的变化。随着技术的发展，科技创新与经济中心逐步由英国向欧洲大陆、再向美洲大陆迁移，东亚地区在新科技的助力下也获得新的增长点。以物联网为载体的信息化、智能化，使知识、信息传输和处理的方式发生了新的变革，这必将导致人类生活方式包括教育方式和学习方式的变革。

■ （四）人口增长

第二次世界大战后，世界人口增长出现了若干新特点，即增速快、总量大、城市化进程快、流动性强。人口的发展是教育发展的重要因素，但人口的无序发展则成为社会的沉重负担。如何把沉重的人口负担转变为丰富的人力资源，教育起着关键性的作用。1950年至今，世界人口年平均增长率接近2%，依此速度，每隔35年，人口就要增加一倍。1987年世界人口突破50亿，1999年达到60亿，2019年为77亿。随着经济的发展，大量农村人口流入城市，城市人口增长极为迅速。1950—1985年，世界城市人口占总人口的比例由29.44%上升到41.6%，2001年达到48%。但城市人口占比地区差异巨大，发达地区达到76%，欠发达地区为41%，最不发达地区只有26%。许多家庭离开家园，迁移到了陌生的地区，而且发达国家和发展中国家的人口增长极不平衡。据联合国发布的《2018年版世界城镇化展望》报告，至2050年，全球城市人口总量将增加25亿，其中中国将新增2.25亿。目前世界上有55%的人口居住在城市地区，到2050年这一比例预计将达到68%。而新增城市人口中，有近90%的人口居住在亚洲和非洲，中国属于人口高度集中居住的国家之一。这将对教育的发展和质量的提高产生极大影响。

■ 二、当代世界教育发展的历程

■ （一）重建时期（20世纪40至50年代末）

第二次世界大战对世界教育来说是一场灾难深重的浩劫。学校被征用、关闭、损坏和摧毁，师生伤亡、流离失所，教育设施和资料遭毁坏。被法西斯统治和占领的国家，教育制度受到不同程度的破坏。因此，战后世界教育恢复和重建工作是急迫、艰巨和繁重的。教育领域必须完成的重建工作是建立行政机构，修复和开放学校，培训教师，增添和改善教育物质设施。对战前教育体制和结构的改革是重建工作的中心任务之一。各国都提出了旨在消除法西斯影响，以民主主义和自由主义为基本取向的教育改革计划。这些计划虽然内容不同，但目标与原则基本上是一致的：使传统的学校系统能招收数量更多的孩子入学并受到为期更长的教育；更认真地考察儿童的能力，推迟筛选和专业化；在学校基础教育阶段和学校后教育阶段，增加技术教育、商业教育和职业教育课程；使高等教育的入学更加方便，增加大学课程的数量；提高大多数教学人员的职业能力；消除经济障碍以使更多的人享有学习机会。在教育结构改革上，实行中等教育阶段的自由教育原则；使更多的有才能的家庭困难学生能享受助学金并接受职业和技术教育，使更多的孩子受到学前教育；为成年人提供接受继续教育的机会。

20世纪40至50年代末，世界教育取得了长足的发展。1950—1960年，世界成人识字人数由8.79亿人增至11.34亿人，文盲率由44.3%下降至39.3%；小学入学率由59.9%上升至72.0%，中学入学率由11.5%上升至

21.3%，大学入学率由 1.3%上升至 4.4%。少数发达国家已基本普及中等教育，高等教育迅速走向大众化。发展中国家普及小学教育取得了明显的进步，但中、高等教育发展与发达国家的差距较大。

> "二战"后初期，世界教育的中心任务是重建以民主主义为基本取向，高效、灵活、多元的教育秩序。

■（二）大发展时期（20 世纪 60 年代）

20 世纪 60 年代，是世界教育发展的黄金年代，其突出标志有三个。首先是教育先行。60 年代伊始，教育发展先于经济发展，成为许多国家的战略，这在人类历史上还是第一次。日本、苏联、美国成功地实行了教育先行政策，不少发展中国家，也不顾代价和困难，毫不犹豫地选择教育先行。其次，教育内涵发生变化。教育扩大到学校范围以外，中小学和大学教育被大量的校外活动或校外辅助活动所补充甚至代替，成人教育、继续教育兴起。最后，教育高速发展。教育的数量、规模、速度的增长显著快于 20 世纪 50 年代。

这一时期，世界教育的大发展有着深刻的社会政治和教育背景。首先，经济对教育的需求和社会对教育的要求推动了教育的大扩张。20 世纪 60 年代，世界经济高速增长，经济从需求拉动和资源供给两方面促进了教育的大发展。一方面，经济扩张需要更多的技术工人，经济需求膨胀和新的就业机会的出现强烈地刺激了教育的发展；另一方面，教育经费占国民生产总值的比重上升，强有力地支持了教育的发展。父母和子女都认为教育会改善他们的生活条件，强烈要求获得受教育的权利。教育是基本人权、教育机会均等是实现教育公正的关键、教育是促使社会变动的基本手段等一系列观念的传播，激发了教育的社会需求。其次，强大的政治意愿和行动推动了教育发展。20 世纪 60 年代初形成的人力资本理论认为，人力资本投资的作用大于物质资本投资的作用，资本积累的重点应从物质资本转移到人力资本上，人力资本是经济增长的关键。这一系列观点对制定国家发展政策产生了重要影响。许多国家把教育和人力资源开发列为最优先发展的领域之一，优先保证财力支持，力图通过普及教育促进经济增长。教育发展进入了一个"计划的时代"，政府通过制订教育计划实现教育目标。发达国家按社会需求原则搞规划，发展中国家则按人力需求原则搞规划。当时相对稳定的和平环境和在和平环境中激烈的政治、军事、经济、科技和意识形态领域的竞争，既成为教育发展的动力，也为教育发展创造了必要的条件。1957 年苏联人造地球卫星的发射引起的"卫星震撼"，加剧了各国通过教育展开国力的竞争。最后，科学技术迅猛发展，使得教育的目的、形式、内容不断落后于现实需要，因此需要通过教育改革，推进教育的现代化进程。

20 世纪 60 年代，世界教育飞速发展。1960—1970 年，世界平均小学入学率由 72.0% 上升至 83.7%，中学入学率由 21.3% 上升至 33.3%，大学入学率由 4.4% 上升至 7.1%。全世界各级教育在校生由 4.36 亿上升至 6.17 亿，初等教育在校生由 3.4 亿人上升至 4.31 亿人，中等教育在校生由 8300 万人上升至 12976 万人，高等教育在校生由 1320 万人上升至 2130 万人。教育经费增长快于入学人数增长。文盲率由 39.3% 下降至 34.2%。大学生、中学生人数激增是这个时期发达国家的显著特征。少数国家的高等教育已经走向大众化。发达国家基本上普及了中等教育。相当一部分国家的初等教育入学率已达 90% 以上，中等教育入学率也有了显著提高。

> 教育先行、教育规划、教育大扩张、教育民主化构成了 20 世纪 60 年代大发展时期的显著特点。

■ （三）调整时期（20 世纪 70 年代）

进入 20 世纪 70 年代，世界教育发展面临着一系列新情况、新问题。由于政治、经济和社会的原因，60 年代盛行的教育乐观主义演变为 70 年代的教育悲观主义，教育发展速度减慢。教育体制、结构处于新的调整时期。

20 世纪 60 年代末期，由于教育的超常规发展，教育与经济社会发展之间已经出现了一些不和谐的因素。在教育经费上，许多政府都面临着一种进退两难的困境，直接按照学校教育发展的全部要求动用财政资源已不可能。事实上，教育经费增加的速度已经放慢。教育的快速发展带来了教育的高成本和低质量的问题。在就业问题上，有些社会正在开始拒绝制度化教育产生的成果（社会拒绝使用学校的毕业生），这在历史上还是第一次，以致美国教育家菲力浦·库姆斯认为存在"世界教育危机"。

1973 年开始的由石油危机引起的资本主义世界经济危机，给资本主义国家的经济和教育发展以沉重打击，宣告了经济和教育的"黄金时代"的终结。一些国家从普遍缺少受过教育的劳动力突然向劳动力过剩转变。经济滞胀一方面减少了毕业生的就业机会，另一方面使教育经费和预算不可避免地遭到缩减。人们对教育的价值和作用的认识发生变化。人们开始怀疑，在社会、经济和教育的不平等继续存在的条件下，教育是否具有帮助实现社会经济目标特别是机会均等目标的作用。筛选理论、社会化理论和劳动力市场分割理论对人力资本理论提出挑战（参见第 12 章）。教育促进经济增长的作用受到怀疑。

20 世纪 70 年代，随着教育发展环境的新变化，世界教育在调整中缓慢发展，发展的重点也随之转向提高质量。70 年代世界教育发展的一个显著特征是总量继续增长，但发展速度减缓。大多数发展中国家教育增长的步伐也持续地放慢下来，虽然不像发达国家放慢得那么快、那么猛。这种发展速度放缓的趋势一直延续到 80 年代。

> 20 世纪 70 年代受经济滞胀和教育悲观主义的双重影响，教育扩张速度有所放慢，教育发展的重点转向提高质量。

■ （四）新增长时期（20 世纪 80 年代至今）

进入 20 世纪 80 年代以来，整个世界特别是发达国家似乎都被卷入了一股教育改革的热潮中。1983 年 4 月，美国国家优异教育委员会发表了题为《国家在危机中：教育改革势在必行》的报告；1985 年 3 月和 5 月英国政府分别向议会提交了《把学校办得更好》的白皮书和《20 世纪 90 年代英国高等教育发展》的绿皮书……；由此形成了世界性的教育改革热潮。改革的动因是多方面的。提高本国产品在国际市场上的竞争能力，增强综合国力，是推动教育改革的深层次和最直接的动力。以人工智能、虚拟现实、量子信息技术等为代表的第四次科学技术革命深入发展，向教育提出了新的挑战和要求。虽然东西方关系由对抗走向对话，由紧张趋于缓和，但南北差距扩大，矛盾加深，国与国之间经济竞争更趋于激烈。世界经济由衰退逐步走向复苏和繁荣，给教育重新注入了生机和活力。社会生活条件发生了一系列变化，如收入提高、自由活动时间增多、教育功能扩大，也要求教育做出相应的变革。

20 世纪 80 年代以来，各国教育改革的目标、内容和方法各有不同，但有一些共同特征。

1. 以提高教育质量为中心。世界教育由重视数量增长向全面重视质量提高转变，且进一步聚焦公平和卓越。美国进入 21 世纪以后，在第一个 10 年内颁布的两份教育战略规划——《确保教育机会均等，促进全国教育卓越》《美国创造机会以有意义地促进技术、教育和科学之卓越法》均以"卓越"为关键词。英国的国际教育战略报告以及学校发展白皮书均强调了优质教育的供给，如《置世界于世界一流教育之中》《你的孩子，你的学校，我们的未来：建立 21 世纪学校系统》均提出公平与优质的教育是学生成功的基石。

2. 进一步加强教育同现代生产和实际生活的联系，提高教育的效率和效益，使教育适应急剧变化的社会发展和个人发展需要。继智商、情商之后，数商的概念问世。非营利性国际智库"数商研究院"于 2019 年组织发布了《2019 数商全球标准报告：数字文化、技能与准备通用框架》，明确提出培育数字智能可以促进人类社会更好地使用、控制并创造技术。

3. 改革课程和教材，增强教育内容的适切性。无论是集权国家还是分权国家，均强调国家课程和校本课程开发的平衡。通过国家课程标准界定人才培养的基准线，同时鼓励学校、教师、社会各界积极投入课程研发与实施，为学生提供多样化的选择。

4. 重视学生道德、文化和身体素质的全面和谐的发展。世界经济论坛于 2020 年初发布了题为《未来学校：为第四次工业革命定义新的教育模式》的报告，提出了"教育4.0"的全球框架，其中包含了学习内容和经验转变的关键特征。在学习内容上，要求具备全球公民技能（global citizenship skills）、创新创造技能（innovation and creativity skills）、技术技能（technology skills）、人际关系技能（interpersonal skills）。在学习经验转变上，要求可及性和包容性学习（accessible and inclusive learning）、基于问题和协作的学习（problem-based and collaborative learning）、个性化和自定进度的学习（personalized and self-paced learning）、终身学习和学生自驱动的学习（lifelong and student-driven learning）。

5. 普遍重视提高教师的素质和工资待遇。招募、培养高质量的教师，提高教师的工资待遇成为国际组织、各国提升师资队伍的主要措施。2013 年，联合国教科文组织提出可通过"提高教师的工资标准；提高教师的福利待遇；制定增薪办法，鼓励教师进行培训；提高教师的社会地位"[1] 等措施来提高教师待遇。经济合作与发展组织在《建设高质量的教师专业：来自世界的经验》报告中提出：除了为教师提供充足的薪酬，还应为教师提供一个作为专业人员的工作环境；吸引不同类型的人加入教师群体，扩展教师群体的背景和经验；设计激励措施，吸引人才接受教师教育；提供简明的教师教育课程概况说明；适当延长专业实习的时间；加强教师之间的合作；等等[2]。通过这些措施保障教师的质量。

6. 各级各类教育迅速发展。20 世纪 80 年代世界教育取得了进一步发展。1980—1990 年，世界初等教育的毛入学率从 96.1%增至 98.7%，中等教育的毛入学率从 44.6%增至 52.1%，高等教育的毛入学率从 11.5%增至 13.5%。大多数发达国家已经实现高等教育的大众化，部分发展中国家已经普及中等教育，高等教育逐渐成为发展的重点。（参见表2-1）

表 2-1　1950—1990 年世界各级教育入学率

（单位:%）

年份	全世界			发达国家			发展中国家		
	小学	中学	大学	小学	中学	大学	小学	中学	大学
1950	59.9	11.5	1.3	103.1	26.7	3.7	43.7	5.3	0.6

---

① UNESCO. Strategy on teachers (2012-2015) [EB/OL]. (2012-06-05) [2020-07-11]. http://unesdoc. unesco. org/images/0021/002177/217775E. pdf.

② SCHLEICHER A. Building a high-quality teaching profession: lessons from around the world [EB/OL]. (2011-11-30) [2020-07-11]. http://www.oecd org/site/eduistp13/building%20a%20high-quality%20%20teaching%20profession. pdf. .

续表

年份	全世界			发达国家			发展中国家		
	小学	中学	大学	小学	中学	大学	小学	中学	大学
1960	72.0	21.3	4.4	104.4	44.1	8.4	59.6	11.8	2.1
1970	83.7	33.3	7.1	106.8	59.2	13.6	71.3	19.4	3.4
1980	96.1	44.6	11.5	101.4	84.4	30.3	94.9	35.3	5.7
1990	98.7	52.1	13.5	101.6	93.6	36.8	98.1	44.1	8.3

资料来源：联合国教科文组织历年统计年鉴。

进入 21 世纪以后，世界各国对教育更加重视。《达喀尔行动纲领》颁布后的 15 年里，全世界的教育取得了巨大进展，有不到 1/5 的国家能够保障十二年免费义务教育。低收入国家初中教育普及率从 1999 年的 25% 提高到 2008 年的 31%，中低收入国家从 52% 提高到 64%，中高收入国家从 81% 提高到 85%。到 2015 年，全球的小学、初中和高中结业率分别为 83%、69% 和 45%[①]。各国政府加大力度，通过国家和国际评估衡量学习成果，从而确保所有儿童都获得高质量的教育。

到了 2016 年，高等教育进入普及化阶段的国家和地区有 61 个。澳大利亚、希腊、土耳其和韩国等国家高等教育入学率已经超过 90%。根据国际大学协会记录，当前全球高等教育机构已经超过 2 万所，仅美国就有 4500 多所高等教育机构。然而，这一数据在 1990 年前后尚不到 100。

> 2000 年在塞内加尔达喀尔举行的世界教育论坛上，164 个国家的政府同世界各地的合作组织一致通过《达喀尔行动纲领》，由此开启了一个雄心勃勃的议程：到 2015 年实现六项教育目标，即扩大、改善幼儿保育和教育，普及初等教育，实现文盲减半，促进终身学习，确保性别平等，提高教育质量。2001 年，联合国教科文组织开始编写《全民教育全球监测报告》，以监测进展，找出差距，并就 2015 年后的全球可持续发展议程提出建议。最后一期报告，即 2015 年报告（《2000—2015 年全民教育：成就与挑战》）主要基于 2000—2012 年的数据评估了全民教育的成效，并提交给在韩国仁川举行的世界教育论坛。2015 年的"仁川宣言"吸取了人文主义教育发展观，以人权和尊严为基础，强调教育的可持续发展目标。

7. 教育是人类共同的利益。2015 年，联合国教科文组织在巴塞罗那发布的重要研究报告《反思教育：向"全球共同利益"的理念转变?》，强调要在

----

① UNESCO. Accountability in education：meeting our commitments［M］. Paris：UNESCO, 2017.

相互依存、日益加深的世界实现可持续发展，就应将教育和知识视为全球共同利益。报告指出：共同利益概念超越了公益的辅助性概念，教育作为共同利益的概念，重申了教育作为一项社会共同努力的集体层面（分担责任和精诚团结）。①

第2节　当代世界教育的特征

一、规模迅速增长

教育史学家博伊德（William Boyd）和金（Edmond King）指出，20世纪每10年（有时是一年）所发生的变化比工业革命前的整个历史时期还要大。当代世界教育发展的革命性变革充分证明了这一点。当代世界教育处在一个急剧增长的时代，增长模式具有四个显著的特征。（1）规模庞大。1950年全世界中小学入学人数为2.5亿，1990年增至10亿多，1997年增至11.54亿。接受正规中小学教育的人数已占全世界总人口的1/5以上。如果加上接受成人教育的人数，受教育人数就更为庞大。库姆斯（Philip H. Coombs）指出，从1960年到1980年，全世界总的注册学生数翻了一番，这就意味着这20年中教育扩大的规模相当于在此之前的整个历史阶段扩大的规模②。（2）增长速度快。1960—1980年，全世界小学、中学和大学的就学人数分别增加了106%、280%、346%。教育增长具有超常规增长的特点。1999年以后，低收入国家普及初等教育的进程加快。教育先行的战略选择和人才超前储备的策略强化了这一特征。（3）非均衡性。世界教育呈现出一幅复杂的动态增长图景。在许多国家，中高等教育的增长快于初等教育。从总体上看，发达国家的教育增长快于发展中国家。就发展中国家整体而言，在全面提供各级正规教育方面，它们与发达国家的差距在20世纪80年代略有扩大。据联合国2015年的数据，发展中地区的小学入学率达到91%，小学教育适龄儿童失学人数为5700万。适龄失学儿童中，一半以上来自撒哈拉以南非洲地区。在小学阶段辍学的儿童中，有50%生活在受冲突影响的地区。世界上有1.03亿青少年缺乏基本的读写算技能，其中60%为女性。（4）波动性。当代世界教育在不同历史时期增长的方式和速度存在明显的差异，20世纪60年代的大发展与70年代的发展减速形成鲜明的对照。人口数量的波动也会造成教育发展的波动。第二次世界

---

① 联合国教科文组织. 反思教育：向"全球共同利益"的理念转变？[M].联合国教科文组织总部中文科，译. 北京：教育科学出版社，2017.

② 库姆斯. 世界教育危机——八十年代的观点 [M]. 赵宝恒，等译. 北京：人民教育出版社，1990.

大战后发达国家婴儿数量剧增，造成了 20 世纪 60—70 年代初、中、高等教育规模依次剧增，而随着 60—70 年代人口自然增长率降低，小学入学人口相对减少，一些地方留下了空荡荡的教室和多余的教师。然而在 21 世纪初，师资短缺几乎成为全球普遍现象。经济合作与发展组织的研究发现教师队伍普遍老化，年龄在 50—59 岁的教师占比远高于 25—34 岁年龄段的教师，未来很多地区将面临教师的短缺①。社会对高质量师资的要求进一步提高。

> 教育增长是指教育数量的增加和规模的扩大。教育发展是指教育从一个较低的水平或地位提高到一个较高的水平或地位，它涵盖数量、质量、效益的上规模、上层次、上水平。

■ 二、体制和结构显著变化

当代世界教育结构发生了一系列引人注目的变化。教育制度由双轨制向单轨制转变，教育结构既高度分化又高度整合，教育的类型、层次、形式具有多样化的特征。19 世纪至 20 世纪中叶，世界上许多国家特别是主要的资本主义国家的教育系统的典型特征是双轨制。一个学校系统为资产阶级和其他有产阶级服务，收费昂贵，设施和师资优良，旨在培养各种高级人才；另一个学校系统是专供劳动人民的子女就学的，办学条件和教育质量较差，目标是培养既掌握一定文化和生产技术又安分守己、服从统治的劳动者。由于这两个系统自成体系、互不沟通，因而称为"双轨制"。第二次世界大战以后，西方发达国家学校教育系统由双轨制向单轨制急剧转变，它们逐步建立起统一的、具有多种职能的、相互沟通的学校系统，以取代筛选性强、互相分立、互不沟通的学校系统，综合学校成了基本的学校组织形式。

> "双轨制"是指 19—20 世纪主要资本主义国家分别为贵族及资产阶级子女与劳动人民子女设立了筛选严格、差异悬殊、互相分离、互不沟通的两个学校系统。"单轨制"即 20 世纪后期形成的统一的、具有多样职能的、纵横沟通的单一学校系统。第二次世界大战以后，"单轨制"逐渐替代"双轨制"。

一体化模式的典型特征是把具有不同目标和教育背景的学生集中在一个机构，提供最终能获得不同学位的课程；把具有不同科研和教学任务的教师会集起来，实行一定程度的协调。多样性模式是指有不同入学条件的学生进入不同类型的高教机构或课程项目，接受不同类型的教育。

---

① OECD. Education at a glance 2019-data and methodology［EB/OL］. (2019-09-10)［2020-07-15］. http://www.oecd.org/education/education-at-a-glance/educationataglance2019-dataandmethodology.htm.

■ 三、内涵逐渐扩大

当代世界教育观正在发生急剧的变化，教育的内涵不断拓展和深化，涵盖了正规教育、非正规教育、非正式教育。终身教育、全民教育和学习型社会已成为教育发展的新趋势和新目标。

20世纪50年代前，教育一直与"正规学校教育"相提并论，因此，通常认为一个人所受的教育程度是通过上学年限及其获得教育证书的类型和水平来衡量的。这种教育概念包含了与日常生活经验不相适应的三个方面含义：（1）只有学校才能够满足个人所有的基本学习需求；（2）在一个人的学龄期可以一劳永逸地完成学习；（3）任何缺乏正规学校教育的人实际上就是没有受过教育的人。20世纪60年代以来，人们逐渐认识到非正规教育和非正式教育对于满足人们学习需求的重要意义。非正规教育指的是在正规教育体制以外进行的，为人口中的特定类型的成人及儿童有选择地提供学习形式的有组织、有系统的活动。非正式教育指的是每个人从日常经验和社会生活环境中，例如从家人和朋友的榜样和态度中，通过旅游、读书、看报、收听广播、收看电视和电影等方式学习和积累知识、技能、态度和见识的终身过程。

20世纪70年代以来，世界非正规教育的广播电视大学、岗位培训、校外教育等继续增长。

> 正规教育是有目的、有组织、有计划、由专职人员和专门机构承担的，以影响入学者的身心发展为直接目标的全面系统的训练和培养活动。非正规教育是在正规教育制度以外所进行的，为成人和儿童有选择地提供学习形式的有组织、有系统的活动，包括各种岗位培训、校外教育、继续教育等。非正式教育是指每个人从日常生活经验和生活环境（家庭、工作单位、社会）中学习和积累知识技能，形成态度和见识的无组织、无系统的终身过程。

进入21世纪，非正式教育与非正规教育的形式得以进一步发展。社交媒体、自媒体、泛在大学、慕课等提供了丰富多样的教育内容和更为弹性、自主的学习发展机会。

■ 四、不平等现象严重

教育平等是各国孜孜以求的重要的政策目标。实现教育平等有助于减少社会不平等现象。教育平等可以是教育机会的平等，也可以是教育结果的平等；可以是个体的平等，也可以是社会群体的平等；还可以是学校的、社区的乃至全社会的平等。教育机会的平等有三重含义，首先是个体起点的平等，即每个人都有不受任何歧视地开始其学习生涯的机会；其次是过程的平等，即以平等为基础的方式来对待每一个人的教育活动；最后是目标的平等，即保证不同个体学业成功的机会更平等。教育不平等一般是指由差别造成的接受正规教育的不平等，例如由所在地区、性别、社会经济条件、文化状况以及民族和社会地位等的不同所造成的教育不平等（详见第 13 章）。

第二次世界大战后，世界教育发展的趋势是教育的民主化。教育平等成了教育发展的重要目标。虽然世界教育在平等化上前进了一大步，但是不平等依然严重。

首先，教育不平等表现为区域的不平等。发达国家与发展中国家存在着"知识差距"。1990 年，世界成人文盲达 9.48 亿人，其中 75%集中在发展中国家。2010 年，在低收入国家和中等收入国家，来自最贫困的五分之一家庭的儿童不能接受初等教育的比例，比来自最富裕的五分之一家庭的儿童高 5 倍以上；与 2000 年相比，这个倍数还略微提高了①。

其次，教育不平等表现为性别的不平等。教育的性别不平等几乎在所有国家都长期普遍存在，其根本原因在于这些不平等最初是从每一特定社会的传统文化、风俗习惯和宗教戒律中产生的。

最后，教育不平等表现为阶层、文化背景的不平等。不管在发展中国家还是在发达国家，所有教育特别是高等教育中最普遍和最难消除的不平等，是那些源于社会经济、文化和民族差异的不平等。

> 　　教育平等是个体获得相同的受教育机会、过程和结果的历史追求，其核心是消除因性别、种族、区域、社会经济条件、文化状态、社会地位等导致的对不同受教育者在教育过程中各用其材、各展其长的种种歧视和阻碍。

■ 第 3 节　当代世界教育发展的趋势

■ 一、教育全民化

全民教育与终身教育已经成为当代最具影响力的两大教育思潮，它们不仅主导了当前世界教育改革的方向，也成为今后世界教育发展和进步的趋势。全民教育的任务侧重于普及教育，终身教育的任务侧重于继续教育。

全民教育这一教育普及目标的提出是建立在社会发展巨变的基础上的，全民教育兴起的原因有三个。首先，从个人发展的层次上看，全民教育既是使每个社会成员都享有受教育的权利并借以促进社会平等的根本保证，又是使个人

---

① 联合国教科文组织．2000—2015 年全民教育：成就与挑战［M］．北京：教育科学出版社，2015.

获得生存和发展能力的基本手段。其次，从社会或国家发展的层次上看，全民教育既是社会经济进步的必然结果，也是社会和国家走出危机、摆脱贫困、实现繁荣的必然选择。最后，全民教育是促进世界文明共同繁荣的需要。

所谓全民教育就是教育对象的全民化，亦即教育必须向所有人开放，人人都有受教育的权利并且必须接受一定程度的教育。全民教育不仅仅是人的一种权利，而且是一种必需。1990年，联合国教科文组织发起召开的世界全民教育大会提出，20世纪90年代世界全民教育的目标包括：到2000年普及并完成初等教育；2000年，成人文盲率减少到1990年水平的一半；扩大幼儿的看护和发展活动；提高学习成绩；扩大提供基础教育和青年及成人所需要的其他必需技能的培训。为了应对全民教育面临的挑战，满足全民的基本学习需要，许多国家采取以下举措：（1）普及入学机会并促进平等；（2）基础教育把重点放在知识的实际获得和结果上；（3）扩大并不断重新确定基础教育的范围，加强早期的儿童看护和初始教育，普及初等教育，开通青年和成人学习必需的多种传授体系，有效地利用信息、通信等手段和渠道传播知识；（4）促使社会各方面确保所有学习者都得到他们所需要的营养、卫生保健及一般的物质和情感支持，从而使他们能积极参与教育并从中获益。然而，2008年之后，初等教育的普及陷入停滞状态，这意味着"普及初等教育"的目标无法按期实现；初等和中等教育中的性别均等稳步推进，并在2009年得以实现，比预计的2005年晚了四年。

> 全民教育即全体国民都有受教育的基本权利并必须接受一定程度的教育，国家、社会通过各种方式满足国民基本的学习需求。

■ 二、教育终身化

终身教育是20世纪60年代形成和发展的一种国际性教育思想。它一经提出，便得到了人们的广泛认可。联合国教科文组织认为它是"知识社会的根本原理"。终身教育成为发达国家和发展中国家制定教育政策的主导思想。终身教育使教育从教育思想到教育行为方式发生了根本性转变，带来了整个教育的革命。终身教育动摇了传统教育大厦赖以存在的基石，被誉为"可以与哥白尼日心说带来的革命相媲美，是教育史上最惊人的事件之一"[①]。终身教育思潮虽出现不久，却表现出强大的生命力、渗透力和影响力。终身教育已成为世界教育发展趋势中的不可逆转的洪流，它给社会带来的各种积极作用也越来越显著。

---

① 查尔斯·赫梅尔. 今日的教育为了明日的世界 [M]. 王静，赵穗生，译. 北京：中国对外翻译出版公司，1983：22.

　　终身教育是指人们在一生中都应当和需要受到各种教育培训。诚如保罗·朗格朗所说，把人生分成两半，前半生用于受教育，后半生用于工作的观点是毫无科学根据的。接受教育应该是一个人从生到死永不休止的事情，教育应当在每个人需要的时刻以最好的方式提供必要的知识和技能。终身教育在时间上贯穿人的一生。终身教育在空间上打通了学校与社会、家庭的阻隔。终身教育是多元的立体的整合，它不仅是教育内部一切因素的整合，而且也是教育与其他外部诸因素的整合。终身教育主张教育不是单纯的知识的传递，而应是贯彻人的全面发展精神，培养个体适应现代社会所需要的各种能力和素质。终身教育主张学习者不仅要学习已有的文化，而且要培养个人对环境变化的主动适应性、独立性。

　　终身教育的提出和实施对于当代世界教育的改革和发展具有十分重要的意义。首先，它形成了对教育的全新认识、全新理解。终身教育的目的在于培养新型的和完善的人。"终身教育并不是一个教育体系，而是建立一个体系的全面的组织所根据的原则，而这个原则又是贯穿在这个体系的每个部分的发展过程之中的。到现在，终身教育这个概念，从个人和社会的观点来看，已经包括整个教育过程了。它首先关心儿童教育，帮助儿童过着他应有的生活。同时它的主要使命是培养未来的成人，使他准备去从事各种形式的自治和自学。"①从终身教育的观点来看，教育绝不仅仅包括学校教育，学校教育不是教育的全部，每个人必须终身继续不断地学习。终身教育既不是传统的学校教育的简单延伸、叠加、重复，也不排斥学校的存在与价值，而必须内在地包含并以青少年必须接受的学校教育为基础。终身教育是以内容更加丰富、对象更加广泛、施教范围更具社会性、价值判断标准多元取向、学习形式个别化与多样化为特征的教育。其次，终身教育的过程实际上是促进教育社会化和学习社会化的过程。教育化社会即正规的学校教育成为主导的教育形式的社会。学习化社会即形成一个教育与社会政治、经济组织密切交织的社会，在此社会中每个公民享有在任何情况之下都可以自由地学习、训练和培养自己，社会作为一个整体具有更重要的教育作用，它把"学习实现自我"即人的教育，放在最优先的地位。学习不仅包括人的一生，而且包括整个社会。教育将是普遍的和继续的，是完整的和富于创造的。因而，终身教育也就是终身学习。甚至可以说，终身学习比终身教育更贴切地显示未来学习化社会的特征。最后，终身教育的价值判断标准的多元化，为人们指出了一条发展完善自身的崭新之路。教师，作为教育的专业人员，无疑应该成

---

　　① 联合国教科文组织国际教育发展委员会．学会生存　教育世界的今天和明天［M］．上海师范大学外国教育研究室，译．上海：上海译文出版社，1979：196.

为终身教育、终身学习的实践者和先行者。

> 终身教育是人们充分地开发和利用各种各样的教育资源，在漫长一生中所接受的各种训练和培养的总和。

■ 三、教育民主化

教育民主化是 20 世纪 60 年代以来世界教育改革的主流。米亚拉雷（G. Mialaret）指出：“教育‘民主化’现已成为几乎所有教育革新和教育改革的一项固有的目标。教育‘民主化’是目前全球教育系统演变的一个基本趋势。”①教育民主化已成为许多国家主要的教育政策。

教育民主化包括教育的民主与民主的教育两个方面。前者是民主的外延扩大，即把政治的民主扩展到教育领域，使受教育成为公民的权利和义务；后者是教育内涵的加深，即把专制的、不民主的、不充分民主的教育改造成为民主的教育。前者是后者的前提，后者是前者的引申。概言之，教育民主化是指全体社会成员享有越来越多的教育机会，受到越来越充分的民主教育。人人有受教育的权利，在教育机会面前人人平等，人人成为民主化教育的主体。教育民主化的中心内容之一是实现教育平等。教育机会平等是教育平等的基础。《学会生存 教育世界的今天和明天》一书指出：“可能平等地受教育，这只是求得公平的必要条件，而不是它的充足条件……，平等的机会必须包括同样成功的机会。”“机会平等是要肯定每一个人都能受到适当的教育，而且这种教育的进度和方法是适合个人的特点的。”机会作为一个可变标准，包括一组对个人教育有影响的变量。从教育机会均等概念的历史演变看，最初只是强调入学机会的均等，或者是初等教育义务的均等；之后就扩展到受教育的年限、学校类型、课程性质；最后，扩展到教育的全过程，包括入学机会、过程条件、结果的均等。教育机会平等的主要要求是，每个人都有机会接受最基本的教育，每个人都有相等机会接受符合其能力发展的教育。

为了实现教育民主化，一方面要做到教育的普及化，另一方面要达到教育质量和效果的平等。教育普及化可以说是教育民主化的基本保证。如果说教育民主化是旨在保证社会的每个公民都有受教育的权利的政治理想的话，那么教育普及化则是保证人们真正享有这一权利的现实基础。教育民主化必然要求教育体制和运行机制的变革，教育体制由筛选型、集权型转向综合型、分权型，教育结构由刚性、封闭式转向弹性、开放式，师生关系由权威型转向互动型，教育方式由灌输式转向启发式，教育评价由注重选择转向注重培养，教育管理

---

① MIALARET, VIAL. 现代教育史 [M]. 张人杰，等译. 台北：五南图书出版有限公司，1993：250.

由集中、封闭式转向参与式、自主式。

> 　　教育民主化是个体享有越来越多的平等的教育机会，并受到越来越充分的以自主和合作为特征的民主形式的教育和教育制度不断转向公正、开放、多样的演变过程。

■ 四、教育信息化

以计算机和互联网为代表的信息技术推动人类社会进入了信息化的时代。信息社会正在从根本上改变人类的生存方式，毫无疑问，也将从根本上改变人类的教育方式和学习方式。这种改变才刚刚开始，但它的发展却比历史上的任何革命都要迅速，对此我们需要有充分的准备。电脑和互联网正在构造一个既远离我们又环绕着我们的世界，加拿大的科幻作家为这个虚拟世界起了一个名字叫赛博空间（cyberspace）。这个空间每天都在扩展，用不了多长时间就会普及到世界的每个角落，并且会把人类分成两类人群：进入赛博空间的人群和没有进入赛博空间的人群。这个空间并不是空的，里面充满了人文景观和诱人画面，积聚了世界上的各种文化，形成一种前所未有的赛博文化。在这个文化空间里，人们的交流方式和交流工具都会发生巨大的变化，它将突破时间和空间的限制，突破语言文字的限制，也会突破意识形态的限制。从教育的角度来说，我们关于教育的概念，以及长期以来建立的与教育联系的对象，如校舍、教室、图书馆、课堂、教材、考试、作业、升学制度等都可能不复存在或者变化成与现在大相径庭的形式。

如今，关于虚拟空间的想象已经实现。学习方式屡经迭代后，形成了多种学习路径并存的结构，突破了时间、空间、语言、规模的限制（见图 2-1）。基于无线广播和电视技术的大众教学，基于电脑的个别化学习，基于互联网的合作探究学习，基于各类社交媒体、专业媒体的泛在学习，以及基于智能伴学系统的大规模的个性化学习共存。可以预见的是，随着智能教育产品的愈加丰富和完善，在万物互联的新时代，教育的信息化和智能化程度将不断提高，学生的个性发展将获得更为广阔的空间。

在信息化教育环境下，师生角色得以重塑。在传统教育环境中，教师被认为是知识较多者，是正确答案的拥有者，是答疑者，而在未来，教师将无法继续扮演这些角色。教师与学生共同面对着瞬息万变的信息浪潮，共同分享着见仁见智的观点意见。用教材限定教学内容、用教室限定教学对象已经不复存在了。面对这样的变化，如何当教师，对所有教师包括学术功底深厚、教学经验丰富的教师来说，都是新问题。在新的教学手段、教学环境下，如何融合学科知识与教育理论，更是教育研究面对的全新挑战。

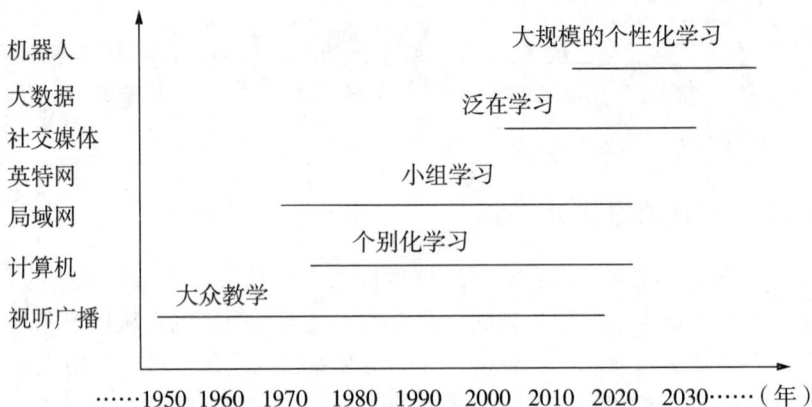

图2-1 信息技术对教育理论与实践的影响

从更广阔的社会背景出发，随着信息技术渗透到人类生存和发展的方方面面，教育如何应时代之变化，开展数字公民教育，提升未来公民的信息素养，也是需要考虑的重要课题。美国国际教育技术协会将数字公民界定为"能够安全地、合法地、符合道德规范地使用数字化信息和工具的人"。联合国教科文组织"通过安全、有效、负责任地使用 ICT 培养数字公民教育"项目小组提炼了一个简洁的数字公民教育框架，这个框架包括四个基本领域：数字素养、数字安全、数字参与和数字情商。如何创造性地实施这个框架，是教育不可回避的课题。

> 教育信息化是基于电脑和互联网的教育内容更新和教育形式变革的过程，教育信息化将促进教育从固定的人在固定时间、固定地点学习固定内容向任何人在任何时间、任何地点学习任何内容的彻底转变。

■ 五、教育国际化

教育国际化伴随着经济全球化而来。第二次世界大战之后，各国之间的教育交流、互动更为频繁。国际组织参与全球治理后，各国教育国际化的广度和深度得以进一步拓展。自 20 世纪 80 年代起，一些发达国家开始致力于推进高等教育在组织、制度与学位、课程等方面的跨国协作与认证。1998 年，卡宁汉姆（Stuart Cunningham）等提出的"无边界教育"（borderless education），勾勒了高等教育人员、项目、教育机构与资源等跨国、跨组织流动的新特征。欧洲于 1999 年启动了博洛尼亚进程（Bologna Process），旨在消除学生跨国流动的壁垒、建立统一的学位与课程认证系统和高等教育系统的共同框架。世界贸易组织（WTO）《服务贸易总协定》中的教育服务贸易条款等，则致力于打破各国间教育服务贸易的贸易壁垒。2003 年联合国教科文组织和经合组织发布的《保证跨境高等教育质量指导准则》（Guidelines for Quality Provision in Cross-Border Higher Education）与 2004 年由国际大学协会（IAU）、加拿大高等院校联合会（AUCC）、美国教育理事会（ACE）、美国高等教育认证理事会（CHEA）共同起草并签署的《跨境共享优质高等教育》（Sharing Quality Higher Education Across Borders）都鼓励满足人类、社会、经济和文化需求的高质量跨境高等教育的发展。1960 年全世界留学生人数约为 25 万，20 世纪 60 年代末已近 50 万，80 年代末超过 100 万[①]，1995 年有 130 万，2000 年已达 160 万，至 2006 年增加到 290 万[②]。国际学生数由 2011 年的不到 400 万，增长到 2017 年的超过 530 万。留学生年均增长率在 10% 以上。其中超过一半的学生去往美国、英国、澳大利亚、法国、德国和俄罗斯等 6 个国家。基础教育国际化的途径也越来越丰富，除了原有的海外办学、合作办学外，还出现了课程教材的输出以及师资的海外研修等新方式。

国际教育已经成为重要产业，教育国际化是各国保持其国际先进地位的重要策略。英国、美国、澳大利亚等国均将发展国际教育看作支持本国经济发展的重要战略。根据美国商务部的数据，2018 年国际学生为美国贡献了 447 亿美元。中国的教育国际化先后经历了以留学教育为先导，以高等教育与文化交流为主，进而扩展到整个教育体系对外开放的历程。如今我国已成为世界最大的留学生输出国和亚洲最大的留学生目的国，基础教育的优秀经验正在"走出去"。截至 2020 年 6 月，我国已经在 162 个国家和地区设立了 541 所孔子学院和 1170 个孔子课堂，中国语言文化的影响力不断增加；我国中外合作办学机构和项目达 2282 个，其中本科以上的中外合作办学机构和项目有 1196 个。我国具有独立法人资格的中外合作办学的大学有 10 所，非独立法人中外合作办学机构有 121 家。与此同时，越来越多的学校引进国际课程，为学生提供多样化的选择。

> 教育国际化是指在世界经济全球化的推动下，在国际教育市场开放的背景下，教育资源在国际间进行配置，教育要素在国际间加速流动，教育国际交流与合作日益频繁，各国及区域间教育互相影响的程度不断提高的过程。

---

① 赵五一. 合作 创新 育人——商务学院国际化合作实践与思考 [M]. 北京：知识产权出版社，2014：13.

② 董泽宇. 来华留学教育研究 [M]. 北京：国家行政学院出版社，2012：3.

主题词

教育增长	智能教育
教育发展	教育平等
双轨制	全民教育
单轨制	终身教育
正规教育	教育民主化
非正规教育	教育信息化
非正式教育	教育国际化

习 题

1. 当代世界教育改革和发展的基本背景是什么？
2. 当代世界教育发展过程可划分为哪几个时期？各时期教育发展的基本特点是什么？
3. 当代世界教育发展的基本特征是什么？
4. 全民教育与终身教育对于当代教育改革和发展具有什么意义？
5. 教育民主化的本质是什么？
6. 教育信息化将对传统教育形成怎样的挑战？

参考文献

1. 中国教育与人力资源问题报告课题组. 从人口大国迈向人力资源强国 [M]. 北京：高等教育出版社，2003.
2. 联合国教科文组织. 世界教育报告2000　教育的权利：走向全民终身教育 [M]. 联合国教科文组织中文科，译. 北京：中国对外翻译出版公司，2001.
3. 袁振国. 教育改革论 [M]. 南京：江苏教育出版社，1992.
4. 赵中建. 教育的使命：面向二十一世纪的教育宣言和行动纲要 [M]. 北京：教育科学出版社，1996.
5. 祝智庭. 关于教育信息化的技术哲学观透视 [J]. 上海：华东师范大学学报（教育科学版），1999（2）.

第*3*章

当代中国教育

我国是一个具有悠久文化传统和教育传统的国家，我国的文化和教育曾经对世界特别是亚洲国家产生过重大影响。1949 年中华人民共和国成立以后，经过党和政府以及全国人民的共同努力，我国逐步建立和形成了完整的教育体系，全面普及了九年义务教育，高中阶段毛入学率近90%，高等教育毛入学率达到51.6%，从一个教育小国、弱国发展为一个教育大国并向教育强国迈进，开辟了具有中国特色的社会主义教育道路，为世界提供了教育优先发展的中国经验。

■ 第1节　当代中国教育的发展

■ 一、新中国成立初期的教育历程（1949—1956 年）

1949 年以后的中国教育史，是一部在一个贫穷落后、人口众多的国家实现教育跨越式发展的历史，是一部筚路蓝缕、波澜壮阔的奋斗史，也是一部改革创新、具有中国特色的社会主义教育探索史。

■ （一）1949—1952 年

新中国成立伊始，面临着接管旧教育、建设新教育的全新任务。《中国人民政治协商会议共同纲领》规定：中华人民共和国的文化教育为新民主主义的，即民族的、科学的、大众的文化教育。人民政府的文化教育工作，应以提高人民文化水平，培养国家建设人才，肃清封建的、买办的、法西斯主义的思想，发展为人民服务的思想为主要任务。为了贯彻这一方针，体现教育的人民性，当时主要采取了以下五个方面的改革措施：（1）接管和改造旧学校，掌握学校的领导权；（2）改革旧学制，颁布新学制，实行全日制学校、干部学校、业余学校同时并举的"三轨制"，为工农特别是工农干部提供受教育的机会；（3）所有设施都向劳动人民开放；（4）清理教师队伍，对教师进行思想改造；（5）对高等学校进行院系调整，以便更切实地为经济建设服务。这一过程大致到 1952 年年底结束。

■（二）1953—1956 年

1953 年 2 月 7 日，毛泽东在全国政协一届四次会议的闭幕式上，提出了今后的三大任务：第一，要加强抗美援朝的斗争；第二，要学习苏联；第三，要在各级领导机关和领导干部中反对官僚主义。从此，在全国范围内掀起了一个相当长时间学习苏联的热潮。教育在"必须彻底地系统地学习苏联的先进经验"的口号下，模仿甚至照搬苏联的教育模式。大量引进苏联的教学大纲、教科书，仅高校翻译出版的教材就有 1391 种。各院校邀请苏联专家讲学、参加学校管理，仿照苏联的学校管理模式，用苏联的教育理论指导我们的教育工作。

苏联教育理论对我国影响最大、最深远的，无疑是凯洛夫主编的《教育学》，它对我国教育思想的影响突出地表现在如下几个方面。

1. 建设社会主义国民教育制度的原则。它强调学校的国家性、统一性、非宗教性，强调男女平等和普及初等义务教育。

2. 教育目的。它规定以培养全面发展的社会成员为教育的任务，实现这一任务最主要的途径则是掌握自然、社会和思维科学的各种知识，并形成独立思考和独立工作的能力。

3. 教学为主的思想。它强调智育的首要性，主张德育也主要通过教学来进行。同时它也强调教学过程中教师、教材、课堂活动的作用。

■ 二、社会主义教育的艰难探索（1957—1978 年）

1957 年以后，我国教育界开始抛弃苏联的教育模式，寻求符合中国国情的、体现中国人关于未来社会理想的教育模式，一场新的教育探索与变革开始了。1958 年 9 月，中共中央国务院发布了《关于教育工作的指示》，提出了教育为无产阶级政治服务、教育与生产劳动相结合的教育方针。其要点是：在一切学校中，加强政治思想教育工作；把生产劳动列为正式课程，学校办工厂和农场，工厂和农业合作社办学校；走党委领导下的群众路线，实行党委领导下教育专门队伍和人民群众结合，教师和学生群众结合。这些方针与当时"大跃进"的形势相配合，掀起了一场轰轰烈烈的教育革命浪潮。全国高校、中专学校数和在校学生数迅猛增长。

1960 年年底，中央文教小组召开了全国文教工作会议，会议检查批评了文教战线的"共产风、浮夸风、强迫命令风、干部特殊风和瞎指挥风"，集中研究了教育工作中贯彻执行"调整、巩固、充实、提高"八字方针的问题，强调通过调整建立完善的教学秩序，大力提高教学质量，压缩了学校规模和数量。至1963 年，全国高校由 1960 年的 1289 所合并为 407 所，在校生由 96 万人减少至

75 万人；中专由 6225 所裁并为 1355 所，在校生由 222.6 万人减少至 45.2 万人；中小学也进行了必要的调整。在"大兴调查之风"的号召下，教育部对全国许多省市进行了实际调查，广泛征求意见，在此基础上，颁布了《高校六十条》《中学五十条》和《小学四十条》。这三个重要条例虽然没有从理论上对过去的教育思想和实践进行系统反思，但从正面肯定了教学工作的基本原则，试图辩证地处理教育工作中的一系列基本问题，形成了一些教育工作的基本经验。

1966—1976 年的十年是"文化大革命"的十年，也是"教育大革命"的十年。1966 年 5 月，中央政治局召开扩大会议，通过了《中国共产党中央委员会通知》，在全国范围内掀起了一场长达十年的"一个阶级推翻另一个阶级的政治大革命"。

"文化大革命"期间，由于对教育的性质和形势做出了错误的判断，提出对教育进行彻底的"革命"。首先是要夺取教育的领导权，派遣工人、农民和解放军进驻学校、领导学校；其次，认为学校的中心任务是开展对资产阶级的批判，学生要学习文化，但更要到工厂、农村、军营向工人、农民、解放军学习，要在社会革命实践中学习；最后，否定了以往教育整套的招生、升学、选拔、分配制度以及培养方式，试图建立起一套全新的社会主义教育模式。

■ 三、改革开放以后的教育改革（1978 年至今）

1977 年，我国恢复了高考制度，派遣留学生出国，继而重新颁布了《高校六十条》《中学五十条》和《小学四十条》，制定了《中华人民共和国学位条例》等。特别是 1978 年 12 月党的十一届三中全会确定了以经济建设为中心的社会主义现代化建设基本路线，对外开放汲取了世界各国教育发展的有益经验，我国教育改革和发展进入一个新的时期。邓小平 1983 年为北京景山学校题词"教育要面向现代化，面向世界，面向未来"，成为此后我国教育改革和发展的战略方针。20 世纪 80 年代的我国教育改革正是在这一大背景下展开的。

1985 年《中共中央关于教育体制改革的决定》明确了我国的教育目的："教育必须为社会主义建设服务，社会主义建设必须依靠教育。"同时指出："中央认为，要从根本上改变这种状况，必须从教育体制入手，有系统地进行改革。"这一文件的核心内容包括：（1）把发展基础教育的责任交给地方，有步骤地实行九年义务教育；（2）调整中等教育结构，大力发展职业技术教育；（3）改革高等学校的招生计划和毕业分配制度，扩大高等学校办学自主权。这些为教育主动适应经济和社会发展的需要，为教育的多元化发展和真正办出富有中国特色的教育奠定了基础。

根据我国教育发展的新形势，1993 年中共中央发布了《中国教育改革和发展纲要》，提出"到本世纪末……形成具有中国特色的、面向二十一世纪的社会主义教育体系的基本框架。再经过几十年的努力，建立起比较成熟和完善的社会主义教育体系，实现教育的现代化"。1998 年中共中央国务院发布了《关于深化教育改革全面推进素质教育的决定》，其中提出了"全面推进素质教育，培养适应二十一世纪现代化建设需要的社会主义新人"的战略思想，并从"深化教育改革，为实施素质教育创造条件""优化结构，建设全面推进素质教育的高质量的教师队伍"和"加强领导，全党、全社会共同努力开创素质教育的新局面"等方面，确定了开创教育工作新局面的工作思路、原则和方法，为中国教育事业的转型奠定了基础。2002 年党的十六大进一步提出坚持教育创新，形成比较完善的现代国民教育体系，形成全民学习、终身学习的学习型社会的改革方向和目标。

进入 21 世纪以后，经济全球化深入发展，科技进步日新月异，人才竞争日趋激烈。面对经济升级和社会转型的新要求，教育还存在诸多不适应，主要表现在：教育观念相对落后，内容方法比较陈旧，中小学生课业负担过重，素质教育推进困难；学生适应社会和就业创业能力不强，创新型、实用型、复合型人才极其紧缺；教育体制机制不完善，学校办学活力不足；教育结构和布局不尽合理，城乡、区域教育发展不平衡，贫困地区、民族地区教育发展相对滞后；教育投入不足，教育优先发展的战略地位尚未得到全面落实。为此，2010年中共中央、国务院颁布的《国家中长期教育改革和发展规划纲要（2010—2020 年）》做出了全面部署，提出深化教育综合改革，特别是重点领域和关键环节的改革，以立德树人为根本任务，以改革创新为强大动力，以促进公平和提高质量为战略重点，以推进考试招生制度改革和深入推进管办评分离为重要抓手，着力培养创新型、复合型、实践型和国际性人才。由此，我国开启了从教育大国迈向教育强国、实现教育内涵式发展的新征程。

2017 年党的第十九次代表大会胜利召开，开启了中国特色社会主义新时代。大会做出了我国社会主要矛盾已经转化为人民日益增长的美好生活需要和不平衡不充分的发展之间的矛盾的历史判断，提出了两个阶段的奋斗目标：从 2020 年到 2035 年，在全面建成小康社会的基础上，再奋斗 15 年，基本实现社会主义现代化；从 2035 年到本世纪中叶，在基本实现现代化的基础上，再奋斗 15 年，把我国建成富强民主文明和谐美丽的社会主义现代化强国。会议再次强调，要把教育事业放在优先发展位置，加快教育现代化，办好人民满意的教育。这为新时代中国教育改革发展确立了新方位，提出了新目标，指明了新路径。面向 2035 年乃至 2050 年，教育必须坚持全面深化改革，坚决破除一切不合时宜的思想观念和体制机制弊端，突破利益固化的藩篱，吸收人类文明有益成果，尊重教育规律和人才成长规律，在教育结构和教育布局优化上做出更大努力，在教育公平和教育质量提升上迈出更大步伐，在激发教育活力上采取更有力的措施，系统创新人才培养模式，全面提高个性化、多样化、高质量教育服务的供给能力，坚持中国特色社会主义教育道路，不断推进教育治理体系和治理能力的现代化。

> 　　新中国的教育发展史，是一部在一个贫穷落后、人口众多的国家实现教育跨越式发展的历史，也是一部改革创新、具有中国特色的社会主义教育探索史。

■ 第 2 节　当代中国教育的现状

■ 一、我国教育事业的跨越式发展

　　1949 年，我国人口 5.4 亿，占世界总人口的 1/5，但文盲半文盲高达 80%，小学学龄儿童入学率尚不足 20%，15 岁以上人口平均受教育年限仅为 1.6 年；90% 以上的妇女是文盲，在农村，妇女文盲占文盲总数的 95% 以上。国民文化素质极低，男女差异和区域发展差异悬殊。到 2017 年，中国教育整体水平超过中高收入国家平均水平。（见表 3-1）

表 3-1　教育毛入学率①的国际比较

（单位：%）

国家分组	学前教育毛入园率	高中教育毛入学率	高等教育毛入学率
世界	53.7	61.7	32.1
高收入国家	86.3	98.5	75.1
中高收入国家	69.2	75.9	33.9
中国	83.4	89.5	51.6

　　数据来源：中华人民共和国教育部 .《教育规划纲要》贯彻落实情况总体评估报告（摘要）［EB/OL］.（2015-12-10）［2019-04-18］. http：//www. moe. gov. cn/jyb_ xwfb/xw_ fbh/moe_ 2069/xwfbh_ 2015n/xwfb_ 151210/151210_ sfcl/201512/t20151210_ 224178. html. 其中，中国数据为 2019 年数据，参见《2019 年全国教育事业发展统计公报》。

■ 二、我国各级各类教育发展现状

　　到 2019 年，全国共有各级各类学校 53.01 万所，各级各类学历教育在校生 2.82 亿人，专任教师 1732.03 万人。

　　■（一）学前教育

　　全国共有幼儿园 28.12 万所，在园幼儿 4713.88 万，学前教育毛入园率达到 83.4%；幼儿园教职工 491.57 万人，专任教师 276.31 万人。（详见图 3-1）

――――――――――

　　① 毛入学率，是指某一级教育不分年龄的在校学生总数占该级教育国家规定年龄组人口数的百分比。由于包含非正规年龄组（低龄或超龄）学生，毛入学率可能会超过 100%。

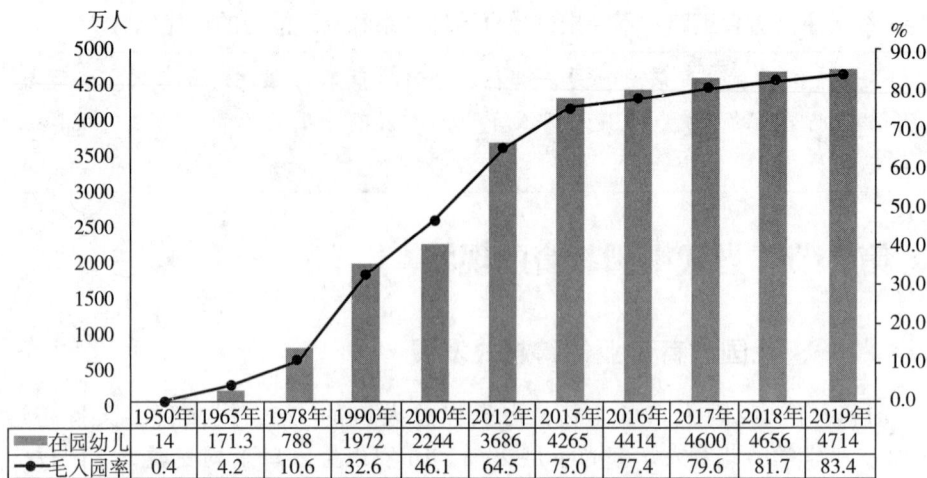

	1950年	1965年	1978年	1990年	2000年	2012年	2015年	2016年	2017年	2018年	2019年
在园幼儿	14	171.3	788	1972	2244	3686	4265	4414	4600	4656	4714
毛入园率	0.4	4.2	10.6	32.6	46.1	64.5	75.0	77.4	79.6	81.7	83.4

图 3-1　学前教育在园幼儿和毛入园率

（二）义务教育

全国共有义务教育阶段学校 21.26 万所，招生 3507.89 万人，在校生 1.54 亿人，专任教师 1001.65 万人，九年义务教育巩固率[①]达 94.8%。

1. 小学

全国普通小学 16.01 万所，另有小学教学点 9.65 万个。招生 1869.04 万人，在校生 10561.24 万人，小学学龄儿童净入学率[②]达 99.94%。小学教职工有 585.26 万人，其中专任教师 626.91 万人，专任教师学历合格率为 99.97%。生师比为 16.85∶1。（详见图 3-2）

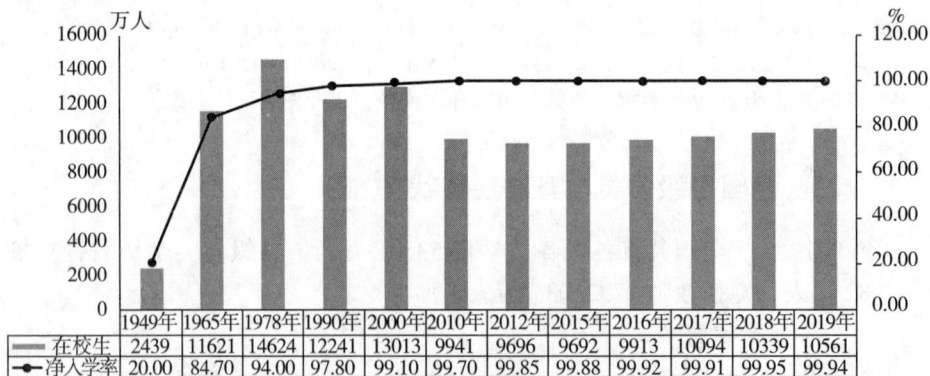

	1949年	1965年	1978年	1990年	2000年	2010年	2012年	2015年	2016年	2017年	2018年	2019年
在校生	2439	11621	14624	12241	13013	9941	9696	9692	9913	10094	10339	10561
净入学率	20.00	84.70	94.00	97.80	99.10	99.70	99.85	99.88	99.92	99.91	99.95	99.94

图 3-2　小学在校生和净入学率

---

① 九年义务教育巩固率，是指初中毕业班学生数占该年级入小学一年级时学生数的百分比。

② 小学学龄儿童净入学率，是指小学教育在校学龄人口数占小学教育国家规定年龄组人口总数的百分比，是按各地不同入学年龄和学制分别计算的。

2. 初中

全国有初中学校 5.24 万所（含职业初中 11 所），招生 1638.85 万人，在校生 4827.14 万人，初中阶段毛入学率为 102.6%。初中教职工 435.04 万人，专任教师 374.74 万人。专任教师学历合格率为 99.88%。生师比 12.88∶1。（详见图 3-3）

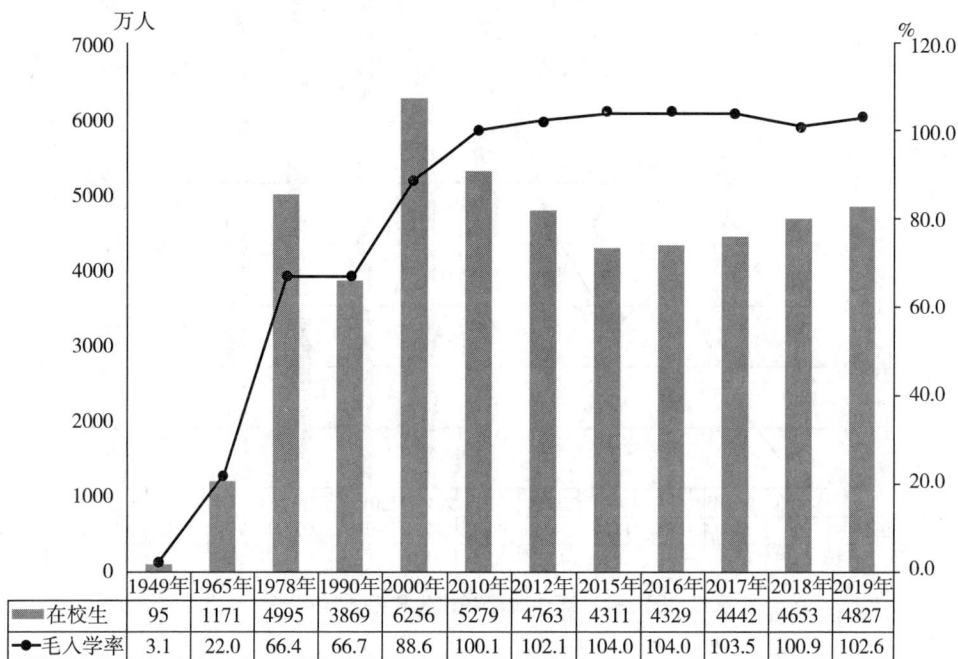

	1949年	1965年	1978年	1990年	2000年	2010年	2012年	2015年	2016年	2017年	2018年	2019年
在校生	95	1171	4995	3869	6256	5279	4763	4311	4329	4442	4653	4827
毛入学率	3.1	22.0	66.4	66.7	88.6	100.1	102.1	104.0	104.0	103.5	100.9	102.6

图 3-3　初中在校生和毛入学率

（三）特殊教育

全国共有特殊教育学校 2192 所。特殊教育学校共有专任教师 6.24 万人，招收各种形式的特殊教育学生 14.42 万人，在校生 79.46 万人。其中，附设特教班在校生 3845 人，占特殊教育在校生的 0.48%；随班就读在校生 39.05 万人，占特殊教育在校生的 49.15%；送教上门在校生 17.08 万人，占特殊教育在校生的 21.50%。

（四）高中阶段教育①

全国高中阶段教育共有学校 2.44 万所，招生 1439.86 万人，在校学生 3994.90 万人，比上年增加 60.23 万人，高中阶段毛入学率为 89.5%。（详见图 3-4）

———————

① 高中阶段包括普通高中、成人高中、中等职业学校。

万人

%

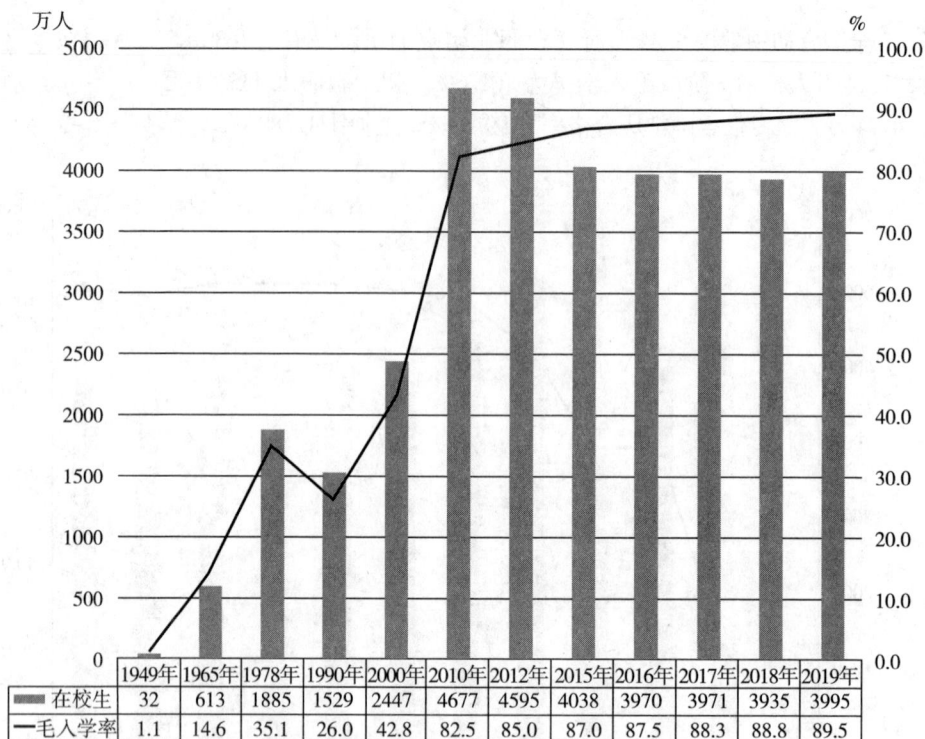

	1949年	1965年	1978年	1990年	2000年	2010年	2012年	2015年	2016年	2017年	2018年	2019年
在校生	32	613	1885	1529	2447	4677	4595	4038	3970	3971	3935	3995
毛入学率	1.1	14.6	35.1	26.0	42.8	82.5	85.0	87.0	87.5	88.3	88.8	89.5

图 3-4　高中阶段在校生和毛入学率

1. 普通高中

全国共有普通高中 1.40 万所，招生 839.49 万人，在校生 2414.31 万人，毕业生 789.25 万人。普通高中教职工 283.37 万人，专任教师 185.92 万人。生师比为 12.99∶1。专任教师学历合格率为 98.62%。

2. 成人高中

全国共有成人高中 333 所，在校生 4.12 万人，专任教师 1933 人。

3. 中等职业教育

全国共有中等职业学校 1.01 万所，其中普通中等专业学校 3339 所，职业高中 3315 所。中等职业教育招生 600.37 万人，其中普通中专招生 255.50 万人，成人中专招生 49.73 万人，职业高中招生 152.18 万人，技工学校招生 142.95 万人。中等职业教育在校生有 1576.47 万人，占高中阶段教育在校生总数的 39.46%。中等职业学校教职工有 107.33 万人，专任教师 84.29 万人。

■（五）高等教育

全国各类高等教育在学总规模①达 4002 万人，高等教育毛入学率为
51.6%。全国共有普通高等学校 2688 所（含独立学院 257 所），其中本科院校
1265 所、高职（专科）院校 1423 所。全国共有成人高等学校 268 所，研究生
培养机构 828 个，其中普通高等学校 593 个、科研机构 235 个。普通高等学校
校均规模为 11260 人，其中本科院校 15179 人，高职（专科）院校 7776 人。
研究生招生 91.65 万人，其中招收博士生 10.52 万人，招收硕士生 81.13 万
人。在学研究生有 286.37 万人，其中在学博士生 42.42 万人，在学硕士生
243.95 万人。毕业研究生 63.97 万人，其中毕业博士生 6.26 万人，毕业硕士
生 57.71 万人。(详见图 3-5)

普通高等学校教职工有 256.67 万人，专任教师 174.01 万人。普通高校生
师比为 17.95：1，其中本科院校为 17.39：1，高职（专科）院校为19.24：1。

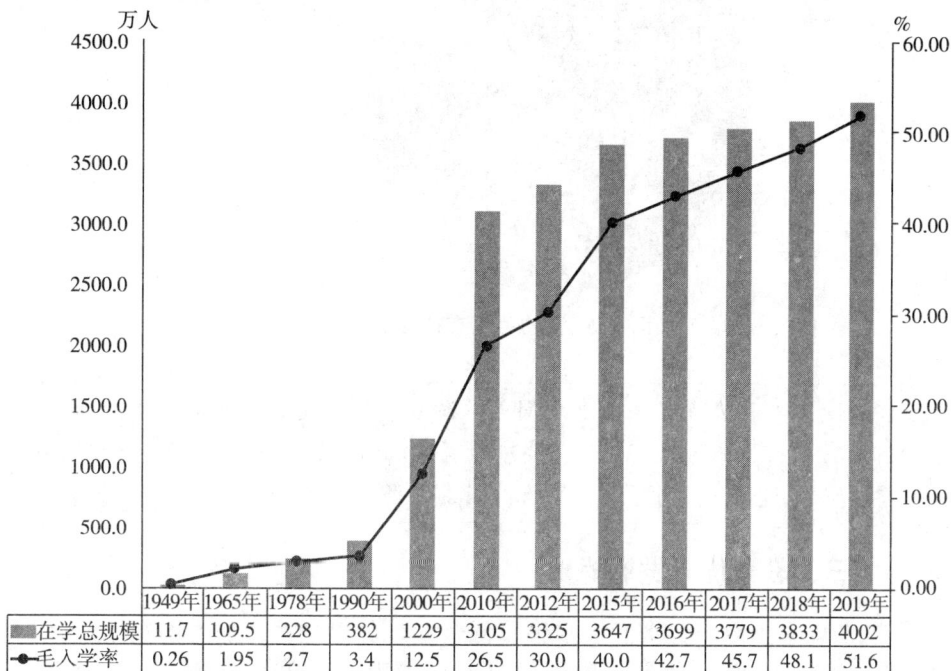

	1949年	1965年	1978年	1990年	2000年	2010年	2012年	2015年	2016年	2017年	2018年	2019年
在学总规模	11.7	109.5	228	382	1229	3105	3325	3647	3699	3779	3833	4002
毛入学率	0.26	1.95	2.7	3.4	12.5	26.5	30.0	40.0	42.7	45.7	48.1	51.6

图 3-5　高等教育在学总规模和毛入学率

① 全国各类高等教育在学总规模，包括研究生、普通本专科、成人本专科、网络本专科、高等教育自学考试本专科等各种形式的高等教育在学人数。

■（六）民办教育

全国共有各级各类民办学校 19.15 万所，占全国学校总数的 36.13%。各类教育在校生 5616.61 万人。民办幼儿园 17.32 万所，在园幼儿 2649.44 万人。民办普通小学 6228 所，在校生 944.91 万人。民办初中 5793 所，在校生 687.40 万人。民办普通高中 3427 所，在校生 359.68 万人。民办中等职业学校 1985 所（未含技工学校数据），在校生 224.37 万人，比上年增加 14.67 万人。民办高等学校 757 所（含独立学院 257 所，成人高校 1 所），在校生 708.83 万人，其中在学硕士研究生 1865 人。（详见图 3-6）

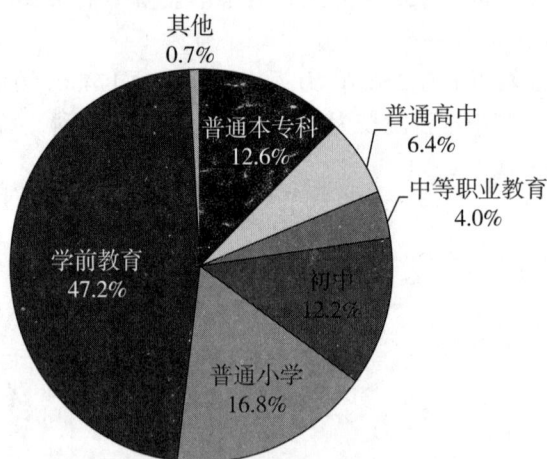

图 3-6　民办教育在校生规模结构

2019 年我国九年义务教育巩固率达到 94.8%，走在了世界各国的前列；学前教育毛入园率达到 83.4%，高中教育毛入学率达到 89.5%，高等教育毛入学率达到 51.6%，均超过中高收入国家的平均水平。

■ 三、教育优先发展战略

长期以来，由于经济发展水平较低，人口负担过重，加之国家用于生产性投资比重大，公共教育经费占 GDP 和政府财政收入的比例较低，教育经费短缺一直是困扰我国教育发展的最主要问题。改革开放初期，经济社会发展水平很低，教育投入严重缺乏。在改革开放最初的十多年里，教育经费不增反降，1980—1993 年，教育经费占国内生产总值（GDP）的比例由 3.17% 下滑到 2.97%，其中财政性教育经费占 GDP 的比例由 2.94% 下降到 2.43%。为了保障教育事业的优先发展，我国政府在 1993 年提出了"国家财政性教育经费支出占国民生产总值的比例到 2000 年达到 4%"的目标，此

后一直在为实现这个目标而努力。我国从国情出发，创造性地通过三个优
先，即经济社会发展规划中优先安排教育发展、财政资金预先保障教育投
入、公共资源优先满足教育和人力资源开发需要，保障教育优先发展切实得
到落实。2012 年财政性教育经费支出占 GDP 比例首次突破 4%，达到
4.28%，之后连续 7 年维持在 4%以上。2019 年全国教育经费支出为 50175
亿元，其中国家财政性教育经费（主要包括一般公共预算安排的教育经费，
政府性基金预算安排的教育经费，国有及国有控股企业办学中的企业拨款，
校办产业和社会服务收入用于教育的经费等）为 40049 亿元，占 GDP 的比
例 4.04%，为教育高质量发展提供了有力支撑。（见表 3-2）

表 3-2　改革开放以来我国财政教育经费支出情况

项目	1980 年	1990 年	1995 年	2000 年	2005 年	2010 年	2019 年
财政性教育经费（亿元）	134.9	564.0	1411.5	2562.6	5161.1	14670.1	40049
财政性教育经费占 GDP（%）	2.94	2.99	2.30	2.56	2.76	3.56	4.04
预算内教育经费（亿元）	113.2	426.1	1028.4	2085.7	4665.7	13489.6	34913
财政支出（亿元）	1228.8	3083.6	6823.7	15886.5	33930.3	89874.2	238874
预算内教育经费占财政支出（%）	9.21	13.82	15.07	13.13	13.75	15.01	14.62

注：财政性教育经费占 GDP 比例数据、财政支出数据来自历年《中国统计年鉴》，
2019 年 GDP 数据来自国家统计局，2019 年财政支出数据来自《2019 年财政收支情况》；财
政性教育经费、预算内教育经费来自历年《中国教育经费统计年鉴》和《全国教育经费执
行情况统计快报》。

■ 第 3 节　我国的教育目的和教育方针

■ 一、教育目的的概念和层次结构

▨ （一）教育目的的概念和意义

1. 概念

广义的教育目的是指人们对受教育者的期望，即人们希望受教育者通过受
到教育在身心诸方面发生什么样的变化，或者产生怎样的结果。国家和社会教
育机构、学生的家长和亲友、教师等，都对新一代寄予这样那样的期望，这些
期望可以理解为广义的教育目的。在我国，习惯上用教育方针来表达广义的教
育目的。

狭义的教育目的是国家对培养什么样人才的总要求。各级各类学校无论具体培养社会什么领域和什么层次的人才，都必须努力使所有学生都符合国家提出的总要求。因此，教育目的对所有的学校都具有指导意义。不管学生有多大的个别差异，如体质强弱不同、成绩高低不齐、兴趣爱好不一，学校都必须努力使他们符合国家提出的总要求。

2. 意义

教育目的对一切教育工作具有指导意义，教育制度的制定、教育内容的确定、教育与教学方法的运用，无不受教育目的的制约。教育目的是教育工作的方向，是一切教育工作的出发点和归宿。教育目的强调培养军人或武士，教育体系遂有强调基础教育和注重培养民族情感的倾向；教育目的强调培育英才，教育体系遂有强调高质量教学和鼓励竞争的倾向；教育目的强调个性自由发展，教育体系遂有灵活多样和自由活泼的倾向。教育的价值观决定了教育目的，教育目的决定了教育活动。

■ （二）教育目的的层次结构

教育目的是各级各类学校必须遵循的总要求，但它不能代替各级各类学校对所培养的人的特殊要求，各级各类学校还有各自的具体培养目标，这便决定了教育目的的层次性。其结构如下所示。

学校教育的目的 {
　　教育目的（国家的或思想家理想中的）
　　培养目标（各级各类学校的）
　　教学目标（课程或教学的）

培养目标是由特定的社会领域（如教育工作领域、化学工业生产领域、医疗卫生工作领域等）和特定的社会层次（如普通劳动、熟练技术工作、管理人员、高级行政人员、专家等）的需要所决定的；也因受教育对象所处的学校级别（如初等、中等、高等学校）而变化。为了满足各行各业、各个社会层次的人才需求和不同年龄层次受教育者的学习需求，各级各类的学校应运而生。教育目的是对所有受教育者提出的，而培养目标是针对特定的对象提出的，各级各类学校的教育对象有各自不同的特点，制定培养目标不可能不研究自己学校学生的特点。

教育目的与培养目标之间的关系是普遍与特殊的关系。我们掌握制定教育目的的原理，就可以把这些原理用在培养目标的设定上。

教学目标是教育者在教育教学的过程中，在完成某一阶段（如一节课、一个单元或一个学期）工作时，希望受教育者达到的要求或产生的变化结果。学校培养人的工作是长期的、复杂的而又细致的，学校实现教育目的和培养目标也不是一蹴而就的事，对学生的培养需要日积月累。这就要求学校、教师将教育目的具体化，明确在某一时段内、教一门学科或组织一项活动时，希望学生在认知、情感、行动和身体诸方面需要达到的具体目标。

教学目标越明确越具体，就越容易操作，也越便于评估和改进。

在课程或教学目标的具体化方面，拉尔夫·泰勒（R. W. Tyler）提出的课程编制的一般原理（泰勒原理）经过布卢姆（B. S. Bloom）的发展，形成了具有例证的目标分类体系，即学生是否掌握了一个教学目标，可以从不同的侧面、不同的层次予以检验。比如，我们在一节物理课上确定的教学目标是"用自己的语言来阐述带电物体相互作用问题或解释抽象的公式"，那么，第一步可能是要求学生判断下列四个等式哪一个是正确的：$F = Q/Dd^2$，$F = QQ'/Dd^2$，$D = Q^2/Fd$，$d = QQ'/DF$。学生不仅指出第二个等式是正确的，而且能大致地指出"两个带电物体间的吸引力或排斥力与它们的电荷的乘积成正比，与它们的间距的平方成反比"的含义，就说明他确实掌握了这一知识。再比如，语文课上教授一个词语，我们可以从这样五个层次检验学生掌握这一词语的程度：说出它的意思，用该词造一个句子，说出它的反义词，根据语法规则对这个词进行修饰，指出这个词的不正确的用法。

> 教育目的是一定教育价值观的体现。教育目的具有不同的层次结构。广义的教育目的是指人们对受教育者的期望。在我国，习惯上用教育方针来表达广义的教育目的。狭义的教育目的是国家对培养什么样人才的总要求。

■ 二、我国的教育目的

■ （一）我国教育目的的表述

新中国成立以来，我国教育目的的表述经过多次变动。

1957年，在生产资料所有制的社会主义改造基本完成以后，毛泽东在最高国务会议上提出："我们的教育方针，应该使受教育者在德育、智育、体育几方面都得到发展，成为有社会主义觉悟的有文化的劳动者。"[①]

1982年，第五届全国人民代表大会第五次会议通过了《中华人民共和国宪法》，规定："国家培养青年、少年、儿童在品德、智力、体质等方面全面发展。"

1985年，《中共中央关于教育体制改革的决定》指出："教育……为九十年代以至下世纪初叶我国的经济和社会的发展，大规模地准备新的能够坚持社会主义方向的各级各类合格人才……。所有这些人才，都应该有理想、有道德、有文化、有纪律，热爱社会主义祖国和社会主义事业，具有为国家富强和人民富裕而艰苦奋斗的献身精神，都应该不断追求新知，具有实事求是、独立

---

① 毛泽东. 毛泽东选集：第五卷［M］. 北京：人民出版社，1977：385.

思考、勇于创造的科学精神。"人们经常把这一表述简称为"四有、两爱、两精神"。

1993年，中共中央、国务院发布的《中国教育改革和发展纲要》重申："各级各类学校要认真贯彻'教育必须为社会主义现代化建设服务，必须与生产劳动相结合，培养德、智、体全面发展的建设者和接班人'的方针。"

中国共产党第十六次全国代表大会的报告要求："全面贯彻党的教育方针，坚持教育为社会主义现代化建设服务，为人民服务，与生产劳动和社会实践相结合，培养德智体美全面发展的社会主义建设者和接班人。"

2018年9月10日，习近平在全国教育大会上的讲话中指出，我们围绕培养什么人、怎样培养人、为谁培养人这一根本问题，全面加强党对教育工作的领导，坚持立德树人，……培养德智体美劳全面发展的社会主义建设者和接班人。

这几次表述虽然在字面上有所变化，具体内容也不完全一样，但有两点基本精神是一致的。

第一，我们要求培养的是社会主义建设者和接班人，坚持政治思想素质、道德品质素质与文化知识能力的统一。

第二，教育目的要求培养人在道德、才智、体质、审美和劳动素养等方面的全面发展，要求在脑力与体力两方面的协调发展。

21世纪以后，进一步强调立德树人，着力培养学生的社会责任感、创新精神和实践能力，强调知行统一、学思结合的综合素养。

> 我们的教育目的是，坚持立德树人，培养德智体美劳全面发展的社会主义建设者和接班人。

■ （二）全面发展教育的基本组成

1. 德育

德育是培养学生正确的世界观、人生观、价值观，培养学生具有良好的道德品质和正确的政治观念，培养学生形成正确的思想方法的教育。

普通中学在德育方面的要求是：帮助学生初步了解马克思主义的基本观点和中国特色社会主义的思想；让学生热爱党，热爱人民，热爱祖国，热爱劳动，热爱科学；培养学生勇于开拓的思维方法和科学精神，形成社会主义的现代文明意识和道德观念；养成学生适应改革开放新形势的开放心态和应变能力。

2. 智育

智育是授予学生系统的科学文化知识和技能，发展他们的智力和与学习有关的非智力因素的教育。

普通中学在智育方面的要求是：帮助学生在小学教育的基础上，进一步有系统地学习科学文化基础知识，掌握相应的技能、技巧，发展思维能力、想象能力和创造能力，养成良好的学习习惯和自学能力，同时要注意培养学生良好的学习兴趣、情感、意志和积极的个性品质等非智力因素。

3. 体育

体育是授予学生健康的知识和技能，发展他们的体力，增强他们的体质，培养他们的意志力的教育。

普通中学在体育方面的要求是：向学生传授基本的运动知识和技能，培养他们锻炼身体和讲究卫生的良好习惯，培养他们顽强的意志力，促进他们身体的正常发育和机能的成熟，增强他们的活动能力和身体素质。

4. 美育

美育是培养学生健康的审美观，发展他们鉴赏美和创造美的能力，培养他们的高尚情操和文明素质的教育。美育并不等于艺术教育，也不仅是"美学"的学习，它的内容要比艺术教育与"美学"学习的内容宽阔得多。

美育工作主要有以下三个方面的内容。

（1）提高学生感受美的能力。这种能力指的是学生对自然和社会中存在的现实美、对艺术作品的艺术美的感受能力，这种能力只有人才具有。人对美的感受必然要通过感觉器官，但又不限于某种感觉器官，人实际上是用自己的全部感知能力和精神财富、用自己的生命体验来感受美。所以，提高学生感受美的能力，从根本上说是提高人的整体性的精神素养。

（2）培养学生鉴赏美的能力。鉴赏美，包括鉴别美和欣赏美。鉴别美主要是区分美与丑、文与野、优与劣，区分美的程度和种类。这里重要的是审美观的形成。欣赏美要求欣赏者具有美学的基础知识，懂得各种类型美的特性与形态的丰富性，领悟美所表达的意蕴和意境，从而达到"物我同一"的审美境界，并使人格和性情得到陶冶。

（3）形成学生创造美的能力。个体把自己独特的美感，用各种不同的形式表达出来，这就是对美的创造。创造美的能力包括艺术美的创造，也包括现实美的创造。形成学生创造美的能力是美育最高层次的任务，它的实现对人感受美和欣赏美的能力的提高又有积极意义。对于大多数人来说，创造美的能力首先是创造现实生活中美的能力。例如，按美的规律对自己劳动条件和劳动产品进行设计和加工；对居室、日用品、服饰等方面按美的标准做出选择与合理的配置；以自己的行为、表情、语言、仪态等方面的优美表现，创造交际方式的美等。指导学生掌握艺术创造的知识和技能，形成艺术气质、艺术思维，特别是艺术的独创性和个人特性，则是美育的最高境界。

5. 劳动技术教育

劳动技术教育是引导学生掌握劳动技术知识和技能，形成劳动观点和习惯的教育。

普通中学在劳动技术教育方面的要求是：通过科学技术知识的教学和劳动实践，使学生了解物质生产的基本技术知识，掌握一定的职业技术知识和技能，养成良好的劳动态度和劳动习惯。结合劳动技术教育，还可传授学生一定的商品经济知识，使学生初步懂得商品的生产、经营和管理，了解当地的资源状况和经济发展规划，以及国家的经济政策、法律，具有一定的收集和利用商品信息的能力。

五育之间既相对独立，又相互联系、互相促进，在教育实践中，应坚持德育优先，能力为重，全面发展，使学生在德、智、体、美、劳诸方面都得到发展，防止和克服重此轻彼、顾此失彼的片面性，坚持全面发展的教育质量观。

> 在具体教学过程中，不能把一堂课或一项活动简单看成是德育或智育，一名优秀的教育工作者善于将多方面的教育任务和促进学生多方面的发展有机地结合在一起，有所侧重，又有所兼顾。五育并举，融为一体。

主题词

当代中国教育	教育优先发展
教育目的	美育
德育	劳动技术教育
智育	体育

习　题

1. 为什么说当代中国教育的发展史是一部探索中国特色社会主义教育的历史？
2. 如何评价中国教育的成就和艰巨任务？
3. 如何理解"教育为社会主义建设服务，社会主义建设必须依靠教育"？
4. 如何理解全面发展的教育方针？实际工作中有哪些偏差？

参考文献

1. 袁振国，等. 从反正到立新——教育理念创新之路［M］. 上海：华东师范大学出版社，2018.

2. 张宁娟，等. 从追赶到超越——教育跨越式发展之路［M］. 上海：华东师范大学出版社，2018.

3. 范国睿，等. 从规制到赋能——教育制度变迁创新之路［M］. 上海：华东师范大学出版社，2018.

4. 袁振国，翟博，杨银付. 共和国教育公平之路［M］. 上海：华东师范大学出版社，2019.

5. 中国教育与人力资源问题报告课题组. 从人口大国迈向人力资源强国［M］. 北京：高等教育出版社，2003.

中　篇
DANGDAI JIAOYUXUE

第4章

教育与人的发展

促进人的发展是教育的基本目的，也是教育的基本功能。人类社会的不同历史阶段往往存在着极大的差异，人的发展也在不同时代面临着不同的课题和任务。梳理人的发展的历史脉络，能更好地认识教育的本质和教育的功能。

■ 第1节　人的发展思想和理论

人是历史的生成物，同时又是历史的创造者。人类从动物界分离出来已经有几十万年的时间，在这段时间里，人类一直在发展着。人类个体的发展总是带有一定的历史规定性，受到一定历史条件的制约。个体向什么方向发展，发展到什么程度，是由具体的历史条件决定的。"个人怎样表现自己的生活，他们自己也就怎样。因此，他们是什么样的，这同他们的生产是一致的——既和他们生产什么一致，又和他们怎样生产一致。因而，个人是什么样的，这取决于他们进行生产的物质条件。"①

■ 一、中国传统文化中人的发展思想

自春秋战国以来，中国文化以其开放包容、兼收并蓄的特质，在不断融合本土多元思想文化的基础上，创造性地吸收和改造着外来思想文化（如佛学思想）。魏晋南北朝时期，中国文化中开始出现了儒释道三家并立的局面，到宋明时期逐渐形成了以儒家思想为核心，儒释道三家并立的哲学思想体系。在中国传统哲学的发展历程中，儒释道三家的合流是在坚持自身的核心特质与基本观点的前提下，在不断吸纳其他各派思想精华的基础上，在多元文化的冲突与交融的过程中实现的。中国传统哲学三教合一的思想格局确立后，"儒为

---

① 桑新民．呼唤新世纪的教育哲学——人类自身生产探秘［M］．北京：教育科学出版社，1993：192.

表，佛为心，道为骨"和"以佛治心，以道治身，以儒治世"的文化传统便随着中国封建社会历代统治者的思想教化深入了中国人的精神生活，参与了传统社会里中华民族精神的营造，共同构筑了中华民族的精神家园。

■ （一）传统文化中的共同价值

儒释道三家的合流源自三者在思想特质与文化内涵上相辅相成、殊途同归的关系，儒家重仁爱，道家崇德，佛家讲慈悲；儒家正心，道家炼心，佛家明心；儒家讲修己以安人，道家讲养生穷万物，佛家讲见性度众生。虽然三教在基本观点上各不相同，但在人的发展问题上是同体同根的。一方面，儒释道三教都是以内在超越为特征的心性修养的学问。儒家主张在生活中体道行道，重视反省克己的体察功夫与克念作圣的存养功夫，既要以礼义为标准反省德行上的亏欠与过失，又要以忠恕之道做到"毋意、毋必、毋固、毋我"（《论语·子罕》）。道家主张通过清静无为来实现对道之本体的了悟，而在悟道之后便可向外发力，实现道体无所不为之用。佛家主张通过历事练心、渐修顿悟的功夫破无明、见自性，进而自觉而觉他。可见，三教均以由内而外的心性修养为宗旨，希望通过道德的涵养、智慧的开显、自性的澄明，提升生命的品质，实现身心的和谐。另一方面，儒释道三教都是以实现"天人合一"为共同价值诉求的。无论是儒家的"万物皆备于我"（《孟子·尽心上》），抑或道家的"天地与我并生，而万物与我为一"（《庄子·齐物论》），又或是佛学的"随其心净，则佛土净"（《维摩诘所说经》），皆表明三教虽然在心性修养方式上各有千秋，但最终殊途同归，都以实现天人合一的境界为根本归宿。

■ （二）传统文化中的人本精神

众所周知，在西方，人本主义是与神本主义相反的肇始于文艺复兴运动的一种社会思潮；而在中国，人本主义理念古已有之，并绵延发展为具有中国特色的人本传统。中国的人本传统集中表现在两个方面：在"天"与"人"的关系上，主张以"人"为本；在"君"与"民"的关系上，主张以"民"为贵。儒家一贯秉持人本思想。儒家创始人孔子的思想基本奠定了中国的人本传统。孟子提出"民为贵，社稷次之，君为轻"的论断，力谏统治者"制民之产"以保社会稳定和发展；荀子明确提出人最为天下贵的主张，二者分别从两个向度发展了人本传统。荀子还把君与民比喻成舟与水的关系："君者，舟也；庶人者，水也。水则载舟，水则覆舟。"他充分认识到君民关系中民众的重要作用。作为中国传统哲学的核心特质与精髓，以人为本的人本主义精神体现在方方面面，融会在中国人的世界观、人生观与价值观中，中国哲人把对世界、对人生、对理想价值的追寻投射在日用常行之间，把宇宙与人生结合起来，在此岸世界探索宇宙人生的终极意义。

传统人本主义精神在当代仍然具有重要的现实意义，它以珍视人的生命和价值、注重人的发展与人格完善、重视民众的价值和力量为主要内容，对促进社会稳定、推动社会发展起到了积极的作用。传统人本主义思想珍视人的生命和价值，注重人格完善和人的发展，这与马克思主义关于人的全面发展的思想也有契合之处。历史唯物主义的一个重要观点就是人民群众是历史的创造者。这与中国传统的民本思想（人本思想的发展向度之一）不谋而合。重民、利民等深厚的民本传统可以为今天的执政党建设提供必要的启示，那就是任何时候都不能忽视民众的力量，马克思主义政党要代表人民群众的利益、切实维护人民群众的根本利益、保障人民群众的各项权益。

（三）传统文化中的人性与教育

人性是一个体现人与天地万物和谐共生的范畴。《中庸》开篇有言："天命之谓性，率性之谓道，修道之谓教。"这里的"性"指"人性"，既指与生俱来且不为人力所改变的自然之性或本能，也指人与生俱来而可改变其方向或强度的基本情感、人为的"欲求"和器官的功能等，是人本身及其与外在自然之间变与不变、自在与自为的和谐统一体。这里的"道"包括了人之道与天地之道，人之道即人之所以为人的道理或原则，天地之道即"物之所以"，是宇宙万物的根源。教育就是率性修道，是出于人性、通过人性和为了人性的实践活动，合乎人性的教育是最人道的教育，生成与创造人性的教育是最人性化的教育。这意味着，教育不是被动的、无能的，教育也在改变和生成新的人性条件、因素、功能和特性，教育和人性的融通和相互作用是使教育复归人性的重要力量。中国传统教育追求的是人的身与心、人与人、人与社会、人与宇宙自然的统一与和谐。这对于当今世界完善人的性格、情操、行为和心态，净化心灵，对于促进现代科学技术中局部与整体、客体与主体、精神与物质、人与宇宙自然相沟通相统一的新的发展模式和方法论，具有重大意义。

> 合乎人性的教育是最人道的教育，生成与创造人性的教育是最人性化的教育，教育和人性的融通和相互作用是使教育复归人性的重要力量。

二、欧洲关于人的发展的传统理论

从古希腊到 18、19 世纪，欧洲的思想家们历经了思想的嬗变，尽管不同时期思想家们关注的社会主题不同，但是围绕着人而展开的存在、本质、发展等方面的问题总是处于研究的中心，其中所蕴含的一些思想是极富启发意义的。本节主要梳理分析古希腊时期、文艺复兴时期、启蒙运动时期以及德国古典哲学中关于人的发展问题的代表性思想。

（一）古希腊时期人的发展理论

古希腊的神话中即有"斯芬克斯之谜"的传说，其中蕴含昭示的便是对

"人是什么"的追问，只有对这一问题做出正确回答，人才能够存在。从现代视角看，这里实际上包含着一个"解释学循环"，即提出"人是什么"问题的前提是有关于"人"的观念，而这一问题的答案恰恰又是"人"的观念。这种思想认识上的观念循环造成古希腊人思想上的极大困惑，因此，他们的神话故事才将"人是什么"的问题及其答案看作是难以解答的"谜"。当然，这也表明，早在古希腊时期，人们已有意识地将人自身与人之外的事物进行了最初的区分，并对人的自身形象加以反思，进而形成对人的表象背后更本质问题的认识。

古希腊哲学中智者派代表人物普罗泰戈拉基于自然与人的对立立场，提出"人是万物的尺度，是存在者存在的尺度，也是不存在者不存在的尺度"。其内涵是世界万物对于每个人呈现出的样貌各不相同，对一个人呈现这个样子，对另一个人则呈现另外一个样子，具有十分强烈的突出人的能动性的意义，人的主体性第一次得到凸显。苏格拉底援引铭刻在德尔菲神庙上的警句"认识你自己"，明确提出了人对自身存在和生存目的的价值评估，一个人如果对自己的生活目的茫然无知，那就是没有认识自己，这样的生活并不是真正的人的生活，是没有意义的。

■（二）文艺复兴时期人的发展理论

在西欧漫长的中世纪，神学居于统治地位，总体上压制了人性。15 世纪到 16 世纪，随着新航路的开辟和地理大发现，西欧各国的商业与生产关系也发生了革命性变革，体现在文化上就形成了文艺复兴运动。文艺复兴时期最突出的特点就是人文主义运动。其核心是高扬人性的旗帜，从科学、艺术、哲学、文学、教育等不同方面肯定人的价值、维护人的尊严、弘扬人的个性、实现人的平等、追求人的自由。人文主义者拉伯雷、但丁、莎士比亚等通过文学作品讴歌了人的高贵伟大。按照人的自然本性，每个人都有平等追求幸福和获得幸福的权利。

文艺复兴时期人文主义运动对人性的高扬，继承并重新确立了古希腊哲学的人居于中心地位的传统，恢复了人的价值和尊严，是近代哲学人的主体性原则的确立、人道主义思潮发展的先声。

■（三）启蒙运动时期人的发展理论

由于受到牛顿经典力学的深刻影响，思维方式的机械性和形而上学就成为"当时不可避免的局限性"。伴随着法国资产阶级大革命的成功，18 世纪法国启蒙思想家对封建专制主义和神学展开批判。他们以人性论作为理论基础，提出了"人是环境的产物"，而环境的好坏则取决于掌管政府和制定法律的人的才智。

作为法国启蒙运动的杰出思想家，卢梭以其独特的思想认识阐述了人与人之间不平等的原因，并提出了通过社会契约来克服社会不平等的途径。卢梭认为，受自然法则制约的自然人是孤独的，相互之间没有交往联系，更没有社会生活的本能，因而是原始平等的关系，但是他们并没有永远停留于这种状态，而是从自然状态过渡到了社会状态，从原始的自然平等走向了社会不平等，其原因就在于较之于其他物种人类独有的一种特殊的品质，即"自我完善的能力"。这种能力是其他物种所不具有的而仅仅为人类所独具的。卢梭提出了人的发展所遵循的路径：原初自然状态下人的自由本性—步入社会状态下人的自由本性的丧失—未来消除不平等的社会状态下人的自由本性的恢复。这一观点包含着历史辩证法思想，否定了私有制永恒存在的观点。

■（四）德国古典哲学中人的发展理论

德国古典哲学是西方社会自古希腊以来哲学发展的总汇，体现了欧洲工业革命以来日渐形成的资产阶级对封建主义哲学反抗的高峰。在自康德以来的德国哲学家们的思想脉络中，贯穿始终的是对理性的至高崇尚和对人的自由发展的坚定维护。德国古典哲学创立的理性辩证法所体现的对人的能力的信赖与赞美、对人的解放的永恒追求深刻影响了马克思主义。康德的整个思想体系是一个有关人学或者人的发展问题的体系。他从理论理性和实践理性两个方面着手研究人类理性问题，提出了理性自由、善良意志和绝对命令，进而从绝对命令的一般形式得出人不是工具而是目的的结论，确立了人在历史发展进程中面对外在环境所体现出来的至上尊严。

黑格尔作为德国古典哲学集大成者，从客观唯心主义出发，把人的理性发展成"绝对精神"。他认为这种"绝对精神"在人与社会之前就已经存在，且对人与社会有统摄作用。他还提出劳动促进了人自身的发展，每个人都是他自己劳动的结果。费尔巴哈从自然属性方面探讨了人的问题，提出了一个涵盖关于人的起源、本质、人与自然环境和他人的关系、人的目的和精神追求等内容的庞大的"人本学体系"。

马克思在黑格尔和费尔巴哈哲学理论影响下，深入思考人的发展并从"自由理性"和"实践"等视角进行了超越，提出人的本质在其现实性上是一切社会关系的总和的崭新论断。他从人类社会历史发展形态的高度，提出人的发展三形态理论。他在一生的理论创造和实践中，产生了极为丰富的有关人的发展的理论和思想。

> 卢梭提出了人的发展所遵循的路径：原初自然状态下人的自由本性—步入社会状态下人的自由本性的丧失—未来消除不平等的社会状态下人的自由本性的恢复。这一观点包含着历史辩证法思想，否定了私有制永恒存在的观点。

■ 三、当代认知科学的身心一体论及其对教育的启示

■ （一） 从认知二元论到身心一体论

教育受到西方文化的深刻影响。西方文化中的身心二元论使教育与教学"扬心抑身"，即重视精神培养、贬低身体需要。理性塑造和知识传递成为教育不变的追求目标。在这种教育模式里，学生的身体是被"规训"的或者是被"惩罚"的。教育与教学乃是一种纯粹的观念传递和心智培养①。传统教育观对身体的忽视建立在认知二元论的基础上。传统认知心理学把心智分类的文化建构视为一种"实在"，似乎知、情、意就是这个"实在"的三个组成成分。它首先把身体和心智视为对立的二元，然后再把心智划分为认知、情感和意志三个过程，并且认为在学习过程中，认知是最重要的。认知是理性的标志，是心智过程的根本。对于认知过程的详尽分析和精密实验构成了主流学习理论的显著特色。如果从身体与环境互动的视角看待学习，则学习既不是孤立于中枢过程的信息加工，也不是外部环境条件对行为的机械作用。具身学习是个体最大限度地利用内部心理资源和外部环境条件，以达到心智、身体和环境之间动态平衡的过程。

法国哲学家梅洛-庞蒂在《知觉现象学》一书中，以"肉身化的主体"替代了传统哲学中的"意识主体"，指出知觉的主体是身体。身体是知觉和学习的指挥者和执行者。对于客观世界的知觉并不存在一个外部世界的内部心理表征。"由于客观身体的起源只不过是物体的构成中的一个因素，所以身体在退出客观世界时，拉动了把身体和它的周围环境联系在一起的意向之线，并最终将向我们揭示有感觉能力的主体和被感知的世界。"② 杜威的"从做中学"恰恰体现了这一原则。"从做中学"要求儿童身体力行，亲身经历和体验隐藏于知识背后的奥秘。这种学习方式同洛克、卢梭的教育思想是一致的，是对被扭曲的身体与学习关系的矫正。当代身心一体论（具身认知）思潮强调的重点之一就是身体感觉和运动系统对思维方式的塑造作用。心智不是一个镜像般的反映过程，心智是身体作用于环境的结果。身体的动作对概念形成、逻辑推理等心智过程有着决定性的影响。

■ （二） 身心一体论对于改革当今教育的启示

首先，身体的结构和性质决定了认知的种类和特性。认知并非可以脱离身体的抽象符号运算。有什么类型的身体，就有什么类型的认知。身体结构和性

---

① 叶浩生. 身体与学习：具生认知及其对传统教育观的挑战 [J]. 教育研究，2015（4）：104-114.

② 莫里斯·梅洛-庞蒂. 知觉现象学 [M]. 姜志辉，译. 北京：商务印书馆，2001：105.

质限制和制约了这个有机体能获得的概念和范畴。其次，认知过程具有非表征特点，思维、判断等心智过程也并非抽象表征的加工和操纵。再次，认知、身体、环境是一体的。认知是身体的认知，而身体的结构和性质又是进化的产物，是环境塑造出来的。这意味着认知、身体和环境是一个紧密的联合体。最后，身体和环境是认知系统的构成成分。心理学的实验证实，手持玩具枪的被试更倾向于把一个快速显现的图形知觉为枪，持枪的身体动作促进了枪的知觉的形成。我们使用纸张和铅笔进行计算，纸张和铅笔不是计算过程的因果因素，而是完整计算过程的有机组成部分。

倡导身心一体论，是对心智性质的一种全新认识。所谓身心一体，强调的是身体和认知是统一的：心智在身体中，身体在心智中；心智是身体化的心智，身体是心智化的身体；身体是认知、思维的主体。认知依赖于主体的各种经验，而这些经验源自一个活生生的、有血有肉的、具有各种感觉和运动能力的身体。在这一点上，现代认知科学似乎找到了与中国传统思想中"天人合一""知行合一"等思想的共鸣点，这无疑对于教育很有启发意义。

■ 第 2 节　教育对人的地位的提升

人的价值是什么？人的生存地位、生命质量如何？这些都不是做静止的判断所能回答的。人的价值、地位和生命质量是在社会生活的过程中呈现的。教育在这个过程中具有决定性的意义。反过来说，如果教育不能提升人的社会地位，只是把人培养成某种思想的奴隶、某种知识的工具，而不是以人为本，不能促进人的幸福，那就不是文明的教育。在历史上，几乎所有进步的教育思想、教育理论，都是以批判保守、落后或反动的教育思想和理论为起点的。而所谓人的地位的提升，又具体反映在四个方面，即发现人的价值、发掘人的潜能、发挥人的力量、发展人的个性。这四个方面反映了教育的基本功能，也体现了教育以人为本的基本性质。

■ 一、教育即发现人的价值

任何人生都是有价值的。所谓人的价值，就是人应有的地位、作用与尊严。我国古代的"人贵论"便代表着这种看法。"贵"即有价值的意思，"人贵论"便是人有价值论。从《尚书·泰誓》"惟人万物之灵"起，到清末龚自珍的"天地至顽也，得傇虫（指人）而灵"，都表现着这种宝贵的思想。西方现代人本主义也是人有价值论的倡导者。归结起来，人的价值主要反映在两个方面。首先，人既不同于动物，也不是机器，人就是人。因此，每个人既要肯定自己是人，更要肯定别人是人。其次，人是改造自然、推进社会的巨大力量。我国古代《易传》把人与天、地并列，称之为"三才"；老子认为宇宙间有四大，而人居其中之一，就反映了对人的这种看法。因此，每个人都具有其应有的尊严，都力求获得其应有的地位，都急欲发挥其应有的作用。

但是，人的价值并不是一下子就能被发现和认识的。原始社会的人的生存，经常处在外在的客观力量的威慑之中，因而总觉得自己软弱无力，看不到自己已有的和应有的地位与作用。奴隶社会是"一匹马换五个奴隶"的时代，作为奴隶的人自然毫无地位、作用和尊严可说。封建社会中，作为农奴的人，也只能过着被剥削、被压迫的非人生活。直到资本主义初期，人文主义思想的出现与抬头，才真正发出了对人的价值的呼唤。但几百年来，人的价值始终未能摆脱资产阶级统治的严重桎梏，人依然是金钱的奴隶、生产的工具。即使到了20世纪后期，对人的价值的发现与认识，依然受到了种种干扰与破坏。比如有些学者把人动物化，把人还原为机器，并企图用动物研究来代替对人的研究，用机器模拟来取消对人的探索。现代科学技术的发展，人的尊严又受到生产流水线、电脑程序、科学管理程序奴役的威胁。教育制度中也存在同样的问题。当代教育有责任不断提高人们对人自身价值的认识，提高人们对人与人、人与社会、人与自然关系的认识；充分认识到人的生命价值、人的主体地位、个体的独特尊严。教育不仅要教给人们知识和技能，还要教会人们驾驭知识的技能，教会人们怀疑和创新知识的能力。人们应该清醒地认识到，知识、思想、制度是为人所用的，而不应该由知识、思想、制度来奴役人。

■ 二、教育即发掘人的潜能

任何人生来都具有一定的潜能，甚至是优秀的潜能。潜能并不神秘，它是人区别于动物的一个重要标志。动物不具有人的潜能，因此，无论对它们花多大工夫，也不可能使动物向人的方向发展。我国古代不少思想家、教育家就注意到了人的潜能的存在，如孟子的"性善"论与"良知良能"说，讲的便是潜能。前者指道德潜能，即人生来便具有接受社会道德的可能性；后者指智能潜能，即人生来便具有掌握知识、形成技能、发展智力、培养能力的前提条件。程颐、程颢、朱熹、王守仁、王夫之等都持此种看法。每个人生来不仅具有一定的潜能，同时还急欲使自己的潜能得到实现；而且只要自己努力，并且有一定的环境和条件，个人的潜能一定可以开发出来。西方现代人本主义心理学家马斯洛倡导的自我实现论，主要就是讲潜能的自我实现。

人的潜能的充分实现，必须通过教育、学习才有可能。但教育对潜能的开发，又必然要受到种种条件特别是社会、文化、历史等条件的限制。正因为如此，在漫长的古代社会中，人的潜能是难以开发出来的，如历代不少具有优秀智能潜能的儿童，最终被淹没掉，便可以说明这一点。20 世纪特别是其后半叶以来，随着人的地位的提升和"以人为本"的呼声的日益高涨，对人的潜能的开发日益受到人们的重视，并取得了可观的成绩。但是毋庸讳言，教育的发掘潜能的功能尚未充分发挥出来；进入 21 世纪后，我们必须进一步通过教育，全面发掘人的潜能。

■ 三、教育即发挥人的力量

汉代王充在《论衡·效力》中指出："人生莫不有力。"而人力又可以分为体力与心力。前者即王国维所说的"身体之能力"，后者即他所说的"精神之能力"。王国维在 1906 年撰写的《论教育之宗旨》一文中指出："教育之宗旨何在？在使人为完全之人物而已。何谓完全之人物？谓人之能力（即人力——引者）无不发达且调和是也。人之能力分为内外二者，一曰身体之能力，一曰精神之能力。发达其身体而萎缩其精神，或发达其精神而罢敝其身体，皆非所谓完全者也。完全之人物，精神与身体必不可不为调和之发达。"王国维对人力及其与教育的关系的论述是鞭辟入里的。就是说，只有通过教育，才能使人力即体力与心力得到应有的培养与发挥。这也是人类千百年来所追求的一个共同目标。

遗憾的是，虽然自古以来就有培养和谐的人、完整的人、完全之人物、全面发展的人的论述，但由于种种主客观原因，人的力量没有得到充分的发挥与提高。20 世纪特别是其后半叶以来，在教育"以人为本"亦即教育人本论的呼声中，人的力量受到了前所未有的重视。但也由于种种条件特别是社会条件的制约，人的真正的全面发展不可能获得。因此，进入 21 世纪之后，我们更须进一步通过教育，和谐地发挥人的力量即人的体力与心力，逐步使每个人都获得真正的全面发展。而教育的这一功能的充分发挥，也必然有助于不断地提升人的地位。

■ 四、教育即发展人的个性

个性是指个体在社会实践活动中形成的独特性。心理学认为人的个性具有一定的意识倾向性和鲜明的个体差异性。前者体现为个体的信念、理想、人生观；后者体现为个体的能力、气质和性格。个性化是指个体在社会活动中形成独特性、自主性和创造性的过程。

人在社会化的过程中必然伴随个性化，同时也要求个性化。人的个性化的形成与实现依赖于教育的作用。教育具有促进人的个性化的功能，这种功能主要体现在它促进人的主体意识的发展、促进人的个体特征的发展以及促进个体价值的实现等方面。

马克思主义认为，个人与社会、个体与集体是统一的，即个性的全面发展只有在集体中才能得到真正的实现。另一方面，集体的发展是以个体的发展为基础的。事实表明，任何个体的发展都要受其所处社会历史条件的制约，最终都是在现存社会生活条件下通过个体所从事的实践活动来完成的；同样，集体的发展程度是以个体发展的程度为标志的。所以，必须把自我实现与社会实现统一起来，才能使人的个性得到应有的良好发展。

> 个性是指个体在社会实践活动中形成的独特性。
> 个性化是指个体在社会活动中形成独特性、自主性和创造性的过程。

■ （一）教育促进人的主体意识的发展

人的主体意识可以看作是人对自我的主观能动性的认识。人把自己视为自然界的主体，是指人不是被动地、消极地听命于自然界，而是能主动地、积极地作用于自然界。人必须遵循客观世界的规律而生存，但人对客观世界规律的认识与驾驭则是人的主体性表征。

教育对人的主体意识的发展起着重要的促进作用。从某种意义上讲，教育正是通过对人的道德、智力、能力的培养而提高人对自我的认识的。对于个体而言，教育的过程是不断提升自我的过程，是激发并张扬人的主体意识的过程。人通过接受教育，形成道德观念，增进知识、能力，达到能动地适应客观世界并改造客观世界的目的。

人的主体意识突出地表现为人的创造意识。教育对于人的个性化的功能也突出地表现在它能为培养个体的创造意识，从而焕发个体的创造性服务。

■ （二）教育促进人的个体特征的发展

人的个体特征是指人的身心发展的个体差异性。这里侧重指人的心理发展，诸如个人兴趣、爱好、智能结构、性格、气质等方面的特征。人的遗传素质中寓含着个体差异性，但人的个体差异性的发展、个体特征的形成则更多地取决于后天的因素，其中突出地取决于教育的作用。教育虽然按照社会的要求作用于个体的发展，但社会化本身也包含着对人的个体特征充分发展的需求。教育应该是尊重个体差异的教育。教育帮助个体充分开发内在的潜力并充分地发展自己的特长。

教育促进人的个体特征的发展主要通过不同的教育内容与不同的教育形式来实现。人在受教育的过程中会产生兴趣、爱好的分野，同时又造成个体的人在专业领域或技能领域的分野，造成人的职业分野。人的个体特征因而也突出地表现为专业或职业特征。当然，人的个体特征不仅表现为专业或职业特征，还包括人的情感、性格、气质等方面，而人的这些方面的特征的形成在很大程度上都是后天教育的结果。

■ （三）教育促进人的个体价值的实现

人的个体的生命价值是针对人对社会的贡献与作用而言。每个生命个体的价值，归根结底是通过他在社会生活中发挥的作用的大小来衡量。人应该成为对他人、对社会有益的人。人有益于他人、有益于社会是离不开他的道德水准和智力、能力状况的。人愈有道德、愈有知识、愈有才能，便愈能展现生命的价值并创造生命的辉煌。教育使人意识到生命的存在并努力追求生命的价值与意义。教育赋予人创造生命价值的信心与力量。然而，人的个体价值的实现不是教育之力能够完全达到的，还必须有赖于人的社会实践。

> 个体的个性化包含个体的主体意识和个体特征的发展，最终促成个体价值的实现。但个体的个性化与个体的社会化是统一的，教育的功能在于促进二者有机的结合与统一。

> 不断地提升人的地位，是教育发展的基本走向。它反映在四个方面：教育即发现人的价值，教育即发掘人的潜能，教育即发挥人的力量，教育即发展人的个性。

■ 第 3 节　教育对人的素质的培养

教育要提升人的地位，就是要发现人的价值、发掘人的潜能、发挥人的力量、发展人的个性，实质上就是要实施素质教育，培养和提高人（学生）的素质。

■ 一、素质的含义、分类与结构

■ （一）素质的含义

素质本来是心理学上的一个专业术语，指人们与生俱来的感知器官、运动器官、神经系统，特别是大脑在结构上和机能上的一系列稳定的特点。但这一狭窄的含义，已远远不能适应现代教育发展的客观要求，必须予以适当的"扩大"。我们现在所说的素质教育，是指从整体上提高民族素质、国民素质，培养政治素质、文化素质，发展科学素质、道德素质等。

当然，确定素质概念的内涵，光约定俗成是不行的，还必须遵守以实取名的原则。所谓以实取名，就是素质这个概念必须与客观实际相符合，即具有科学性。前面已提到，马克思主义认为，人的本质、本性既有自然性，还有社会性，是以自然性为基础、以社会性为主导的一种"构成物"。在我们看来，人的素质就是人的本质、本性，据此，人的素质自然也就应当包括自然素质与社会素质两个方面。素质的基本含义应当表述为：人们与生俱来的自然特点与其后天获得的一系列稳定的社会特点的有机结合。

> 人的素质即人的本质、本性。既然人具有自然本性与社会本性，那人的素质就应当由自然的与社会的一系列稳定特点所构成。

■ （二）素质的分类与结构

如上所述，素质可以分为自然素质与社会素质两类。自然素质亦称生理素质，它主要属于先天因素，但后天也可以得到一定的改变；社会素质是后天获得的，属于后天因素。此外，还应当有一种介乎自然素质与社会素质之间的素质，即心理素质，它是先天因素与后天因素的"合金"。这三类素质及其结构如下图所示（见图4-1）。

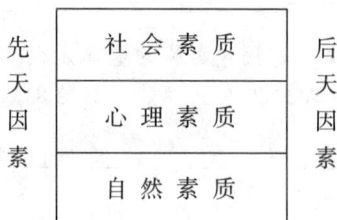

图4-1　素质的种类与结构

现在关于素质的分类有多种不同的观点，但上述三类素质是基本的。就是说，无论把素质划分为多少类，都必须以这三类素质为基础。也可以这么说，无论将素质如何分类，这三类素质是不可少的；同时，所分出的各类素质都可以且应当归属于这三类素质之中。必须强调指出，从自然（生理）、心理、社会三个维度来划分人的素质是符合客观实际的，因为作为一个活生生的人的主体结构，确实是由这三个方面的因素构成的。

> 素质可分为三类，即先天的自然素质、先天与后天结合的心理素质、后天的社会素质。这三类素质是基本的，无论将素质划分为多少种，都必须从属于这三类。

■ 二、素质教育的内涵、目的与任务

■ （一）素质教育的内涵

顾名思义，素质教育就是培养、提高学生素质的教育。如前所述，素质的基本分类是一分为三，与此相应，素质教育也应当分成三个层次，即身体素质教育、心理素质教育与社会素质教育。但社会素质是后天获得的多种多样素质

的总称，所以还应当细分为若干种。可以把素质教育进一步划分为六种：政治素质教育、思想素质教育、道德素质教育、业务素质教育、审美素质教育、劳技素质教育。

■ （二）素质教育的目的

素质教育的根本目的，就是全面地提高学生的素质。所谓全面，有两个含义：一是所有学生的素质都要得到提高，达到某一教育阶段所提出的素质标准与要求；二是各种素质都要有所提高，不能重此轻彼。只有这两个"全面"都付诸实施，才能全面地提高学生的素质。

素质教育的根本目的，可以划分为如下两个层次。

第一个层次是做人。做人是素质教育的起码要求。自古以来，不少思想家、教育家就倡导教会学生做人是教育的基本要求。如北宋张载明确指出："学者当须立人之性。仁者人也，当辨其人之所谓人。学者学所以为人。"我国近代著名学者梁启超强调指出：教育就是教人学做人，学做现代人。教育事业虽然很复杂，目的总是归到学做人这一点。我国现代著名儿童心理学家、教育家陈鹤琴早就提出，教育的目的是做人，做中国人，做现代中国人。

第二个层次是成才。一方面，做人是成才的基础，成才是做人的升华。只有学会了做人的学生，才会成才；一个不会做人的学生，不可能成才，即使成了"才"，对国家、对社会也不会有什么好处。另一方面，成才必须在具备做人的基础上，进一步提高素质水平，只有具备高素质的人，才会成为高层次的人才。由此也就不难看出，做人是共同要求，不应当有高低层次之分；成才要区别对待，应当容许不同层次、水平的存在。也就是说，在培养学生成才方面，必须采取"小以成小、大以成大"的举措，万勿千篇一律地提出过高的期望值。西方现代教育家关于让人们在"适应性领域"发展的主张，也就是这种思想，对培养学生成才有启示价值。

> 全面提高学生的素质是素质教育的根本目的。它可以分为做人与成才两个层次，前者是后者的基础，偏重于共同要求；后者是前者的发展，偏重于区别对待。

■ （三）素质教育的任务

根据素质教育的目的与素质的基本分类，素质教育显然担负着三大基本任务。

第一大任务是提高学生的身体素质。身体素质是素质整体结构的基础层，身体素质不好，其他各种素质也不会好；即使别的素质好，也很难发挥出其应有的作用。身体素质主要包括身体结构与身体机能两个方面。要完成提高学生身体素质的任务，应当具体地做到：保持身体健康与机能健全；了解体育锻炼的基本知识和方法，积极参加体育运动，自觉锻炼身体；养成个人的和集体的卫生习惯；掌握人体系统的结构与机能的基本知识；具有一定病理的与药物的知识经验。

第二大任务是培养学生的心理素质。心理素质是素质整体结构的核心层。每个学生都是通过自己的心理活动接受各种素质教育的，心理活动积极，就会主动地去接受教育，从而收到好的教育效果。按照心理学的二分法，心理素质可以一分为二，即认识、智力因素和意向、非智力因素。要完成培养学生心理素质的任务，应当做到：发展智力和培养能力；培养非智力因素；讲究心理卫生，保持心理健康；掌握心理系统的初步知识，具有自我调控能力；具备建立良好人际关系的知识和技能。

第三大任务是培养学生的社会素质。社会素质是以身体素质为基础、以心理素质为中介而获得、形成的，它居于素质整体结构的最高层，又对身体素质、心理素质的形成有重大的影响。社会素质包罗甚广，主要由政治、思想、道德、业务、审美、劳技等素质构成。要完成提高学生的社会素质的任务，应当做到：培养正确的政治认识、政治观点、政治信念与政治理想；养成正确的思想认识、思想观点、思想情感和思想方法；培养高尚的道德品质、道德情操，养成正确的道德行为；掌握基础知识与基本技能，并具有广博的一般文化修养和专门的知识、技能；养成正确的审美意识、审美情趣与美感，培养认识美、欣赏美和创造美的能力；具备一定的劳动知识与技能，热爱劳动，并形成对劳动人民的思想情感。

> 素质教育有三大任务，即提高身体素质、培养心理素质、形成社会素质。这三大任务是交互作用、共同提高的。

■ 三、素质教育与全面发展教育

素质教育与全面发展教育并不矛盾，而是相辅相成的。二者的关系可以概括为：全面发展教育是素质教育的内容或途径，素质教育是全面发展教育的目标或落实。

■（一）全面发展教育是素质教育的内容或途径

众所周知，我国全面发展教育的内容，长时期为德育、智育与体育三项内容；20世纪80年代中逐步增加了美育和劳动技术教育，形成五育并举的局面。很明显，这五育与前述素质教育的内容是基本相应的（见表4-1）。通过全面发展教育的五育就基本上可以促成素质教育的实施。同时，更为重要的是，经济的发展、社会的进步、科学文化的日益繁荣，对人的素质的要求也会越来越高。这样，全面发展教育的内容也会随之而有所变化、有所充实。

表 4-1 素质、素质教育与全面发展教育的对应关系

素质		素质教育	全面发展教育
自然素质		身体素质教育	体育 *
心理素质		心理素质教育	心理教育
社会素质	政治素质	政治素质教育	德育
	思想素质	思想素质教育	
	道德素质	道德素质教育	
	业务素质	业务素质教育	智育
	审美素质	审美素质教育	美育
	劳技素质	劳技素质教育	劳动技术教育

*从广义上讲，体育还包括健康知识、意志力、运动和竞争品质等的教育。

■ （二）素质教育是全面发展教育的目标或落实

顾名思义，所谓全面发展教育，就是要使学生获得全面发展。全面发展什么？主要指学生德、智、体、美、劳的全面发展。但这样分别列举，缺少一个上位概念的概括，不利于教育实际工作者整体把握。素质教育提出之后，这个问题便得到了解决。全面发展什么？即可简洁地回答：发展学生的素质。素质便是能很好地概括德、智、体、美、劳的合适的上位概念，它的内涵与外延还可随着时代的前进而发展。

总之，素质教育的根本目的即全面提高学生素质，体现了素质教育与全面发展教育的统一：全面发展教育有了"素质"的补充，就使其目标趋于具体；素质教育有了"全面"的规范，就使其要求更加明确。"全面"与"素质"的彼此补充，就反映出素质教育与全面发展教育确实是相辅相成的。

> 素质教育是全面发展教育的目标或落实，全面发展教育是素质教育的内容或途径。二者既不可彼此取代，又不可混为一谈。而全面提高学生素质这一目标，就体现了素质教育与全面发展教育的统一。

需要说明的是，全面发展教育并不是均衡教育，更不是削弱个性的教育。全面发展教育更多的是侧重于对学校的工作要求，学校应为学生提供全面发展的平台，提供符合学生特点的可选择的发展机会；而不是为所有学生提供千篇一律的教育，更不是用一把尺子衡量所有的学生。"多一把尺子，就多量出一批人才"，这是至理名言。

主题词

人的发展	发挥人的力量
人本精神	发展人的个性
提升人的地位	素质
发现人的价值	素质教育
发掘人的潜能	全面发展教育

习 题

1. 为什么说促进人的发展是教育的基本功能之一？
2. 请用教育人本论来解释教育对提升人的地位的意义。
3. 何谓素质？它与个性有何关系？

参考文献

1. 王道俊，王汉澜. 教育学 ［M］. 2 版. 北京：人民教育出版社，1999.
2. 金一鸣. 教育原理 ［M］. 合肥：安徽教育出版社，1995.
3. 袁振国. 教育原理 ［M］. 上海：华东师范大学出版社，2001.
4. 燕国材. 素质教育论 ［M］. 南京：江苏教育出版社，1997.

第 *5* 章

教师与学生

教育活动是一种培养人的社会活动，教育系统是一个以人的集合为主要构成要素的社会系统。在教育系统中，人的集合主要指教师和学生，教师与学生是教育系统中两个最基本的要素。

■ 第1节　教师

■ 一、教师职业的性质与特点

■ （一）教师职业的性质

"教师"是人们日常生活中频繁涉及的一个概念，但对于这一概念的界定，人们理解的角度差异甚大。如从教师功能及作用的角度对教师概念做出界定，"师，教人以道者之称也"（《周礼》郑玄注），"师者，所以传道受业解惑也"（韩愈《师说》）。从教师应有的品质的角度对教师概念做出界定，"智如泉源，行可以为表仪者，人师也"（《韩诗外传》）。这些界定从某一方面反映了教师的特征，但要全面理解"教师"这一概念，必须把教师作为一个集合体，从其所扮演的社会角色、承担的社会职责及与活动对象的关系等方面进行考察。

1. 教师职业是一种专门职业，教师是专业人员

职业是依据人们参加社会劳动的性质与形式而划分的社会劳动集团，每种职业劳动性质与形式及由此导致的社会地位的不同，唤起了社会学者对职业性质研究的兴趣。社会学者常常把职业划分为专门职业与普通职业。他们致力于专门职业的研究，并建立起了专业社会学这一分支学科。在专业社会学中，对于专门职业的概念有两种不同的界定：一种是把专业界定为具有一定的专业知识与服务理想的职业群体；一种是把专业界定为对自身职业具有控制权的职业

群体。人们往往根据这两种界定来判定某一种职业是否为专业。

教师职业属于专门职业。1966 年，联合国教科文组织在《关于教师地位的建议》中提出，应该把教师工作视为专门职业，认为它是一种要求教师具备经过严格训练和持续不断的研究才能获得并维持专业知识及专门技能的公共业务。

教师是专业人员。在国际劳工组织制定的《国际标准职业分类》中，教师被列入了"专家、技术人员和有关工作者"的类别中。1986 年 6 月 21 日，我国国家统计局和国家标准局发布了《中华人民共和国国家标准职业分类与代码》，其中各级各类教师被列入了"专业技术人员"这一类别。1993 年，我国颁布的《教师法》中把教师界定为"履行教育教学职责的专业人员"。

2. 教师是教育者，教师职业是促进个体社会化的职业

教师是教育者，承担着培养合格的社会成员、延续人类社会发展的重要职责。社会是一个自然的历史过程，这个过程是通过新老社会成员的更替而实现的。当人的个体离开母体来到人世间，起初只是一个自然人，只有在社会生活过程中才逐步成为社会人。这种转变不仅指生物性上的成熟，而且指在社会相互作用的过程中，在学习、接受人类经验和消化、吸收人类文化的过程中实现的社会化。一个人从自然人转变为社会人，是社会教化的结果。个人只有通过接受社会教化，才能学会适应社会环境，才具备了成为合格的社会成员的资格和条件，才能完成个体社会化的过程。

人类早期社会教化的主要承担者是部落、氏族首领和经验丰富的长者等。随着社会发展，产生了一个专门以教化年青一代成为社会合格成员为己任的劳动集团——教师。他们根据一定的社会要求向年青一代传授人类长期积累的知识和经验，规范他们的行为品格，塑造他们的价值观念，引导他们把外在的社会要求内化为个体的素质，实现个体的社会化。因此，教师职业是促成个体社会化的职业，是培养人、造就合格社会成员的职业。

教师不仅承担人类社会延续的重任，而且对人类社会进步有着重大作用。教师应当代表着社会进步的方向和未来的希望，并推动着社会进步。因而，教师应是社会成员中各方面的先进分子。

> 教师职业是一种专门职业，教师是履行教育教学职责的专业人员，根据一定的社会要求，有计划、有组织地对学生施以影响，使之成为合格的社会成员。

■ （二）教师职业的特点

不同职业性质的差异，使得每种职业扮演的角色、承担的职责不同，也表现出不同的特点，教师职业主要有如下特点。

1. 职业角色的多样化

角色是个人在一定的社会规范中履行一定社会职责的行为模式。每个人在社会中同时扮演许多角色，如一个人作为社会公民要扮演相应的公民角色，作为家庭成员要扮演相应的家庭成员的角色，作为某一组织成员要扮演相应的角色。与其他职业相比，教师的职业角色非常丰富。有人曾对教师职业角色进行了分析，提出教师职业角色主要包括三个方面[①]：

（1）教学与行政角色，如教员、课堂管理员、办事员、青年团体工作者等；

（2）心理定向角色，如人际关系艺术家、社会心理学家、临床医师等；

（3）自我表现角色，如学习者与学者、父母、寻求权力者等。

随着社会和教育的发展，特别是网络、信息技术和人工智能的发展，教师角色处于不断变化和调整之中。一般来说，教师要适应现代教育的需要，要承担以下几种职业角色。

（1）传道、授业和解惑者。唐代韩愈在《师说》里说："师者，所以传道受业解惑也。"教师负有国家和社会赋予的传递社会传统道德、价值观念的使命，因而教师的教育教学不能具有随意性。"道之所存，师之所存也。"教师也是社会各行各业建设人才的培养者，他们在掌握了人类经过长期的社会实践活动所获得的知识经验和技能的基础上，对其精心加工整理，然后以特定的方式传授给年青一代，并帮助他们解除学习中的困惑，启发他们的智慧，使他们形成自己的知识结构和技能技巧。所以，无论时代如何变化，传道、授业和解惑仍然是社会赋予教师的基本任务。

（2）引导和示范者。在现代社会，虽然道德观、价值观呈现出多元化特点，但教师总是代表着居社会主导地位的道德观、价值观，并用这种观念引导学生。除了一般社会道德、价值观外，教师对学生的"做人之道""为业之道""治学之道"等也有引导和示范的责任。随着信息网络社会的来临，教师已经不再是知识的唯一来源，面对海量信息，教师需要引导学生识别、筛选、整合信息与知识。教师的言论行为、为人处世的态度会对学生具有耳濡目染、潜移默化的作用，教师在言行上是学生学习和模仿的榜样。夸美纽斯曾说过，教师的职务是用自己的榜样教育学生。教师要以身作则，做一个有高尚道德的人，成为学生的道德引导者。

（3）设计、组织和管理者。教育是有目的的社会实践活动，教师作为教学活动的主体之一，在教育过程中具有主导作用。教师要根据教育和教学目的、知识内在逻辑和学生身心发展规律，设计、组织和管理教学活动，包括确

---

① 林格伦. 课堂教育心理学 [M]. 章志光，等译. 昆明：云南人民出版社，1983：694.

定目标、设计教学方案、创设教学情境、选择教学组织形式和教学策略、监控学习过程、评价学习效果等教学工作，还包括组建班集体、制定规章制度、维持班级纪律、组织班级活动、协调人际关系等管理工作。

（4）关系协调者。教师往往被学生视为自己的父母或朋友。低年级学生倾向于把教师看作是父母的化身，对教师的态度有点像对父母的态度；高年级学生则愿意把教师当作他们的朋友，希望在学习、生活、人生发展等多方面得到教师的指导，还希望教师成为分担他们的痛苦与忧伤、分享他们的幸福与欢乐的朋友。同时，为了更好地营造学生成长的环境，学校与家庭的关系、学校与社区的关系也越来越重要，教师也是家校关系、学校与社区关系的协调者。

（5）学习资源的发现和提供者。学习资源是学生成长的重要载体，学习资源的获得和提供是教师教学工作的重要内容。随着信息技术和互联网的发展，每个人获取信息的渠道日渐宽广，获得的信息量与日俱增。通过网络获得学习资源已经成为信息时代学习的重要方式。但互联网信息良莠难分、真假难辨，好的信息对学生发展产生正向促进作用，而不良信息则会给学生身心发展带来负面影响。教师有责任发现、筛选更有教育价值的信息并提供给学生，帮助和引导学生健康发展。

（6）研究者。教师的工作对象是充满生命力的、千差万别的个体，传授的内容是不断发展变化着的人文、科学知识，这就决定了教师要以一种变化发展的态度来对待自己的工作对象及工作内容，要不断学习、不断反思、不断创新。"教师即研究者。"教师要通过研究不断探索和发现学生成长规律，不断探索和发现新知识和新的教育教学方法。

2. 教师的专业素养

教师职业角色的特点，决定了教师职业的重要意义和重大责任，决定了对教师的高素质要求。教师要能成功地扮演各种职业角色并保持良好的职业形象，必须接受系统的专业训练，具备良好的专业素养。1966年，联合国教科文组织发布的《关于教师地位的建议》提出：教学工作应该被看作是一项专门职业；它是一种公共服务，要求教师通过长期的严格的学习获得并保持专业知识与专业技能。我国在2012年颁布了教师专业标准，首次从政策层面对中小学和幼儿园教师的专业素养提出了要求，并从专业理念与师德、专业知识、专业能力三个维度做了较为详细的阐述，在促进中国教师专业化方面迈出了重要的一步。结合理论研究对教师专业的理解，教师的专业素养主要包括以下六个方面。

（1）职业道德。教师的职业道德包含两个方面：一是作为普通人的一般道德；二是作为教师的职业道德。教育作为一项育人的事业要求教师具有较高的职业水准，只有师德高尚的教师才能受到学生的尊敬，才能获得更好的教学效果，所谓"亲其师则信其道"就是说明了教师职业道德对学生的影响。教学的目的就是要通过各种方式和手段影响学生，相比于"言教"，"身教"具有更大的影响力，具有更好的示范作用。正如《论语》所言，"其身正，不令而行；其身不正，虽令不从"。教师职业道德的内容和水准不是一成不变的，随着社会的发展，人们对教师职业道德的要求不断提高，教师要能够把握社会发展对教师职业道德提出的要求，不断提升自身的职业道德水平。

（2）专业意识。专业意识是指教师个人对教师职业意义与价值的认识，对教师职业的社会期望的认识。良好的专业意识有助于教师形成强烈的从业、敬业、乐业的动机，是做好教师工作的前提。

（3）专业态度。专业态度是教师个人对教师职业所形成的看法。正确的专业态度是教师职业效能和职业发展的保障，包括对教育的态度——鞠躬尽瘁、甘为人梯，对待学生的态度——倾心相爱、诲人不倦，对待同事的态度——精诚合作、协同施教，对待自己的态度——严于律己、为人师表。

（4）专业知识。专业知识是教师专业的核心要素，也是教师专业化水平的重要体现。教师作为专业人员应该具备的专业知识，包括广博的文化知识、所教学科的专业知识、教育心理科学知识。随着信息技术的发展和信息技术手段在教学领域中的广泛应用，在线学习和教学成为未来教育发展的一种趋势，教师还需要掌握信息技术方面的知识。教师的专业知识类型是相对的，教学对象不同，教学目标不同，不同类型教师的专业知识会有一定的差异。比如，学前教育专业的教师可能在上面这些知识之外，还需要学习更多的保育知识。

（5）专业技能。教学是一种专业活动，需要教师具备一些基本专业技能，包括了解学生情况、确定教学目标、制订教学计划与方案、设计教学程序、课堂讲授与板书、简单教具制作、演示与实验、信息技术应用、课外活动组织以及激发学生学习积极性、教会学生学习、评价教学效果等。

（6）专业品质。专业品质是指符合专业需要的个性品质。不同专业对专业人员的个性品质都有一些不一样的需求。专业品质对专业人员顺利开展专业活动、达成专业目标以及获得专业成就具有潜在的重要意义。教育作为育人活动和师生交往互动的过程，具有不同于其他专业的特殊性，因此对教师专业品质也有不一样的要求，包括有爱心、宽容、能客观公平地对待每一个学生；热爱学习，具有广泛的兴趣和亲和力，能与学生打成一片；沉着、自制、耐心，乐观向上，对艰苦的教育工作具有坚韧不拔的意志；具有创新精神，善于接受新事物、新观念；等等。

这些专业素养是教师从事教学工作的必要条件，教师只有具备了这些专业素养才能更好地发挥教书育人的作用。专业素养必须通过不断地学习和训练，不断地将教育理论和教育实践联系起来，才能更好地获得。

在当代，社会赋予了教师一系列重要的职业角色，教师肩负着重大的社会责任，需要具有良好的专业素养。教师只有通过不断的学习和专业化的训练，才能养成这些素养，成为合格的专业人员。

二、教师职业的社会地位

在社会中，人们由于受教育程度、家庭背景、职业、种族等因素的差异而处于不同的社会阶层，拥有不同的社会地位。其中，职业是一个人所拥有的社会地位的最重要的体现，"那种世袭的种姓制度或封建等级制度已成为历史，今天的地位差异主要取决于人们的生计之本以及与职业工作适应的经济优势和权威"[①]。不同的职业由于具有不同的社会功能，拥有不等量的社会地位资源，从而使各种职业之间产生了社会地位的高低差异。一般说来，决定职业社会地位高低的主要因素有：职业的社会功能，职业的经济待遇，职业的社会权利，职业的专业化程度。

（一）教师职业的社会功能

职业的社会功能是指一定的职业对于社会的作用，某一职业的社会作用越大，其职业的社会地位也就越高。教师职业对于社会的作用是巨大的、功能是不可或缺的。教师是塑造人类灵魂的工程师，肩负着培养一代社会新人，延续人类社会发展的重任。教师是人类文化的传递者，在人类文化的继承和发展中起着桥梁和纽带的作用。教师的作用如此显著，贡献如此巨大，因此，教师职业是"太阳底下最崇高的职业"，应受到整个社会的尊重，享有崇高的社会地位。

（二）教师职业的经济待遇

经济待遇是指社会给予某一职业的从业者的物质报酬，包括工资及带薪假期、退休金等福利。一般说来，某一职业的经济待遇水平是由该职业的劳动性质和劳动形式决定的。教师职业是一种专门职业，教师的劳动属于复杂劳动。复杂劳动"是这样一种劳动力的表现，这种劳动力比普通劳动力需要较高的教育费用，它的生产要花费较多的劳动时间，因此它具有较高的价值。既然这种劳动力的价值较高，它也就表现为较高级的劳动，也就在同样长的时间内物化为较多的价值"[②]。因此，教师的劳动力具有较高的价值，教师在社会总体劳动者中的经济待遇水平应和其劳动的性质与形式相称，即教师

---

① 戴维·波普诺. 社会学：下 [M]. 刘云德，王弋，译. 沈阳：辽宁人民出版社，1987：13.
② 马克思. 资本论：第一卷 [M]. 中共中央马克思恩格斯列宁斯大林著作编译局，译. 北京：人民出版社，1975：223.

的经济待遇应相当于社会总体劳动者中从事复杂劳动的劳动者所享有的经济待遇水平①。

  ■ （三） 教师职业的社会权利

职业的社会权利是指某一职业的从业者在履行职责时所享有的各项权利。职业从业者享有的社会权利的范围、程度与该职业社会地位的高低密切相关。教师享有的社会权利，除一般的公民权利外，主要是职业本身所赋予的专业方面的权利，包括教育教学、科学研究、学术交流等方面的自由和自主权。教师这一职业的性质决定了教师专业权利的广泛性，而这些权利也只有从事教师这一职业的人才能享有。

  ■ （四） 教师职业的从业要求

职业的从业要求是指某一职业对从业者的资格要求，包括受教育程度、道德品质、工作能力等。要求越高，胜任者被替代的可能性越小。教师职业作为一种专门职业，对从业者的各个方面都有着很高的要求，如许多国家和地区要求中小学教师要达到大学本科毕业的教育程度。1995 年 12 月，我国颁布实施了《教师资格条例》，开始实行教师资格证制度，对教师准入资格做出了明确界定，包括遵守宪法和法律，热爱教育事业，具有良好的思想品德，具备国家规定的学历或经国家资格考试合格，有教育教学能力等。2012 年，教育部颁布了《教师专业标准（试行）》，对中小学和幼儿园教师的专业素养提出了更为具体的要求。近年来，随着教育发展水平的提高，很多地区、很多学校根据自身的办学定位和需求，在教师准入资格和专业素养方面不断提高标准，对教师专业素养的提升产生了积极作用。

以上四个方面综合起来决定了教师职业社会地位的高低，单看其中任何一个方面都不足以说明教师职业的社会地位。人们往往通过职业声望调查来了解现实社会中各种职业社会地位的高低。因为职业声望是职业地位的反映，是人们对职业社会地位的主观评价，因此职业的社会地位常常通过职业声望的形式表现出来。

■ 三、教师职业的法律地位

教师职业的社会地位反映了一个社会对教师职业的尊重程度，也在某种程度上反映了教师职业的福利待遇水平。除了社会地位以外，教师职业的法律地位也是非常重要的，它反映了一个国家对教师职业的重视程度。教师职业的法律地位对于厘清教育过程中教师与其他权利主体的关系，保障教师专业权利的实施，具有非常重要的意义。

---

① 金一鸣. 教育社会学 ［M］. 南京：江苏教育出版社，1992：227-233.

■ （一） 教师职业法律地位的内涵

法律地位是法律关系主体依法享有权利并履行义务的资格，也可以指法律关系主体在法律关系中所处的位置。法律地位一般由社会规范或习俗先行限定，最终由法律确认后生效。教师的法律地位指的是以法律的形式规定的，教师在一个国家的各种社会关系中所处的位置。[①] 由于文化差异，世界各国对教师身份属性的认识并不一致，因而对教师法律地位的理解也不尽相同，如日本和德国把教师看成国家公务人员。在我国，20 世纪 90 年代以前，教师也被归为国家公务人员范畴，随着教师专业化的推进，教师越来越被看成专业技术人员。

■ （二） 教师的权利和义务

教师的法律地位是通过法律对教师的权利和义务及其对等性所进行的确认和保障体现出来的。教师的身份一般包括三个方面，即教师作为专业人员、作为国家公务人员、作为劳动者（雇员）。[②] 后面两种身份的权利和义务在我国《宪法》《公务员法》《劳动法》等相关法律法规中都有比较清晰的界定，教师作为专业人员的权利和义务则主要体现在《教师法》中。比如我国《教师法》规定："教师是履行教育教学职责的专业人员，承担教书育人，培养社会主义事业建设者和接班人、提高民族素质的使命。"

教师的权利包括：

——进行教育教学活动，开展教育教学改革和实验；

——从事科学研究、学术交流，参加专业的学术团体，在学术活动中充分发表意见；

——指导学生的学习和发展，评定学生的品行和学业成绩；

——按时获取工资报酬，享受国家规定的福利待遇以及寒暑假期的带薪休假；

——对学校教育教学、管理工作和教育行政部门的工作提出意见和建议，通过教职工代表大会或者其他形式，参与学校的民主管理；

——参加进修或者其他方式的培训。

教师的义务包括：

——遵守宪法、法律和职业道德，为人师表；

——贯彻国家的教育方针，遵守规章制度，执行学校的教学计划，履行教师聘约，完成教育教学工作任务；

——对学生进行宪法所确定的基本原则的教育和爱国主义、民族团结的教育，法制教育以及思想品德、文化、科学技术教育，组织、带领学生开展有益

---

① 褚宏启，等. 论教育法的精神 [M]. 北京：教育科学出版社，2013：218.

② 尹力. 教育法学 [M]. 北京：人民教育出版社，2012：213-214.

的社会活动；

——关心、爱护全体学生，尊重学生人格，促进学生在品德、智力、体质等方面全面发展；

——制止有害于学生的行为或者其他侵犯学生合法权益的行为，批评和抵制有害于学生健康成长的现象；

——不断提高思想政治觉悟和教育教学业务水平。

为了保障教师的专业权利和义务，《教师法》还规定了各级人民政府、教育行政部门、有关部门、学校和其他教育机构应当履行的职责，包括：提供符合国家安全标准的教育教学设施和设备；提供必需的图书、资料及其他教育教学用品；对教师在教育教学、科学研究中的创造性工作给以鼓励和帮助；支持教师制止有害于学生的行为或者其他侵犯学生合法权益的行为。

■ 四、教师的专业发展

教师职业是一种专门职业，教学工作是一种专业工作，教学工作专业化水平的提高有赖于教师的专业发展。

■ （一）教师专业发展的内涵

教师作为专业的教学人员，要经历一个由不成熟到相对成熟的专业人员的发展历程。开始踏上教学工作岗位的教师，虽然经过了在职的专业训练并获得了教师资格证书，但这并不意味着他就是一个成熟的教育教学专业人员，他还要随着教学工作经历的延续、经验的积累、知识的更新及不断的反思才能逐渐达到专业的成熟。在教师的专业发展过程中，存在着不同的发展阶段，面对着不同的发展问题，这些问题的不断解决推动着教师专业的不断发展。

有学者认为，教师的专业发展大致要经历以下四个发展阶段[①]。

阶段 1，专业形成阶段：

——开始形成一些简单的教育观念；

——开始初步了解教育教学工作；

阶段 2，专业成长阶段：

——增加了对教育教学工作的了解程度，掌握了一定的相关知识；

阶段 3，专业成熟阶段：

——对教育工作产生强烈的使命感；

——重新思考和检讨已有的教育理念；

---

① HOUSTON. Handbook of reasearch on teacher education ［M］. New York：Macmillan Publishing, Co，1990：315.

阶段4，充分专业化阶段：

——努力追求自我实现；

——不断尝试、重建自己的观念与信念。

亦有学者对教师专业发展的阶段做了如下描述[①]：

阶段1，求生期：工作的第一年，努力适应以求得生存；

阶段2，巩固期：工作一年后，对一般学生的情况有了基本的了解，开始把注意力放在有问题的学生身上；

阶段3，更新期：在工作的第三年和第四年里，教师开始寻求新的教育教学方法；

阶段4，成熟期：教师花费三到五年甚至更长的时间，成为一个专业工作人员，能够对教育问题做出反省性思考。

教师的专业发展不仅仅是时间的延续，伴随这一历程的是教师专业内涵的持续改变，主要包括以下内容：

专业知识的发展，即教师从事教学工作所必需的普通文化知识、所教学科知识、教育学科知识的不断累积、重组和更新。

专业才能的发展，即教师从事教学工作必须具备的教学技能的不断熟练及教学能力的形成、提高。

专业情意的发展，即教师专业理想的树立、专业情操的养成、专业性向的调适和专业自我的建立。

总之，教师的专业发展是一个持续不断的成长过程，其目标是达到专业的成熟，即成为一个相对成熟的教育专业人员。

> 教师专业发展这一概念把教师视为持续发展的专业人员，需要通过不断的学习与探究来拓展其专业内涵，提高其专业水平，使其逐渐达到专业成熟的境界。相对成熟的教育专业人员，能够信守教育理想，献身教育工作，以学生的利益为前提；强调专业的知识与技能，参与专业决定，负起专业的责任；行为较有弹性，较能容忍压力，具有较强适应性；具有从多个角度观察、分析问题的能力和应用多种教学模式进行教学的能力。

■（二）教师专业发展的途径及策略

教师的专业发展主要通过新教师的入职辅导和在职培训两条途径来实现。

1. 新教师的入职辅导

新教师的入职辅导是20世纪70年代发展起来的并被人们接受的一种促进

① KATZ L. Developmental stages of preschool teachers [J]. The Elementary School Journal, 1972 (1): 50-54.

教师专业发展的指导计划。新教师是一个已完成了所有职前训练课程的教师，他已获得了执教的资格，并进入教育教学工作岗位，他负有的职责通常与那些有经验的教师所必须负有的职责在种类和程度上是相同的。对新教师来说，由师范生到开始正式任教是一种身份的转变、角色的转换、责任的变化，往往会产生无所适从的感觉。最初的教学生涯可能会给一些新教师留下一段受挫的经历，对大多数新教师来说，则需经受相当严峻的考验。因此，新教师入职的第一年受到普遍的关注也就不足为奇了。

新教师的入职辅导是一个安排有序的计划，意在专门向新教师提供至少为期一年的系统而持续的帮助，使之尽快适应环境、进入角色。经常采取的策略是安排有经验的导师进行现场指导，并与之分享经验。

2. 教师的在职培训

教师专业发展的阶段性表明教师在整个任教期间应该接受继续教育，以拓展他们的专业知识、提高其教育能力，但这并不是在职教育的唯一目的。现代社会的急剧变化，要求教师能够理解新的形势，从容迎接新的挑战；教育改革的日益频繁，要求教师热情地支持、积极地参与，没有教师的支持和参与，改革难以成功；新教师需求的减少，限制了新思想的来源，需要不断地向教师队伍注入新的思想活力。这些也都成为支持教师在职教育的重要理由。

教师的在职培训有着十分广阔的活动范围，主要包括：（1）与工作结合的活动，即在工作过程中进行的活动，如课堂教学观摩等；（2）与工作有关的活动，即与工作有关但不发生在正在进行的工作中的活动，如课外的相互研讨、进修等。这些活动都是专业活动，服从于专业发展的需要。

除此之外，还有一些在职培训活动服务于教师个体发展的需要，这种发展可能是也可能不是与工作有关的，对教学的作用可能是也可能不是立刻就显现的，如对教师进行电脑培训等。

随着信息化水平的不断提高和知识更新速度的加快，人类进入了"学习型社会"，"一朝受教、终身受用"的历史已经过去，任何人都需要不断接受教育、不断更新知识、不断发展成长。教师作为教育人的职业，理应成为终身学习的榜样，不断更新教育观念，不断更新知识结构，不断掌握新的手段，才能保证自己做一个合格的教师。

■ 第 2 节　学生

■ 一、学生的本质属性

学生首先是人，是生活在一定的社会关系中具有特定社会属性的人。但人共有的本质属性不能代替学生特有的本质属性。

■ （一）学生是具有发展潜能的人

学生是发展中的人，小学入学到中学毕业这一时期，是一个人的生理、心理发展的重要时期，是一个人从不成熟到成熟、从不定型到定型的成长发育时期，也是一个人生长发育特别旺盛的时期。对于学生来说，他们身心的各个方面都潜藏着极大的发展可能性，所展现出的各种特征都还处在变化之中，可塑性极强。学生身心发展的可能性及发展过程中的可塑性是由学生的遗传素质提供的。

■ （二）学生是有发展需要的人

遗传素质为学生的发展提供了可能性，这种可能性要转变为现实性还取决于学生发展的需要。人是自然性与社会性的统一，最初的个体更多地体现了自然的属性，是一个自然人，只有完成了由自然人向社会人转变这一过程，才能成为一个社会人。推动个体由自然人向社会人转变的动力，是社会环境对个体的客观要求所引起的需要与个体的发展水平之间的矛盾运动，这一矛盾运动是个体和客观现实之间相互作用的反映，是通过个体的社会实践活动实现的。在活动中，个体不断作用于客观现实，日益深入地反映客观事物的特性和彼此之间的关系，形成一定的发展水平。客观现实也不断作用于个体，对个体提出新的要求，这些要求反映在个体的头脑中，转变为个体的需要。而需要的满足，同样要通过个体自身的活动即与客观现实的相互作用来实现。因此，没有活动，没有个体与环境的相互作用，也就没有个体的发展。

学生发展的需要是多方面的，包括生理的和心理的、认知的和情感的、道德的和审美的，等等。教育正是基于学生发展需要的多面性，才确定了全面发展的目标。

■ （三）学生是教育的对象

学校教育是有计划、有目的、有组织地培养人的社会活动，它以有发展潜能和发展需要的个体为活动的对象，由一定的教育者按照一定的教育目的来选择内容、组织教材，并采取一定的教育方法来施以有意识的影响。与环境对个体自发的、零碎的、偶然的影响相比，教育对个体的成长起着主导的作用。作为教育对象的学生，其主要任务是学习。在学校教育这种特定的环境中，学生通过学习获得身心的发展。但学生不是消极被动地接受教育，他们是学习的主体，是具有主观能动性、具有不同特殊素质的人。年龄越大，这一特点越突出。这种主观能动性，表现为学生具有个人的爱好、兴趣、追求，有个人的独立意志。教育者必须尊重和调动这种主动性、积极性，才能实现教育目的。

> 学生是指具有发展潜能及发展需要的个体，他们是学校教育的对象，以学习为其主要任务。作为学校教育的对象，他们又是具有主观能动性、具有不同素质的个体，教育者必须承认并尊重这一事实，满足学生各方面发展的需要。

■ 二、学生的社会地位

相对于成年人来说，学生是不成熟的青少年儿童，是未进入成人社会的"准社会人"。因此，长期以来学生没有被看作是有个性的独立存在的人，他们在社会上处于从属和依附的地位。在人类社会的早期，社会把未成年的子女当作社会或父母的隶属物，社会或双亲对婴儿甚至握有生杀之权。随着人类的进步和社会的发展，儿童的生存条件不断得到改善，尤其是文艺复兴时期产生的新的儿童观，承认儿童的自由与兴趣，其后的许多教育家也致力于提倡自然主义的儿童观。但整个社会并未彻底把儿童本身看作是有个性价值的存在，许多成人往往出于"为了孩子、关心孩子"的主观目的而把自己的价值观强加给儿童，完全不考虑儿童的需要；也并未彻底改变儿童对双亲或学生对教师绝对服从的现象，鞭挞、体罚的教育陋习依然存在。要改变这种状况，关键是承认和确立青少年儿童在社会中的主体地位，并切实保障青少年儿童的合法权益。

■ （一）青少年儿童是权利的主体

青少年儿童是社会的未来、人类的希望，有着独立的社会地位，是行使权利的主体，这一点正是 1989 年 11 月 20 日联合国大会通过的《儿童权利公约》的核心精神。体现这一精神的基本原则是：

1. 儿童利益最佳原则；
2. 尊重儿童尊严原则；
3. 尊重儿童观点与意见原则；
4. 无歧视原则。

■ （二）青少年儿童的合法权利

青少年儿童是权利的主体，享有法律所规定的各项社会权利。国际社会及许多国家对青少年儿童享有的权利都做了具体的规定。我国作为《儿童权利公约》的缔约国之一，在履行这一公约的同时，在一系列法律、法规和政策中也对青少年儿童享有的权利做出了规定，如《宪法》《教育法》《义务教育法》《未成年人保护法》等。我国对青少年儿童权利的规定主要有如下方面。

1. 生存的权利

我国《宪法》第四十九条规定："父母有抚养教育未成年子女的义务。"2021 年 6 月 1 日起实施的新修订的《未成年人保护法》第三条也规定："国家保障未成年人的生存权、发展权、受保护权、参与权等权利。"

2. 受教育的权利

《宪法》第四十六条规定："国家培养青年、少年、儿童在品德、智力、体质等方面全面发展。"《义务教育法》第四条规定："凡具有中华人民共和国国籍的适龄儿童、少年，不分性别、民族、种族、家庭财产状况、宗教信仰等，依法享有平等接受义务教育的权利。"《未成年人保护法》第十六条规定："未成年人的父母或者其他监护人应当履行下列监护职责：……（五）尊重未成年人受教育的权利，保障适龄未成年人依法接受并完成义务教育。"第二十八条规定："学校应当保障未成年学生受教育的权利，不得违反国家规定开除、变相开除未成年学生。"

3. 受尊重的权利

《未成年人保护法》第二十七条规定："学校、幼儿园的教职员工应当尊重未成年人人格尊严，不得对未成年人实施体罚、变相体罚或者其他侮辱人格尊严的行为。"第六十三条规定："任何组织或者个人不得隐匿、毁弃、非法删除未成年人的信件、日记、电子邮件或者其他网络通讯内容。"

4. 安全的权利

《未成年人保护法》第三十五条规定："学校、幼儿园不得在危及未成年人人身安全、身心健康的校舍和其他设施、场所中进行教育教学活动。"第五十条规定："禁止制作、复制、出版、发布、传播含有宣扬淫秽、色情、暴力、邪教、迷信、赌博、引诱自杀、恐怖主义、分裂主义、极端主义等危害未成年人身心健康内容的图书、报刊、电影、广播电视节目、舞台艺术作品、音像制品、电子出版物和网络信息等。"第五十九条规定："任何人不得在学校、幼儿园和其他未成年人集中活动的公共场所吸烟、饮酒。"

> 青少年儿童具有独立的社会地位，是权利的主体，依法享有生存的权利、受教育的权利、受尊重的权利和安全的权利。

■ 三、学生的发展

■ （一）学生发展的规定性

学生个体的形成无疑是一个发展的过程，因此，对"发展"的规定性构成了认识学生个体成长的前提条件。

对"发展"这一概念的界定，大致有三种观点。一种从生物形态发展的角度进行界定，一种从心理发展的角度进行界定，一种从社会性发展的角度进行界定。

第一种观点把发展过程本身主要看成是机体的成熟，即生物成熟的结果。

第二种观点则是把心理过程的发展作为发展的主题，更注重于认识能力和智力的发展，注重于人格的发展。

第三种观点是把发展过程主要解释为个人参与社会活动或者社会环境对人

产生影响的结果，即社会化的结果。

从学校教育的角度看，学校教育过程中，学生发展这一概念含有丰富的规定性，包含了众多的要素。这些要素主要有：学生的发展包含身体的发展和心理的发展两个方面，身体的发展指机体的正常发育和体质的增强；心理的发展指认知、情感、态度及行为等的发展。学生发展的过程是一个由量变到质变的过程，既有量的累积，也有质的飞跃。学生最终的发展是遗传、环境和学校教育相互作用的结果。

对学生发展规定性的认识不是一成不变的，社会进步和科学研究的发展，特别是心理学和脑科学研究的最新进展，不断揭示了人的发展的新特点和新要求。20 世纪末以来，学生的核心素养日渐成为各国教育关注的重要议题。当然，由于社会和文化背景不同，以及经济发展和教育发展水平的差异，各国对核心素养的理解也不一样。按照联合国教科文组织的界定，所谓核心素养就是使个人过上他想要的生活和实现社会良好运行所需要的素养。欧盟提出的核心素养包括八个领域：母语、外语、数学与科学技术素养、信息素养、学习能力、公民与社会素养、创业精神及艺术素养。[①] 我国学者对学生核心素养的理解是学生应具备的，能够适应终身发展和社会发展需要的必备品格和关键能力；以"全面发展的人"为核心，分为文化基础、自主发展、社会参与三个方面，综合表现为人文底蕴、科学精神、学会学习、健康生活、责任担当、实践创新六大素养（见图 5-1）。[②]

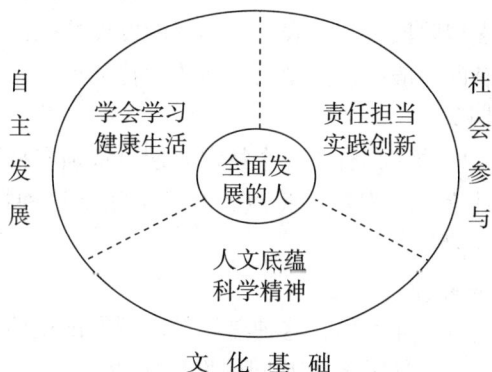

图 5-1　中国学生核心素养模型

①　刘新阳，裴新宁. 教育变革期的政策机遇与挑战——欧盟"核心素养"的实施与评价 [J]. 全球教育展望，2014（4）：75.

②　核心素养研究课题组. 中国学生发展核心素养 [J]. 中国教育学刊，2016（10）：1.

学生的发展是指在遗传、环境和学校教育的相互作用下学生身体和心理两个方面所发生的量的和质的变化。学生核心素养是学生应具备的，能够适应终身发展和社会发展需要的必备品格和关键能力，是教育改革的重要目标。

■（二）学生发展的一般规律

1. 发展的不平衡性

学生发展的不平衡性主要指生理成熟与心理成熟的不平衡和发展速度的不平衡。学生的生理成熟以性机能的成熟为标志，心理的成熟以独立思考的能力、较稳定的自我意识与个性的形成为标志。这两方面的成熟不是同步的，一般来说生理的成熟要早于心理的成熟。学生的发展速度在整个的发展进程中也不是匀速前进的，而是呈现出加速与平缓交替发展的状态，体现出发展过程中量变与质变的辩证统一。

2. 发展的顺序性

学生身心的发展是按照某种固定的顺序展开的，如身体的发展循着从上到下、从中间到四肢、从骨骼到肌肉的顺序发展；心理的发展则按照从机械记忆到意义记忆、从具体思维到抽象思维等顺序发展。

3. 发展的阶段性

学生发展的不平衡性和顺序性必然导致发展的阶段性。学生的发展是一个量变到质变的过程，一个阶段量的积累必然导致质的飞跃，发展就进入一个新的阶段。在不同的发展阶段，学生表现出不同的发展特征，这些特征是某一年龄段学生所普遍具有的一般的、典型的、本质的特征。

4. "最佳发展期"

人身心发展的某些功能具有在一个特定时期里特别容易发展，而错过了这一时期就难以发展甚至无法发展的特点，心理学家把这种特定时期称为"最佳发展期"或"关键期"。

5. 发展的个别差异性

学生的发展存在着个体差异，这种差异是由不同的遗传、环境和教育等因素造成的。一般学生的发展需经历共同的发展阶段，但每个学生发展的速度、水平及发展的优势领域则千差万别。如同龄学生有不同的兴趣、爱好和性格；有的学生语言能力较强，有的学生数学能力突出；有的学生才华早露，有的学生大器晚成。

■（三）学生发展的一般任务

本章所论的学生主要是指年龄在6—18岁的中小学生，他们分别处于人生发展的童年期、少年期和青年早期，面临着不同的发展任务。

1. 童年期学生发展的任务

童年期（7 至 12 岁）又称学龄初期，相当于小学阶段，这一时期学生主要的发展任务是：

＊发展基本的阅读、书写及计算技能；

＊发展有意注意的能力；

＊发展借助于具体事物进行推理的能力；

＊发展社会性的情感；

＊发展意志的主动性和独立性；

＊建立起对自己的完整态度；

＊学习与同龄人的相处；

＊学习分辨是非，发展良知、德性；

＊发展对社会、集体的态度；

＊培养创造意识。

2. 少年期学生发展的任务

少年期（12 岁至 14、15 岁）又称学龄中期，相当于初中阶段。这一时期学生主要的发展任务是：

＊发展有意记忆的能力；

＊发展借助于表象进行逻辑思维的能力；

＊发展创造性能力及探索精神；

＊建立一定的兴趣和爱好；

＊获得情绪的独立性；

＊学习处理与同龄人的关系，建立与同龄人的友谊；

＊形成一定的理想和价值观作为行为的指引；

＊发展自我教育的能力；

＊适应自身生理变化带来的压力。

3. 青年早期学生发展的任务

青年早期（15 岁至 17、18 岁）也称青春期，相当于高中阶段。这一时期学生主要的发展任务是：

＊发展辩证思维的能力；

＊为职业生活做准备；

＊学习选择人生道路；

＊认识自我、认识社会，形成积极的人生观和世界观；

＊获得一定的社会角色定向；

＊学会正确对待友谊和爱情；

＊提高自我调节生活与心理状态的能力；

＊培养创造性学习的能力。

第3节　教师与学生的关系

师生关系是指教师和学生在教育、教学活动中形成的相互关系，包括彼此所处的地位、作用和相互对待的态度。学校的教育活动是师生双方共同的活动，是在一定的师生关系维系下进行的。良好的师生关系是教育教学活动取得成功的必要保证。

一、关于师生关系的理论

师生关系是教育活动中最基本的矛盾关系。现代关于师生关系的理论，有一个从以教师为中心向以学生为中心的转变、从单一主体论向双主体论转变的发展过程。

（一）"教师中心说"与"学生中心说"

在国外，近代围绕师生关系的论争产生了两大不同的理论流派，即"教师中心说"与"学生中心说"。

"教师中心说"以德国教育家赫尔巴特为代表，属于传统教育学派对师生关系的认识。这种学说认为，教师掌握了人类积累的文化知识，是知识与智慧的传播者；教师传递社会的行为规范与文化的价值观念，是专制与权威的代表者；教师施行教学活动中的管理与训练，是统治与约束的执行者。学生则被认为生来就是要被管教的，他们必须顺从教师的教导，才能学到知识、养成良好的品德。因此，教师在教育活动中应处于中心地位，应树立起充分的权威。传统教育学派认为教育过程是一种特殊的认识过程，重视教师在教育过程中的主导作用。这一学派的思想在19世纪末20世纪初迅速传播开来，具有广泛的世界影响。

"学生中心说"以美国实用主义教育家杜威为代表，属于现代教育学派对师生关系的认识。杜威认为，"教师中心说"颠倒了师生关系，压抑了学生的发展。"学生中心说"重视学生本身的能力和主动精神在教育过程中的作用，重视学生已有的经验，重视学生的兴趣与需要，重视学生的问题和追求。教师应成为学生学习的辅助者和帮助者，教师的职务仅仅是依据较多的经验和较成熟的学识来决定怎样使儿童得到生活的训练，教育者——帮助者，需要通过言语和行动向学生表示欢迎和关切。但"学生中心说"过分强调学生的经验及主动性，在实践中教育收效不大。

无论是以教师为中心还是以学生为中心的师生关系，都将教师与学生划分为对立的两个部分：一方是主体，认识、作用、塑造和改造另一方；一方是客体，是被认识、被作用、被塑造和被改造的对象，呈现的是"人—物"关系。我们称之为二元对立的师生关系。

> 师生关系是教育过程中最基本、最重要的人际关系。"教师中心说"和"学生中心说"是传统教育学派与现代教育学派最重要的分歧之一。传统教育学派以赫尔巴特为代表，强调教师的作用，注重系统的书本知识的传授；现代教育学派以杜威为代表，强调学生在教育过程中的主体性、主动性和能动性，重视儿童已有的经验、学习兴趣与需求。

■（二）"学生中心"与"教师主导"

在我国，五四运动至新中国成立前夕，"学生中心说"占主导地位。五四运动期间，对封建师道尊严思想进行了批判，认为这种思想扼杀了学生的个性，造成了师生之间的隔膜。因此，以学生为本的思想成为潮流，主张建立以学生为中心、师生之间民主平等的朋友式关系，主张教学合一，把重心从教师转移到学生身上来。此种认识主要受到实用主义教育思想的巨大影响。

新中国成立之初，由于当时人们认为资产阶级教育哲学家杜威的理论不能指导我们社会主义国家的教育，必须对他的学生中心论进行批判，转而采纳苏联教育家凯洛夫提出的教师起主导作用的观点。关于教师在教学中应不应该起主导作用，绝大多数人都持肯定意见。理由在于，从知识占有量上看，教师掌握的知识比学生多，而且比学生知之在先；从教与学的矛盾看，教师是这对矛盾中的主要方面，起着主导作用；在教学过程中，教师有所传授，学生有所接受，在授受之间教师总是起着主导作用的。

20 世纪 80 年代，随着改革开放和思想解放运动的深入，人们普遍认识到研究师生关系如果不研究学生是不正常的，因而批评凯洛夫教育学只研究教不研究学、只注重教师不关心学生的弊端，"教师主导，学生主体"是这一时期较有代表性的表述，弥补了中心说、主客二元对立思维的不足，是师生关系理论在教师或学生中心说基础上的丰富与完善。

■（三）双主体论

20 世纪 90 年代以来，主体性教育思潮兴起，人们开始倡导既研究教师的主体性，也研究学生的主体性，提出了"双主体论"。双主体论对"教师主导，学生主体"提出了质疑，认为"主导主体说"一方面混淆了矛盾的主次之分，使人无法理解在特定的教学阶段中，究竟孰主孰次；另一方面仅仅强调学生在教学中的主体地位，而忽视教师在教学中的主体地位，由此导致分裂了同一教学过程中的师生关系。双主体论主张教学过程中师生都是主体，而且互为主客体，并突出强调师生主客体地位在教学过程中是相互转化的。

20世纪90年代末，在西方主体间性哲学的影响下，双主体论彻底走出主客二元对立困境，认为教师与学生之间形成的是不可分割的主体间区域。主体间性的师生关系认为，教学不是一个完全的认知过程，而是师生平等交往、主动对话、相互理解的过程，师生不是"我与他"的"人—物"式的认知关系，而是"我与你"的"人—人"式的勾连关系，强调教师主体和学生主体的交互作用。师生在教育实践中产生交互影响，才在事实上构成师生间的教育关系。师生间应以知识、语言和环境等为中介，开展对话。对话的方法实质上是交互的、人心的、平等的、发展的方法。这与以往把师生间看成主客体关系而形成的观察与被观察、控制与被控制、改造与被改造的关系不同，它去掉了"中心"思维，不强调师生以谁为"中心"，而是师生在尊重差异的基础上进行平等、开放、互动式的交往从而达成"共生"。

■ 二、良好的师生关系

■ （一）师生在教育内容上是授受关系

在教育活动中，教师处于教育和教学的主导地位；从教育内容的角度说，教师是传授者，学生是接受者。作为处于主导地位的教师，能否建立正确的学生观，在相当大的程度上决定了教育的水准和质量。

1. 在知识上，教师是知之较多者，学生是知之较少者；在智力上，教师是较成熟者，学生是未成熟者；在社会生活经验上，教师是较丰富者，学生是欠丰富者。教师对于学生有明显的优势。教师的任务是发挥这种优势，帮助学生迅速掌握知识、发展智力、丰富社会经验。但这一过程并不是单向传输过程，它需要有学生积极的、富有创造性的参与，需要发挥学生的主体性。

2. 学生主体性的形成，既是教育的目的，也是教育成功的条件。我们的教育要培养生动活泼、主动发展的个体，要培养具有主人翁精神的全面发展的人，而不是消极被动、缺乏主动性和责任心的下一代。要培养主动发展的人，就必须充分调动个体的主动性，消极被动的教育是不能培养出主动积极发展的人来的。个体身心的发展并不是简单地由外在因素施加影响的结果，而是教师、家庭、社会等外在因素通过学生内在因素起作用的结果。没有个体主动积极的参与，没有师生之间的互动，没有学生在活动过程中的积极内化，学生的主动发展是难以实现的。因此，单纯的灌输、消极的接受，是陈旧落后的教育思想和教学方法。

3. 对学生的指导、引导促进了学生的自主发展。教师的责任是帮助学生由知之不多到知之较多，由不成熟到成熟，最终是要促成学生能够不再依赖于教师，学会学习，学会判断，学会选择。社会是在不断发展变化的，学习的标准、道德的标准、价值的取向也是在不断变化的，世界发展的基本特点之一就是多元化。我们不能期望在学校里教授的东西能使学生受用终生。在教学过程中，我们不仅要认可而且要鼓励学生根据变化着的实际情况有所判断、有所选择、有所发挥，最终目的在于使学生成为具有自主发展能力的人。

■ （二）师生在人格上是平等关系

教育工作的最大特点在于它的工作对象都是有思想、有感情、有独立人格的活动着的个体，师生关系是教育活动中的基本关系，反映着不同的社会发展水平，也对教育工作者提出了不同的素质要求。

1. 学生虽然身心发展尚未成熟，但作为一个独立的社会个体，在人格上与教师是平等的。封建社会三纲五常的等级制度，推演到师生关系上就是师为生纲。教师之于学生，有无可辩驳的权威性，学生服从教师是天经地义的。这种不平等的师生观的影响至今仍在。不彻底消除这种影响，不充分认识到学生独立的社会地位和法律地位，就不可能建立现代的新型师生关系。

2. 传统的"师道尊严"的师生关系，在管理上则表现为"以教师为中心"的专制型的师生关系，这种关系的基础是等级主义的，其结果必然导致学生的被动性和消极态度，从而造成师生关系紧张。作为对这种专制型师生关系的反抗，19 世纪末以后，出现了以强调"儿童为中心"的师生关系模式。在哲学上，它强调学生的主体地位，强调儿童的积极性和创造性，这对改变传统的师生对立状态起到了明显的促进作用；但在管理上出现了放任主义的倾向，这对于学生活动的积极性和良好师生关系的形成同样是不利的。所以，严格要求民主的师生关系，是一种朋友式的友好帮助的关系。在这种关系下，不仅师生关系和谐，而且学习效率也高。

3. 平等民主的师生关系要求在教学活动过程中师生应该建立良好的合作关系。在建构主义看来，知识学习的过程不是教师单向发生的知识传授过程，而是师生共同建构的过程；交往理论也认为教学活动实质上是师生交往互动的过程，这与我国很早就提出的"教学相长"思想具有惊人的一致性。师生合作既反映了现代教学理论发展对教学活动本质认识的深化，也反映了学生身心发展的需要。学生虽然是教学对象，但也是主动发展的人，学生的主体性和主动性应该在教学过程中得到更多的体现。在信息社会里，知识获得的渠道、知识传输的方式都发生了深刻变化，教师需要突破传统的知识权威形象，与学生平等合作，通过民主协商和沟通对话来构建新型师生关系，促进彼此在教学过程中的成长。

现代的师生关系倡导的是民主型、合作型的师生关系。在这种师生关系中，教师尊重学生的人格，平等地对待学生、热爱学生；同时看到学生是半成熟的、发展中的个体，从而对他们进行正确的引导。

■ （三）师生在道德上是相互促进关系

有些西方学者把教育活动等同于一般的经济活动，把教师职业看作是一种售卖知识的职业，把师生关系看作是买卖关系。这种对教育活动和师生关系的商品化、市场化的庸俗理解是极为有害的，因而也是错误的。从教学的角度看，师生关系是教与学的关系，是教师角色与学生角色互动的关系。从社会学的角度看，师生关系在更深刻的意义上是人和人的关系，是师生间思想交流、情感沟通、人格碰撞的社会互动关系。儿童、青少年将成长为怎样的一个人，与家长、与教师以及其他教育成员有着非常密切的关系。一名教师对学生的影响，不仅仅是知识上的、智力上的影响，更是思想上的、人格上的影响。教师对孩子的发展有着特别的意义。教育工作者作为一个人，作为社会中的一个人，对成长中的儿童和青少年有着巨大的、潜移默化的影响。但这种精神上的、道德上的影响并不是靠说教就能产生的。精神需要精神的感染，道德需要道德的濡染。一位教育工作者的真正威信在于他的人格力量，它会对学生产生终身影响。同样，学生不仅对教师的知识水平、教学水平做出反应，对教师的道德水平、精神风貌更会做出反应，还会用各种形式表现他们的评价和态度。这对从事教育工作的人来说，确实是其他任何职业都无法比拟的精神挑战。现代倡导的新型师生关系是相互尊重、相互学习、相互促进的关系。教师是知识的传递者，更是智慧的激励者；是社会经验的提供者，更是多元价值的分享者；是人生道路的指引者，更是奋斗目标的助跑者。以学生为本，以学生的发展为本，这是教师处理师生关系的最高原则。

主题词

教师	教师专业发展
学生	学生的发展
师生关系	学生权利
教师角色	教师中心论
学生中心论	双主体论

习 题

1. 教师职业是一种专门职业吗？试列举理由支持你的观点。

2. 如何根据教师的成长过程来促进教师的专业发展？

3. 如何理解教师的法律地位？教师在教学过程中有哪些权利和义务？

4. 如何看待学生的本质属性？

5. 学生作为一个权利主体，享有哪些合法权利？

6. 我们应建立怎样的教师观和学生观？

参考文献

1. 南京师范大学《教育学》编写组. 教育学［M］. 北京：人民教育出版社，1984.

2. 教育部师范教育司. 教师专业化的理论与实践［M］. 2 版. 北京：人民教育出版社，2003.

3. 袁振国. 教育原理［M］. 上海：华东师范大学出版社，2001.

第 6 章
当代学习理论

学习是教学的基础，学习论是教学论的基础。在教学过程中，如果不重视和尊重学习者的学习规律，要取得理想的效果是不可能的。学习论就是研究学习规律的理论，在教育学中应有不可忽视的位置。

学习是活着的有机体普遍存在的现象，是有机体适应环境的重要手段。动物主要是凭借遗传的本能来适应环境，而人类主要是依靠学习来认识、适应与改造环境的。人类具有任何高等动物都无法比拟的学习需要和学习潜能。在教育情境中，学习是指凭借经验产生的、按照教育目标进行的、比较持久的行为或倾向的变化。学习是现代教育科学的一个重要课题。随着科学技术的不断发展和社会信息总量的日益增加，当今社会已进入终身学习的学习型社会。不言而喻，学习对于人类也将越来越重要。在学校教育中，我们不仅要考虑如何通过更有效的学习方式让学生掌握学科知识，还要进一步通过学习方式的变革更好地发展学生的综合素养，特别是提升学生终身学习的意识和能力。这些都离不开对学习规律的认识。

■ 第1节　学习理论的一般原理

古今中外，有许多思想家、教育家对学习问题进行过深入而系统的研究，这里我们主要介绍我国古代的学习理论以及西方学习理论的几个主要流派。

■ 一、我国古代的学习理论

我国古代的学习理论非常丰富，从孔子到王夫之，从《学记》到《教童子法》，都留下了非常宝贵的学习方面的思想。他们认为，学习对于掌握知识、形成技能、发展智力、培养能力、养成品德和塑造人性具有重要的意义。这里仅就学习的过程和学习的心理条件两个问题做一些分析与介绍。

■ （一）学习的过程

我国古代学者关于学习过程的理论主要有二阶段论（学、行）、三阶段论（学、思、行）、四阶段论（学、思、行、习）和五阶段论（学、问、思、辨、行）等，其中五阶段论最为典型是《礼记·中庸》中所说的"博学之，审问之，慎思之，明辨之，笃行之"。"博学"就是要多闻、多见，上至"天地万物之理"，下至"修己治人之方"，皆在博学之列。"审问"就是要多问、善疑，王夫之认为审问是学习进步的前提，"善问善答，则学日进矣"。朱熹也指出："读书无疑者须教有疑，有疑者却要无疑，到这里方是长进。""慎思"就是要推究穷研，知其所以然。"明辨"就是要在思考的基础上分清真假、善恶、美丑、是非。"笃行"就是将学、问、思、辨的结果付诸践履，见诸行动。

■ （二）学习的心理条件

我国古代学者考察过志向、注意力、情感、意志、性格等心理因素与学习的关系，并据此提出了若干学习的心理条件。

一是志向要远大。孔子早就提出"三军可夺帅也，匹夫不可夺志也"的命题，王夫之认为"人之所以异于禽者，唯志而已矣"。志向的远大恒久是学习成功的关键，"志立则学思从之，故才日益而聪明日盛"。

二是注意力要集中。孟子曾用两人学下棋的故事说明"专心致志"对于学习的意义。南北朝的刘昼更深入地指出："学者必精勤专心以入于神。若心不在学而强讽诵，虽入于耳而不谛于心。"

三是兴趣要稳定。孔子很早就提出了"知之者不如好之者"。宋代张载也认为"学者不论天资美恶，亦不专在勤苦，但观其趣向着心处如何"，并指出"人若志趣不远，心不在焉，虽学无成"。由此可知，志向与兴趣结合的"志趣"境界是学习的重要心理条件。

四是情感要热烈。孔子"好之者不如乐之者"的论述更充分肯定了情感在学习中的意义。明代王守仁在批评塾师对学生"鞭挞绳缚，若待拘囚"的方法时指出，这种方法只能造成情感对立，使他们"视学舍如囹圄而不肯入，视师长如寇仇而不欲见"；只有"使其趋向鼓舞，中心喜悦"，才能"其进自不能已"。

五是意志要坚强。孔子经常鼓励学生要成为"有恒者"。孟子用"山径之蹊"和"掘井九仞"等来说明"学贵有恒"的道理。《荀子·劝学》中"不积跬步，无以至千里；不积小流，无以成江海"的名言，也说明以持之以恒为核心的意志品质是学习成功的前提。

我国古代学者认为学习对于掌握知识、形成技能、发展智能、培养品德和塑造人性具有积极的意义，提出了博学、审问、慎思、明辨、笃行的学习过程论，并对志向、注意力、兴趣、情感、意志等心理因素在学习中的作用进行了分析。

二、现代学习理论

（一）行为主义学习理论

行为主义学习理论主要包括巴甫洛夫的条件反射学说、桑代克的尝试错误学说、斯金纳的操作条件作用学说。

巴甫洛夫（Pavlov）是俄国著名的生理学家，他通过条件反射的方法对人和动物的高级神经活动做了许多推测，发现了学习的最基本的机制。在实验中，他把一定频率的节拍器响声（条件刺激）与食物（无条件刺激）多次结合，原先只有由食物引起的狗的唾液分泌，现在节拍声响单独出现也可以引起类似的唾液分泌现象，产生了所谓的"条件反射"，学习就是通过条件反射形成的暂时神经联系。据此，巴甫洛夫提出了习得律、实验性消退律、泛化律、分化律和高级条件作用律等。虽然不能直接把巴甫洛夫的研究纳入行为主义的理论体系，但他毕竟开创了行为主义刺激—反应理论的先河。

差不多与巴甫洛夫同时，美国心理学家桑代克（E. L. Thorndike）用猫进行了他著名的学习实验。他将猫置于特别设计的迷笼中，笼外的食物可见而不可得。饥饿的猫在笼中经过多次尝试与错误，终于建立了打开门闩（踏到开门机关）与开门取得食物的联系。据此，桑代克提出了学习的三条定律：一是效果律，即在学习者对刺激情境做出反应的过程中，当给予满意的情况时，其联结就会增强；而给予烦恼的情况时，其联结就会削弱。二是练习律，即刺激与反应的联结，随练习次数的增多而加强。三是准备律，即刺激与反应的联结随个体本身的准备状态而异，在事先有一种准备状态时，实现则感到满意，否则感到烦恼。

20世纪30年代，斯金纳（B. F. Skinner）改进了桑代克的实验研究，用"斯金纳箱"进行了关于操作条件反射的实验。他把饥饿的白鼠置于箱内，白鼠偶然踏上操纵杆，放置食物的盒子自动落下食物。白鼠经过几次尝试，会不断压杆，直到吃饱为止。由于白鼠是把压杆（操作）作为取得食物的手段或工具，所以这种行为过程又被称为操作性条件反射或工具条件反射。斯金纳认为，强化在学习中具有非常重要的作用，行为之所以发生变化，是由于强化作用，直接控制强化物就是控制行为。他批评了当时教育的几个缺点：①激发学生的积极主动性不够，学生的行为是由厌恶（逃避）刺激支配的；②行为及其强化之间间隔的时间太久；③缺乏一个逐渐向前推进最后达到所希望的目标的复杂和巧妙的强化方案；④对人们所希望的行为进行的强化太少了。据此，斯金纳提出了程序教学的理论。

> 行为主义学习理论强调学习刺激与反应的联结，主张通过强化或模仿来形成与改变行为。

■（二）认知主义学习理论

认知主义学习理论主要包括苛勒（Kohler）的完形—顿悟学说、托尔曼（Edward Tolman）的认知目的学说以及布鲁纳（Bruner）的发现学习说等。皮亚杰（J. Piaget）、奥苏贝尔（D. P. Ausubel）也对认知主义做出过重要贡献。

德国心理学家苛勒通过对黑猩猩的研究，向行为主义的学习理论提出了挑战。在"接杆实验"和"叠箱实验"中，苛勒发现，黑猩猩在目的受阻的情境中学习解决问题时，并不一定要经过尝试与错误的过程，往往是先观察问题的整个情境，发现情境中各种条件之间的关系，最后才采取行动。他称这种学习为"顿悟"或"完形"作用。

受完形—顿悟学说的影响，美国心理学家托尔曼从行为主义的阵营中分化出来，通过精巧的老鼠走迷宫的实验证明，通过学习，有机体（如老鼠）形成了一定的认知地图（即认知结构）。他认为学习的结果不是 S 与 R 的直接联结，而应该有一个中间变量"O"，即有机体的内部变化，其中机体的目的、需求、动机、内驱力等有着重要意义。他还设计了著名的潜伏学习实验，证明动物在未获得强化前学习已出现。

布鲁纳是美国当代认知心理学的主要代表人物，他认为学习是认知结构的组织与重新组织，是将有内在逻辑结构的教材与学生原有的认知结构联系起来，新旧知识交互作用，使新材料在学习者脑中获得新意义的过程。据此，他提出了学习的同化原则、结构原则、程序原则和强化原则，并积极倡导发现学习，要求学生积极主动地探求知识、获得智慧。

> 认知主义学习理论强调学习是认知结构的建立与组织的过程，重视整体性与发现式的学习。

■（三）人本主义学习理论

人本主义心理学是有别于精神分析与行为主义的心理学界的"第三思潮"，主张从人的直接经验和内部感受来了解人的心理，强调人的本性、尊严、理想和兴趣，认为人的自我实现和为了实现目标而进行的创造才是人的行为的决定因素。

人本主义学习理论以罗杰斯（Carl R. Rogers）的"以学习者为中心"的学说为代表。他主张学生要充分发挥自己的潜在能力，能够愉快地、创造性地学习。其主要观点有：①意义或经验的学习是重要的学习，即让学生学习对自己有意义、有价值、有好处的材料；②学习是愉快的事，即不应有过重的学习负担，不能用威胁、蔑视、讽刺等手段强制学生学习；③学生必须懂得怎样学习，即学生必须在教师的指导下主动发现、运用有效的学习方法；④学生自我评价，即引导学生分析自己的学习历程与学习水平，而不是和别人比较；⑤学生自己引导，即学生自己决定学什么并自己发起学习活动；⑥情感在学习中有重要作用，即要发展学生的积极情感，使学生以饱满的热情投入学习。

> 人本主义学习理论强调学习是发挥人的潜能、实现人的价值的过程，要求学生愉快地、创造性地学习。

■ （四）社会学习理论

人类的许多学习都是认知性的，而观察是学习的另一个主要来源，展现一个榜样可能会产生不同的效应，观察学习是规则和创造性行为的主要来源。班杜拉（A. Bandura）让儿童观看电影里一个女性成年人对一个充气人的攻击性行为，然后让他们再现。结果，所有儿童都能较准确地显示出女性成年人的攻击行为。

根据社会学习理论的观点，人类的大多数行为是通过榜样作用而习得的：个体通过观察他人行为会形成怎样从事某些新行为的观念，并在以后用这种编码信息指导行动。因此，观察者获得的实质上是榜样活动的符号表征，并以此作为以后适当行为表现的指南。班杜拉认为，观察学习是受注意、保持、动作再现以及动机等心理过程支配的。

为了解释说明人的行为，班杜拉提出了交互决定论。他认为行为、个体（主要指认知和其他个人的因素）和环境是"你中有我，我中有你"的，不能把某一个因素置于其他因素之上，尽管在某些情境中，某一个因素可能起支配作用。他把这种观点称为"交互决定论"。

> 社会学习理论认为，人类的大多数行为是通过榜样作用而习得的，个体通过观察他人行为会形成怎样从事某些新行为的观念，并在以后用这种编码信息指导行动。观察者获得的实质上是榜样活动的符号表征，并以此作为以后适当行为表现的指南。

■ （五）建构主义学习理论

建构主义是当代一种重要的认识论和教育思潮。其核心的观点是学习者以自己的经验、心智结构和信仰为基础建构知识和意义，发展其对于世界的理解，因而学习是知识建构的过程，而不是接收和记录信息的过程。

建构主义有种种不同的流派，最有影响的两个流派是认知建构主义和社会建构主义，分别以皮亚杰和维果茨基（Lev Vygotsky）的理论为基础。在皮亚杰等认知建构主义者看来，人的认知结构产生于"同化于己"和"顺应外物"的主客体相互作用，学习的基础是发现，理解就是去发现或者通过再发现而重构。维果茨基及其追随者更强调社会历史文化因素对人的学习和发展的作用。维果茨基认为人的心理过程的变化是以特殊的"精神生产工具"为中介的，其中最重要的就是各种符号系统，因此他强调个人与比较有知识的他人在"最近发展区"内的社会交互作用，这个交互作用是以文化系统为中介的。以其观点为基础的社会建构主义认为学习首先是进入某一实践共同体的文化的过程，强调文化和情境在认知发展中的巨大作用，强调学习过程中的意义协商和合作互动。

建构主义强调学习者在自己经验的基础上进行个体建构或者合作建构，在真实情境中解决问题，他们探寻意义，发展对于世界的理解。在学习上，强调建构性的活动、学习者的积极主动参与、探究定向和目标指引，强调学习的累积性、情境化和真实性、诊断性和反思性等。这与主导学校课堂的客观主义取向的学习观形成了鲜明的对比。客观主义者假定知识可以由教师或者通过技术手段传递给学生，因而学习主要是对知识的接收、记录和练习。

> 建构主义理论认为，学习者以自己的经验、心智结构和信仰为基础建构知识和意义，发展其对于世界的理解，因而学习是知识建构的过程，而不是接收和记录信息的过程。

■（六）情境学习理论

情境学习理论认为有效的学习发生于真实的物理和社会情境中，而不是仅仅发生于人的头脑中（如信息加工观等所假设的那样），脱离情境的学习常常是惰性的、不能迁移的、不具备实践价值的。

教育心理学取向的情境学习理论以布朗（J. S. Brown）、柯林斯（A. Collins）为代表人物，关注如何改革学校中的学习，注重达到特定的学习目标和学会特定的内容，研究真实的学习活动中的情境化内容，强调在实习场中的学习，主张学生在实习场中遇到的问题和进行的实践与学生在校外遇到的是一致的，强调学生在实习场进行自主的、合作的实践和探究，教师给予思维技能的指导和示范，支持学习者（而不是简化困境）进行学习和反思。人类学取向的情境学习理论以来夫（J. Lave）和温格（E. Wenger）为代表，将知识视为个人和社会之间互动的产物，重点研究实践共同体中学习者的社会参与的特征；认为学习是一种实践，是一种根据文化背景而不断变化的参与性实践活动，是共同体中的"合法的边缘性参与"；学习是对某种文化的适应。能进入某个实践共同体观察和实践将有助于学习者适应该共同体的文化，因而习得知识和发展身份。教育实践的意蕴在于培育实践共同体，个体通过真实的实践参与和社会互动而学习。

> 情境学习理论认为有效的学习发生于真实的物理和社会情境中，主张学习者自主地参与探索真实世界中的问题，主张学习者通过真实实践和社会互动进行学习。

第2节　学习的心理条件

一、智力因素与学习

智力因素主要包括观察力、记忆力、想象力、思维力和注意力等，任何学习过程都有赖于这些因素的参与。

美国心理学家普罗克特和托尔曼曾研究过学生智力因素与学习的关系（见表6-1），他们发现，这种相关只是中等程度的相关，而且其相关系数的大小还随不同的智力量表、学科和学生所在年级而有所不同。如就学科而言，阅读、作文等学科的成绩与智商相关最高，数学、自然科学次之，而写字、图画、手工、体育相关最低。智商与学业成绩的相关还表现出随年级的提高相关系数逐步降低的趋势，如相关系数小学阶段在 0.6~0.8 之间，中学阶段在 0.5~0.6之间，大学阶段则在 0.3~0.5 之间。

表6-1　平均智商与学业成绩

学习成绩（分）	平均智商	学生人数
50~59	84	2
60~69	100	16
70~79	107	56
80~89	110	24
90~99	123	2

（一）观察力与学习

观察是智力活动的门户，人们认识客观事物，首先是通过感官把信息输入大脑的。学生在学习中接收信息、掌握知识，就必须通过观察获得丰富的感性材料；在探究式学习中，学生对于探究对象和事物演变过程的观察至关重要。实践证明，学生的观察力与学习成绩有着密切的联系。如写作较差，往往与学生平时不善于对事物进行观察、不善于积累生活素材有关。

■ （二）记忆力与学习

记忆力是智慧的仓库，大脑对于事物信息的编码和储存是通过记忆来实现的。记忆是一切智力活动的基础，凭借记忆存储知识、经验和表象，人们才有可能顺利进行观察、思维和想象，知识的积累与运用也离不开记忆。

■ （三）想象力与学习

想象力是使智力活动富有创造性的重要条件。在学习过程中，当学生能通过想象清晰地预见到学习的过程与结果时，他就会更为自觉、积极、主动地投入学习。它还能使学生超越时空的局限，逆睹既往，预见未来。它更能使学生体验创造的欢愉，促进学生的创造性学习。

■ （四）思维力与学习

思维是人脑对于客观事物的概括和间接的反映。思维力是智力的核心，如果说观察像蜜蜂采集花粉，记忆将其储于蜂房，那么，只有通过思维的酿造，才能成为富有营养的蜂蜜。在学习过程中，无论是掌握科学原理与概念，还是解决各种难题与创作，都离不开思维活动。

■ （五）注意力与学习

注意是心理活动对一定事物的指向和集中。注意力具有维持和组织心理活动、监督与调节实践活动的功能。在学习过程中，注意能使人处于警觉状态，选择并追踪某些符合学习需要的信息，使学习者在专心致志的状态下取得较高的学习效率。

> 智力是人们对客观事物认识活动的稳定心理特征，是观察力、记忆力、想象力、思维力和注意力等心理因素的综合。智力水平往往影响着学习水平，并制约着学习方式与学习风格。

■ 二、非智力因素与学习

非智力因素是指除智力因素以外的一切个性心理因素，国外有人称之为"情感智力"或"个性品质"。非智力因素包括动机、兴趣、情感、意志和性格等，它们在学习活动中具有十分重要的作用。

美国心理学家拉札勒斯（Lazarus）曾研究过非智力因素与学习的关系。他将高中生按智能与兴趣分为两组：前者平均智商为 120，但对语文的阅读和写作不感兴趣（智能组）；后者平均智商为 107，很喜欢阅读和写作（兴趣组）。两组都必须学习阅读与写作课程。一学期结束时，兴趣组每人平均读完 20.7 本书，写了 14.8 篇文章；而智能组平均每人只读完 5.5 本书，写了 3.2 篇文章。兴趣组的成绩远优于智能组。我国学者燕国材、丛立新、祝蓓里、吴福元等人的研究也证明，非智力因素对于学业成绩的影响非常显著，对于大学生而言，其影响甚至远胜于智力因素的影响。

■（一）动机与学习

动机是激励人们进行某种活动的内在原因或内部动力。学习动机则是激发学生进行学习活动、维持已引起的学习活动，并导致行为倾向于一定的学习目标的一种内在过程或内部心理状态。实证研究表明，学习动机受到学习者为自己构建的目标的影响，学校让学生感到有归属感并且能提升学习者的能动性和目的性时，学生的学习动机会得到促进；当学生感到能够达成期待他们完成的目标时，当他们能够感受到在行动和成果之间的稳定联系时，他们更有动机，学习更加投入、更加有效[①]。

■（二）兴趣与学习

兴趣是力求认识和趋向某种事物或爱好某种活动的心理倾向。在学习过程中，兴趣具有定向、动力、支持作用，它能使学生津津有味地学习知识，积极主动地探究新知，满腔热情地投入到学习中，从而掌握开启知识大门的金钥匙。

■（三）情感与学习

情感是人对客观事物是否符合人的需要的一种反应，它包括理智感、道德感和审美感等。情感伴随着学习过程的始终，直接影响着学习活动的启动、学习过程的状态和学习的效率。

■（四）意志与学习

意志是自觉地确定目的并克服各种困难，调节内外活动以实现目的的心理过程，它包括决心、信心和恒心三个要素，是意识能动性的集中表现。任何有意义的工作，包括学习活动在内，都离不开意志的参与。只有具备坚韧不拔、百折不挠的意志品质，才能勤学苦练、以苦为乐。

■（五）性格与学习

性格是个性特征中的核心特征，是足以支配一个人的个性的那些核心心理特征的独特结合，它包括生活原则、对现实的态度和生活方式，世界观、人生观、价值观是性格的核心内容。研究表明，良好的性格特征，如勤奋、勇敢、自信、谦虚、谨慎、细致、进取心、乐观、朝气蓬勃等，有助于学习能力的提高，促进人成才。而消极的性格特征，如怠惰、自卑、骄傲、粗心、安于现状、萎靡不振、墨守成规等，则会压抑人的创造力的形成和思维潜能的发挥，

---

① THE NATIONAL ACADEMIES OF SCIENCES ENGINEERING MEDICINE. How people learn II: learners, contexts, and cultures [M]. Washington, DC: The National Academies Press, 2018: 109-132. DUMONT H, ISTANCE D, BENAVIDES F. The nature of learning: using research to inspire practice [M]. Paris: CERI, 2010: 91.

从而有碍于学习活动的展开，阻抑人成才。

> 　　非智力因素是指除智力因素以外的一切个性心理因素，主要包括动机、兴趣、情感、意志和性格等，对学习活动能产生巨大的动力、定向、引导、维持、调节、控制和强化作用。

■ 第 3 节　知识与技能的学习

　　知识与技能是学习的两个基本内容。从信息加工的角度来看，知识属于数据结构，由我们所知道的事实——"是什么"组成；技能属于程序结构，由我们所知道的方法——"如何做"组成。一般来说，知识与技能具有以下基本特征：①知识能够用言语交谈，而技能通常难以用言语表达清楚；②知识的基本单位是意义，而技能的基本单位是规则；③知识的单位结构具有多样性，而技能的单位结构则具有一致性；④知识的记忆呈现非独立的网络性，而技能的记忆则呈现独立的模块性；⑤知识的迁移具有叠加扩充的特性，而技能的迁移则呈现序列转移的特性①。正因为两者具有不同的特征，有必要分别对知识与技能的学习过程及其迁移进行研究。

■ 一、知识的学习过程

　　知识学习是指新符号所代表的观念在学习者心理上获得意义的过程。因此，追求符号的意义是知识学习的本质特征。一般认为，意义是一种由符号引起的、通过精确和分化、能够清晰地用言语表达出来的认知内容或意识内容。由于符号的共同性，才使我们运用符号传递知识成为可能，也才使知识学习成为可能。

　　奥苏贝尔认为，学生学习的实质是意义学习，即符号所代表的新观念与学生认知结构中已有的适当观念建立起联系的过程。

　　知识学习的成效如何，往往取决于其内部和外部条件。知识学习的内部条件，是指学习者自身的认知结构中应具有适当的观念，这些观念提供了与新知识符号相联系的可能性。内部条件还包括学习者具有的心向，即学习者积极主动地把新旧知识加以联系的倾向性。知识学习的外部条件，是指学习材料本身应具有逻辑意义，它应在人类学习的能力范围之内，学习者在心理上具有理解它的可能性。所以，当学习材料组织得具有逻辑意义，学习者的认知结构中也具备适当观念时，学习材料对学习者就构成了潜在意义；而当学习者具有相应

---

　　① 李伯黍，燕国材．教育心理学［M］．上海：华东师范大学出版社，1993：181-182.

的学习心向时，这个潜在意义就变成了现实，最终实现了知识的学习。

知识学习的过程，一般分为三个阶段，即知识的获得、保持和再现。但从严格意义上讲，知识的再现已不仅仅是知识学习，也涉及技能学习，而且它主要不是回答"是什么"的意义问题，而是回答"如何做"的程序问题，即表现为问题解决的过程。所以，我们这里主要讨论知识的获得和保持的问题。

知识获得有两种基本的学习方式，即接受学习与发现学习。接受学习是把事物的共同关键特征用言语的形式呈现出来，学习者将其与自身认知结构中适当的观念建立联系，这实质上就是意义（知识）的接受性获得，又被称为概念或命题的同化。

在接受学习中，新观念与认知结构中的原有概念的联系有三种基本关系。①新学习的观念是原有观念的下位观念，这一接受学习称为下位学习。下位学习又有两种类型，一是当新学习的下位观念纳入原有观念时，原有观念只是得到证实或说明，其本质属性不变，那么这一下位学习就称为派生归类学习；二是当新学习的下位观念纳入原有观念时，原有观念的本质属性得到扩展或深化，那么这一下位学习就称为相关归类学习。②新学习的观念是原有观念的上位观念，这一接受学习称为上位学习。③原有观念和新学习的观念是并列的，这一接受学习称为组合学习。

认知心理学家奥苏贝尔用同化理论解释这三种类型的学习。他认为，新学习的观念与学生认知结构中的原有观念相互作用的结果，就会导致新旧知识的意义的同化。如在下位学习中，新观念（用"a"来表示）与学生认知结构中原有观念（用"A"来表示）相互作用的结果，不仅使新观念获得了新意义（用"a′"来表示），而且使原有的观念在重新组织的过程中也获得了新的意义（用"A′"来表示）。也就是说，在学习的过程中a被A同化了。更重要的是新、旧观念相互作用产生的a′与A′之间仍然保持着关系，它们一起形成一种复合的意义（用"A′a′"来表示），这种复合意义又可作为一个新的复合观念纳入其认知结构之中。只有通过这种观念的不断改组与重新结合，才能不断地获得新知。

发现学习是指学习内容不是以定论的方式呈现给学生，而是要求学生在把最终结果并入认知结构之前，先要从事某些心理活动，如对学习内容进行重新排列、重新组织或转换。换言之，发现学习的内容不是现成地给予学生的，而是在学生内化之前，必须由他们自己去发现这些内容。接受学习与发现学习的区别，就在于在接受学习之前多了一个"发现"的环节，然后便同接受学习一样，把发现的内容加以同化，以便在今后一定的场合下予以运用。

在知识获得之后，新旧观念的作用并未停止，因为新知识必须经过一定的加工编码过程，才能构成新的认知结构。在这一意义上，知识的保持就是新知识（观念或意义）的可利用维持，而知识的遗忘则指新知识的可利用性的下降。认知心理学认为，在新知识刚刚获得及保持的早期，新观念既与同化它的原有观念相关联，又可以从原有观念中分离出来。新观念在从新旧观念相互作用的过程中，既有所谓的保持性同化，又有所谓的遗忘性同化。

从知识保持过程的本质来看，由于人的记忆尤其是短时记忆的局限性，知识只有经过加工和组织，进入到人的认知结构网络中去，才能有效地保持。一般来说，认知结构的重新组织必须以知识的进一步概括化为前提，而知识的概括化则又要以遗忘知识的部分具体细节为代价。因此，知识的保持同时也是一个有意义的遗忘过程。学会有效的记忆方法，懂得记忆与遗忘的辩证关系，以及适时对新知识进行加工、概括，在知识学习过程中具有重要的意义。

关于专家知识的研究表明，相对于新手而言，专家能够识别新手注意不到的信息特征和有意义的信息模式；专家拥有大量的内容知识，这些知识的组织方式反映了专家对学科的理解深度；专家的知识不能简化为孤立的事实或命题，而是反映了应用的情境；专家应对新情境的方法灵活多样，等等。这意味着，要有效地进行知识学习，要关注信息特征与模式，对于知识进行结构化组织；知识要和应用情境结合，并考虑到在不同情境中的应用[①]。

> 知识学习是指新符号所代表的观念在学习者心理上获得意义的过程。在知识学习中，学习者自身的认知结构、学习材料的逻辑意义以及学习者的学习心向是不可或缺的重要条件。接受学习与发现学习是知识获得的两种基本学习方式；而把握记忆与遗忘的辩证关系，是知识保持的基本前提。

■ 二、技能的学习过程

技能是指顺利完成某种任务、经过练习而学成的一种动作方式或智力活动方式，技能高度熟练化并达到了完善的、自动化了的程度就称为技巧。技能分为动作技能（又称运动技能）和心智技能（又称智力技能）两类。前者指为完成或实现某项任务与目标，人体有关的肌肉、骨骼和与之相应的神经系统，被合理的方式协调而顺利地进行的一系列的实际动作；后者指为认识某项事物或解决某个问题，人的心理活动借助内部语言，按照一定的方式，完美而合乎逻辑地在人脑中进行的思维活动。这两种技能虽然有所区别，但又是互相联系的。一方面，人的动作技能是受到一定意识控制的，动作技能的发展离不开心智技能的作用。另一方面，心智技能的形成也离不开各种活动和动作，需要借助一定的动作技能。如人们在思考某些复杂问题时，就经常画出其中的各种关

---

① 布兰思福特，等. 人是如何学习的：大脑、心理、经验及学校（扩展版）[M]. 程可拉，等译. 上海：华东师范大学出版社，2013：27-39.

系示意图，这些示意图有着直观、鲜明、化繁为简的特点，对人们的思考与决策会起到积极的作用。

技能的形成不是一蹴而就的，而是要经过一个不断练习、逐步发展的过程，这一过程由分解模仿、整体掌握和协调熟练三个阶段组成。

1. 分解模仿阶段

人们在学习某种技能的初级阶段，总是先观察范例或接受指导，然后进行模仿。模仿是一种学习方式，任何技能的掌握都要经过模仿的阶段。最初往往把整个技能分解为各个单元，然后对其进行逐个模仿学习，这时的注意力往往只能集中在被分解的个别的动作或局部的步骤之上，还不能发现各个单元动作或局部步骤之间的联系、结构，也不能从整体上把握技能的连贯操作。

2. 整体掌握阶段

在对技能进行分解模仿的基础上，经过反复练习，练习者不仅能掌握个别动作和局部步骤，而且对各个单元部分之间的结构和顺序也有了比较明确的认识。这样，就可以开始把各个局部动作和步骤联系起来，初步完成连续的技能动作或思维程序。这时，练习者对技能的掌握就出现了一个飞跃，进入了整体掌握境界。但是，这一阶段的连贯动作毕竟是不熟练的，因而会不时出现停顿或差错；这一阶段对智力技能的掌握也是不太熟练和很不协调的，往往表现在思维的片面性与规划的疏漏方面。

3. 协调熟练阶段

在整体掌握的基础上，再经过不断练习，练习者就能达到协调熟练的阶段。这时人对技能的掌握已达到运用自如甚至随心所欲的程度，表现在动作进行和思维过程的速度加快，正确性、敏捷性和灵活性增强，操作中的紧张状态和多余动作已经被消除，意识的控制作用则相对较弱，技能的发挥接近自动化的程度，即达到"熟能生巧"的境界。

人在技能的学习过程中，指导、练习与反馈具有重要的作用。指导一般视学习的内容而定，有些需要先探索后指导，有些则需要先指导后探索。如美国学者韦尔（Weill）在指导学生打字时，第一周完全让学生自己探索，让他们仔细观察打字的键盘，了解机器的结构与各部分的作用，让他们在探索的过程中发现困难之所在，然后给予指导。科克（H. L. Koch）和利德盖特（K. Ludgate）的研究表明，在学习比较复杂的技能（如音乐器具）时，开始时的指导显得非常重要。关于指导的具体方法，一般认为观察范例较口头或文字的指导更为有效。米尔（V. Meer）和安德森（J. Anderson）等研究过通过电影呈现范例以训练技能，取得了良好训练效果。但他们同时也指出，如果只是被动观察，缺乏亲身体验与主动参与，技能学习也有很大的困难。

　　技能的形成主要靠练习。练习的效果往往取决于练习的方式。一般认为，分布练习比集中练习的效果要好。所谓分布练习，是将练习的时间分成若干段落，一步一步地进行；所谓集中练习，则是将一种技能学习所包含的活动，在一次的时间内练习完毕，中间没有休息。美国心理学家金布尔（G. A. Kimble）与沙特尔（R. B. Shatel）研究过分布练习与集中练习。他们将大学生分为四组，练习应用切割机裁纸，每组练习 20 次，每次一分钟，第一组每次练习后有 45 秒的休息，第二组休息 30 秒，第三组休息 5 秒，第四组无休息地连续练习，结果表明有休息的分布练习效果较好。

　　在练习过程中，往往会出现进步的暂时停顿现象，这就是练习曲线上的所谓"高原现象"。高原现象的产生一般有三个原因：一是知识和方法的障碍。由于成绩的提高需要改变旧的活动结构和改变完成活动的方式方法，建立新的活动结构和新的方式方法。学生在没有完成这一过程以前，成绩就会暂时停顿或暂时下降。二是思维障碍。由于过去长期形成的习惯性思维方式与新的情境或任务不相适应，学生在冲破思维定势之前，成绩也会处于暂时停顿状态。三是情绪和身体上的障碍。由于练习兴趣的降低，学生产生了厌倦、灰心等消极情绪以及身体上的疲倦等不适反应，成绩也会处于暂时停顿状态。因此，当学生在练习时出现高原现象时，教师要帮助他们分析原因，指导他们改变旧的活动结构，采取新的方法方式，并积极鼓励，增强其信心，使他们尽快突破"高原"，不断进步。

　　在技能的学习过程中，反馈对于技能的提高具有积极的意义。美国心理学家比尔（W. C. Biel）曾做过一个典型的实验，他将反馈用于大学生用枪击靶的练习。由教练员将学生分为动作能力基本相同的两个班，甲班在开始学习时，有电机的响声表示已击中目标，而乙班则没有报告消息的信号。练过一个小时以后，甲、乙两班对调。结果出现了有趣的现象，在第一小时内，甲班因有反馈而成绩上升很快，但在第二小时内因停止反馈，成绩几乎无进步；乙班的情况恰恰相反，在第一小时内因无反馈而成绩无进步，而在第二小时因有反馈而成绩直线上升。这说明，在技能学习的过程中，教师要注意消息的反馈，特别是当学生难以自己了解结果（如学习乐器时的音调与节律等）时，更要注意及时反馈①。

> 　　技能是指顺利完成某项任务，经过练习而学成的一种动作方式或智力活动方式。技能学习一般经历分解模仿、整体掌握和协调熟练三个阶段，指导、练习和反馈在技能学习中具有重要作用。

---

　　①　索里 J M，特尔福德 C W. 教育心理学［M］. 高觉敷，等译 . 北京：人民教育出版社，1987：392.

■ 三、知识与技能的迁移

在学习活动中，经常会发生一种学习对另一种学习产生影响的现象，这就是学习迁移。学习迁移是一种普遍现象，不仅有知识与技能的迁移，也有学习动机、学习兴趣、学习情感、学习意志、学习态度以及学习行为的迁移。

从迁移的影响方向与结果来看，学习迁移可以分为顺向迁移与逆向迁移、正迁移与负迁移。顺向迁移是指先前学习对后继学习产生影响，如掌握了加、减法的学生，容易学好乘法运算；逆向迁移是指后继学习对先前学习产生影响，如掌握乘法运算又有助于更加熟练地掌握加减运算。正迁移是指一种学习对另一种学习起促进作用，前述顺向迁移与逆向迁移均为正迁移；负迁移是指一种学习对另一种学习起干扰或抑制作用，如掌握汉语语法的学生，在学习英语语法的初期，往往会不自觉地用汉语语法去套英语语法，从而影响英语的学习效果。

随着认知心理学的崛起，"为迁移而教"已成为教育界一个很有吸引力的口号，优化教材结构与学生认知结构，已成为教学改革的重要内容。为了促进知识与技能的有效迁移，以下几点必须加以注意。

第一，注重在初始学习阶段学生很好掌握所学知识，对知识有充分的理解和充分的练习，这是知识迁移的前提条件。

第二，注重在多样化的情境中学习，学生在多样化的情境中更有可能发展出更灵活的知识表征，抽象出概念的相关特征，从而促进迁移。

第三，应尽可能使那些具有较高概括性、较强解释效应的基本概念和原理成为教材的中心，使教材更适合学生学习，这是促进迁移的有效途径。

第四，注重对比练习，防止负面迁移。应将新旧知识与技能的不同目的、要求、条件和练习的方式、方法等，加以明确的辨别和对比，使学生对新旧知识和技能之间的联系与区别有清晰的认识与把握。

第五，把握学习时间，强调规范训练。如果同时学习两种新的内容，应在牢固、熟练地掌握了一种知识或技能之后，再去学习另一种知识或技能，才不会产生负迁移。

> 学习迁移是指一种学习对另一种学习产生影响的现象，它分为顺向迁移和逆向迁移、正迁移和负迁移。"为迁移而教"，在教育实践中对于优化教材结构和学生的认知结构具有十分重要的意义。

■ 第 4 节　学生的学习差异

在学习过程中，学生具有很大的个体差异。如在智力方面，学生的差异既有超常、中常和低常三种发展水平的常态分布，又有包括智力类型、认知风格和学习方式等方面的差异。在人格方面，学生也有人格类型、人格特质、态度和价值观等方面的差异。这些差异直接影响着学生的学习风格与学习策略，也是教师因材施教的依据。

■ 一、学习差异与学习风格

学习风格是学习者一贯的带有个性特征的学习方式。美国圣约翰大学学习与教学风格研究中心主任丽塔·邓恩（Rita Dunn）和肯尼恩·邓恩（Kennet Dunn）夫妇是研究学习风格的著名学者。他们曾把学习风格分为 5 大类 27 个要素。

1. 环境类要素，包括：①对学习环境安静或热闹的偏爱；②对光线强弱的偏爱；③对温度高低的偏爱；④对坐姿正规或随便的偏爱。

2. 情绪类要素，包括：①自我激发动机；②家长激发动机；③教师激发动机；④缺乏学习动机；⑤学习坚持性强弱；⑥学习责任性强弱；⑦对学习内容组织程度的偏爱。

3. 社会性要素，包括：①喜欢独立学习；②喜欢结伴学习；③喜欢与成人一起学习；④喜欢与各种不同的人一起学习。

4. 生理性要素，包括：①喜欢听觉刺激；②喜欢视觉刺激；③喜欢动觉刺激；④学习时是否爱吃零食；⑤清晨学习效果最佳；⑥上午学习效果最佳；⑦下午学习效果最佳；⑧晚上学习效果最佳；⑨学习时是否喜欢活动。

5. 心理性要素，包括：①分析与综合；②对大脑左右两半球的偏爱；③沉思与冲动。

根据上述因素的不同组合，可以把学生的学习风格分为若干不同的类型，这些类型可以根据"学习风格测试量表"加以了解与测定，由此不仅可以知道学生在每一因素的某一项目上的基本情况，而且可以把学习风格进行较为概括的分类并据此提出训练的策略。如柯勃（David Colb）根据学生对知识学习周期的具体体验、反思观察、抽象概括和主动实践四个阶段的不同偏爱，将学习风格分为发散型、集中型、同化型和顺应型，每种类型的主要优缺点及扬长策略训练见图 6-1①。

---

① 谭顶良. 学习风格论 [M]. 南京：江苏教育出版社，1995：318.

CE

顺应型
长处：付诸行动
　　　善于领导
　　　敢于冒险
短处：微不足道的改进和无意义的活动太多
　　　不按时完成任务
　　　计划不切实际
　　　偏离目标
扬长策略训练：
　　　专注于所定目标
　　　多与他人交往
　　　影响并领导他人

发散型
长处：想象力丰富
　　　善于了解人
　　　认清问题
　　　思想活跃
短处：在几种选择面前无法抉择
　　　难以做出决定
　　　难以把握机会
扬长策略训练：
　　　敏锐地觉察他人情感
　　　敏锐地觉察各种事物的价值
　　　虚心听讲
　　　积累信息资料
　　　想象不确定情境的意义

AE ———————————————————————— RO

集中型
长处：快速解决问题和做出决定
　　　擅长演绎推理，善于认识问题
短处：解决问题容易出错
　　　决定做出较仓促
　　　思想零乱
　　　对有关思想是否正确不做检验
扬长策略训练：
　　　寻求思考和解决问题的新方法（途径）
　　　将新的思想付诸实践
　　　选择解决问题的最佳方案
　　　树立目标
　　　做出决定

同化型
长处：善于制订计划
　　　善于建构理论模型
　　　善于分析问题
短处：缺乏实践应用
　　　不善于从错误中吸取教训
　　　缺乏良好的工作基础
　　　缺乏系统的工作方法
扬长策略训练：
　　　组织整理信息资料
　　　建构理论模型
　　　检验理论思想的正确性
　　　设计实验
　　　分析量化资料

AC

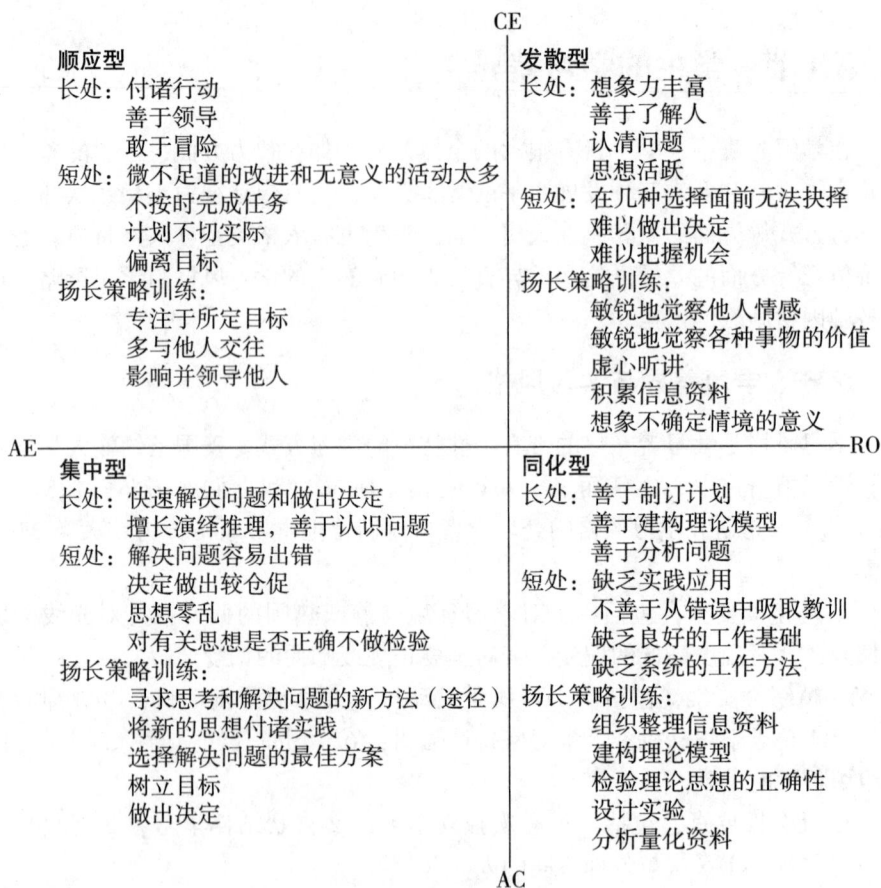

图 6-1　学习风格图

注：CE（concrete experience）——具体体验

　　AC（abstract conceptualization）——抽象概括

　　AE（active experimentation）——主动实践

　　RO（reflective observation）——反思观察

> 学习风格是学生一贯的带有个性特征的学习方式，它涉及生理的、心理的和社会的因素，制约着学生的学习行为和学习效率，是教师因材施教的基本前提。

■ 二、学习差异与学习策略

学习策略是学习者根据学习情境的特点和变化而采用的达到一种或多种学习目标的学习方式。学习策略不同于具体的学习方法或学习技能，因为学习方式或技能往往指向特定的学习课题，而学习策略则是控制与调节学习方法或技能的选用的执行技能或上位技能。如果把学习方式或技能比作战争中的具体战术的话，那么学习策略就是具有统摄和控制作用的战略。

学习策略是一种特殊的程序性知识，关于学习策略的教学也日益受到人们的关注。根据认知心理学家的研究，学习策略主要有如下五类。（1）复述策略。复述是指学生在学习过程中积极地背诵或说出被呈现的条目，以及摘录、画出或圈出课文中呈现的材料的重点。其中两个主要认知目标是：选择确认内容的重要方面，获取确认材料并将其转变为工作记忆。（2）整合与同化策略。整合策略是指将新知识与已有知识建立有机联系，使之成为一个整体；同化策略指将新的知识吸纳到已有的知识结构之中，是知识整合的一种方式。（3）组织策略。指学生把将要学习材料的条目组织起来，理清知识之间的关系，包括组织、列出要点以准备发言、概括段落大意、中心思想以及中心思想与各段之间的关系，绘制知识结构图（思维导图）等。（4）元认知策略。指有意识地监控并调整自己的学习过程，包括运用自我提问检查对呈现的材料的理解，对自己的学习过程和方法等进行审视、反思和修正等。（5）情感动力策略。指保持警觉但还要放松，将自己的情感调整在有利于促进学习的状态水平。这五类学习策略中的每一种都能影响编码过程中的认知加工。例如，复述主要用于进行信息选择和获取，而组织和同化则主要用于建构和整合。元认知策略和情感动力策略有助于整个学习过程的有效展开。

在学习过程中，影响学习的变量很多。除了学习风格外，还包括学习的目标、任务、要求，学习的结果的评价与测验，学习材料的信息量、难易度、类型、写作方式，学生已有的知识水平，学生的能力、性格、气质与个性特点等。学习策略的重要任务就是要充分认识这些变量，并揭示这些变量与学习方法或技能之间的错综复杂的关系。

一般认为，学习策略与元认知有着非常密切的关系。元认知又称对认知的认知，即个体对自己认知活动的自我意识和自我体验。在学习过程中，许多学生只知道某种学习方法或技能有效，但并不清楚在何时选择以及如何运用这些方法或技能；也有不少学生只是习惯性地运用某些方法或技能，但并不懂得为什么要使用以及这些方法或技能受到哪些因素的影响，遇到新情境时则无所适从。这与学生缺乏元认知有很大的关系。元认知能力比较强的学生则能够较好地运用学习策略，能拥有陈述性知识（关于学习任务和个人特点的知识）、条件性知识（关于何时使用和如何使用的知识）和程序性知识（如何使用学习方法或其他智力技能的知识），并对各类知识的关系及变化有清楚的认识。

由于学习策略涉及学习情绪、学习者和学习方法等多种因素，学习者的个体差异显然也是不同学习策略的基本表现。研究表明，对学生进行学习策略训练，不仅是必要的，而且是可行的。如麦康伯斯等人对学生进行学习策略的训练，其教学效果可提高 0.75Σ；也就是说，如果原来及格人数的比例是 50%的话，训练后及格人数的比例上升到 77.3%；而普劳姆等人对学生的阅读进行学习策略的指导，其效果则达到了 1Σ，也就是说，及格人数的比例从 50%上升到 84.1%的水平。一般认为，学习策略的训练包括以下六个步骤①。

第一，激活与保持良好的注意、情绪与动机状态。这一步骤不仅要使心理活动处于觉醒与兴奋状态，更要激活同当前学习活动有关的所有因素与学习方法的关系的意识。

第二，分析学习情境。这一步骤要求学生把握学什么（what）、何时学（when）、在何处学（where）、为什么学（why）和怎样学（how）的问题，确定自己的学习风格等，为选择学习方法提供依据。

第三，选择学习方法，制订学习计划。这一步骤要求学生综合考虑学习情境的有关因素与学习方法的关系，确定学习的时间安排表，把学习任务分为具体的几个部分，列出可能需要的学习方法。

第四，执行学习计划，实际地使用学习方法，监控学习过程。这一步骤要求学生监控性地检查自己的学习行为，不断地把有关学习变量与所实施的学习计划、学习方法联系起来对照检查，以估量学习计划与学习方法所能达到的效果。

第五，维持或更改已选用的学习计划和学习方法。这一步骤要求学生对监控结果做出反应，如果监控结果令人满意，可维持原有方法；反之，则重新评价或修改原有计划与方法。修改，可能是调整部分内容，也可能是改变整个计划与方法。

第六，总结性地评价选用的学习计划与方法所达到的效果，作为这次学习的反馈与下次学习的准备。这一步骤要求学生对学习过程进行终结性评价，如果学习效果佳，说明原有学习方法与各种学习因素相互适合的水平高。

> 学习策略是学习者根据个人基础与特点以及学习情境的特点和变化而采用的达到一种或多种学习目标的学习方式。其特点是揭示学习中各种变量与学习方法的关系。学习策略是可以加以训练的，其训练的过程也就是学会学习的过程。

---

① 魏声汉. 学习策略初探 [J]. 教育研究，1992（7）：58-59.

■ 三、学习差异与因材施教

学习差异是一种普遍存在的现象。在教育实践中，即使两个平均成绩完全相同的学生，也可能具有很大的学习差异。两个人在具体学科上可能优劣不一，各具特点。即使在同一学科考相同的分数，不同的学生也可能有不同的偏重。如语文学科，有人偏于文学的运用，有人长于意义的表达，有人善于思想的组织等。

根据学生的学习差异进行教学，是提高学习效率、发展学生个性的有效途径。美国心理学家琼斯（D. M. Jones）曾做过一项实验研究，被试为两班程度相同的学生，实验班采用适应个性的因材施教，对照班采取共同目标的统一教学。在实验班，教师首先了解每个学生的能力、兴趣、努力程度、学习方法以及行为倾向等。在教学的过程中，注意每个学生的学习情况、对所用教材与教法的反应，并找出他们的优点、弱点以及问题之所在。教师对于他们的优点能给予机会，使之充分发挥；对于他们的弱点，则努力找出原因，设法弥补；对于他们的各种问题，都详细研究，帮助及时解决。在对照班，教师则对全班学生负责，对个别学生的具体情况则不给予特殊处理。一学期以后，两班接受同样的测验，其结果显示实验班的成绩远优于对照班。在征询学生对于教师及教学的意见时，实验班普遍满意，认为新的教学方式使每个学生受益匪浅；而对照班则感到个人在班中受到忽视，学习上只跟随大家的步调，自己有问题得不到及时解决。

古今中外的教育家很早就对学习差异与因材施教的问题进行过研究。《论语》就记载了孔子因材施教的大量生动个案。墨翟在教育学生时就注意"子深其深，浅其浅，益其益，尊其尊"（《墨子·大取》）。宋代教育家朱熹更明确提出，"圣贤施教，各因其材，小以成小，大以成大，无弃人也"。美国的道尔顿制及文纳特卡制等，也都在中小学运用适应个体差异的因材施教办法。一般来说，国内外因材施教的探索主要有以下几种形式。

一是按学生的成绩分班。有两种做法，其一是保存年级界限，按成绩分班；其二是取消年级界限，完全按照学生的学习成绩灵活编班，又叫不分年级的"连续进度"。

二是按学生的智力分组。即把智力相同的学生分在一班，又称"同质班"。可按智商分，也可按阅读能力、数学能力等划分。

三是按学习的内容分组。即以学科为单位进行升留级，一个学生有可能语文在五年级而数学在三年级；学生的某一学科可随时升留级（一般以一学期为一单元），也可连升两级。

四是双重进度的教学。有两种做法，其一是班级编制不变，在一个班级内分两三种不同的进度。对一种进度的学生直接教学时，另一种进度的学生写作业，然后相互更换。其二是半分班制，即一部分学科按统一编班、统一进度在原教室学习，另一部分学科按不同进度到另外的班级学习。

五是按单元组织教学。它不按章节顺序甚至还打乱学科界限来组织教学单元（微型课程），以学生自己独立活动为主，教师仅提供咨询与辅导。"权变性合同制"是单元教学的一种形式，这种形式是将教材分成大小不一的合同（单元），每个合同有三项内容：（1）学生自己选择要学什么；（2）学习的要求与质量标准；（3）完成后的评分与奖励等。

六是通过学习任务和活动的设计提供具有灵活性和适应性的空间。教学过程中，教师通过设计具有大问题空间的项目学习任务或者问题解决任务，让学生自主学习，不同的学生可以选择自己的方式，在不同水平上按照不同的步调完成学习任务，教师分别给予指导，并安排多种形式的同伴协作和班级交流，促进学生相互学习。

七是用现代信息技术手段支持学生的个性化学习。应用现代信息技术，可以在学习任务设定、学习资源开发、学习过程管理、学习结果评价等方面为不同的学生进行量身定制，进而实现因材施教。利用人工智能，还可以基于学生作业等方面的数据，对于学生学习的过程表现和学习结果进行即时判断，并推送适宜其水平和特征的学习方案及资源，从而实现学习的个性化。

以上各种因材施教的方法在教学实践中既有成功的经验，也有失败的教训。赞成者认为它们是尊重学生的个性、承认学生的差异，调动了各层次学生的学习积极性。反对者认为它们拉大了学生的差距，挫伤了部分学生的自信心与学习积极性，教学组织难度大、效率低等。因此，在教育实践中，也有两种不同的模式：一是主张减少差异，使程度整齐；二是主张增加差异，以施展才能。今天的世界更强调人的个性化发展，因此后一模式更受关注。

事实上，无论采取何种教学方式，不考虑学生学习的差异总是难以取得成功的，面向全体同学与因材施教，始终是教学的两个不可偏废的主题，只有把集体教学与个别指导有机地结合起来，把"全面发展打基础"与"发挥特长育人才"结合起来，把对优异生的培养与对后进生的帮助结合起来，使每个学生扬起希望的风帆，使每个学生树起个性的旗帜，才能达到教育的理想境界。

> 因材施教是教育活动的基本原则之一。根据学生的学习差异组织教学，是提高学习效率、发展学生个性的有效途径。

■ 第5节 学习理论的最新进展及学习科学的兴起与发展

■ 一、多元智力理论

美国发展心理学家加德纳（Howard Gardner）1983年在《智力的结构》一书中提出了多元智力理论。多元智力理论打破传统的将智力看作是以语言能力和逻辑—数理能力为核心的整合的能力的认识，而认为人的智力是由言语—语言智力、逻辑—数理智力、视觉—空间智力、音乐—节奏智力、身体—运动智力、人际交往智力、自我反省智力、自然观察智力等多种智力构成，并从新的角度阐述和分析了智力在个体身上的存在方式以及发展的潜力等。加德纳把智力定义为"是在某种社会和文化环境的价值标准下，个体用以解决自己遇到的真正难题或生产和创造出有效产品所需要的能力"。

越来越多的学者认识到，智力是由不同因素构成的、是多元的。20世纪80年代以来，美国心理学家斯滕伯格（Robert J. Sternberg）提出了著名的智力阶层论，即智力三元论。他认为人的智力是由分析性智力、创造性智力和实践性智力三个相对独立的能力方面组成的，绝大多数人在这三个方面的表现不均衡，个体智力上的差异主要表现在智力这三个方面的不同组合上。正如加德纳所说："时代已经不同，我们对才华的定义应该扩大。教育对孩子最大的帮助是引导他们走入适应的领域，使其因潜能得以发挥而获得最大的成就感。"智力的发展和表现会因社会文化环境和教育条件的差异而有所差异，这种现象可以使我们清楚地看到，尽管各种社会文化环境和教育条件下的人们身上都存在着多种智力，但不同社会文化环境和教育条件下的人们智力发展的方向和程度有着鲜明的区别，智力的发展方向和程度受到了环境和教育的极大影响。

■ （一）多元智力理论的基本思想

1. 关于智力的性质

加德纳认为，因为每个人的智力都有独特的表现方式，每一种智力又都有多种表现方式。正如我们无法指出如丘吉尔、莫扎特、爱因斯坦、毕加索、柏拉图谁更聪明、谁最成功，我们只能说他们各自在哪个方面聪明、在哪个方面成功，以及他们各自怎样聪明、怎样成功。在加德纳看来，影响个人智力发展的因素有三种，即先天资质、个人成长经历和生存的历史文化背景。在正常条件下，只要有适当的外界刺激和个体本身的努力，每个个体都能发展和加强自己的任何一种智力。其中，开启经历和关闭经历就是两个重要的变化过程，是个体智力发展的转折点。前者如爱因斯坦对指南针的奇特性能感到惊异，激励他产生了探究宇宙奥秘的欲望，开启了他的逻辑—数理智力的发展。后者则通常与耻辱、内疚、恐惧等消极经历有关，它会中断一个人某种智力发展的路程，从而使这种智力失去进一步发展、完善的机会。

2. 关于智力的结构

在加德纳的多元智力框架中，人的智力至少包括如下智力。

言语—语言智力（verbal-linguistic intelligence）。这种智力主要是指听、说、读、写的能力，表现为个人能够顺利而高效地利用语言描述事件、表达思想并与人交流的能力。这种智力在记者、编辑、作家、演讲家和政治领袖等人身上有比较突出的表现。

音乐—节奏智力（musical-rhythmic intelligence）。这种智力主要是指感受、辨别、记忆、改变和表达音乐的能力，表现为个人对音乐（包括节奏、音调、音色和旋律）的敏感，以及通过作曲、演奏和歌唱等表达音乐的能力。这种智力在作曲家、指挥家、歌唱家、演奏家、乐器制造者和乐器调音师身上有比较突出的表现。

逻辑—数理智力（logical-mathematical intelligence）。这种智力主要是指运算和推理的能力，表现为对事物间各种关系，如类比、对比、因果和逻辑等关系的敏感，以及通过数理运算和逻辑推理等进行思维的能力。这种智力在侦探、律师、工程师、科学家和数学家身上有比较突出的表现。

视觉—空间智力（visual-spatial intelligence）。这种智力主要是指感受、辨别、记忆、改变物体的空间关系并借此表达思想和情感的能力，表现为对线条、形状、结构、色彩和空间关系的敏感，以及通过平面图形和立体造型将它们表现出来的能力。这种智力在画家、雕刻家、建筑师、航海家、博物学家和军事战略家的身上有比较突出的表现。

身体—运动智力（bodily-kinesthetic intelligence）。这种智力主要是指运用四肢和躯干的能力，表现为能够较好地控制自己的身体，对事件能够做出恰当的身体反应，以及善于利用身体语言表达自己的思想和情感的能力。这种智力在运动员、舞蹈家、外科医生、赛车手和发明家身上有比较突出的表现。

自我反省智力（intrapersonal intelligence）。这种智力主要是指认识、洞察和反省自身的能力，表现为能够正确地意识和评价自身的情绪、动机、欲望、个性、意志，并在正确的自我意识和自我评价的基础上形成自尊、自律和自制的能力。这种智力在哲学家、小说家、律师等人身上有比较突出的表现。

人际交往智力（interpersonal intelligence）。这种智力主要是指与人相处和交往的能力，表现为觉察、体验他人情绪、情感和意图并据此做出适宜反应的能力。这种智力在教师、律师、推销员、公关人员、谈话节目主持人、管理者和政治家等人身上有比较突出的表现。

自然观察智力（naturalist intelligence）。能够高度辨识动植物，对自然界分门别类，并能运用这些能力从事生产者。此能力发达的人还擅长确认某个团体或种族的成员，分辨成员或种族间的差异，并能察觉不同种族间的关系。这种智力在农夫、植物学家、猎人、生态学家和庭园设计师身上有比较突出表现。

> 多元智力理论认为，人的智力是由言语—语言智力、逻辑—数理智力、视觉—空间智力、音乐—节奏智力、身体—运动智力、人际交往智力、自我反省智力、自然观察智力等多种智力构成，是在某种社会和文化环境的价值标准下，个体用以解决自己遇到的真正难题或生产和创造出有效产品所需要的能力。

（二）多元智力理论的教育内涵

1. 教学观

多元智力理论直接影响教师重新建构"智力观"，多元智力理论所倡导的教学观是一种"对症下药"的因材施教观。加德纳的多元智力理论认为，不同的智力领域都有自己独特的发展过程并使用不同的符号系统。多元智力理论提示各教育阶段的教师在安排教学活动时，要同时兼顾八种智力领域的学习内容，综合运用多样化的教学方法（如全语言、批判思考、实际操作、合作学习、独立学习等），同时提供有利于八种智力发展的学习情境。因此，教师的教学方法和手段，应该根据不同的教学内容而有所不同。针对不同的学生还要"对症下药"。即使是同样的教学内容，教学时，应该针对每个学生的不同智力特点、学习类型和发展方向"对症下药"地进行。新的教学观要求我们的教师根据教育内容以及学生智力结构、学习兴趣和学习方式的不同特点，选择和创设多种多样适宜的、能够促进每个学生全面充分发展的教育方法和手段。

2. 学生观

多元智力理论所倡导的学生观是一种积极的学生观。多元智力理论认为：每个人都同时拥有多种智力，多种智力在每个人身上以不同的方式、不同的程度组合存在，使得每个人的智力都各具特色。加德纳认为，每个学生都有自己的优势智力领域，有自己的学习类型和方法，学校里不存在后进生，全体学生都是具有自己的智力特点、学习类型和发展方向的可造就的人才。学生的问题不再是聪明与否的问题，而是在哪些方面聪明和怎样聪明的问题。适当的教育和训练将使每一个儿童的智力发挥到更高水平。教育首先是赏识教育，教师相信每一位学生都是有能力的人，乐于挖掘每一个学生的优势潜能。教育应该在全面开发每个人的各种智力的基础上，为学生创造多种多样的展现各种智力的情景，给每个人以多样化的选择，使其扬长避短。教育工作者应该做的，就是为具有不同智力潜能的学生提供适合他们发展的不同的教育，把他们培养成为不同类型的人才。

3. 评价观

传统教育把学科分数和升学率作为评价教育质量的主要标准，学校教育教学活动不重视开发学生的学习潜力，更多地倾向于训练和发展学生的言语—语言能力和逻辑—数理能力，于是世界各国教育的重点则被定位于追求优异的语文和数学表现，忽视了学生其他多方面的智力的训练和培养。根据加德纳的多元智力理论，我们应该抛弃以标准的智力测验和学生学科成绩考核为重点的评价观，树立多种多样的评价观。多元智力理论所主张的教育评价，应该是通过多种渠道、采取多种形式、在多种不同的实际生活和学习情景下进行的、确实考查学生解决实际问题的能力和创造出初步的精神产品和物质产品的能力的评价。教师应该从多方面观察、评价和分析学生的优点和弱点，并把由此得来的资料作为服务学生的出发点。也可以通过反思成人所担负的重要社会角色重新思考教学和评价。会计师、历史学家、新闻记者、自然学家、艺术家、音乐家或社会工作者完成的是什么样的项目或工作？因此，必须加强考试内容与学生生活经验、社会实际的联系，重在考查学生分析问题、解决问题的能力等。

二、脑科学与人的学习

脑科学有狭义和广义两种理解。狭义上，脑科学就是指脑神经科学，是为了了解脑神经系统内分子水平、细胞水平、细胞间的变化过程，以及这些过程在中枢功能控制系统内的整合作用而进行的研究。广义上，脑科学就是指研究大脑的结构和功能的科学，其中还包括认知神经科学等研究领域，它涉及认识脑和神经系统的相关研究。因此，脑科学是集神经生理学、神经生物学、认知神经科学、认知科学等于一体的一门跨学科综合性的科学。

（一）脑科学的发展简史

1. 西方对脑科学的探索

人脑是世界上最复杂的系统，人类对于自身大脑的探索与思考有着悠久的历史。早在古希腊时期，"医学之父"希波克里特就根据其观察经验，认为人的心灵"居住"在大脑之中，并提出了自己的证据：一个人如果头部半边受到严重伤害，身体的另一侧就会发生抽搐等症状。柏拉图对此也持类似观点，他认为人的灵魂有三种：理性灵魂、无畏灵魂、情绪灵魂，其中理性灵魂就位于大脑之中。但是上述的贤哲对于大脑的探索并非是正确合理的，他们仅仅停留在哲学思辨和直觉经验的基础之上，还远未触及科学的层面。事实上，由于人类大脑结构的复杂和精巧，以及相关的技术方法手段尚未充分发展，长久以来人类对大脑知之甚少。

但是从百年之前的高尔基和卡哈尔发明神经细胞染色法，创建神经元学说开始，大脑的科学研究就不断取得辉煌的成就，脑科学研究也随着现代科学技术与方法的进步而不断发展，这些方法包括计算机层析成像（CT）、正电子发射型计算机断层显像（PET）、磁共振成像（MRI）等。尤其是脑科学成像技术的不断进步，为各国及相关组织的脑科学研究提供了有利条件，成为国际社会脑科学研究热潮的直接动因之一。

最先用科学的方法来研究脑与学习关系的是诞生于 20 世纪 50 年代中期的认知科学。它从多学科的视角来研究人的学习，研究内容包括知觉、学习、记忆、推理、注意、情感等以及如何在学校教育中运用。20 世纪 90 年代以后，认知科学转变了脱离学习情境、关注静态知识的实验室研究方式，转而重视学习者的思维与认知过程。认知科学发展的同时，认知神经科学也得到了巨大的发展，其任务在于阐明自我意识、思维想象和语言等人类认知活动的神经机制，研究脑是如何调用各层次的组件，包括分子、细胞、脑组织区和全脑去实现自己的认知活动的。教育与认知神经结合起来的研究已成为当前国际上备受关注的新兴领域。

20 世纪 90 年代以来，美国、日本及欧洲各国纷纷投入巨资，建立科学研究项目与规划，同时也纷纷在大学中建立跨学科、跨领域的脑科学的研究中心和实验室，进行脑科学研究。

脑科学研究不仅得到各国政府和科研机构的重视和关注，而且国际组织也开始发起研究项目，投入对大脑的科学探究领域之中，这客观上有利于并加速了脑科学研究的进展。经济合作与发展组织（OECD）下属的"教育研究与革新中心"（Center for Educational Research and Innovation，CERI）于 1999 年发起了"学习科学与大脑研究"项目。这一项目旨在通过学习科学和脑科学研究人员的互动，对人的学习问题开展多学科、深层次的对话与研究，并在之后的十年间举办了多次有关脑科学与学习的高层会议。其研究成果《理解脑：走向新的学习科学》已被翻译成多种文字，在脑科学研究领域产生了重要影响。与此同时，相关科学家、决策者和教育研究人员组成三个研究网络：大脑发展与语言、大脑与计算能力、大脑发展与生命周期中的学习。这些领域的研究成果对课程设计、教学实践以及学生个人的学习风格等重要的教育问题提供决策参考，并能够发挥重要的实践作用。

2. 我国的脑科学研究

我国的脑科学研究起步相对较晚，但 20 世纪 90 年代以来我国也非常重视脑科学的研究。1993 年，在国家科委和中国科学院的积极支持和组织下，我国举办了"香山科学会议"。自 1995 年以来，我国先后举办过多次有关脑科学的会议，这其中包括"脑的复杂性探索""脑高级功能与智力潜能的开发""人类脑计划和神经信息学"等专题的探讨。

与此同时，我国脑科学研究得到了国家相关研究计划和政策的支持。1992年，"脑功能及其细胞和分子基础"项目列入国家科委组织的"攀登计划"。1999年，科技部启动了国家重点基础研究规划"脑功能和脑重大疾病的基础研究"，标志着我国脑科学研究进入了一个新的时代。21世纪以来，在北京大学、中国科技大学、北京师范大学、东南大学和中国科学院等大学与研究机构建立了认知科学与学习的国家级以及教育部的重点实验室或研究中心。2006年2月，国务院颁布的《国家中长期科学和技术发展规划纲要（2006—2020年）》中，脑科学与认知科学研究被列为八大科学前沿问题之一。这都为中国脑科学研究赶超发达国家打下了坚实基础。

1996年，在有关脑科学与教育的交叉研究日益受到重视的背景下，我国相关领域的研究也得到了政府的关注与支持。时任国务院副总理的李岚清同志指出，"素质教育与人脑的全面开发有着紧密的联系。脑科学的研究对人脑发展和活动规律有了很多新的认识，为素质教育提供了许多重要的启示"。在中央决策层与科学界、教育界的共同关注下，脑科学和教育科学以及更广泛领域的跨学科的综合研究得到了进一步发展。

■ （二）脑科学的最新成果

1. 大脑的可塑性

大脑神经组织是由神经细胞和神经胶质细胞组成的，在20世纪60年代以前，研究者们普遍认为人的大脑在出生之时就已经拥有了所有的神经细胞，在生命的过程中，大脑中的神经细胞会不断减少消失。但是脑科学研究证明，我们的大脑在个体生命过程中是不断变化发展的，脑的发展贯穿了人的整个生命过程，并且具有较强的可塑性。

大脑是一个复杂而动态的系统，其结构和功能是在发展的过程中形成的。人类不仅在视觉、听觉和躯体感觉皮层上具有可塑性，而且人脑的语言、记忆、运动技能等高级认知领域也同样具有可塑性。科学研究证明人的大脑在整个生命进程中都具有可塑性，这也就是说儿童的大脑、成人的大脑以及非正常人的大脑均具有可塑性。人脑具有很强的适应新现象的能力，在不同类型的学习中脑的各部分以不同方式结合。在生命周期的不同阶段，脑的各部分会进行调整，对经验和需求做出回应，即便到了老年阶段，脑会通过征用不同的或者额外的神经机制来弥补某些能力的下降。但是大脑可塑性并不是自发生成的，大脑可塑性受经验、学习等许多因素的影响。脑的发展与学习之间是互惠的关系：学习是通过神经网络进行的，同时学习与发展也会涉及神经联结的持续塑造和重塑，脑的发展影响个体的行为和学习，学习也反过来影响脑的发展与健康①。

大脑可塑性的研究已经成为认知神经科学、脑科学以及相关跨学科研究领域新的生长点，这一研究对于揭示大脑活动的规律、大脑结构和功能及教育教学实践等都具有十分重要的意义。

2. 大脑的分工与协调

胼胝体是联系大脑左右半球的神经纤维组织，长久以来，脑科学家一直倾力于进行左右脑功能分工研究。1861 年，法国医生布洛卡在对一位病人的遗体进行解剖时发现，该病人大脑的左半球有一处损伤；病人生前能听懂别人讲话，能用面部表情和手势与人交流，但说话困难。由此，他提出，大脑皮层的左半球额下回部可能与言语生成有关，该区域的损伤会导致患者发音断续，或者虽能说出话来，但不能组成有意义的言语，后来这个区域被命名为布洛卡区。19 世纪末，德国医生韦尼克发现，大脑皮层的左半球颞叶后部控制着言语的接受和理解。当这个区域受损后，患者就无法理解别人说的话，甚至完全不能分辨语音，这一区域也因此被称为韦尼克区。20 世纪 60 年代以后，美国神经生理学家斯佩里通过"裂脑人实验"提出了大脑半球功能单侧化的理论（又称为大脑半球优势理论），这一理论在教育领域得到广泛的运用。这一风靡全球的教育理论观点认为，大脑左右两半球完全以不同的方式进行思维，左脑是语言的脑，是逻辑思考、演绎推理、抽象思维的脑；而右脑有许多高级功能，诸如空间感觉、形象的学习和记忆、偏向于综合与直觉加工的能力。

尽管"开发右脑"或者"开发左脑"的浪潮仍旧存在，但是脑科学家已经开始批评大脑左右分工学说。20 世纪 90 年代，研究者通过研究发现，大脑两半球认知分工的现象是因人而异的，左右半球既存在相对的分工，但人的许多重要生理心理机能又都需要左右半球的密切协作才能完成。如大脑的语言功能，也是大脑两侧功能协调的结果。

3. 大脑的发展潜能

早期神经科学研究认为，人类仅仅利用了 10% 左右的大脑潜能，研究者将未利用区域称为"静默皮层"或者"静区"，由此认为，人类的潜能是无限的，应该更多地去利用大脑、开发大脑。但是通过脑损伤的研究发现，大脑的局部损伤会伴随某些思维和行为能力的丧失，大脑损伤后也会出现功能的部分恢复现象。如果 90% 的大脑功能还没有得到运用，那么，大脑的恢复能力应该是很强的。但结果并非如此。因此，"静区"不是指这些区域是不活跃的或没

① THE NATIONAL ACADEMIES OF SCIENCES ENGINEERING MEDICINE. How people learn II: learners, contexts, and cultures [M]. Washington, DC: The National Academies Press, 2018: 55-68.

有使用过的，而是指通过电刺激后这些区域没有明显的反应。目前人们将这些区域也称为"联想皮层"，而这些区域并不直接与感官或运动神经活动配接，而是负责人类所特有的行为，如语言、思维想象、抽象思维，能够调节大脑的高级认知功能。10%的大脑潜能与上述的左右脑分工说一样，属于对脑科学研究的误读。

4. 大脑的认知与情绪

学习与大脑的认知已得到大量的研究关注，但是其实学习还隐藏着另一个方面的因素，那就是情绪。从神经生物学的角度看，情绪研究不仅仅是前沿科学，而且还是十分重要的研究领域。

通过跨文化的比较研究证明，高兴、恐惧、惊讶、憎恶、生气和悲伤六种情绪具有普遍性。目前已知，高兴和恐惧的发生都在大脑中有特定的位置。神经学家已经可以通过科学的手段，包括心率、血压和脑电波的活动对情绪进行测量。情绪在大脑中有特定的生理通路，在思维出现之前，某些信息就有可能通过高级生理通路优先地引发情绪，情绪表达的环路在脑内分布广泛，但是只有大脑中的杏仁核主要和情绪相关。

■（三）脑科学研究对人的学习的启示

脑科学的最新研究成果对于我们正确认识学生的学习动机、情绪、记忆、理解、潜能等提供了强有力的科学依据，并有助于指导教育工作者的教育教学实践，为提高教育质量、更好地使学生主动健康发展打下坚实基础。随着脑科学研究的不断深入，其研究成果也必将更大地影响到人的学习。可以说，21世纪也是基于脑的学习的世纪，这就要求我们去构建基于脑、适宜脑的教与学。

1. 大脑具有终身可塑性，学习可以改变大脑的物质结构与功能

大脑是人的学习的生理基础，而学习等因素的刺激又为大脑结构和功能的优化和重塑提供了条件。学习是十分复杂的生理与社会文化现象，与大脑神经结构与功能相互作用、密切联系。

学习改变大脑的生理结构，研究表明，学习与经验改变人脑树突的数量与树突棘的形状，也改变着人脑的功能代表区。研究进一步发现，具体任务学习能使适合该任务的大脑某些区域产生局部变化，而且不同类型的学习与经验以不同的方式影响着大脑的结构改变。同样是脑的活动，但是学习与练习可能对脑产生不同的影响，学习则能增加突触的密度。这一结构的变化意味着大脑的组织功能的改变，也就是说，学习影响了大脑组织和重组的过程，赋予了大脑新的组织模式。

在此，可将大脑的可塑性与大脑的关键期做个简要的比较。与强调早期经验的作用相比，大脑关键期的相关研究认为，大脑的神经系统在关键期内具有最好的塑造能力，在这个时期内最容易习得各种行为。教育最重要的目标是根

据关键期，运用适合每个个体的方法，发展其能力。如果错过了这个时期，人类的某些功能就无法发展甚至永久缺失。从小与狼群生活的"狼孩"回到人类社会后，再难以获得直立行走、语言和其他功能就是例证。

当然，个体发展的不同阶段的大脑可塑性是动态变化的；而且不同大脑区域在不同时间，其机能以及可塑性也是不一样的。这些研究表明，成人的大脑仍然具有可塑性，通过学习和训练仍可以塑造。所以，在制定相关的教学方案或干预措施时，必须综合考虑影响大脑可塑性的因素，加强教学的针对性，寻求大脑可塑性与教育的最佳结合点。

2. 学习是学习者积极主动的意义建构，学习环境的创设至关重要

学习不是被动的，而是积极主动建构的过程。人们总是基于已有的知识去建构和理解新的知识，好的学习不是来自教师找到一种好的教学方法，而是来自给学习者更好更多的学习机会。因此，在教育中为学生的成长发展创设有挑战性的有反馈的良好的学习环境是至关重要的，要保证学习是有一定挑战性的、是包含新的信息或经验的，同时学生还必须能够从学习中获得互动的反馈。

学习对人一生的发展都起着至关重要的作用，而不仅仅局限于幼年、童年、少年和青年期，脑科学研究从一个侧面反映出建立终身教育体系与学习型社会的重要意义。

3. 全面开发大脑的潜能，促进大脑的整合式发展

长期以来，人们常常认为脑的左半球主管逻辑与语言信息，而右半球具有创造性，主管视觉信息，脑的左右半球是分工运作的。但是近些年来的脑成像研究表明，大脑的两个半球在完成任务时都要被激活，它们是共同工作的。

这说明：脑是高度综合的系统，单独区域几乎不独立运行，大脑的活动是通过两个半球协调进行的。因此，我们的学习计划并不能仅仅针对其中的一个脑半球，要确保在日常的教与学中充分运用、激活整个大脑。比如，学习者可以同时以视觉和语言的两种方式来学习概念，或者从直觉和逻辑的两个角度来进行学习讨论，同时使用多种感觉通道进行学习。

4. 认知与情绪的相互促进作用

认知与情绪相互作用、相互促进、相互影响，有时将二者区分开来是有用的，但是在学习者的大脑和经验中它们是不可分割的。要重视情绪在人的学习和日常生活中的重要作用，人的积极情绪有利于更好地学习和记忆，因为所有这些情绪事件都能得到大脑优先加工，当强烈的情绪发生时，大脑总是相应地处于激活状态。一种观点认为，大脑中杏仁核的激活越强，该事件或认识等在大脑中留下的印迹也就越深。因此，调动情绪在学习中起着十分重要的作用。

　　情绪强烈地影响着学习者的意义建构、动机和认知，促使大脑产生新的想法并实施着这些想法，在人的学习工作中产生重要的影响，并与日常学习、记忆有着紧密的联系。情绪能力包括自我意识能力、自我控制能力、具有同情心、解决冲突的能力以及与他人合作的能力等。有些情绪有助于教育过程，有些情绪则阻碍了教育过程。有些学生在新情境中表现出恐惧、沮丧，有些学生却显得很兴奋。因此，教育的过程就是一个不断发现有效方式与不同情绪类型的学生打交道的过程。比如，自我调节与自我控制以及延迟满足感常常被看作是迈向学习成功的重要因素，有研究证明了推迟满足感对教育的重要性。在该研究中，给4岁孩子的任务是，当他们独自在房间的时候，若不吃摆放在他们面前的软糖，在实验者回来后就可以得到两颗软糖的奖励。孩子抵制吃软糖的诱惑时间与以后取得的学业成功之间有显著的相关性。

　　当前，应该说脑科学研究尚处于很不成熟的状态，许多方面甚至还是一片空白。21世纪将是基于脑的学习的世纪。脑科学的不断发展势必会带给教育革命性的变革。脑科学成果将会用科学的方式而不再是理论推理证明终身学习、尊重学习者主体性和主观情绪等理论对于教育教学活动的重要性。

■ 三、学习科学的兴起与发展

■ （一）学习科学的发展历程

　　学习科学是站在认知科学的肩膀上发展起来的新兴学科，重点关注真实世界的境脉中的思维。20世纪80年代，一些在认知科学领域卓有建树的科学家，如柯林斯、科罗德纳等人感到认知科学的关注对象和研究方法过于远离真实世界中人的认知发展的实际状况，开始对教育和各种真实场景中的学习进行研究；研究者吸收有关人的多种科学理论视野和研究范式，以便弄清有效学习发生的认知和社会机制，设计各种学习环境以有效支持学习的发生。学习科学在20世纪90年代后开始走向成熟。随着研究的深入，这一新兴交叉学科已经开始影响课堂教学、校外教育、学习产品设计、学习组织设计、教师教育、职业培训、教育政策等诸多方面，促使它们发生了变革与创新。

　　在发展过程中，学习科学形成了学习研究的一些关键特征：经验性、跨学科、境脉化和行动指向。20世纪初以来，一些学习研究就追求这一取向。霍德利（C. Hoadley）将20世纪以来这一取向的学习研究进行了总结（见表6-2），很好地概括了学习科学的发展轨迹。

表 6-2　学习科学研究四个特征的发展历程

时间	经验研究的方法论取向	跨学科的探索	对于情境脉络的考量	行动指向
20 世纪初	借鉴医学、生物学和物理学的经验研究方法	教育研究从前学科开始发展成为一门学科	杜威路径和行为主义路向之争	教育干预刚刚开始和研究关联起来
20 世纪 50—80 年代	采用教育心理学的实验范式	心理学作为一个学科建立起来。教育学成为一个准学科，课程与教学、教育心理学成为其重要分支；认知科学开始将多个科学带到一起	方法之争显示了量化和质性方法之间的张力；大多数研究在认知框架内解释文化	教学设计和课程设计仍在美国的教育学院中，但和学习理论的发展是分割开来的
20 世纪 90 年代	教育学趋向于将随机控制的临床试验作为"黄金标准"，其他形式的经验研究方法受到挑战。而学习科学则对各种经验研究方法及新方法兼容并包	教育学努力成为一个学科。学习科学则明确地援引、借鉴认知科学和计算机科学的研究方法	情境认知理论在学习科学以及主流教育学中成为一个支柱；学习科学链接文化历史活动理论和生态心理学这些更早的理论	学习科学通过新方法论（基于设计的研究）的应用，将设计和研究加以联系，从而与教育研究加以区分；当认知科学日益不注重应用的时候，学习科学关注在学校进行的应用研究
2000 年以来	学习科学继续链接各种新形式的经验研究方法，包括运用学习分析和教育数据挖掘进行建模的新方法	学习科学寓居于其他学系之中（计算机科学、教育学、传播学、心理学、信息科学等），更为成熟	学习科学从主要研究个体认知到更加强调实践、团体、文化和语言、身份等	学习科学的设计取向继续关注学校情境和技术，但也走向跨情境的、终身的学习环境设计。基于设计的研究及其变式被其他学科采纳

来源：FISCHER F, HMELO-SILVER C E, GOLDMAN S R, et al. International handbook of the learning sciences [M]. New York：Routledge, 2018：20.

学习科学这四个方面的发展历程逐步确定了学习科学的面貌，它日益成为采用多学科方法对于真实情境中的学习进行的研究，且以改进和创新行动为指向。尽管个体学习科学研究者可能会采取一项具体的方法研究某一个具体的问题，但是作为一个整体，学习科学研究者在研究方法和主题上的开放性最大限度地适应了学习复杂性的特征。对于境脉的关注，体现了学习科学立足于真实情境研究学习的一贯立场。行动取向，意味着学习科学注重通过设计而改进现有的实践，所以学习科学是一门设计科学。同时，学习科学基于设计的研究，基于已有理论主张并通过研究和行动发展理论，因而连接了理论和实践，所以也是连接的科学。在研究过程中，学习科学致力于推动实践的变革与创新，这也正是设计本身的指向。

■ （二）学习科学研究的主要观点和成果

学习科学的理论基础包括建构主义、认知科学、信息技术、社会文化研究、知识社会学研究、情境理论等。学习科学研究的主要框架是围绕学习的发生过程而建构起来的，主要聚焦于两个大的方面：一是学习发生机制的研究，二是学习环境设计的研究。此外，还有对于学习科学理论基础、研究方法论以及研究成果的实践推广和相应的政策变革等主题的研究。

在学习发生机制方面，不同的研究形成了诸多共享的观点，主要有：学习是知识建构和意义制定的过程，而不是知识的接受和吸收的过程，知识的建构和意义的制定是学习者在已有知识和经验的基础上进行的；学习具有高度的情境性，学习受到发生的情境调节，同意义制定的地点（共同体）有关；学习具有社会性，个人与社会是知识的一个重要维度，通过个人与社会之间的张力（表现为互动、中介、转化等），构建了一个完整的、发展的知识观，与这种知识观相对应，学习被认为是知识的社会协商过程，意义制定的社会本质成为观察分析学习不可或缺的视角；工具和技术（尤其是现代信息技术）是学习的有力支持、中介和伙伴，使得基于真实任务的复杂学习在多种学习环境中成为可能。

学习环境的设计，并不是把"学习的发生过程"研究中获得的解释性原则或原理简单地付诸应用，而是在理解这些原则、原理的基础上，面向实践和创新的需要，创造性地进行设计和开发。具体而言，这方面的研究问题包括：我们是否能够通过改进学习环境的设计而促进学习，如何创设新型的学习环境（如软件的设计、教师角色的设计、具体学习活动的设计等），教师在学生的学习过程中应该提供哪些以及如何提供脚手架，促进深度学习的有效组织方式是什么，等等。这种研究带有"规范性"研究的意味，重点探索学习环境的"应然"状况，研究我们可以如何应用关于人是如何学习的知识去设计有效的学习环境。

　　美国国家研究院行为科学、社会科学和教育委员会学习科学开发项目委员会在 20 世纪 90 年代主持了一项主题为"人是如何学习的"的研究，研究小组系统总结了关于人类学习研究的最新成果，出版了《人是如何学习的：大脑、心理、经验及学校》一书，展现了学习科学研究取得的重要进展，主要涉及专家知识与专家学习、儿童学习、学习的迁移、学习环境设计以及技术支持学习的途径等的研究。此外，有关普通人与从业者的学习、传统学徒制和认知学徒制的研究也产生了很多关于学习的新理解。

　　2018 年，研究人员再次对学习科学的研究成果进行汇总，出版了《人是如何学习的 II：学习者、境脉与文化》，对前一版《人是如何学习的：大脑、心理、经验及学校》中的成果和观点进行了确认，并进一步概括了 21 世纪以来学习科学研究领域的新成果。新版的关注重点从以学校学习为主发展到各种不同领域的学习，关注的时间段也拓展到了人的一生。其结论主要包括以下方面。

　　（1）进一步认识学习者的多样性和差异性，以此作为理解人是如何学习的这一问题的核心。这种多样性源于学习者在生活、前期学习、发展中形成的一系列独特的认知资源，源于包括脑在内的生物因素和包括学习、文化等在内的后天因素的相互影响。

　　（2）学习包含了多种类型，个体学习者为了应对遇到的挑战需要有意无意地整合多种类型的学习，需要协调大脑中涉及不同网络的多个过程。这种整合协调能力的发展需要学习者对于自己的学习进行监控和调节。

　　（3）先前知识和经验会对学习产生多重的影响，学习者通常会对所积累的信息产生自己的新理解，并通过在信息之间建立逻辑联系扩展知识。在检索信息方法方面给予学习者指导、鼓励学习者总结和解释学习的材料、支持学习者在多种情境中应用知识等方法，有利于学习者进行有效学习。

　　（4）学习动机是影响学习的重要因素，学习者对于学习环境的归属感、学习者在学习环境中的自主性和意图有利于学习动机的激发。教师可以通过帮助学习者设立学习目标、创建学习者珍视的学习经验、提升学习者的自控感和自主性、发展学习者监控学习过程的效能感、建立支持性无威胁的学习环境等方式，激发和维持学习者的学习动机。

　　（5）有效的教学取决于教师对于学习者各种特质的关注、学习者监控和指导自己学习的机会和能力、学习者连接校内外情境学习的机会、学习者对各学习领域的深度理解，以及教师对于学生学习的有效评估及评估信息的合理利用，等等。

　　（6）人在一生中不断地学习和成长，他们的选择、动机和自我调节能力，以及他们所处的环境影响着他们学习的程度以及学习迁移能力。

主题词

学习知识	学习
行为主义学习理论	技能学习
认知主义学习理论	学习理论
建构主义学习理论	情境学习理论
学习迁移	人本主义学习理论
学习差异	社会学习理论
学习风格	智力因素
学习策略	非智力因素
因材施教	多元智力理论
脑科学与学习	学习科学
学习发生机制	学习环境的设计

习 题

1. 学习的本质是什么？
2. 行为主义、认知主义和人本主义学习理论的主要观点是什么？
3. 智力因素在学习中具有怎样的作用？
4. 非智力因素对学习有什么意义？
5. 知识与技能有什么特点？
6. 如何理解"为迁移而教"与"学会学习"？
7. 如何根据学习差异因材施教？
8. 多元智力理论对学习和教学有什么启示？

参考文献

1. 张德琇. 教育心理研究［M］. 北京：教育科学出版社，1982.

2. 邵瑞珍. 教育心理学［M］. 上海：上海教育出版社，1988.

3. 施良方. 学生认知与优化教学［M］. 北京：中国科学技术出版社，1991.

4. 章泽渊，陈科美，钱颖. 教育心理学［M］. 北京：人民教育出版社，1987.

5. 斯腾伯格. 成功智力［M］. 吴国宏，钱文，译. 上海：华东师范大学出版社，1999.

6. 布兰思福特，等. 人是如何学习的：大脑、心理、经验及学校（扩展版）［M］. 程可拉，等译. 上海：华东师范大学出版社，2013.

7. SAWYER R K. The Cambridge handbook of the learning sciences［M］. 2nd ed. New York：Cambridge University Press，2014.

第7章
当代课程理论

　　课程在学校教育中处于核心地位，教育目标、教育价值主要通过课程来体现和实施。课程改革一直是西方教育改革的中心，课程研究始终是西方教育理论的重要论题。我国则长期重教学轻课程，因为我国的学校课程长期是由国家统一制定的，学校甚至地方教育主管部门对课程安排的自主权不大，所以在教育学中课程的位置并不突出，甚至可有可无。20世纪50年代，我国中小学的课程因袭苏联模式，所有课程都是必修课，教学计划片面强调统一要求、统一标准，形成了单一化的课程结构。60年代以后高中阶段开始有适当弹性，允许高三年级开设选修课。到了80年代，我国课程灵活性得到进一步扩大，教育部颁发的《全日制六年制重点中学教学计划（试行草案）》规定："为了适应学生的爱好和需要，发展他们的特长，更好地打好基础，高中二、三年级开设选修课。"这里包括了单科性选修课和文理分科。这是我国课程改革走向多元化的开始。随后全国各地课程和教材的改革逐渐蓬勃发展起来。2001年6月，教育部印发《基础教育课程改革纲要（试行）》，正式启动了我国新世纪的基础教育课程改革。与此同时，课程研究开始蓬勃发展，课程与教学逐渐受到同样的重视。

　　课程论侧重研究的是"教什么"，教学论侧重研究的则是"怎样教"。或者说，课程论侧重研究提供哪些教育内容，怎样有效地组织这些内容；教学论侧重的是研究如何有效地教学这些内容的问题。

> 　　课程改革是当代教育改革的核心，课程研究与教学研究同样重要。课程论侧重研究教学什么，教学论侧重研究如何教学。

■ 第 1 节　课程理论的发展

■ 一、课程与课程论

■ （一）课程的定义

"课程"一词在我国宋代已出现，朱熹的《朱子语类·学四》讲道："宽著期限，紧著课程。"大意是学习的范围和进程。西方的"课程"一词源于拉丁语，本义指跑道，转义为学习路线，后发展为有组织的知识体系。把课程用于教育科学的专门术语，始于英国教育家斯宾塞（Herbert Spencer）。作为教育科学的重要倡导者，他把课程解释为教学内容的系统组织。

课程的定义随着社会的变化，其内涵和外延也是不断变化的。不同的教育主张和对课程的不同理解，对课程的定义也有所不同。概括起来，课程的定义大致可以归纳为以下三类。

1. 课程是一门学科

这是使用最普遍也是最常识化的课程定义。如《中国大百科全书·教育》中对课程是这样定义的：课程是指所有学科（教学科目）的总和，或学生在教师指导下各种活动的总和，这通常被称为广义的课程；狭义的课程则是指一门学科或一类活动。

这种课程定义把课程内容与教学过程割裂开来，并片面强调内容，而且把课程内容仅限于源自文化遗产的学科知识，其最大缺陷是把课程视为外在于学习者的静态的东西，对学习者的经验重视不够。

2. 课程是教学目标或计划

这种课程定义把课程视为教学过程要达到的目标、教学的预期结果或教学的预先计划。如课程理论专家塔巴（H. Taba）认为课程是"学习的计划"，约翰逊（M. Johnson）认为课程是"一系列有组织的、有意识的学习结果"等。

这种课程定义把课程视为教学过程之前或教育情境之外的东西，把课程目标、计划与教程过程、手段割裂开来，并片面强调前者，其缺陷也是忽视了学习者的现实经验。

3. 课程是学习者的经验或体验

这种课程定义把课程视为学生在教师指导下所获得的经验或体验，以及学生自发获得的经验或体验。杜威把课程视为学生在教师指导下所获得的经验。受杜威的影响，许多人持同样的观点。如美国著名课程理论专家卡斯威尔（H. L. Caswell）和坎贝尔（D. S. Campbell）认为，课程是儿童在教师指导下所获得的一切经验。

这种课程定义的突出特点是把学生的直接经验置于课程的中心位置，从而消除了课程中"见物不见人"的倾向，消除了内容与过程、目标与手段的二元对立。应当指出的是，有些持这种课程定义的学者有忽略系统知识在儿童发展中的意义的倾向。

20世纪60年代以后，课程的含义被扩展了，以学科为中心的课程观受到了挑战，学校生活中那些非学科的经验也受到了重视，研究者认为这些经验对学生的态度、动机、价值观的形成和发展也有明显的作用。一方面，当代课程观注重学习者在学校环境中的全部经验。另一方面，把课程主要看作是教程而不重视学程的静态课程观也受到了挑战，课程不再被看作是单向的传递过程，而被看作双向的互动实践过程。当然，教学的科目、课业的结构及其进程作为课程的基本内容，一般还是被认同的。

> 课程是一个发展的概念，它是为实现各级各类学校的教育目标而规定的教学科目及其目的、内容、范围、分量和进程的总和，包括为学生个性的全面发展而营造的学校环境的全部内容。

■ （二）课程论

现代课程理论的重要代表泰勒（Ralph W. Tyler）在《课程与教学的基本原理》（1949）中把课程的理论归结为四个最基本的问题：

1. 学校应努力达到什么教育目标？
2. 提供怎样的教育经验才能实现这一教育目标？
3. 如何有效地组织这些教育经验？
4. 如何确定这些教育目标是否达到？

泰勒并没有试图直接回答这些问题，因为他认为不同的学校要根据自己的情况确定自己的教育目标。但他对如何研究这些问题提供了方法和程序。如果我们要对教育目标做出明智的选择，就必须考虑三方面的因素：①学科的逻辑，即学科自身知识、概念系统的顺序；②学生的心理发展逻辑，即学生心理发展的先后顺序、不平衡特征、差异特征等的规律；③社会的要求，比如社会经济、职业的需求等。这三方面的因素分别对学校课程产生影响，泰勒的这一影响模式可以形象地表示如下。

```
┌─────────┐   ┌─────────┐   ┌─────────┐
│  来源1  │   │  来源2  │   │  来源3  │
├─────────┤   ├─────────┤   ├─────────┤
│  学科   │   │  学生   │   │  社会   │
└────┬────┘   └────┬────┘   └────┬────┘
     │             │             │
     └─────────────┼─────────────┘
                   ▼
     ┌───────────────────────────────┐
     │   尝试性的、一般性的教育目标    │
     └───────────────────────────────┘

     ┌─────────┐        ┌─────────┐
     │  筛子1  │        │  筛子2  │
     ├─────────┤        ├─────────┤
     │ 教育哲学 │        │ 学习理论 │
     └────┬────┘        └────┬────┘
          │                  │
          └────────┬─────────┘
                   ▼
     ┌───────────────────────────────┐
     │   精确的、具体化的教育目标      │
     └───────────────────────────────┘
```

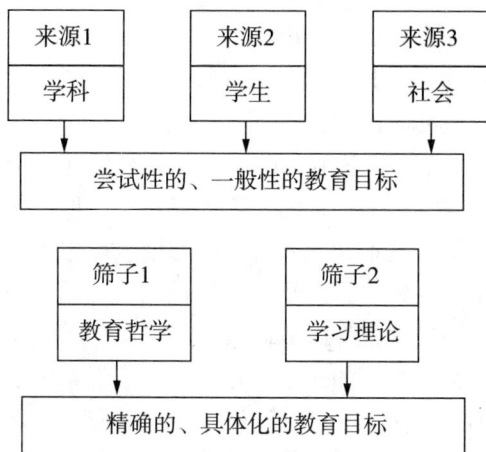

不同的时期、不同的人对这三种因素的强调程度不同，便构成了不同的课程主张或不同的课程流派。

> 课程论是根据对学科系统、个体心理特征、社会需要的不同认识和价值取向而建立起来的关于课程编订的理论和方法体系。

■ 二、三大课程流派

■ （一）学科中心课程论

学科中心课程论主张，学校课程应以学科的分类为基础，以学科教学为核心，以掌握学科的基本知识、基本规律和相应的技能为目标。

这一主张的早期代表是英国的斯宾塞，他在《什么知识最有价值》（1859）一文中提出，为人类的种种活动做准备的最有价值的知识是科学知识。他认为在学校课程中自然科学知识应占最重要的位置，学习自然科学是所有活动的最好准备。他主张依据人类生活的五种主要活动组织课程，即依据人类维护个人的生命和健康的活动，设置生理学和解剖学课程；依据生产活动，设置读、写、算以及逻辑学、几何学、物理学、化学、地质学、生物学等课程；依据教养子女的活动，设置心理学、教育学课程；依据调节自己行为的活动，设置历史、社会学等课程；依据闲暇、娱乐的活动，设置了解和欣赏自然、文化、艺术知识的课程。

德国教育学家赫尔巴特提出，编制课程应以人类"客观的文化遗产"——科学为基础，以发展人的"多方面的兴趣"为轴心，设置相应的学科。他认为人的兴趣主要有六个方面或六个层次，并由此开设六类课程：了解事物"是什么"的兴趣，即经验兴趣，相应地开设自然、物理、化学、地理等学科；思考事物"为什么"的兴趣，即思辨兴趣，相应开设数学、逻辑学、文法学课程；审美兴趣，相应地开设文学、绘画、音乐等课程；同情兴趣，相应地开设语言课程；社会兴趣，相应地开设公民、历史、政治、法律等课程；宗教兴趣，相应地开设神学课程。

20世纪30年代，美国要素主义对进步主义的儿童经验论持批判态度，认为人类文化遗产中有着"一种知识的基本核心"，即共同的、不变的文化要素，包括各种基本知识、基本技能和传统的态度、理想等。要素主义强调以学科为中心和学习的系统性，主张恢复各门学科在教育过程中的地位，严格按照逻辑系统编写教材。第二次世界大战以后，以科南特（J. B. Conant）为代表的要素主义提出了改革美国教育的一系列建议，特别强调中学应学习各门学科的"基本核心"，包括英语、数学、自然科学、社会研究和美国历史。这一思想成为美国20世纪50年代末课程改革的指导思想，数学、自然科学和外语也被称为"新三艺"。

美国心理学家布鲁纳的结构化思想是当代学科中心课程论的一个发展。布鲁纳等人认为，一门学科的概念、关键概念、原理及其相互关系是一门学科的基本结构，是组成一门学科的核心，而这种知识结构应成为教育的重点。布鲁纳在《论认知》中说："赋予学习的对象以意义，开拓新的经验领域的正是这种结构，亦使七零八落的现象获得系统化的概念。"① 具体说，学科结构由三方面组成：一是组织结构，即说明一门学科不同于其他学科的基本形式，同时也规定了这门学科研究的界限；二是实质结构，即探究过程中要回答的各种问题，即基本概念、原理和概念系统；三是句法结构，即各门学科中收集数据、检验命题和对研究结果做出概括的方式。他认为按照这样的结构组织的教学有利于学生理解、记忆、迁移。

> 学科中心课程论主张学校课程应以学科的分类为基础，以学科教学为核心，以掌握学科的基本知识、基本规律和相应的技能为目标。

■（二）人文主义课程论

人文主义课程论以追求人的和谐发展为目标，希望人的本性、尊严和潜能在教育过程中得到实现和发展，强调不能以成人的标准判断儿童，应该研究和尊重儿童的心理发展特征，满足儿童心理发展的要求，为儿童的价值实现创造条件。可以说，人文主义课程论是以学生为中心的课程论。

人文主义的课程思想早已蕴含在古希腊和文艺复兴时期一些思想家、教育家的思想中。近代以来，随着封建社会形态的逐渐解体和新兴生产力的发展，

---

① 钟启泉. 现代课程论 [M]. 上海：上海教育出版社，1989：120.

人文主义课程论也得到了发展。作为这一时代代表人物之一的法国启蒙思想家卢梭，对人文主义课程论有重大贡献。卢梭以崭新的观点看待儿童，"发现儿童"是他在教育思想史上的最大贡献。卢梭课程教学思想的核心，在于创造性地发展儿童内部的"自然性"；这种自然性，不是静止不变的，而是具有无限创造性的潜在能力。教育不能无视儿童的本性和现实生活，而必须遵循儿童的"自我活动"，既要适应受教育者身心成熟的阶段，还要适应众多受教育者的个性差异和两性差异。他把人的成长分为婴儿期、儿童期、青春期和青年期，提出了不同年龄阶段的教育重点。卢梭特别重视"直接经验"，他甚至强调世界以外无书籍，事实以外无教材。他说："没有呼吸到花的薰香，看到枝叶的美丽，阔步于露水的润湿间和柔软的草坪上，哪里能使他的感觉欢悦啊!"[①]《爱弥儿》是一部杰出的教育小说，集中体现了卢梭的自然主义教育思想和课程论思想。他认为，人具有自由、理性、善良的天赋，顺应发展就能成为善良的人，从而形成善良的社会。本书尖锐地批判了封建教育对人的天性的窒息，反对把儿童当作哲学家、道德家和神学家对待，拔苗助长，戕害其身心。把儿童的发展放在首位，是卢梭教育思想最核心的内容。

19世纪末20世纪初，对教育、课程改革产生巨大影响的是杜威。他进一步阐述了儿童中心的观点，批判了传统的课程论，提出了自己的课程论主张。他在《儿童与课程》一书中说："现在课程最大的流弊是与儿童生活不相沟通。其原因是：①儿童生活与成人经验中数种社会目的的不同；②分类的科目是历来科学研究的成果，不合乎儿童的经验；③儿童的世界狭小而偏于个人，课程所示的世界则遥远而不切己；④儿童的生活连贯而一致，课程则分门而别类；⑤儿童生活是切实的、富有感情的，课程分类标准则是抽象的、富含逻辑的。"[②] 根据儿童中心的思想，他提出了自己的课程主张。他认为：

第一，儿童和课程之间的关系不是相互对立而是相互联系的。他认为，儿童是起点，课程是终点，只要把教材引入儿童生活，让儿童直接去体验，就能把两者连接起来，使儿童从起点走向终点。

第二，学校科目相互联系的中心点，不是科学，不是文学，不是历史，不是地理，而是儿童本身的社会活动。

根据这种以儿童社会生活经验为中心的课程论，杜威提出了编制课程要解决的四个主要问题：

1. 怎样做才能使学校与家庭、社区的生活关系密切？

2. 怎样做才能使历史、文艺、科学的教材对儿童生活本身有真的价值？

---

① 钟启泉. 现代课程论 [M]. 上海：上海教育出版社，1989：67.

② 同①：94.

3. 如何使读、写、算等正式学科的教学在平日获得的经验之上实施，并同其他学科的内容有机地联系起来，从而使学生产生兴趣？

4. 如何适当地注意个别儿童的能力和需要？

他认为，要解决这些问题，最重要的有两点：一是使教学过程成为解决问题的过程，成为思维训练的过程，成为学习学习方法的过程；二是以活动为中心组织课程，在活动中展开课程。

20 世纪 70 年代以后，人文主义课程论掀起一个新的高潮，强调实施三类课程——学术性课程、人际关系课程和自我意识、自我实现课程，以实现包括学术潜力与非学术潜力的全域的发展。人本主义教育的代表人物马斯洛、罗杰斯强调教育应培养"自我实现的人格"，这种人格是情绪、感情、态度、价值等的"情意发展"与理智、知识、理解等"认知发展"的统一。

美国现代教育家福谢伊（A. W. Foshay）在《七十年代的课程》一书中从六个方面勾画了人本主义课程的特点。

1. 谁受教育——所有的人在所有的时期接受教育，这就是终身教育的理念。

2. 学习什么——学校分三类课程：第一类是正规的学术性课程以及有计划的课外活动。现代人不能没有高水平的学问逻辑和科学知识。第二类是"参与集体与人际关系"的课程，它以战争与和平、种族歧视、经济贫困、人口增长、环境保护等与学生的社会生活密切相关的现实问题为题材，以引起学生关心社会问题，学会探究、比较、阐释和综合。第三类是"自我觉醒"与"自我实现"课程，旨在唤醒儿童对人生意义的探究，促进学生的人格成长和自律性的确立。

3. 为什么需要教育——理解所教的教材，明白所教内容的价值，对自己学习的能力具有自信，具有学习的毅力。

4. 如何进行教育——学校人本化的教育方法是，使学生成为活动的主体，而不是被动地记忆；师生互教互学，尽量由学生自学，教师做学生学习方法方面的帮手。

5. 在怎样的环境中引起学习——学生之间应该形成学习组织，互教互学，学生应该有接触多种多样教师的机会，包括接触社会人士的机会。

6. 需要怎样的控制——学校的基本课程应以儿童和社区全体居民能够参与的方式来决定。教育的责任与控制，由社区担当。

> 人文主义课程论主张课程应有益于人的尊严、人的潜能在教育过程中得到实现和发展，强调不能以成人的标准判断儿童，应根据儿童的心理发展特征和心理发展要求确定课程。

■ （三）社会再造主义课程论

社会再造主义课程论关心的是课程与社会政治、经济发展的关系。乐观的社会再造主义者认为，教育能够影响社会的变化；悲观的社会再造主义者则认为课程无力影响社会进程，只能复制社会。

在我国，作为文化传统主流的儒家文化，在政治上是保守的，它以恢复周礼为目标，以道德教化为实现治国平天下的主要手段；在道德观念上，以君臣、父子、夫妇、兄弟等的伦常关系为准则，并强调通过教育形成人的道德品质，教育的功能和目的也就是使人们明了和践行这种关系，"大学之道，在明明德，在亲民，在止于至善"。这就决定了儒家教育以伦理纲常为主要教育内容，以"四书五经"为千年不变的教材。一直到近代，我国的课程几乎没有实质性变化。

在西方，社会再造主义的课程思想早在柏拉图的《理想国》中就有反映。柏拉图把理想国的人分成三个等级，即受理性支配的哲学家、受意志支配的武士、受情绪驱动的农民和手工业者。为了让这三等人在社会中各司其职，就要对他们分别施以不同的教育。他提出，儿童 7 岁以后应开始接受军人所需要的各种知识和技能，包括读、写、算、骑马、投枪、射箭的教育；而那些表现出特殊抽象思维兴趣的人应学习算术、几何、天文学和声学等，以锻炼他们的思考能力。他主张未来的统治者在 30 岁以后，要进一步学习辩证法，以洞察理念世界。这为形成后来支配欧洲的七艺教育，即文法、修辞、辩证法（逻辑学）、算术、几何学、天文学和音乐产生了重要影响。

近代，英国思想家洛克（John Locke）对教育特别是绅士教育倾注了极大的热情，提出了著名的"白板说"。他认为人的心灵如同白板，观念和知识都来自后天，并且得出结论——天赋的智力人人平等，"人类之所以千差万别，便是由于教育之故"。所以他特别重视教育，著有《教育漫话》一书，专门讨论绅士教育问题。他强调要根据社会需要确定教育目的和教育活动，绅士应当既有贵族气派，又有资产阶级的创业精神，还要有健壮的身体。绅士的教育要把德行的教育放在首位，基本原则是以资产阶级功利主义的理智克制欲望，确保个人的荣誉和利益。他主张绅士需要有"事业家"的知识，学习的课程不必注重古典，要扩大实用知识。

社会再造主义课程论的当代代表，当数功能主义的教育社会学思想。功能主义的早期代表迪尔凯姆（Durkheim）认为，人生活在社会群体中，群体的作用得到发挥，个体才能得益。个体都形成社会成员共享的观念、情操、价值观，社会才能维持和发展。所以，他提出教育的目的"在于使年轻一代系统地社会化"，"使出生时不适应社会生活的个体我成为崭新的社会我"。这就要求把社会的集体意识灌输给个体，以使他们适应社会生活。相应的，学校课程就应该为实现这种适应过程而努力，学校课程应该成为维护社会结构、保持社会平衡的手段。他认为，整个教育活动在某种程度上都应该服从国家所施加的影响，把纪律、忠诚和自制归结为德行三要素，把学习科学知识和进行具有德行性质的教学视为道德规范内化的主要途径。

美国社会学者帕森斯（T. Parsons）进一步发展了这一观点，提出了"角色"理论。他认为，人们在社会中都扮演着各自的角色，按照约定俗成的角色规则行事。这是社会形成稳固结构的原因，它决定了个人按照何种方式生活。比如在学校这个机构中，教师、学生、校长便是三种主要角色，分别有各自的行事准则。社会分层主要是通过学校课程对学生的筛选实现的。学校则根据成绩和能力测验，将好学生和后进生分流，从而使他们将来在社会机构中的不同位置上扮演自己的角色。这样，学校课程的设置，只能是由权威人物、高级教育行政部门来决定，家长和学生只能在规定的课程中去努力争取好成绩。

> 社会再造主义课程论强调社会对教育的制约作用，主张根据社会的需要确定教育目的和课程活动，重视道德教育和社会权威的作用。

上述三种课程论的划分其实是从不同思想家、教育家的观念中抽取出来的，在这三种课程论的代表人物中除了少数人有极强的倾向性以外，多数人的观点是丰富而复杂的，比如赫尔巴特就有重视儿童兴趣的特点，杜威也很重视课程与社会的协调。

20世纪末，在西方思想界中，后现代主义思潮产生了广泛的影响，在人类生活的所有领域都对探索新的思想和行为的方式提出挑战。美国教育学家多尔（William E. Doll Jr.）作为一位敏锐的教育学者对这一观念革命具有良好的感受力，对此进行了描述，并将其框架应用于课程领域，从而成为后现代课程观的代表人物。

多尔提出了自己的课程理想，即"没有人拥有真理，而每个人都有权利要求被理解"。在这一理想中，教师是领导者，但也只是学习者社区中的一个平等的成员。在这一社区中，隐喻比逻辑更能引发对话。关于教育目标、规划和评价的新观念也将出现，它将是开放的、灵活的、侧重过程而非成果。

基于这样的课程理想，多尔设想了一种后现代课程，具有"4R"的特点，即丰富性（richness）、回归性（recursion）、关联性（relations）和严密性（rigor）。这一开放的系统允许学生和他们的老师在会谈和对话之中创造出比现有的封闭性课程结构所可能提供的更为复杂的学科秩序与结构。教师的角色不再是原因性的，而是转变性的。课程不再是跑道，而成为跑的过程自身，而学习则成为意义创造过程中的探险。

与此同时，一些研究者基于建构主义教育思想提出了课程观。麦克尼尔

（John D. McNeil）在其著作《课程：教师的创新》中提出，在决定教什么和怎么学习最好的问题上，教师应当将学生置于课程的中心；课程的设计应当与世界和当地情况加以关联；教师在课程实施过程中要运用建构主义和社会重构的观点创造学习机会；教师在课程材料选择和使用过程中既是课程的消费者，也是课程的开发者。在这种课程观看来，教师在课程中继续发挥着开发者的作用，而教师将学生置于中心。

进入 21 世纪以来，随着知识经济和信息技术的迅猛发展，社会各界，包括教育理论界和教育实践界，尤为关注问题解决能力、创新能力、合作与交流能力、自主学习与发展能力等 21 世纪重要能力（或称素养）的发展。相应地，课程研究者重新思考课程的内容和教学方法的变化。阿兰·柯林斯（Allan Collins）在其著作《什么值得教？技术时代重新思考课程》中提出了以真实的任务和评价为核心特征的"激情课程"，并以此为基础重新设计学校教育，以培养和掌握 21 世纪所需的技能和知识。这一课程的重点是，"在完成有意义任务、发展深度技能和知识、同伴教学和辅导，以及计划、实行和反思这个学习循环的情境中教授特定能力"，以基于问题的学习为基础，通过设计学习、计算机模拟环境、创客运动、学习共同体等途径推进课程变革。

20 世纪末 21 世纪初以来的这些课程探索，以学生中心课程论和社会再造主义课程论为基础，指向学生自主与创新能力等方面的发展，体现了课程论研究的时代性和发展性。

■ 第 2 节　课程结构

课程结构是指课程体系的构成要素、构成部分之间的内在联系，它体现为一定的课程组织形式。课程结构既包括依据什么目标组织什么内容的问题，也包括以何种形式来组织课程的问题。20 世纪，人类课程发生了重大变革，21 世纪的课程结构则将更加复杂和丰富。

■ 一、当代课程的目标和内容结构

■（一）重视完整性和课程整体功能

课程是培养未来人的蓝图，要培养全面和谐发展的人，就必然重视完整性目标和课程结构的整体优化。因此，当代课程不仅超越了那种传递人类科学文化知识体系的课程观，而且超越了那种智力本位的课程观，代之以完整性的课程观以发挥课程的整体功能。课程不仅关注智育目标，而且关注德育、体育、美育、劳动教育的完整性目标。苏联的斯卡特金认为：课程结构中应树立起关于人类生活的最重要的社会的、科学的文化现象和观念的"基本核心"，使课程成为围绕这个基本核心的知识群。主张合理的课程结构应考虑知识的领域（知识和智慧）、运动和技能的领域（操作技巧、健康），以及情感的领域（价值观、审美观)①。而日本的临时教育审议会在提交给政府的咨询报告中提出的 21 世纪人才培养目标则对课程提出了更宽泛的完整性要求，这一目标包括：(1) 宽广的胸怀、健康的体魄、丰富的创造力；(2) 自由、自律和公共精神；(3) 世界中的日本人。这种宽泛的目标也是完整的，它强化了普遍适应性的道德和独立人格，重视智慧与创造力，要求课程发挥整体功能。从人类课程的当代走向来看，20 世纪 60 年代前后人类课程由知识本位转向智力本位，70 年代比较突出情意领域和对人本的观照，80 年代趋于尊重人的个性和重视道德，逐步形成对完整性人格的全面理解和追求，21 世纪以来则在此基础上进一步突出关键能力（核心素养）的培养。

20 世纪 90 年代，我国颁布的课程计划中已写入"促进学生个性健康发展"的目标，当代课程目标很明确地重视认知与情感的统一、知识与智力的统一、主体精神和社会责任感的统一。当前实施的素质教育，注重立德树人、五育并举，体现在课程建设中就是同时重视思想品德素质、文化科学素质、身体素质、审美素质、心理素质的完整性，重视课程体系的整体功能。

■ （二）稳定基础课和课程综合化

20 世纪 80 年代以来的各国课程改革，出现了恢复基础的倾向，这既是对"学问中心"课程高、精、难的英才教育的回拉，也隐含着对人本主义课程走向另一极端的批判。稳定基础课的目标是重视公民的基本素质，提高公民基本的学习能力。法国 1985 年颁布的小学教育计划要求全国小学开设独立的七门课程：法语、数学、科学与技术、历史与地理、公民教育、艺术、体育。1988 年后，英国公立中小学开设三门核心课程和七门基础课程，核心课程是英语、数学、科学，基础课程是现代外语、技术、历史、地理、艺术、音乐、体育。它反映出当代课程已由门类繁复向简约的基础课程转移。

与稳定基础课并存的另一课程特点是重视综合化。这种综合化的课程，一是把不同学科课程在基础教育中综合起来；二是拓展边缘学科的新课程领域。综合化课程既是科学发展的需要，也是学生认识和把握科学基础知识的需要，同时也是为了避免增设新学科造成学生课业负担。当代科学发展呈现出的态势是分化与综合双向拓展，而传统课程固守的许多分科界限已经限制了学生视野、限制了学生思维。综合化课程则具有突破局限性、适应发展性的特点。学生在学习综合化课程中不仅可以初步建立合理的认知结构，而且可以养成综合思维能力，培养自主创新的品质。自然科学人文化和人文科学注重科学范式规

---

① 吴也显. 教学论新编 [M]. 北京：教育科学出版社，1991：276-277.

范性的趋势，更加印证了综合化课程的必要性。美国在 1985 年推出的 "2061 计划"主张精选课程内容，让学生在从幼儿园至高中毕业的学习过程中只学浓缩地容纳基本科学知识的十几门课程，而每门课程要综合自然科学、社会科学和数学知识及必要的技能训练，打破以往人为的学科界限，以利于促进学生智力的全面发展。美国 21 世纪推动的 STEM（科学、技术、工程和数学）教育继续了课程的综合化。我国在基础教育课程结构中增设了综合实践活动，不少学校的校本课程开发也注重跨学科的课程综合，都属于这一方向上的探索。

■ （三）重视统一性和课程多样化

当代课程发展的另一态势是不同文化传统的国家和地区的交互影响，长短互补的选择。人们注重必修课的限定性，同时拓展选修课的多样化和灵活性。有着个别化教育传统的许多欧美国家适当限制了课程设置的地方自主权，重视全国统一规定课程；而一些集权特征明显的国家则重视选修课的多样化。从总体趋势看，当代课程在重视基础、重视综合化的基点上大大增加了多样化课程。

20 世纪 60 年代的课程开发，较多关注社会进步和学术成就。但泰勒在 20 世纪 60 年代中期就感悟到他思想中变化最大的是对学生的看法，这种感悟显然是在反思以杜威为代表的进步主义教育家们的学生观。泰勒的学生布卢姆也在学生差异性研究方面做出了卓越贡献。美国的中学课程中出现了如 "消费者教育""家庭生活教育""环境教育"等课程，多数学校开设社会学、人类学、心理学课程供学生选修。德国也在确保必修的核心课程的同时开设能力课程。课程开发注重乡土化、实用性也在成为一种世界性的动向。为培养好的 "生活人"，当代课程中出现了社区课程、劳动体验课程、以生活为中心的课程、生计教育课程等。同时，对学生的个性化发展的重视，也进一步推动了课程的多样化，以支持学生通过课程选择发展自己的兴趣和特长。

与课程目标和内容方面的统一性和多样化密切相关，课程管理结构也面临类似的问题。从课程管理结构看，多数国家的学校课程包含了国家课程、地方课程、校本课程这三个部分。在一些教育分权制的联邦制国家，州一级的教育管理权限更大，有很大的课程决策权，学区享有一定的课程自主权；但是最近不少国家也在国家层面建立了相对一致的课程标准。我国在 2001 年颁布的《基础教育课程改革纲要（试行）》中将课程管理结构的改革作为目标之一，提出要 "改变课程管理过于集中的状况，实行国家、地方、学校三级课程管理，增强课程对地方、学校及学生的适应性"。教育部总体规划基础教育课程，制定管理政策，确定国家课程门类和课时；省级教育行政部门制定本省（自治区、直辖市）实施国家课程的计划，规划地方课程；学校在执行国家和地方课程的同时开发或选用适合本校的课程。这种三级课程管理模式很好地保障了课程的统一性和多样化。

■ 二、当代课程的基本形式结构

依据培养不同层次和类型的不同规格人才的需要，也基于基础教育是公民基础素质教育的当代共识，当代课程从实质上突破了非此即彼的单一性形式，普通教育与职业技术教育、基础与综合、必修与选修、学科课程与活动课程的界限正在淡化。

■ （一）学科课程

学科课程是以学科逻辑为中心编排的课程，以严谨的逻辑结构、系统性、简约性为特点。严谨的逻辑结构要求课程编订依照学科本身固有的内在联系，把学科所包含的基本概念、基本原理有序地整合起来，以帮助学生通过分科学习把握不同事物的运动规律。学科课程的系统性特点是把科学系统编制为学科系统，以适应不同教育对象的认识特点。学科课程的简约性特点体现的是人类以间接经验概括千百年文化精华、高效率地传递文化和引导创新文化的重要优势，简约性的学科课程形式是人类有意识的文化与文明传递过程的最优化形式之一。这正是学科课程在当代依然在课程体系中处于主导地位的原因。

> 学科课程是依据教育目标和受教育者的发展水平从各门学科中选择内容组成学科，以学科的逻辑体系制定标准，编写教科书，规定教学顺序、教学周期与学时，分科教学的课程。它是学校课程的基本形式。

当然，学科课程的缺憾也是不可忽视的。在20世纪初的进步教育运动中，它开始受到来自社会需求、科学发展和学生心理特点等方面的挑战。当代科技的发展、社会需求的变化、主体精神的觉醒则更为严峻地向学科课程提出挑战。当代科学发展的综合化显示出不同学科相融、互补、渗透的特点，交叉学科、边缘学科不断出现，这使得人类思维也在发生着开放的、发散的、文理交叉的变革，而学科课程加深学科分离、限制学科交叉的固有弱点更明显了。它可能因此成为课程现代化的障碍，同时也禁锢了学生的思维。再者，学科课程的编制与教学都以学科为中心，间接经验的精华优势也与变动不居的社会实际产生了距离，于是它不利于培养学生的社会生活能力，阻碍了学生生动活泼的全面发展，其限制学生主体性的缺憾也就十分突出。

■ （二）活动课程

针对学科课程的这些缺陷，杜威等人提出了活动课程的主张。

活动课程又称经验课程、儿童中心课程，它是以儿童从事某种活动的动机为中心组织的课程。

活动课程以生活中的儿童的兴趣与动机为课程中心，课程范围和教学内容选择围绕这个中心进行，突破了学科局限、重视直接经验、主张"做中学"。它的优点在于：把科学知识与生活实际相联系，以有利于培养学生动手操作的能力，培养实用型人才；培养交往和组织能力、创新与合作精神，增强学生的社会适应性；因重视儿童的动机、兴趣，重视儿童的心理结构，有利于培养学生的主体性和个性发展。它的缺点在于：使儿童获得的知识不系统、不完整，不利于高效率地传递人类的文化遗产。在科技发展日新月异的形势下，它显然不足以单独支撑学校教育的使命。

> 活动课程以儿童兴趣的发展为中心，是围绕儿童从事某种活动的动机组织的课程。

活动课程与课外活动是两个内涵不同的概念。前者是与学科课程相对的课程形式或形态，后者是与课堂、班级授课相对的不同场所和范围的教学活动。但课外活动的内涵正在发生变化，它逐渐被看作是一种课程形式。尽管它并不与学科课程对应，但却部分地呈现出一些与活动课程相通的特征。国际教育界把"课外活动"的英文"extra curricular activities"（课程之外的活动）改为"extra class activities"（课堂之外的活动），意味着课外活动已经可以纳入"课程"的范畴。这里作为非正式课程的课外活动实际上就是指课外活动课程。我国当前课程改革强调的活动课程，不是严格意义上的活动课程。因为课外活动课程在设计中并不排斥以学科为依托。但在我国强调课外活动，无疑是很有意义的。

我国当代称为活动课程的课外活动课程主要有以下特点。

1. 教学过程的实践性。使学生在动态实践活动中动手动脑，多种感官协调运动，并通过实际操作和亲自体验获得直接经验，以弥补学科课程重知识轻实践的缺陷。

2. 教学形式的灵活性。时空灵活、活动方式也灵活。

3. 教学主体的创造性。课程要求充分发挥个人的创造性和各种特长，学生可以根据自身个性特点，自由选择活动项目，在活动中自我组织、自我设计和自我评价，有条件者可以大胆想象、探索和求新。

■（三）潜在课程

潜在课程，又称隐性课程，是杰克逊（P. Jackson）于1968年首先提出来的。它因加深了人们对课程的理解而成为当代课程研究的一个热点领域。

有关潜在课程的本质与功能的研究观点，主要有三个代表性的观点：结构功能论、现象—诠释学、社会批判论。

结构功能论认为，潜在课程是学生在学校环境中有意或无意习得的正式课程中未包含的或不同或相反的知识、规范、价值或态度。它对学生的学习和社会化起着积极作用，这种作用可能比正式课程的作用更重要。布卢姆认为，潜在课程的功能就在于使学生在学习过程中产生强烈动机，养成适当的学习态度，积极地学习，达到学习目标。

现象—诠释学则认为，潜在课程依托学校环境，通过师生接触引导学生觉醒自我意识，以顺利参与生活世界中的意义构建过程。从学习内容看，潜在课程主要指与学生个体生活有关的情意学习。就功能而言，现象—诠释学更重视其在促进学生主体意识觉醒方面的积极作用，认为它具有激发想象力、批判力和创造力的功能，可以促进学生正式课程的学习。

社会批判论比较重视对学习内容背后的意识形态的批判。它认为完整性的课程体系都体现一定阶层的价值观、社会权力结构和意识形态，因此课程背后的潜在课程可能发生消极作用；而正是由于潜在课程的存在，才使得教育培养完满人格的这一基本功能不能得到正常发挥。

> 潜在课程也称隐性课程，是广义学校课程的组成部分，与显性课程相对。它以潜在性和非预期性为主要特征。它不在课程规划中反映，不通过正式教学进行，通常体现在学校和班级的情境之中，包括物质情境（如学校建筑、设备）、文化情境（如教室布置、校园文化、各种仪式活动）、人际情境（如师生关系、同学关系、学风、班风、校风），对学生起潜移默化的影响作用，促进或干扰教育目标的实现。

实际上，潜在课程并不是习惯意义上的课程，而是一种比喻的说法，旨在说明在学校生活中有许多因素也在对学生的成长产生影响，这些影响有时甚至超过有意安排的课程活动。但人们对是否要"开发"或利用潜在课程有不同的看法。有人认为它既然是隐性的，即主观不能达到的，就谈不上"开发"和利用，如果真的把隐性的、非人为的因素也人为化的话，可能事与愿违、弊大于利。也有人主张既然实际上发生着影响，就应该充分利用这些因素，以便充分实现教育目的。

■ 第3节　课程设计的理论与实践

课程设计是指课程结构的编制，既包括课程体系结构整体的编制，也包括具体课程的编制。前者主要解决依据培养目标设置哪些课程和如何设置这些课程的问题，涉及基本的理论要求和不同形式的优化组合；后者主要解决课程标准问题，同样涉及基本的理论要求，包括不同形式课程的标准。这实际上指的就是以往所说的教学计划和教学大纲，由于当代课程已经宽泛地扩展到课外活动，甚至潜在课程的范畴，课程设计也变得复杂起来。

一、课程设置

（一）课程设置的选择与编制

通常基础教育的课程设置是由国家教育行政部门制定的。随着课程改革的发展，它在统一要求的前提下呈现出多元灵活的特征。选择与编制课程的基本要求有以下几点。

1. 合目的性。合目的性要求选择与编制课程必须首先确定教育目的，并将其具体化为各级各类教育的明确目标，然后围绕目标设置课程。

当代基础教育是公民素质教育，因而，基础性成为课程编制的目标要义。这既是社会发展的需要，也是人的个性全面发展的需要。因此，课程编制既要遵循社会进步对公民素质不断发展的要求，也要遵循当代青少年儿童身心发展的特点。这种基础性要求有全面性的内容体系，因此要满足教育的全面发展目标，德育、智育、体育、美育、劳动技术教育是选择与编制课程时不可或缺的内容。

当代课程体系结构已不只是由学科课程组成，活动课程在课程体系中也日益受到重视。因此，课程选择与编制需要重视课程体系结构的完整性，设置课程必须处理好多种课程形式的关系。根据教育目的和学生的身心特点，合理组织课程形式。

2. 合科学性。合科学性要求选择、编制课程要正确地反映各门学科的状况，课程内容符合科学体系要求，重视各学科、各课程之间的内在联系。课程体系应当能够充分体现自然科学、社会科学、人文学科的辩证关系，有利于培养全面发展的人，这里主要有三个问题要解决好。一是具体门类课程自身有序可循，这类似于布鲁纳所说的结构，由小到大，由初级的基本常识到逐步深化，都应是依照结构螺旋式上升的，而不是零散的。二是各门类课程之间有序可循，这种序主要体现为课程编制时学年与学期安排的时序，解决的是课程先后次序与课程之间关系的科学性问题。三是不同形式课程之间的科学顺序与相互观照的关系问题。

3. 合发展性。合发展性主要指课程选择、编制与青少年儿童身心发展的规律性相一致。儿童发展有年龄差异，其身心发展有阶段性，不同阶段会有不同的心理结构，也因此有不同的发展基础和发展可能性。不同课程形式在总的课程中所占的比例因合发展性的要求而应当有所调整，例如小学加强活动课程有优势，高中强化学科课程有优势。

课程设置即教学计划，是课程总体规划。它依据一定的培养目标选择课程内容，确定学科门类及活动，确定教学时数，编排学年及学期顺序，形成合理的课程体系。

■ （二）课程设置的形式与功能

编排课程门类可以有不同形式，不同编排形式可以发挥不同功能，对这种形式与功能的理解也有其历史发展的过程。近现代以来，随着人们对学习心理和教学心理的研究不断深入，对课程编排形式复杂性和多样性的认识也不断加深。不同性质和不同对象的课程要求人们采用不同的编排形式。

1. 单科直线式。在整个学习阶段，各门类课程单科独进、直线排列，学生集中精力学一门之后再学另一门，这种科目明晰、组织简易的编排形式即为单科直线式。我国古代教育即多采取这种方式，如"四书五经"的教学即是如此。夸美纽斯以泛智主义的教育思想设置课程，强调学习要精力集中，主张在一定时间内"只学一件事情"，也曾这样编排课程。当代成人教育以及某种课程班的教学也经常使用这种课程编排方式。但对于基础教育来说，一次性地完全掌握一门学科不符合学生的身心发展规律，所以一般不用这种方式编排课程。

2. 多科并进直线式。它是指在同一时期内同时安排多种学科，多科并进。这样编排课程，内容多样而且交互进行，能以多样化的课程引起学生的兴趣，激发其积极性。这种编排方式虽多科并进，但每门学科依然可以直线进行，不失系统连贯。而且几门学科交互进行，还可以相互迁移，彼此互为促进。这是当代课程设置最基本的形式。

3. 螺旋式课程编排方式。这是指某门学科在基础教育阶段不只安排一次，但几次安排均依照基本结构进行，层层提升并层层深化，形成螺旋式发展格局。如小学常识中的物理基础与初中物理、高中物理就是这样的编排方式。这种方式比较符合发展中的学生的认识水平。

课程编排的形式有多种，不同的形式各有优势，在课程编排的实践中需要综合地运用。

■ **二、课程标准**

■ （一）课程标准的内容

课程标准具有法定的性质，它是教材编写、教与学、评估和考试命题的依据。《基础教育课程改革纲要（试行）》中指出，国家课程标准"应体现国家对不同阶段的学生在知识与技能、过程与方法、情感态度与价值观等方面的基本要求，规定各门课程的性质、目标、内容框架，提出教学和评价建议"。课程标准关注的是课程目标、课程改革的基本理念和课程设计思路，关注的是学生学习的过程和方法，以及伴随这一过程而产生的积极情感体验和正确的价值观。教师在使用课程标准的过程中，主要关注的是如何利用各门学科特有的优势促进每个学生的健康发展，而不是仅仅关心学生对某个结论是否记住，记得是否准确，某项技能是否形成，并且运用起来是否得心应手。因此，与传统的教学大纲侧重对学科内容的描述不同，课程标准侧重于从学生发展的角度描述学习结果，而且不同学段的课程标准在结果描述上有所不同。我国的幼儿园教育指导纲要强调培养幼儿良好的行为习惯，保护和启发幼儿的好奇心和求知欲，促进幼儿身心全面和谐发展；义务教育课程标准强调国家对公民素质的基本要求，着眼于培养学生终身学习的愿望和能力；普通高中课程标准则强调在使学生普遍达到基本要求的前提下有一定的层次性和选择性。

国际比较研究表明，不同国家或地区颁布的课程标准，其体例、结构、表述与呈现方式等方面差异巨大。目前，我国课程标准包括以下几个方面的内容。

1. 前言部分。这一部分对课程的性质、价值与功能做定性描述，阐述各学科课程领域改革的基本理念，并对课程标准的设计思路做详细的说明。

2. 课程目标部分。这一部分内容明确各门课程在知识与技能、过程与方法、情感态度与价值观等三方面共同而又各具特点的总目标和学段目标。新修订的课程标准在这一部分界定和描述了学科核心素养，学科核心素养是学生通过学科学习要逐步形成的正确价值观，以及要掌握的必备知识和关键能力，是学科课程目标的集中体现。

3. 课程结构部分。这一部分主要阐述学科课程的整体安排，包括必修和选修课程的整体安排、学分要求，各部分课程的主要内容模块和课程定位；此外，还对学科课程结构的设计依据做出阐释。

4. 内容标准部分。这一部分按照学习领域、主题或目标要素，阐述学生在不同阶段应实现的具体学习目标。对于学生的学业要求和学习结果，用尽可能清晰的、便于理解及可操作的行为动词进行描述。

5. 学业质量部分。这部分说明学生在完成学科课程学习后的学业成就表现，以学科核心素养及其表现水平为主要维度。

6. 实施建议部分。考虑到课程实施的需要，课程标准提供教与学的建议、教材编写建议、评价建议、地方与学校及教师实施课程标准的建议等。各项建议力图体现课程改革的基本理念，为改善教学行为、变革学习方式、提高教材编写质量、体现评价的发展功能提供指导。

7. 附录，包括术语解释和典型案例。

■（二）课程标准制定与实施的相关研究

课程标准的制定过程是教育目标具体化为课程行动方案的过程，课程标准的实施则是将方案的文本进一步转化为实践行动和学生发展结果的过程。这就要求在课程标准制定和课程实施过程中展开相关的研究，并采取相应的策略。

课程标准制定阶段的研究主要包括：

第一，研究课程体系中本学科的性质、意义、功能，明确本学科的目标、内容范围，要有充分的程度估计。

第二，研究本学科的结构、概念体系、基本理论，在一定的程度估计前提下，确定素质发展目标、学科核心素养及相适应的基础知识和基本技能目标，对相应的观念、态度、情感因素也要有充分考虑。

第三，研究学习对象的一般特点以及学习本学科的心理基础，探究与学生心理发展、学习心理一致的本学科逻辑顺序，探究与教学过程优化相一致的教学方法和策略。

第四，从大课程体系的角度研究本学科与其他学科的关联，研究本学科不同课程类型的综合功能，在分量、程度、程序方面进行限制。

第五，研究教材的开发和优化，使之更好地体现课程标准确定的课程目标和提出的实施建议。

课程标准实施阶段的研究主要包括：

第一，研究分析教师的课程理念及其对课程标准的理解，通过文本研读、理论学习、理念辨析、实践设计与分析等多种专业发展活动，推动教师对于课程标准的理解。

第二，研究分析教师基于课程标准进行课程开发、教学设计的能力和实践的状况，通过课程开发和教学研究工作坊等形式，提升教师的课程实践能力。

第三，研究学校在课程实施阶段的动力机制和支持机制，分析学校在管理和评价等方面的机制体制是否能支持课程标准的实施。

第四，研究分析学校在课程实施阶段所需要的资源等条件，为学校和教师提供充分的资源和经费，特别是在校本课程开发、创新实践等方面提供额外的资源。

第五，研究各种评价方式、教材和课程标准的一致性，不断推进教育评价方式的改革，不断优化教材建设，使课程标准真正成为教材编制和评价工作的遵循。

课程标准是课程的总体设计，从整体上规定某门课程的性质及其在课程体系中的地位，是教材编写、教学、评价和考试命题的依据，是国家管理和评价课程的基础。它是整个基础教育课程改革系统工程中的一个重要枢纽。

■ 第4节　我国当代课程改革

课程是社会时代的产物，反映了社会历史的特点，并因社会形势的变化而变化。新中国成立 70 多年来，我国的学校教育和课程教材经历了多次改革，既有宝贵的经验，也有沉痛的教训，这为当前正在开展的基础教育课程改革提供了重要的借鉴。

■ 一、我国课程改革的历史

从广义说，课程包括学校育人环境的全部内容；从狭义说，课程主要是指文件课程，即教育行政部门在各历史时期所制定的教学计划或课程计划、教学大纲或课程标准以及各种中小学通用教材。

我国基础教育课程的建设与发展和新中国成立后社会历史的变革密切相关。1981 年通过的中共中央《关于建国以来党的若干历史问题的决议》把新中国的历史分为四个时期：基本完成社会主义改造的时期、开始全面社会主义建设的时期、"文化大革命"时期、伟大的历史转折时期。我国基础教育课程教材的发展历程，与新中国社会历史发展的阶段性是一致的。也就是说，从历史发展阶段来看，我国的课程可分为：1. 社会主义改造时期的课程（1949—1957 年）；2. 开始全面建设社会主义时期的课程（1958—1965 年）；3. "文化大革命"时期的课程（1966—1976 年）；4. 拨乱反正全面恢复时期的课程（1977—1984 年）；5. 改革开放高速发展时期的课程（1985 年至今）。新中国成立后所编写的教学计划、大纲和教材的特点都和新中国各历史时期政治、经济、文化的发展形势密切相关。

在社会主义改造时期，教育部所颁布的暂行教学计划，首先取消了旧中国规定的"党义""公民""军训"等科目，设置了"革命常识""共同纲领""时事政治"等学科，对旧的教学制度、教学内容、教学方法进行了根本改造。人民教育出版社成立后，1956 年出版了第二套全国通用的中小学教材。这时期小学规定的教学科目主要包括语文、算术、自然、历史、地理、体育、图画、音乐等学科；中学规定的教学科目主要包括政治、语文、数学、生物、物理、化学、历史、地理、外语、体育、音乐、美术等学科。这个时期的课程，是在改造旧中国教学内容的基础上，参照苏联课程体系，根据当时国家经济文化建设的需要编订的。为适应我国第一个五年计划期间开展大规模经济建设和文化建设的形势要求，这个时期的课程体系不存在"重理轻文"的现象，而是"文理并重"甚至"文重理轻"。但社会主义改造时期的课程体系基本上是以学科为中心的体系，当时创建的这种课程框架在以后相当长的历史时期没有重大变化，奠定了我国中小学的基本课程模式。

在开始全面社会主义建设时期，我国曾修订过一次小学教学计划（1963年）、两次中学教学计划（1958年和1963年）、一次教学大纲（1963年），编写过两套中小学教材（1961年和1963年）。这时期，我国课程改革深受政治形势的影响，既有巨大的变革，又有大幅度的反复。1958年，全国掀起工农业生产"大跃进"的高潮。这时，党中央、国务院发布了《关于教育事业管理权力下放问题的规定》。规定明确指出：各地方根据因地制宜的原则，可以对教育部和中央主管部门颁发的各级各类学校指导性教学计划、教学大纲和通用教材、教科书，进行修改补充，也可以自编教材和教科书。但由于受"左"的思潮干扰，大量增加了劳动时间，减少了课堂教学，教材编写出现了混乱，20世纪50年代前期确定的课程体系也遭到破坏。1963年，我国重新修订了中小学教学计划和教学大纲，并编写了教科书，同时还颁布了《全日制中学暂时工作条例（草案）》《全日制小学暂行工作条例（草案）》。1963年编写的课程体系充分反映了这个时期课程改革的主要特点。这个计划突出强调基础知识和基本技能，较大比例地增加了语文、数学、外语、物理、化学的教学时数，减少了历史和地理的课时，出现了"重理轻文"的倾向。这套课程体系还有另一个特点，即它突破了20世纪50年代单一必修课的规定，首先在高中增设了选修课。60年代前期编订课程的主要指导思想之一，就是修正"大跃进"时期出现的偏差，因此不但没有打破学科体系，反而更加注重"双基"，强调系统知识的掌握，加重了学生的负担。

"文化大革命"时期，教育遭到了极为严重的破坏，正常的教学秩序被打乱，原先的教学计划、大纲和教材都被当作"封、资、修"的东西废除。1967年，各地区自行编订教学计划、教学大纲和教材。这时期的课程在极"左"思想和实用主义的影响下，片面强调突出政治和联系实际，推出所谓"工基"（工业基础知识）和"农基"（农业基础知识）。这种课程，严重削弱了基础知识学习，降低了教育质量。

"文化大革命"后，在教育事业拨乱反正、全面恢复时期，教育部于1978年相继制定了《全日制小学暂行工作条例（试行草案）》《全日制中学暂行工作条例（试行草案）》和《全日制十年制中小学教学计划试行草案》。这是"文化大革命"结束后第一批全国统一的整顿治理学制和课程的政府文件。这套教学计划把政治、语文、数学等学科作为"主学"科目，该计划及其相应的大纲和教材的编订在主导思想或某些提法上依然受"文化大革命"的一些影响，但对当时恢复正常教学秩序起到了决定性作用。

1981年制定的中小学教学计划，为适应当时几种不同学制的要求，共拟订了多个具体的课程设置计划：《全日制五年制小学教学计划（修订草案）》

《全日制六年制重点中学教学计划试行草案》和《全日制五年制中学教学计划试行草案的修订意见》。这套教学计划制定的指导思想是：贯彻党的十一届三中全会确定的政治路线和思想路线，扎扎实实地提高教育质量。1981 年制定的教学计划和与其相配套的教学大纲和教材，其特点是：把劳动和劳动技术课首次纳入课程计划表；为适应现代科学技术的发展要求，大幅度增加了物理、化学、生物和外语的课时比例；开始重视文科教学，增加了历史和地理的课时；为适应因材施教、发展特长的要求，设置了侧重文科或侧重理科的两种课程计划。这个课程体系虽然增加了历史、地理的课时，但 20 世纪 50 年代后期形成的"重理轻文"的倾向仍然存在。这一课程体系，一直沿用到 1992 年义务教育课程计划的制订。在此期间，教育部相继对本计划规定的教学科目，如劳动技术、外语、数学、物理、化学、历史、地理、生物等颁发了十几个进行调整或修改的"通知"。这些通知虽然对 1981 年的课程方案有某种程度的改革，但没有从根本上改变原先确定的整个课程体系。

20 世纪 80 年代中期，我国基础教育课程改革进入了一个新阶段，向着前所未有的深度和广度迈进。这次改革是从义务教育阶段开始的，然后，逐渐延伸到高中阶段。1986 年，我国《义务教育法》正式颁布。为实施本法，1988 年制定了《义务教育全日制小学、初级中学教学计划（试行草案）》，1992 年颁布了《九年义务教育全日制小学、初级中学课程计划（试行）》。同时，国家编订了相配套的各学科教学大纲和教材。与义务教育相衔接的高中课程计划、教学大纲和教材，于 1995 年以后陆续制定和实施。

1999 年 6 月，党中央、国务院召开了我国改革开放以来的第三次全国教育工作会议，颁布了《中共中央、国务院关于深化教育改革全面推进素质教育的决定》。会议动员全党和全国各族人民，全面推进素质教育，深化教育改革，以迎接社会政治、经济、科技、文化的崛起。该决定指出，要"调整和改革课程体系、结构、内容，建立新的基础教育课程体系，试行国家课程、地方课程和学校课程。改变课程过分强调学科体系、脱离时代和社会发展以及学生实际的状况"。在这次会议精神的指导下，我国教育和课程改革进入了一个新的阶段，掀起新的课程改革的高潮。

> 我国课程改革适应了社会政治、经济形势的客观要求，体现了社会发展的需要，形成了不同阶段的独特的特点。

■ 二、我国当前的课程改革

■（一）新课程改革的发展历程

21 世纪，科学技术尤其是信息技术迅猛发展，改变着经济生产方式、社会组织方式和人类生活方式，对人才培养和人的发展提出了新的要求。这一全面深刻的社会变革对当今基础教育的课程发展提出了强有力的挑战，要求教育尤其是课程及时做出敏锐的反应。越来越多的人认识到，教育要着眼于未来，未来教育越来越重视每个人一生的发展，越来越关注每个学生潜能的开发、个性的发展。基础教育课程改革必须着眼于这一时代要求，以学生的发展为本，把学生身心全面发展和个性、潜能开发作为核心，培养21世纪需要的有用人才。

我国新世纪的基础教育课程改革于2001年正式开始，教育部颁发了《基础教育课程改革纲要（试行）》及义务教育阶段18科课程标准的实验稿，编写审查了各科实验教材。2003年，教育部印发普通高中课程方案和课程标准的实验稿，并启动高中的新教材编写。之后，各学段在区域实验的基础上全面实施新课程。2011年，教育部颁布了义务教育阶段的学科课程标准，在总结十年课程改革的基础上对义务教育阶段的学科课程标准进行了调整和完善。

2010年，教育部《关于深化基础教育课程改革 进一步推进素质教育的意见》指出，"基础教育课程改革促进了先进教育理念的传播，带动了基础教育的整体变革，为全面推进素质教育发挥了重要作用，取得了明显成效"；同时提出进一步完善基础教育课程体系、深化基础教育课程改革。

随着经济、科技的迅猛发展和社会生活的深刻变化，面对新时代社会主要矛盾的转化以及对提高全体国民素质和人才培养质量的新要求，面对教育发展的新形势，基础教育课程改革也在不断深化。2014年，教育部《关于全面深化课程改革落实立德树人根本任务的意见》提出，研究制定学生发展核心素养体系和学业质量标准，依据学生发展核心素养体系来完善中小学课程体系，并对德育、语文、历史等学科教材进行统编。以此为标志，我国基础教育课程改革进入了全面深化阶段。

我国在2013年启动了普通高中课程方案和学科课程标准的修订工作，于2017年颁布了普通高中课程方案和学科课程标准。之后，进一步进行了修订，于2020年颁布了普通高中课程方案和语文等学科课程标准（2017年版2020年修订）。课程方案修订工作在总结21世纪以来我国普通高中课程改革经验和借鉴国际课程改革优秀成果的基础上，努力构建具有中国特色的普通高中课程体系。与此同时，义务教育阶段的课程方案和学科课程标准也在修订中。

■ （二）新课程改革的目标

建立新的基础教育课程体系，以"教育要面向现代化、面向世界、面向未来"重要思想为指导，全面贯彻国家教育方针，以提高国民素质为宗旨，以培养创新精神和实践能力为重点，强调课程要促进每个学生身心健康发展，培养良好品德，强调基础教育要满足每个学生终身发展的需要，培养学生终身学习的愿望和能力。基础教育课程改革的目标如下所述。

1. 改变课程过于注重知识传授的影响，强调让学生形成积极主动的学习态度，使其获得基础知识与基本技能的过程同时成为学会学习和形成正确价值观的过程。

2. 改变课程结构过于强调学科本位、门类过多和缺乏整合的现状，使课程结构具有均衡性、综合性和选择性。

3. 改变课程内容繁、难、偏、旧和偏重书本知识的现状，加强课程内容与学生生活以及现代社会科技发展的联系，关注学生的学习兴趣和经验，精选适合学生终身学习必备的基础知识和技能。

4. 改变课程实施过于强调接受学习、死记硬背、机械训练的现状，倡导学生主动参与、乐于探究、勤于动手，培养学生搜集和处理信息的能力、获取新知识的能力、分析和解决问题的能力，以及交流与合作的能力。

5. 改变课程评价过分强调评价的甄别与选拔的功能，发挥评价促进学生发展、教师提高和改进教学实践的功能。

6. 改变课程管理过于集中的状况，实行国家、地方、学校三级课程管理，增强课程对地方、学校及学生的适应性。

■ （三）新课程改革的重点

从我国改革开放的需要和各地经济文化发展极不平衡的现实出发，借鉴世界各主要国家和地区课程改革的经验，针对我国基础教育课程存在的主要问题，本次课程改革努力在以下几方面取得重要进展。

1. 明确区分义务教育与高中阶段教育，建立合理的课程结构，更新课程内容

义务教育阶段的课程应体现普及性、基础性和发展性。义务教育的课程要面向每个学生，其标准是绝大多数学生能够达到的。课程内容和要求应该是基础性的，不能任意被扩大、拔高。课程应具有发展性，着眼于学生的终身学习，适应学生发展的不同需要。课程内容和课程结构的改革与实施强调密切联系学生的生活和经验，加强课程与社会科技发展的联系，为学生的终身发展提供必备的基础知识、基本技能和良好的情感态度与价值观，以创新精神和实践能力为核心，重视发展学生搜集处理信息的能力、自主获取新知识的能力、分析解决问题的能力、交流与合作的能力。

这次课程改革采取九年一贯整体设置义务教育阶段课程的方式，构建分科课程与综合课程的结构。在综合科学技术发展和对自然、社会整体认识的基础上，对教育内容进行更新，构建自然科学与社会科学的综合课程，小学阶段以综合课程为主，开设语文、数学、外语、道德与法治、科学、艺术（或音乐、美术等）、综合实践活动、体育与健康等课程。初中阶段综合与

分科并行，开设语文、数学、外语、道德与法治、历史、地理、物理、化学、生物、艺术（或音乐、美术）、综合实践活动、体育与健康等，供学校选择。

改革和建立分科课程，加强课程内容的综合性，淡化学科界限，加强课程内容与现实生活和学生经验的联系，增进各学科之间的知识和方法上的联系。

为培养学生的创新精神和实践能力，加强课程与社会、科技、学生发展的联系，从小学三年级至高中设置综合实践活动为必修课程，其内容包括信息技术教育、研究性学习、社区服务与社会实践、劳动与技术教育，发展学生解决实际问题的能力。

高中阶段以分科课程为主。普通高中在科目上应多样化，内容和要求上应有层次性，要创造条件积极开设技术类课程。学校在保证开设必修课程的前提下，使课程结构具有较强的选择性。

这次课程改革突出品德教育、信息技术教育、科学教育、环境教育、艺术教育、劳动教育以及综合实践活动等。重视科学教育，全面提高学生的科学素养，特别是科学方法、科学态度、科学价值观的教育，以及通用技术、职业意识和创业精神的教育；农村中学课程内容要为当地的经济社会发展服务，在基本达到国家课程要求的同时，设置农业技术教育课程，试行通过"绿色证书"教育及其他技术的培训获得"双证"的模式；城市中学要开设适宜的职业技术课程。

2. 突出发展学生的核心素养，科学制定课程标准

传统的教学大纲较多以学科体系为中心来表述本学科的知识点和教学要求。对能力和教学要求往往采用初步了解、理解、掌握、运用等抽象的方式，对教师具体了解学生应达到什么程度缺乏明确的指导。

这次课程改革力图通过制定课程标准的形式，在学生知识、技能、态度、能力的发展方面具体化，从而明确制定我国基础教育各门课程的基本标准，初步建立起我国基础教育的课程标准体系。第一，在课程目标上，要求从学生发展和学科核心素养方面设计具体的课程，2020年新修订的普通高中学科课程标准列出了每一个学科核心素养在不同水平上的具体表现（质量描述），也列出了不同的质量水平作为不同考试评价的依据。比如，在数学学科中，学业质量水平一是高中毕业应当达到的要求，水平二是高考的要求，水平三可以作为大学自主招生的参考。第二，在课程内容上，注重密切联系学生的生活和经验以及社会、科技发展的现实，强调学生经验、学科知识和社会发展三方面内容的整合。第三，在课程要求上，课程标准不仅仅结合知识点明确具体的结果性目标，还结合每个学科的特点，明确提出了一系列过程性目标、体验性目标，以期学生在获得知识的同时学会学习，并形成正确的价值观。课程标准还对教

学过程、教材编写和学生学习质量的评估明确了具体要求。

3. 加强新时期学生德育的针对性和实效性

加强思想品德教育，强调在向社会主义市场经济转变的过程中，对学生道德、行为、人生观、世界观、价值观及思想政治素质的培养；强调德育在各学科教育环节的渗透，改进教育教学方法，注重实践环节，增强思想品德教育的针对性和实效性。这些主要通过以下几方面来实现。

（1）加强德育课程建设。根据中小学生不同年龄段的特点，遵循由浅入深、循序渐进的原则，确定不同教育阶段的德育内容和要求。

（2）各门课程渗透德育。各门课程要结合自身特点，对学生渗透爱国主义、集体主义、社会主义和世界观、人生观、价值观以及科学精神、科学方法、科学态度等方面的教育。

（3）设置综合实践活动为必修课。综合实践活动由研究性学习、社会实践与社区服务、劳动与技术教育、信息技术教育等方面的内容组成。它设置的宗旨是改变学生的学习方式，培养学生的创新精神与实践能力，引导学生在实践中学习，在探究、服务、制作、体验中学习，分析和解决现实问题。

4. 以创新精神和实践能力的培养为重点，建立新的教学方式，促进学习方式的变革

新课程强调教学过程是师生交往、共同发展的互动过程。在教学过程中要处理好传授知识与培养能力的关系，注重培养学生的独立性和自主性，引导学生质疑、调查、探究，在实践中学习，使学习成为在教师指导下主动的、富有个性的过程。教师应尊重学生的人格，关注个体差异，满足不同需要，创设能引导学生主动参与的教育环境，激发学生的学习积极性，培养学生掌握和运用知识的态度和能力，使每个学生都能得到充分的发展。

5. 建立促进学生发展、教师提高的评价体系

新课程的评价强调：评价功能从注重甄别与选拔转向激励、反馈与调整；评价内容从过分注重学业成绩转向注重多方面发展的潜能；评价技术从过分强调量化转向更加重视质的分析；评价主体从单一转向多元；评价的角度从终结性转向过程性、发展性，更加关注学生的个别差异；评价方式更多地采取诸如观察、面谈、调查、作品展示、项目活动报告等开放的及多样化的方式，而不仅仅依靠考试；更多地关注学生的现状、潜力和发展趋势；新的评价方式强调可操作性，力求评价指标简明、方法易行，使一线教师容易使用。

6. 制定国家、地方、学校三级课程管理政策，提高课程的多样性、适应性与选择性，满足不同地方、学校和学生的需要

建立三级课程管理模式的目的是进一步发挥地方和学校在课程管理、课程开发方面的积极性和创造性，促进教育发展与当地经济社会发展紧密结合，继

续完善基础教育分级管理的体制。地方和学校参与课程开发，极大地丰富了课程的门类，为学生进行课程选择提供了可能。

主题词

课程   活动课程

课程论   潜在课程

学科中心课程论   课程设置

人文主义课程论   课程标准

社会再造主义课程论   教科书

学科课程   新课程改革

习 题

1. 为什么说当代教育改革是以课程改革为中心的？
2. 试比较不同课程论主张的异同。
3. 当代课程的内容结构与形式结构有哪些特征？
4. 如何科学地选择与编制课程？
5. 我国基础教育新课程改革的目标和内容是什么？

参考文献

1. 施良方. 课程理论：课程的基础原理与问题 [M]. 北京：教育科学出版社，1996.
2. 陈侠. 课程论 [M]. 北京：人民教育出版社，1989.
3. 单丁. 课程流派研究 [M]. 济南：山东教育出版社，2000.
4. 多尔. 后现代课程观 [M]. 王红宇，译. 北京：教育科学出版社，2000.
5. 钟启泉，崔允漷，张华. 为了中华民族的复兴 为了每位学生的发展 [M]. 上海：华东师范大学出版社，2001.
6. 麦克尼尔. 课程：教师的创新 [M]. 徐斌艳，等译. 3 版. 北京：教育科学出版社，2008.
7. 柯林斯. 什么值得教？技术时代重新思考课程 [M]. 陈家刚，译. 上海：华东师范大学出版社，2020.
8. 柯政，等. 从整齐划一到多样选择——课程改革发展之路 [M]. 上海：华东师范大学出版社，2018.

第8章
当代教学理论

德国教育学家赫尔巴特在《普通教育学》中最早系统地阐述了现代意义上的教学理论，教学理论至今已经发展了二百多年，其间历程曲折，纷繁复杂。本章试图从"教学"的概念入手，理出一条分析的途径，来阐述教学理论发展史上的传统与革新。

■ 第1节　教学与教学理论

"教学"是教学理论中的一个基本概念。对"教学是什么"的回答，就隐含着教学理论的思维取向和教学实践的工作重点。因此，对"教学"这一概念进行词源分析，澄清各种语义，不仅有助于构建符合逻辑的教学理论，而且也有利于有效地指导教学实践。

■ 一、教学的概念

教学的概念分析可以从不同的途径进行，这里对"教学"一词的分析主要是依据汉语和英语的词义，然后根据理性思维的需要，对"教学"做出某些规定。

■ （一）汉语中"教学"的释义

在我国，"教学"一词，在不同的时期，有不同的词义。在古代汉语中，"学"与"教"没有严格区分。"教学"二字连用为一词，最早见之于《尚书·说命》："敩学半。"孔颖达在《尚书正义》中说："敩，教也。教然后知所困，是学之半。"《学记》引用它作为"教学相长"的经典依据，指出："学然后知不足，教然后知困。知不足，然后能自反也；知困，然后能自强也。故曰教学相长也。"宋人蔡沈注："敩，教也。……始之自学，学也；终之教人，亦学也。"因此，这里所说的"教学"并不是现代意义上的教学，确切地说是指"学"。我国语言文字学家杨树达认为："古人言语，施受不分；如买与卖，受与授，籴与粜，本皆一词，后乃分化耳。教与学亦然。"教学即学习，是指两种不同途径的学习：自学和通过教人而学。这是我国"教学"一词最早的词义。

1905年，清政府宣布废除科举制度。19世纪末20世纪初各地兴办新式学校，新式学校如雨后春笋般出现，1903—1909年间，学校数由719所增加到52 348所，增长73倍。学校猛增，而教学"苦无善策"，临时召集来的教师，没有受过培训，"素重背诵而不讲解"。鉴于班级授课制兴起对教师提出的客观要求，加上留日回国的学生对当时日本非常流行的"五段教学法"的介绍，人们逐渐对教师的"教"重视起来，"教授"一词成了热门话题。如1912年教育部颁布的《师范学校规程》和1913年颁布的《高等师范学校规程》都规定教育学科包含"教授法"。于是"教学"有了第二种词义——教授。如《中国教育辞典》（1928）把"教学法"词条释为"各种教授方术者"。

1917年后，"教学"词义再度发生变化。我国教育家陶行知从美国学成回国后，考察了许多学校，对当时学校教育的状况极为不满，因为"先生只管教，学生只管受教"。"论起名字来，居然是学校，讲起实在来，却又像教校。这都是因为重教太过"。在他看来，"教的法子必须要根据学的法子，……先生的责任不在教，而在教学，而在教学生学"。因此，他极力主张把"教授"改为"教学"，并将南京高等师范学校全部课程中的"教授法"改为"教学法"，这样"教学"有了第三种词义——教学生学。

新中国成立后，人们在全面学习凯洛夫的《教育学》时，了解到苏联同人对"教学"所下的定义是："教学过程一方面包括教师的活动（教），同时也包括学生的活动（学）。教和学是同一过程的两个方面，彼此不可分割地联系着。"于是就接受了这样的定义：教学是教师教和学生学的统一活动。我国的教育学或教学论、教科书以及教育方面的辞典几乎都是这样解释的，一直沿用至今，可作为"教学"的第四种词义。

■（二）英语中"教学"的释义

在英语世界，教（teach）与学（learn）最早也是同义的，可以通用的。与我国古代汉语不同的是，它们是同一词源派生出来的，learn与所教的内容相联系，teach与使教学得以进行的媒介相联系。后来，语义的发展是基于分析的逻辑，即不是两者兼取而是两者择一，就没有像汉语涵盖教与学两方面的"教学"的概念。因此，在英语中，教与学指的是两种不同的活动，两种不同的概念。

美国教育学家史密斯把teaching的含义归为五类：描述式定义，即传统意义上的教学，如传授知识或技能；成功式定义，即作为成功的教学，如X要学习掌握 Y 所教的东西；意向式定义，即将教学作为一种意向活动，其意向以教师的信念体系和思维方式为基础；规范式定义，即作为规范性行为的教学，如符合特定道德条件的活动；科学式定义，即以 $a=df$（b，c，）来表示的命题组合定义，其中 a 表示"教学是有效的"，（b，c，）表示"教师做出反馈""教师说明定义规则并举出正反两方面的实例"等命题的组合，$a=df$ 表示随着命题之间的微小变化，a 将发生变化。

■（三）"教学"概念的一般规定

"教学"概念规定着这一领域研究者的思维方式或取向，通常也是教学理论的中心。因此，在讨论"教学理论是什么"之前，必须要首先回答"教学究竟是什么"的问题。我们遵循分析的逻辑，对"教学究竟是什么"做如下的规定。

1. 教与学是可分的，可分的理由是教与学是两种不同性质的活动。出于理性思维的需要，人们经常从局部和部分出发，以便更深入地认识统一的、整体的客观对象。正如人们把人分解成身心两部分，并据此才有了生理学和心理学一样，实践中的教学活动必须至少有两种理论形式，即关于教的理论与关于学的理论。

2. 教学研究把"教"当作自己的中心问题，尽管这里的"教"要讨论的是在教与学都存在的情景中的"教"。教学是互动的，是相互依附的，它不排斥对"学"的研究，当代教学理论中普遍强调以对"学"的研究为基础，但教学的核心问题是教，是关于教的方法和效果研究，而"学"的问题应该是学习理论研究的中心问题。

3. 教学就是指教师引起、维持、促进学生学习的所有行为方式，这些行为包括主要和辅助两个部分，主要的教师行为包括教师的呈示、对话、指导等；辅助行为包括激发动机、教师期望、课堂管理等。这里的教学不是单纯的教师自我学习——如我国古代"教学"最早词义所示的那样，现代的教师在入职之前都受过较严格的培训；教学也不是教授，因为把教学当作教授，就容易走向"教师中心论"一边，容易使人把教学联想为"知识授受"或"壶与杯的关系"，它不能体现现代教师在课堂中承担的真正角色；教学并不完全是教学生学习，也有共同学习与探究、互教互学、教学相长的意思。

> 教学即教师引起、维持、促进学生学习的所有行为方式。教师行为包括主要行为（如呈示、对话、指导等）和辅助行为（如激发动机、教师期望、课堂管理等）两大类别。

■ 二、教学理论及其历史演变

教学理论是教育科学中的一门分支学科，它是研究教学情景中教师引导或促进学生学习的行为，并构建一种具有普遍性的解释框架，提供一般性的规定，以指导教学实践的一门学科。教学活动由教师的教和学生的学构成，教是影响学生学的重要条件之一，但学生不用教也能学，即使教师在教，倘若学生不予注意或知识准备不足，教也不一定导致学。教和学是既相互关联又相互独立的活动，学习主要是学习理论、学习心理学、学习科学的研究方法；教学是教学理论、教学心理学的研究对象。前者主要研究"怎样学"的问题；后者主要研究"怎样教"的问题。

> 教学理论是关于教学情景中教师行为（如引起、维持和促进学生学习）的规定或解释。它关注的是一般的、规律性的知识，旨在指导教学的实践。

■ （一）教学理论的形成

我国古代的《学记》是世界上最早系统地论述教学理论的论著。它以极其精练的语言，比较全面地总结和概括了我国先秦时期官学和私学的经验，对教学的作用与目的、制度与组织形式、内容与方法都进行了简明扼要的概括。"学记"的现代释义就是"教学理论"，在本章开头我们已经看到，古代的"学"与"教"是通用的，往往都是"以学论教"；"记"是文章体裁，有记述、论述的意思。《学记》的出现具有划时代的意义，它标志着我国古代教学思想发展到了一个很高水平。

在西方教育文献中，最早使用"教学论"一词的是德国教育家拉特克（Ratke）和捷克教育家夸美纽斯（Comenius），他们用的词是 didactica，并把它解释为"教学的艺术"。夸美纽斯以此为书名，写了一本著名的《大教学论》。不过，从现在的教学释义来看，这是名不副实的，因为，在他所处的时代教学与教育还是通用的，当时"教学论"一词的含义比现在对它的意义的理解要广泛得多。他在《大教学论》里不仅谈到狭义的教学问题，还谈到智育、德育、体育、美育等的相互关系和各自的任务，涉及6岁以前的"母育学校"、18—24岁的专门学院及大学各个阶段的教育制度。因此，确切地说，《大教学论》是近代最早的一部教育学著作，里面有教育原理、教育制度、学校组织、课程、教学法等，相当于现在的教育概论或教育通论。

与此相对照的是，赫尔巴特在1806年出版了他的代表作《从教育目的演绎出来的普通教育学》（通常称为《普通教育学》）1835年出版了《普通教育学·教育学讲授纲要》。这里的教育学是 pedagogik，英语是 pedagogy，源于古希腊语中的"pedagogue"（教仆）一词，它主要是指教学方法和学生管理两方面，并没有后来人们用来替代它的 education 的含义那样广。因此，他的第一本代表作实际上亦可译为《从教育目的演绎出来的普通教学论》，据此也可以推论，他的教育学体系也就是教学论体系。他把教育学置于实践哲学

（即伦理学）和心理学之上，提出教育学作为一种科学，是以实践哲学和心理学为基础的，前者说明教育的目的，后者说明教育的途径、手段与障碍（他把实现教育目的的手段分为儿童管理、教育性教学和训育三种）。

赫尔巴特从目的与手段出发构建他的教学理论体系，为后人提供了一种关于教学的解释框架。他认为，道德是人类的最高目的，也是教育的最高目的。他把道德培养主要集中在"内心自由""完善""仁慈""正义"和"公平"五个方面。管理是为了克服儿童那种不服从的烈性，以维持教学与教育秩序，为实施教学创造条件；采取的措施既包括威胁、监督、命令、禁止和惩罚，也包括权威和爱。教育性教学是赫尔巴特教育学体系的核心，在教育史上他第一个明确提出这一概念，把道德教育与学科知识教学统一在同一个教学过程中。他还提出了著名的四个教学阶段，即清楚、联想、系统和方法的理论；还明确提出了每一阶段教师"教"的具体任务和活动方式，同时依据观念心理学，详细划定学生心理活动的范围和内容，使各个教学环节与各种必要的心理活动有机地结合起来。训育的目的在于培养"性格的道德力量"，着眼于儿童的未来。

■ （二）教学理论发展的线索

赫尔巴特的理论体系首先得到他的弟子席勒（Ziller）等人的补充与修正。曾经听过赫尔巴特课的席勒以及他的弟子莱因（Rein）信奉赫尔巴特的目的观和兴趣论，但是，就手段问题，他们提出了自己的意见，其中最重要的是把赫尔巴特的教学四阶段改造为五阶段，即准备、提示、联想、概括与运用。这样就形成了对整个世界的教育理论与实践产生过重大影响的赫尔巴特学派的教学理论。

赫尔巴特学派教学理论在世界各地的传播与继续发展，主要有两条主线：一条是哲学取向的教学理论，另一条是心理取向的教学理论。

哲学取向的教学理论主要发生在德国、苏联、日本和中国等。以苏联和中国为例，19 世纪后半叶，俄国把赫尔巴特学派的许多论著译成了俄文，当时所写的有关教学论的很多著作，或多或少反映了赫尔巴特学派的影响。真正使苏维埃教育学变为"一种在质量上完全新的教育学"的是它的理论基础发生了质的变化。苏维埃教育学的理论基础是：（1）作为科学一般方法论基础的马克思列宁主义哲学，以及马克思、恩格斯、列宁、斯大林关于文化和教育的学说；（2）经过批判地改造过了的教育学的历史遗产，学校及其他教育机构的工作与发展的历史经验，特别是俄国进步的教育学对于科学的贡献；（3）苏联学校及其他教育机构的现代工作经验，以及家庭教育的经验。教学论的伦理学基础是马克思列宁主义关于人的全面发展学说，教学论的认识论基础是马克思列宁主义的辩证认识论。这样就使得赫尔巴特学派的教学理论体系实现了内容上的根本改造。尽管赫尔巴特学派教学理论在 20 世纪初就已被留日的中国学者介绍和传播过，尤其是"五段教学法"，在当时的小学教学中，影响很广，我国各科教学都已采用赫尔巴特的新教学法，但是真正对我国的教学理论与实践产生实质性影响的还是赫尔巴特学派教学理论的"苏联版"。

心理取向的教学理论发轫于德国莱比锡大学与耶拿大学的美国年轻博士的介绍和传播，如德加尔谟（Degarmo）的《方法要素》（1889）以及麦克默里兄弟（C & F. McMurry）的《一般方法要素》（1892）的发表，把美国的赫尔巴特思想研究推向高潮，形成了赫尔巴特学派运动。19 世纪 90 年代期间，对这个精心建立的体系的兴趣，像浪潮一样，席卷了美国教育界。美国教育局在 1894 年至 1895 年的报告中指出：美国比德国更为信奉赫尔巴特学派的教育学。每一个好教师都应该为每一节课准备一份教案，五个阶段都非常明显。后经杜威等人的实用主义哲学和行为主义心理学的继承、批判与改造，教学理论逐渐心理学化，并随心理学派别的分歧和论争，相应地产生了行为主义教学理论（以斯金纳的程序教学为代表）、认知教学理论（以布鲁纳的认知结构教学理论为代表）和情感教学理论（以罗杰斯的非指导性教学为代表）。

■ 三、1949 年以后我国教学理论的发展

如上所述，对我国教学理论的发展影响最深的还是赫尔巴特学派教学理论的"苏联版"，这与新中国成立初期我国全面引进苏联教育学是分不开的。当时，正如 19 世纪末美国的教师比德国的教师更信奉赫尔巴特一样，我国的教师比苏联的教师更信奉凯洛夫。每堂课必须按教案进行，五个阶段非常清晰，甚至规定好时间，如组织教学 1—2 分钟，复习旧知 10 分钟，讲授新知 25 分钟，巩固新知 5 分钟，布置作业 3 分钟等。直到 20 世纪 50 年代中期，在反思"中国教育＝苏联教育＝社会主义教育"这种简单的逻辑时，曾经有学者提出教育学的"中国化"问题，认为教育学的中国化就是"马克思列宁主义教育学与中国教育实践相结合"。在认真学习马克思、恩格斯、列宁、斯大林、毛泽东关于教育的学说的同时，尝试总结中国教育实践的优秀经验，并陆续出版了一批经验总结性的著作以及进行过一定程度的"中国化"探索的学术论著。我国出版的《教学论》《教学理论》的教科书或者学术著作讨论的问题比较集中，主要涉及教学的理论基础、教学目的与任务、教学过程、教学规律与原则、教学内容或课程与教材、教学方法与手段、教学组织形式、教学效果检查与评价等内容。

改革开放以来，特别是 21 世纪以来，我国教学理论研究界以更加开放的态度，较为全面、多元地对西方教学理论展开研究，主要研究教学的不同方面

的理论基础和相应的教学方法和模式，如：基于多元智力理论（心理学基础），强调在教学中对于学生多元智力发展和优势智力的关注，并从多种不同的智力优势出发设计问题、任务和学生参与方式及成果表达方式，以适应学生差异化发展的需要；基于建构主义观点（认识论基础），强调在教学中设计任务和问题，推动学生调用已有的知识和经验，在自主建构和协商合作中建构新知；基于脑科学的发展（生理学基础），强调适应脑的学习方式及教学安排；基于信息技术（技术基础），强调教学中的知识多元表征、资源开放获取、及时反馈、计算机支持的协作学习和多种富含技术环境中的真实实践；基于情境认知观（心理学等多学科基础），强调真实物理和社会情境中的问题解决和协作探索。

近二十年来，我国的教学理论是在基础教育课程改革的背景下发展的。在这一背景下，教学研究的发展重点关注了三个方面：一是以学习者为中心的教学理论及相应的教学模式，如建构主义教学、情境教学、探究式教学、启发式教学、对话教学、任务型教学、以问题解决学习或项目式学习为主要学习方式的教学等，在实践中还表述为"以学定教""先学后教"等。尽管具体的教学方式各不相同，但核心的理论观点比较接近，都强调在教学过程中学习者积极主动地探索和建构，而教师主要发挥促进者和引导者的作用；二是基于标准的教学，课程标准既是设定教学目标的标准，也是教学评价的标准，我国的学科课程标准对于教学方式也有清晰的要求和建议，基于标准的教学强调在教学目标、内容、过程、结果上落实课程标准；三是面向核心素养的教学，核心素养是在课程标准修订阶段突出的政策重点，强调了学生关键能力的发展和学科核心素养的提升，教学研究的重点是如何在学科内容教学中突出这些核心素养。

与此同时，对于教学设计和教学模式的研究也日渐兴盛，研究者研究了基于不同理论观点和学科视角的教学设计方法和模型，从教学活动要素及其组合的不同概括提炼的教学模式序列，特别是重点研究了面向信息时代的教学模式及教学设计。这些研究从教学目标、教学方式、学习资源等方面的变革出发，探索了教学实践的新可能。这些研究极大地丰富和深化了教育研究者和实践者对于教学的认识。

■ 第2节　哲学取向的教学理论

哲学取向的教学理论源于苏格拉底和柏拉图的"知识即美德"的传统。这种理论的假设"对于人进行道德教育是有意义的。正因为如此，德行是可以教出来的。因为一切教育都要应用知识。因为人可以通过教育知道什么是善，所以（也只有用这方法）他能被带到正确的道路上来。如果德行不是知识，它就是不可教的了"。在这种传统的文化前提下，赫尔巴特从个人道德本位出发，主张教育的目的是培养学生的五种道德观念，即内心自由、完善、仁慈、正义和公平。发展到苏联，教育和教学目的转向了社会道德本位，根据马克思列宁主义关于人的全面发展的学说，主张培养共产主义社会全面发展的积极建设者。我国的教育方针是使受教育者在德育、智育、体育等几方面都得到发展，成为有社会主义觉悟的有文化的劳动者。为了实现这一道德目的，知识就成了教学的一切，依此便演绎出一种偏于以知识授受为逻辑起点、从目的和手段展开的教学理论体系。这种理论新近的代表作有：苏联教学论专家达尼洛夫等编著的《教学论》（1957）、斯卡特金主编的《中学教学论》（1982）和我国教学论专家王策三的《教学论稿》（1985）。下面就这种理论的实质性内容做一描述。

■ 一、教学目的

苏联教学论在共产主义方向性原则的指导下，在目的范畴内，提出了教学目的或任务。如凯洛夫主编的《教育学》所说的，教学是旨在依照共产主义教育的一般目的与具体任务，在学校中有计划地实现下列工作：以知识、技能和熟练技巧来武装学生，建立他们的共产主义世界观和有计划地发展他们的智力与道德；在教师的领导下，组织学生积极活动，以实现上述目标。我国学者对教学的目的和任务的陈述，与上述极为相似，如有一种"教学任务"的表述是"教师指导学生学习课程所规定的基础知识和基本技能，发展学生的认识能力，并在此基础上，形成学生的辩证唯物主义世界观，培养共产主义的道德品质"。后来，王策三在《教学论稿》中把我国对"教学目的和任务"的种种表述概括为：第一，传授和学习系统的科学基础知识和基本技能；第二，在这个基础上发展学生的智力和体力；第三，在这个活动过程中培养学生的共产主义世界观和道德品质。

■ 二、教学阶段

关于教学过程的本质，依据列宁的"从生动的直观到抽象的思维，并从抽象的思维到实践，这就是认识真理、认识客观实在的辩证途径"的思想，赫尔巴特学派的教学五阶段被改造为六个阶段。如凯洛夫主编的《教育学》是这样叙述的：（1）授予学生并使他们领会具体的东西，使学生形成观念；（2）理解所学习的客体中的相同点与相异点，本质的、主要的和次要的地方，认清原因与结果、相互作用关系及其他各种联系；（3）使学生形成概念，认识定律、定理、规则、主导思想、规范及其他概念；（4）使学生牢固地掌握事实与概念的工作；（5）技能和熟练技巧的掌握和加强；（6）用实践来测验知识，把知识应用于包括创造性作业在内的各种课业中。在他的《教育学》中，教学阶段增至八个阶段，前面加上"学习的诱因"，后面加上"学生的科学世界观基础的形成"。我国学者对这一问题的认识，与上述有点类似，较有代表性的表述是上海师范大学《教育学》编写组编写的《教育学》中所写的：（1）启发学生的积极性是教学过程的条件；（2）提供学生必要的感性认识；（3）使学生形成概念，掌握规律；（4）巩固学生的知识；（5）形成学生的技能与技巧；（6）指导学生在实践中应用知识；（7）对学生知识、技能和技巧的检查。

■ 三、教学内容

自制度化教育产生之后，教学内容一直是学校教育中的核心问题。古希腊人创造了分科形式的"七艺"：即文法、修辞、辩证法、算术、几何、天文学、音乐。中世纪时，欧洲进入封建社会，教育带有浓厚的宗教性，学校课程被基督教教会垄断，以教义问答、赞美诗、早期教义的著作等宗教教条为主要教材，因而课程集中在宗教和道德方面，忽视和排斥世俗课程。文艺复兴时期是欧洲封建社会向资本主义社会过渡的时期，工商业的发展，带来了科学、文学和艺术的繁荣，宗教对学校课程的垄断被打破，人文学科兴起，自然科学知识得到发展，学校的课程范围相应地得以拓展，教学内容增加，到 18 世纪已发展到文法、文学、历史、修辞学、伦理学、算术、代数、几何、三角、地理、植物、动物、天文、机械、物理、化学、音乐等多个学科。19、20 世纪，随着社会的发展、科学技术的长足进步、心理与教育科学研究的深入，教学内容又发生了前所未有的变化，如自然科学进入了学校课程；增设了本国语、现代外国语、公民等新人文学科；生理学、心理学、卫生学、营养学等健康教育学科也进入了学校课程。我国原国家教育委员会颁布的课程方案中规定义务教育阶段小学 9 门必修课程，即思想品德、语文、数学、自然、社会、英语、音乐、美术、体育；初中 11 门必修课程，即思想政治、语文、数学、物理、化学、生物、历史、地理、英语（或俄、日语）、艺术、体育；高中 12 门必修课程，即思想政治、语文、数学、物理、化学、生物、历史、地理、英语（或俄、日语）、艺术、体育和劳动技术。这种教学理论在教学内容方面主要有这样一些特征：（1）过分地强调以书本知识为主，以讲授间接经验为主，沿袭了"百科全书式"的课程传统；（2）学科或分科课程占主导地位（到 20 世纪 90 年代后期，我国的中小学课程计划才列入"活动类课程"）；（3）以学科逻辑来组织教材，强调教材的系统性；（4）课程的规范程度较高，习惯以教科书为课程的范本。

20世纪中叶以来，一些人士对教学内容的选择与组织方式提出了各种改革的设想，如德国瓦根舍因的范例教学。范例教学在教学内容上借助精选出来的示范性材料，使学生借助个别到一般掌握带规律性的知识，以发展学生的能力。在教学程序上，他们认为教学过程要经历四个阶段：（1）范例地阐明"个"的阶段，即通过整体的一个或几个典型事例来说明整体的特性；（2）范例地阐明"类"的阶段，即对在"个"的阶段获得的认识进行归类、推断，目的在于使学生从"个"的学习迁移到"类"的学习，认识这一类事物的普遍特性；（3）范例地掌握规律的阶段，即通过两个阶段所获得的认知，让学生进一步探究出规律性的认识；（4）范例地获得关于世界关系的切身经验的阶段，即在上述阶段教学的基础上取得关于世界的经验和生活的经验，目的在于使学生不仅认识客观世界而且也认识自己，并影响自己的思想感情，提高行为的自觉性。

■ 四、教学方法

哲学取向的教学理论在教学方法上一直以讲授法占主导，到了20世纪中叶后，才有一些对讲授法加以改良的设想，苏联教学论专家斯卡特金的"图例讲解法"，便是一例。

讲授法是教师通过口头语言向学生系统地传授知识的教学方法，包括讲述、讲解、讲演三种基本方式。它是教学史上最古老的，也是教学实践中最基本的教学方法，假如没有它，教学就不成其为教学。它的最大特点是教师充分发挥主导作用；教师可以由易到难、由浅入深地传递信息，利于学生接受；易于教师控制所传递的内容，单位时间的效率较高；在短时间内传递大量具有系统性的信息，既经济又系统地传授人类文化遗产；一位教师可以同时教许多学生，相对其他方法而言，它最没有学生数量上的限制；教师完全可以自主地控制教学时间，因此耗费课时最少；教师在讲授过程中也锻炼了自己的多种教学能力。它的局限性在于：教师要有较强的语言表达能力和组织听讲的能力；不易发挥学生的主动性、独立性、创造性；学生要有较高的自觉性和听讲能力；局限于教材系统性强的学科，局限于中学或较高年级的课堂；只强调学科知识的结论性和接受性，易束缚学生的思维；易削弱实用知识和技能的教学，影响学生发展适应社会生活的实际能力；课堂交流局限于师生，沟通方式单调，课堂气氛沉闷；学生动手、动口、动脑的实践机会较少；教师很少有意识地去培养学生的能力、发展其智力，难以顾及学生的兴趣及需要上的个别差异。

> 讲授法是教师通过口头语言向学生系统地传授知识的教学方法，包括讲述、讲解、讲演三种基本方式。

　　20 世纪 80 年代，苏联教学论专家斯卡特金在现代技术广泛运用于信息传递的背景下，针对几个世纪来单纯依靠教师口授知识的不足而提出的"图例讲解法"就是一种对讲授法的改造。这种方法是指教师运用各种手段传递信息，学生通过各种活动接受信息的教学方法。传递信息的途径有：口述、印刷物（教科书、补充材料）、直观手段（图片、图表、影片、幻灯片、实物）、实际演示（如介绍车床操作经验、制订计划的方法、写书评的方法）等。学生通过听、看、感受、实物操作、阅读、观察等活动将新旧信息进行对比，接受新信息。随着计算机的广泛应用，教师可以更好地综合运用文本、图片、音频、视频、动画、示意图、实时网络互动、虚拟和仿真手段等技术表征手段，对于知识进行多元表征，从而更好地将信息呈现给学生。

> 　　图例讲解法是指教师运用语言、文字、声像、实物及实际演示等各种手段传递信息，学生通过各种感受器官及操作活动接受信息的教学方法。

■ 第 3 节　行为主义教学理论

　　20 世纪初，以美国心理学家华生为首发起的行为革命对心理学的发展进程影响甚大。他在《行为主义者心目中的心理学》一文中指出，心理学是自然科学的一个纯客观的实验分支，它的理论目标在于预见和控制行为。因此他们把"刺激—反应"作为行为的基本单位，学习即"刺激—反应"之间联结的加强，教学的艺术在于如何安排强化。由此派生出程序教学、计算机辅助教学、自我教学单元、个别学习法和视听教学等多种教学模式或方式。本节主要讨论斯金纳的程序教学理论。

■ 一、教学目标

　　斯金纳从一开始就把行为作为基本的研究对象，并把重点放在对行为的实验分析上。斯金纳认为，"学习"即反应概率的变化；"理论"是对所观察到的事实的解释；"学习理论"要做的，是指出引起反应概率变化的条件。他还认为人类与动物的行为，可能取决于前提性事件（antecedent events），也可能取决于结果性事件（consequent events），所以我们可以安排各种各样的反应结果，以决定和预测有机体的行为。

　　根据行为主义原理，教学的目的就是提供特定的刺激，以引起学生特定的反应，所以教学目标越具体、越精确越好。布卢姆等人的教育目标分类学（如图 8-1，以认知领域和情感领域为例）与行为主义的基本假设是相一致的。他的目标分类学有两个特征：第一，要用学生外显的行为来陈述目标；第二，目标是有层次结构的，由简单到复杂按顺序排列，前一目标是后一目标的基础，因而目标具有连续性、累积性。

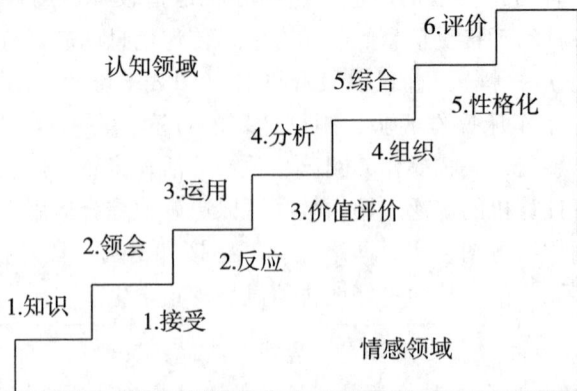

图8-1　布卢姆的教育目标分类

二、教学过程

斯金纳认为，学生的行为是受行为结果的影响的，若要学生做出合乎需要的行为反应，必须形成某种相倚关系，即在行为后有一种强化性的后果；倘若一种行为得不到强化，它就会消失。根据这一原理，形成了一种相倚组织的教学过程，这种教学过程对学习环境的设置、课程材料的设计和学生行为的管理做出了系统的安排。所谓相倚组织，就是对强化刺激的系统控制。这种教学过程包括以下五个阶段。（1）具体说明最终的行为表现：确定并明确目标行为，具体说明想要得到的行为结果，制订测量和记录行为的计划。（2）评估行为：观察并记录行为的频率，如有必要，记录行为的性质和当时的情景。（3）安排相倚关系：做出有关环境安排的决定，选择强化物和强化安排方式，确定最后的塑造行为的计划。（4）实施方案：安排环境并告知学生具体要求，维持强化和塑造行为的强化安排方式。（5）评价方案：测量所想得到的行为反应，重现原来的条件，测量行为，然后再回到相倚安排中去。

简单看来，行为主义者似乎关注的是"怎样教"，而不是"教什么"，事实上，根据行为科学的原理设计的程序，直接涉及要教什么、不教什么。他们侧重的是行为，并要以一种可以观察到的、可以测量的形式来具体说明课程内容和教学过程。

教学过程的设计需要按照教材内部的逻辑程序，即为了保证学生在学习中把错误率降到最低；同时，又要合理地设计教材，使每个问题（即每一小步）都能体现教材的逻辑价值。如斯金纳的一种教学程序，其流程如下。

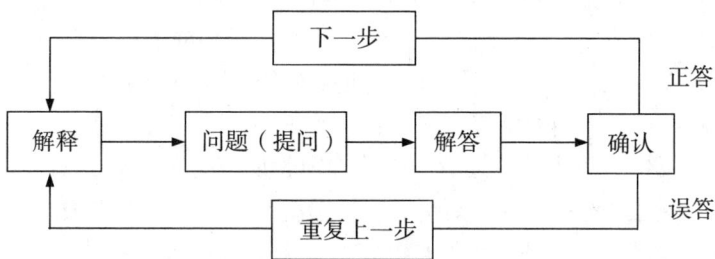

在这一流程里，教师把材料分成一系列连续的小步子，每步一个项目，内容很少，整个系列由浅入深、由简到繁地进行安排。例如，一个典型的程序教学材料（以"电流"教学内容为例）可设计如下问题：

(1) 电灯泡发亮的原因是灯丝＿＿＿（发热）

(2) 电灯灯丝发热的原因是灯丝通过＿＿＿（电流）

(3) 电灯变亮的原因是电流强度＿＿＿（增大）

(4) 电灯变暗的原因是电流强度＿＿＿（减少）

(5) 当电压增大时，电流强度就＿＿＿（增大）

……

括号里是正确答案，一个学生如能做出正确答案，就可以进行第二步学习，如此一步一步地展开学习，直至达到学习目标。

■ 三、教学方法

斯金纳认为学习过程的有效进行有赖于三个条件：小步骤呈现学习材料，对学习者的任何反应立即予以反馈，学习者自定步调学习。斯金纳认为沿用已久的讲授法虽是最普遍的教学方法，但却违背了上述的三个条件，于是提出程序教学法。

程序教学法是根据强化作用理论而来的。斯金纳认为，对有机体与其环境相互作用的一种适当的陈述，始终必须具体说明三件事：反应发生的场合、反应本身、强化结果。这三者之间的相互关系，便是"强化相倚关系"。根据强化相倚关系，斯金纳设计了两种促使有机体行为变化所采用的技术：塑造和渐退。塑造（shaping）是指通过安排特定的强化相倚关系使有机体做出他（它）们行为库中原先不曾有过的复杂动作。渐退（fading）是指通过有差别的强化，缓慢地减少两种（或两种以上）刺激的特征，从而使有机体最终能对两种只有很小差异的刺激做出有辨别的反应。

斯金纳对程序学习的处理有两种形式，第一种是"直线式"，包括以下特征。

1. 小步骤进行。即给学习者少量的信息，并从信息中的某一条目或某一项依次进入另一条目或另一项，每位学生均须按照相同的顺序学习。

2. 呈现明显的反应。即学生的反应能被他人观察到，如是正确的反应，才能得到强化；不正确的反应，则可获得改正。

3. 及时反馈。学生反应之后，立即告知其反应是否正确，如果答案正确，反馈就是一种增强物；如果答案错误，反馈就是一种更正的方法。

4. 自定步调学习。即学生按自己定的步调进行程序学习。

第一种程序学习的形式是"分支式"，它较"直线式"复杂，但弹性较大，通常包括一种多重选择的格式，学生在被呈现若干信息之后，即要面临多重选择的问题，如果回答正确，便进入下一个信息系统，如果回答不正确，则给予补充信息。

程序教学的材料除了以书本形式呈现，还可用教学仪器或计算机呈现，称为"计算机辅助教学（CAI）"。计算机辅助教学包括操练、实习、教课、人机对话等模式。它的种类很多，若按功能来分，有问题解答型、人工智能型、会议型和网络型等。它能提供及时反馈，具有丰富的视觉效果以及游戏般的气氛，能激发学生的学习动机，具有传统教学所没有的优点。

> 程序教学是指将教材分成连续的小步子，严格地按逻辑编成程序的一种自动教学模式。

■ 第4节　认知教学理论

认知心理学家批判行为主义是在研究"空洞的有机体"，在个体与环境的相互作用上，认为是个体作用于环境，而不是环境引起人的行为，环境只是提供潜在刺激，至于这些刺激是否受到注意或被加工，这取决于学习者内部的心理结构。所谓心理结构，就是指学习者知觉和概括自然社会和人类社会的方式。认知结构是以符号表征的形式存在的。当新的经验改变了学习者现有的心理结构时，学习就发生了。因此，学习的基础是学习者内部心理结构的形成和改组，而不是"刺激—反应"联结的形成或行为习惯的加强或改变，教学就是促进学习者内部心理结构的形成或改组。这种理论兴起于20世纪50年代中后期，代表人物是美国教育心理学家布鲁纳和奥苏贝尔，这里着重介绍布鲁纳的认知结构教学理论。

■ 一、教学目标

布鲁纳认为，教学目的应符合社会发展的需要。在他看来，当时美国科技空前发达，人们业已处在以急剧变化为特征的社会中，个人和国家要想有更好的生存机会，有赖于年轻一代智力的充分发展，因此，发展学生的智力就成了教学的主要目的。他在《教育过程》中开宗明义地指出，我们必须要强调教育的质量和理智的目标，也就是说，教育不仅要培养成绩优异的学生，还要帮助每个学生获得最好的理智发展。教育主要是"培养学生的操作技能、观察技能、想象技能及符号运演技能"，具体地说就是：（1）鼓励学生发现自己猜想的价值和可修正性，以得出假设的激活效应；（2）树立学生运用心智解决问题能力的信心；（3）培养学生自我促进的能力；（4）培养学生"经济地运用心智"；（5）培养理智的诚实。

■ 二、教学原则

布鲁纳认为，教学理论必须考虑三件事：（1）学生的本性；（2）知识的本质；（3）知识获得过程的性质。学生的心智发展，虽然有些受环境的影响，但主要是独自遵循他自己特有的认识程序，即动作表征、肖像表征和符号表征及其相互作用。教学的目的就是要帮助或形成学生智慧或认知的发展，因此，教育工作者的任务，是要把知识转化为一种适应正在发展着的学生的形式，而表征系统发展的顺序可作为教学设计的模式。布鲁纳根据上述理念，提出了相应的四条教学原则。

1. 动机原则。学习取决于学生对学习的准备状态和心理倾向。儿童对学习都具有天然的好奇心和学习的愿望，问题在于教师如何利用儿童的这些自然倾向，激发学生参与探究活动，从而促进儿童智慧的发展。

2. 结构原则。即要选择适当的知识结构，并选择适合于学生认知结构的方式，才能促进学习。这意味着，教师应该认识到教学内容与学生已有知识之间的关系，知识结构应与学生的认知结构相匹配。

3. 序列原则。即要按最佳顺序呈现教学内容。由于学生的发展水平、动机状态、知识背景都可能会影响教学序列的作用，因此，如果发现教学效果不理想，教师需要随时准备修正或改变教学序列。

4. 强化原则。即要让学生适时知道自己学习的结果。但需要注意的是，教师不应提供太多的强化，以免学生过于依赖教师的指点。另外，要逐渐从强调外部奖励转向内部奖励。

■ 三、教学内容

布鲁纳认为学生成功学习任何学科的知识，都具有这样三个特征：（1）知识的表征方式，（2）结构的经济性，（3）结构的效力。这三者是随学生的年龄差异、学习风格的差别和学习内容的不同而变化的。知识结构的表征方式有三种：适合于达到某种结果的一组行动（动作表征），代替概念的一组映象或图解（肖像表征），从一种符号系统中推导出来的一组符号或命题（符号表征）。知识结构的经济性是指学生必须具有的信息量，以及为达到理解而必须加工的信息。例如，把自由落体的特征归纳为"$h = 1/2gt^2$"，这要比列出一系列数字，或用文字表述更为经济些。知识结构的效力是指学生掌握的种种命题具有生产性价值，即能够在学生头脑里得到一些并没有告诉过他们的信息。例如，告诉学生"甲比乙高，丙比乙矮"，有些学生能够得出"甲比丙高"的结论，这说明这些学生掌握的知识具有效力。

布鲁纳强调教学内容要让学生掌握学科知识的基本结构。他认为，学习基本结构有四个好处：（1）如果学生知道了一门学科的基本结构或它的逻辑组织，学生就能理解这门学科；（2）如果学生了解了基本概念和基本原理，有助于学生把学习内容迁移到其他情境中去；（3）如果把教材组织成结构的形式，有助于学生记忆具体细节的知识；（4）如果给予学生适当的学习经验和对结构的合适的陈述，即便是年幼儿童也能学习高级的知识，从而缩小高级知识与初级知识之间的差距。

> 知识结构是指某一知识领域内事实、概念、观念、公理、定理、定律等的组合方式。

随着信息加工心理学的崛起，认知教学理论不仅论述陈述性知识（关于"什么"的知识）的结构，而且对程序性知识（关于"怎样"的知识）产生了浓厚的兴趣。例如，美国教育心理学家加涅（R. M. Gagne）对知识与技能的区分做了系统研究，认为智慧技能分为五个亚类：辨别、具体概念、定义性概念、规则和高级规则。

■ 四、教学方法

布鲁纳认为，学习包括三个几乎同时发生的过程：习得、转换、评价。学生不是被动的知识接受者，而是积极的信息加工者。教师的角色在于创设可让学生自己学习的情境，而不是提供预先准备齐全的知识。因此，他极力提倡使用发现法。发现法有以下特征。

1. 强调学习过程。布鲁纳认为，在教学过程中，学生是一个积极的探究者。我们教一门学科，不是要建造一个活着的小型藏书室，而是要让学生自己去思考，参与知识获得的过程。"认识是一个过程，而不是一种产品"。

2. 强调直觉思维。布鲁纳认为，直觉思维与分析思维不同，它不是根据仔细规定好了的步骤，而是采取跃进、越级和走捷径的方式来思维的。直觉思维的本质是映象性或图像性的，它的形成过程一般不是靠言语信息，尤其不靠教师指示性的语言文字。所以，教师在学生的探究活动中要帮助学生形成丰富的想象，防止过早语言化。与其指示学生如何做，不如让学生自己试着做，边做边想。

3. 强调内部动机。布鲁纳重视形成学生的内部动机，或把外部动机转化成内部动机。而发现活动有利于激励学生的好奇心。学生容易受好奇心的驱使，对探究未知的结果表现出兴趣。布鲁纳认为，与其让学生把同学之间的竞争作为主要动机，不如让学生向自己的能力挑战。所以，他提出要形成学生的胜任动机（competence motivation），通过激励学生提高自己才能的欲求，从而提高学习的效率。

4. 强调信息提取。布鲁纳对记忆过程持比较激进的观点。他认为，人类记忆的首要问题不是储存，而是提取。提取信息的关键在于如何组织信息，知道信息储存在哪里和怎样才能提取信息。所以，学生如何组织信息，对提取信息有很大影响。学生亲自参与发现事物的活动，必然会用某种方式对它们加以组织，从而对记忆具有最好的效果。

> 发现法是指学生运用教师提供的按发现过程编制的教材或材料进行"再发现"，以掌握知识并发展创造性思维与发现能力的一种教学模式。

■ 第5节　情感教学理论

20 世纪 60 年代以来，人本主义心理学作为心理学的第三势力崛起，力陈认知心理学的不足在于把人当作"冷血动物"，即没有感情的人，主张心理学要想真正成为关于人的科学，应该探讨完整的人，而不是把人分割成行为、认知等从属方面。人本主义心理学家认为，研究人的心理的真正方式不是从第三人称的角度来考察人的行为，而是通过自己考察自己，即要从第一人称的角度来考察行为。行为与学习都是知觉的产物，一个人大多数的行为都是他对自己看法的结果。真正的学习涉及整个人，而不仅仅是为学习者提供事实。真正的学习经验能够使学习者发现他自己独特的品质，发现自己作为一个人的特征。从这个意义上说，学习即成为（becoming），教学即促进，促进学生成为一个完善的人。美国人本主义心理学家罗杰斯的非指导性教学就是这一流派的代表。

■ 一、教学目标

罗杰斯直言不讳地陈述，最好的教育就像最好的疗法一样，目标应该是"充分发挥作用的人"。这样的人已经经历过最好的心理生长，机体的所有潜能都充分地、自由地发挥作用；他们的具体行为的构成是难以预言的；他们经常变化、经常发展，在每次成功的时刻，总会发现新的自我。在罗杰斯看来，自我发展即便是痛苦的、曲折的，但这种发展的倾向性是必然的、先天的，假如后天的环境和教育能提供适宜的心理气氛的话，它最终会自动地完成自我的实现。所谓"自我实现"，实际上就是指人的创造能力以及与此息息相关的应变能力的形成。罗杰斯指出，在我们业已置身其中的世界里，教育的目标务必是培养对变化开放的、灵活的和适应的人，学会怎样学习并且能不断学习的人。只有这样的人，才能建设性地处理某个领域的复杂问题。他在"以患者为中心治疗"的理论中就提出：学校要培养的人是能从事自发的活动，并对这些活动负责的人；能理智地选择和自定方向的人；是批判性的学习者，能评价他人所做贡献的人；获得有关解决问题的知识的人；更重要的是能灵活地和理智地适应新的问题情境的人；在自由地和创造性地运用所有有关经验时，灵活地处理问题的方式的人；能在各种活动中有效地与他人合作的人；不是为了他人的赞许，而是按照自己的社会化目标而工作的人。

■ 二、教学阶段

罗杰斯把心理咨询的方法移植到教学中来，为形成促进学生学习的环境而构建了一种非指导性的教学模式。罗杰斯认为，在教学过程中，教师起促进者的作用。教师通过与学生建立起融洽的个人关系，促进学生的成长。这种教学过程以解决学生的情感问题为目标，通常包括以下五个阶段：（1）确定帮助的情境，即教师要鼓励学生自由地表达自己的感情；（2）探索问题，即鼓励学生自己来界定问题，教师要接受学生的感情，必要时加以澄清；（3）形成见识，即让学生讨论问题，自由地发表看法，教师给学生提供帮助；（4）计划和抉择，即由学生计划初步的决定，教师帮助学生澄清这些决定；（5）整合，即学生获得较深刻的见识，并做出较为积极的行动，教师对此要予以支持。

■ 三、教学方法

罗杰斯按照某种意义的连续，把学习分成无意义学习和意义学习。无意义学习（如记忆无意义的音节）只与心有关，它是发生在"颈部以上"的学习，没有情感或个人的意义参与，它与全人无关。意义学习不是那种仅仅涉及事实累积的学习，而是一种使个体的行为、态度、个性以及未来选择行动的方式发生重大变化的学习。这不仅仅是一种增长知识的学习，而且是一种与每个人各部分经验都融合在一起的学习。例如，当小孩的手碰到取暖器时，他就学会了"烫"这个词的意义，同时他也学会了以后对所有类似的取暖器要当心；他会以一种不会马上就遗忘的、有意义的和投入的方式保留所学到的内容。这种意义学习主要包括四个要素：第一，学习具有个人参与（personal involvement）的性质，即整个人（包括情感和认知两方面）都投入学习活动；第二，学习是自我发起（self-initiated）的，即使推动力或刺激来自外界，但要求发现、获得、掌握和领会的感觉是来自内部的；第三，学习是渗透性（pervasive）的，也就是说，它会使学生的行为、态度，乃至个性都发生变化；第四，学习是由学生自我评价（evaluated by the learner）的，因为学生最清楚这种学习是否满足自己的需要、是否有助于他知道想要知道的东西、是否明了自己原来不甚清楚的某些方面。

> 意义学习是一种全人参与、自我发起、自我评价，并使个体的行为、态度、个性以及未来选择行动的方式发生重大变化的学习。

这种意义学习实际上就是一种非指导性教学。非指导性教学既是一种理论，又是一种实践，它是一种教学模式。它的理论假设是：每个人都有健康发展的自然趋向，有积极处理多方面生活的可能性，充满着真诚、信任、理解的人际关系会促成健康的发展和潜能的实现。它的基本原则是：教师在教学中必须有安全感，他信任学生，同时感到学生同样信任他，不能把学生当作"敌人"，倍加提防。课堂中的气氛必须是融洽的、真诚的、开放的、相互支持的，以使学生自由地表达个人的想法，自己引导个人的思想、情绪，自然地显示症结所在的情绪因素，并自己调整这种情绪的变化和决定变化的方向，从而改变相应的态度与行为。

> 非指导性教学是一种以学生为中心、以情感为基调、教师是促进者、学生自我发起的学习与教学模式。

■ 四、师生关系

罗杰斯从"患者中心疗法"推演出"促进者"一词，以区别传统意义上的"教师"。促进者在教学过程中的作用表现为四个方面：（1）帮助学生澄清自己想要学习什么；（2）帮助学生安排适宜的学习活动与材料；（3）帮助学生发现他们所学的东西对个人的意义；（4）维持着某种滋育学习过程的心理气氛。

罗杰斯认为，要发挥促进者的作用，关键不在课程设置，不在教师知识水平及视听教具，而在"促进者和学习者之间的人际关系的某些态度品质"，这种态度品质包括三个方面：真诚、接受、理解。罗杰斯认为，真诚是第一要素，是基本的。所谓真诚，就是要求教师与学生坦诚相待，畅所欲言，不要有任何的做作和虚伪，喜怒哀乐要完全溢于言表。所谓接受，有时也称信任、奖赏，要求教师能够完全接受学生碰到某一问题时表露出来的畏惧和犹豫，并且接受学生达到目的时的那种惬意。所谓理解，罗杰斯常用"移情性的理解"一词，指教师要设身处地站在学生的立场上考察或认识学生的所思、所言、所为，而不是用教师的标准及主观的臆断来"框套"学生。

■ 第6节　建构主义教学理论

建构主义是认知结构学习理论在当代的发展，它强调学习者积极主动地建构知识和意义，探寻问题解决策略，发展自己的理解，认为教学要把学生现有的知识经验作为新知识的生长点，引导他们从原有的知识经验中"生长"出新的知识经验。其中影响较大的社会建构主义理论认为学习是在社会文化背景下，通过人际间的协作活动而实现的意义建构的过程。情境、协作、会话、意义建构是教学环境中的四大要素。

■ 一、建构主义是当代教学理论的重大发展

建构主义对学习的理解是：学习是知识和意义建构的过程，知识不是通过教师传授得到，而是学习者在一定的情境即社会文化背景下，主动探索并借助其他人（包括教师和学习伙伴）的帮助，通过建构的方式获得的。

建构主义是学习理论中行为主义发展到认知主义以后的进一步发展，以学习是知识和意义建构的过程为核心观点。建构主义继承了康德关于主客体相互建构的观点、杜威实验主义教育观点及学习者中心的思想，以及皮亚杰关于儿童通过同化和顺应的方式发展认知结构的理论等一系列观点，是在反思客观主义知识观和传播/授受教学方式的基础上发展起来的。自20世纪70年代末，布鲁纳为首的美国教育心理学家将苏联教育心理学家维果茨基及其学派的思想介绍到美国，并进一步将学习的社会文化维度引入建构主义的构架之中，这对建构主义思想的发展起了极大的推动作用。维果茨基在心理发展上强调社会文化历史的作用，特别是强调活动和社会交往在人的高级心理机能发展中的突出作用。他认为，高级的心理机能来源于外部动作的内化，这种内化不仅通过教学，也通过日常生活、游戏和劳动等来实现。另一方面，内在智力动作也外化为实际动作，使主观见之于客观。内化和外化的桥梁便是人的活动。基于维果茨基学派的观点发展起来的社会建构主义对于建构主义理论和实践的发展都有着很大的影响。

> 建构主义教学理论认为，学习是知识和意义建构的过程，知识不是通过教师传授得到的，而是学习者在一定的情境即社会文化背景下，主动探索并借助其他人（包括教师和学习伙伴）的帮助，通过建构的方式获得的。

■ 二、建构主义教学观

1. 知识观

建构主义者一般强调，知识并不是对现实的准确表征，它只是一种解释、一种假设，并不是问题的最终答案。相反，它会随着人类的进步而不断地被"革命"掉，并随之出现新的假设。而且，知识并不能精确地概括世界的法则，在具体问题中，我们并不是拿来就用、一用就灵，而是需要针对具体情境进行再创造。激进建构主义流派将"生存力"而非"客观性"作为知识的标准，关注知识对于解决问题及认知困惑的有效性。另外，建构主义认为，知识不可能以实体的形式存在于具体个体之外，尽管我们通过语言符号赋予了知识一定的外在形式，甚至这些命题还得到了较普遍的认可，但这并不意味着学习者会对这些命题有同样的理解，因为这些理解只能由个体基于自己已有的知识经验和关于世界的心智模型而建构起来，它取决于特定情境下的学习历程和与环境及他人的互动。

建构主义的这种知识观尽管过于激进，但它向传统的教学和课程理论提出了巨大挑战。按照这种观点，课本知识只是一种关于各种现象的较为可靠的假设，而不是解释现实的"模板"。科学知识包含真理性，但不是绝对正确的最终答案，它只是对现实的一种更可能正确的解释。而且更重要的是，这些知识在被个体接受之前，对个体来说是毫无权威可言的，不能把知识作为预先决定了的东西教给学生，不要用我们对知识正确性的强调作为让个体接受它的理由，不能用科学家、教师、课本的权威来压服学生。学生对知识的"接受"只能靠他自己的建构来完成，以他们自己的经验、信念为背景来分析知识的合理性。学生的学习不仅是对新知识的理解，而且是对新知识的分析、检验和批判。所以，学习知识不能满足于教条式的掌握，而是需要不断深化，把握它在具体情境中的复杂变化，使学习走向"思维中的具体"。

2. 学习观

建构主义认为，学习不是知识由教师向学生的传递，而是学生建构自己的知识的过程，学生不是被动的信息吸收者，而是信息意义的主动建构者，这种建构不可能由其他人代替。建构主义认为，知识不是通过教师传授得到的，而是学习者在一定的情境中，主动探索，必要时借助其他人（包括教师和学习伙伴）的帮助，尝试解决问题，通过意义建构的方式获得的。社会建构主义强调学习是在一定的情境即社会文化背景下，借助其他人的帮助即通过人际间的协作活动而实现的意义建构过程，因此建构主义认为情境、协作、会话和意义建构是教学环境中的四大要素或四大属性。

教学环境中的情境必须有利于学生对所学内容的意义建构，要考虑有利于学生建构意义的情境的创设；协作对学习资料的搜集与分析、假设的提出与验证、学习成果的评价直至意义的最终建构均有重要作用；会话是协作过程中的不可缺少的环节，学习小组成员之间必须通过会话商讨如何完成规定的学习任务；在学习过程中，帮助学生建构意义就是帮助学生对当前学习内容所反映的事物的性质、规律以及该事物与其他事物之间的内在联系达到较深刻的理解。这种理解在大脑中的长期存储形式就是前面提到的"图式"，也就是关于当前所学内容的认知结构。

学习是个体建构自己的知识的过程，这意味着学习是主动的，学生不是被动的刺激接受者，他要对外部信息做主动的选择和加工，因而不是行为主义所描述的 S-R 过程。而且，知识或意义也不是简单由外部信息决定的，外部信息本身没有意义，意义是学习者通过新旧知识经验间反复的相互作用而建构的。其中，每个学习者都在以自己原有的经验系统为基础对新的信息进行编码，建构自己的理解，而且原有知识又因为新经验的进入而发生调整和改变，所以学习并不简单是信息的积累，它同时包含由于新、旧经验的冲突而引发的观念转变和结构重组。学习过程并不简单是信息的输入、存储和提取，而是新旧经验之间相互作用的过程。因此，建构主义又与认知主义的信息加工论有所不同。

3. 学生观

建构主义强调，学生并不是空着脑袋走进教室的。在日常生活中，在以往的学习中，他们已经形成了丰富的经验。小到身边的衣食住行，大到宇宙、星体的运行，从自然现象到社会生活，他们几乎都有一些自己的看法。而且，有些问题即使他们还没有接触过，没有现成的经验，但当问题一旦呈现在面前时，他们往往也可以基于相关的经验，依靠他们的认知能力（理智），形成对问题的某种解释。并且这种解释并不都是胡乱猜测，而是从他们的经验背景出发而推出的合乎逻辑的假设。所以，教学不能无视学生的这些经验，另起炉灶，从外部装进新知识，而是要把学生现有的知识经验作为新知识的生长点，引导学生从原有的知识经验中"生长"出新的知识经验。教学不是知识的传递，而是知识的处理和转换。教师不是简单的知识的呈现者，他应该重视学生自己对各种现象的理解，倾听他们的看法，洞察他们这些想法的由来，以此为根据，引导学生丰富或调整自己的理解。这不是简单的"告诉"就能奏效的，而需要与学生共同针对某些问题进行探索，并在此过程中相互交流和质疑，了解彼此的想法，彼此做出某些调整。由于经验背景的差异，学生对问题的理解常常各异，在学生的共同体之中，这些差异本身便构成了一种宝贵的学习资源。教学就是要增进学生之间的合作，使他看到那些与他不同的观点，从而促进学习。

4. 教学观

建构主义在教学中的应用直接带来了一场学习的革命。建构主义教学不是简化环境，而是要学习者能够在复杂的环境中学习并工作，要求把所有的学习任务具体到较大的任务或问题中，重视学习者发展对整个问题或任务的自主权。建构主义认为，教师应该在课堂教学中使用真实的任务和学习领域内的一些日常活动或实践。教师应设计支持并激发学习者思维的学习环境，鼓励学习者根据可替代的观点和背景去检测自己的观点，提供机会并支持学习者对所学内容与学习过程进行反思。

建构主义学习环境的设计模型很好地显示了建构主义教学观，根据这一模型，学习活动是围绕着学习者自主进行的问题或项目展开的。在解决问题或者完成项目的过程中，学习环境提供的要素主要包括：相关案例、信息资源、认知工具、支持对话的协作工具、社会性的情境支持；学习活动主要包括：学习者的自主探究、学习者对其观点的清晰阐述、学习者的反思；教学活动主要包括：教师的示范、教师的指导、教师为学生搭建"脚手架"。概而言之，建构主义教学中，学生通过自主解决问题或者完成项目进行学习，教师通过设计学习环境、提供支持性要素而促进学生学习。

> 建构主义教学观认为，教学要把学生现有的知识经验作为新知识的生长点，引导他们从原有的知识经验中"生长"出新的知识经验。它认为学习是在社会文化背景下，通过人际间的协作活动而实现的意义建构的过程。

以上所介绍的各种教学理论只是提供了一条关于教学理论演变的分析途径或解释框架，它不可能事实上也没必要包括所有的教学理论流派。说它不可能，是因为各家从属的科学共同体不一样，前提假设、逻辑方式和叙述语言都有绝对的差异，客观上很难用一种概念框架来"框套"；说它没必要，是因为本书是教材，不是百科全书，教材需要提供一定的知识，更重要的是提供一种思维方式。本章从"教学"的概念入手，梳理出了一条教学理论的分析线索，并从目标、过程或阶段、内容、方法等要素对这几种代表性的教学理论予以介绍。在实践中，需要根据实际情况和需要创造性地运用。

主题词

教学	程序教学
教学理论	知识结构
讲授法	发现法
图例讲解法	非指导性教学
建构主义教学理论	意义建构

习　题

1. 讨论：教学究竟是什么。

2. 试述教学理论的历史演变。

3. 试对讲授法进行批判或辩护。

4. 行为主义教学理论述评。

5. 认知教学理论述评。

6. 情感教学理论述评。

7. 建构主义教学论是一种革命性的理论吗？

参考文献

1. 李秉德. 教学论［M］. 北京：人民教育出版社，1991.

2. 钟启泉，黄志成. 美国教学论流派［M］. 西安：陕西人民教育出版社，1993.

3. 施良方. 学习论［M］. 北京：人民教育出版社，2001.

4. 施良方，崔允漷. 教学理论：课堂教学的原理、策略与研究［M］. 上海：华东师范大学出版社，1999.

5. 田慧生，李如密. 教学论［M］. 石家庄：河北教育出版社，1996.

6. 徐继存，等. 教学论研究［M］. 福州：福建教育出版社，2019.

7. 杨小微，等. 从被动接受到主动学习——教学改革发展之路［M］. 上海：华东师范大学出版社，2018.

第9章
当代学校德育

在 2018 年 9 月 10 日召开的全国教育大会上，习近平总书记对教育，特别是学校教育的工作目标提出的期望是：凝聚人心、完善人格、开发人力、培育人才、造福人民。这五句话全面而深刻地概括了教育的使命、功能和任务。他同时指出：教师是人类灵魂的工程师，是人类文明的传承者，承载着传播知识、传播思想、传播真理，塑造灵魂、塑造生命、塑造新人的时代重任。学校是培养人的教育机构。培养学生的社会责任感和责任能力，是教育的首要任务。学校如果忽视甚至放弃这种道德责任，工作无论组织得多么严密，它至多是一种运行得十分有效的知识培训机构，而不是教育机构。

■ 第1节　道德、品德与德育

德育即道德教育，是建立正确的道德观念和良好品德的教育。

■ 一、道德与德育

■ （一）道德特点与德育

道德是调整人与人、人与社会、人与国家之间关系的一种特殊的意识形态和行为规范。调节人的行为的规范，除道德规范之外，尚有政治规范、法律规范、礼仪规范等。道德规范与其他行为规范的区别在于，道德规范包含善恶评价标准，大多数行为规范并不包含这种标准。道德事件可以而且必须根据善恶标准进行评价，而纯粹的政治事件、礼仪事件等却不可以从善恶上加以评价。虽然法律规范也包含善恶标准，法律事件可以根据善恶标准进行评价，但是，法律规范诉诸国家机器。而道德规范一方面诉诸社会舆论和传统习惯，另一方面诉诸个人良心——内心信念。

但这种区别是相对的。道德要求必然渗透着政治的、世界观的、人生观的因素等，所以，道德教育内容与政治教育、世界观人生观教育的内容往往交织在一起，不可分割。正是在这个意义上，我国习惯于把道德教育、政治教育以及作为世界观、人生观教育的思想教育统称为"德育"。这是我国特有的一种教育传统。我国古代就以"道德"囊括社会意识，由于社会意识形态分化不充分，至今保留着诸如"政治伦理化""伦理政治化"之类的传统，所以，仍能以"德育"包容整个社会意识形态的教育。

1995 年颁发的《中学德育大纲》及 1998 年颁发的《中小学德育工作规程》指出"德育即对学生进行政治、思想、道德和心理品质教育"。涵盖个性心理品质教育或心理健康教育的道德教育作为一项独立内容，正式列入各级学校德育大纲。本书所讲的德育主要指道德教育。

2017 年 8 月 17 日教育部印发的《中小学德育工作指南》对德育目标做出了全面要求："培养学生爱党爱国爱人民，增强国家意识和社会责任意识，教育学生理解、认同和拥护国家政治制度，了解中华优秀传统文化和革命文化、社会主义先进文化，增强中国特色社会主义道路自信、理论自信、制度自信、文化自信，引导学生准确理解和把握社会主义核心价值观的深刻内涵和实践要求，养成良好政治素质、道德品质、法治意识和行为习惯，形成积极健康的人格和良好心理品质，促进学生核心素养提升和全面发展，为学生一生成长奠定坚实的思想基础。"

> 道德是以善恶评价为标准，依靠社会舆论、传统习惯和内心信念的力量来调整人与人、人与社会、人与国家之间关系的意识形态和行为规范。
>
> 多数国家的学校德育限指道德教育，我国学校德育泛指政治教育、思想教育、道德教育等，实为社会意识教育。政治教育指形成学生一定政治观念、信念和政治信仰的教育；思想教育指形成学生一定世界观、人生观的教育；道德教育即促进学生道德发展的教育。

■（二）道德类型与德育

道德是维持人类社会正常运行的基本的行为规范。人类生活可以分为私人生活、国家与社会公共生活、职业生活三个基本领域，调节这三个生活领域的道德规范分别是私德、公德和职业道德。

简而言之，私德是私人生活中的道德规范，指个人品德、修养、作风、习惯以及个人私生活中处理爱情、婚姻、家庭问题及邻里关系的道德规范。私德通常以家庭美德为核心。公德是国家及社会公共生活中的道德规范，即通常所谓的国民公德与社会公德；职业道德是职业生活中的道德规范。

学校中的私德教育，在于培养学生私人生活的道德意识，养成其在私人生活中与他人交往时的道德行为习惯，特别是在恋爱、婚姻、家庭生活中的道德行为习惯，如相互尊重、相互体谅、相互关心、诚实、忠诚、敬老爱幼等。

学校中的公德教育，在于培养学生的国民公德及社会公德意识，养成其符合国民公德、社会公德的行为习惯，如遵守社会公共秩序、文明礼貌、讲究公共卫生、爱护公共财物、保护环境、救死扶伤、见义勇为、维护民族尊严和民族团结等。

学校中的职业道德教育，在于培养学生的职业道德意识，养成其符合职业道德要求的行为习惯，如忠于职守、勤恳工作、诚实劳动、廉洁奉公、团结合作、维护本行业声誉等。

学校实施的私德教育、公德教育、职业道德教育各含有不同的内容，但是，在一些方面又相互交叉、重叠。例如，为人诚信，既可以是私德教育的内容，又可以是公德教育的内容，还可以是职业道德教育的内容。

西方学校重视公德教育，私德教育的成分相对较少。这是因为，西方认为公立学校的道德责任主要在于培养学生在国家和社会公共生活中的道德意识，私德教育主要由家庭负责。过去，我国的社会生活并不十分发达，学校重视私德和国民公德教育，而较忽视社会公德教育。近20年来，随着城市社会生活的复杂、丰富，城市学校逐渐重视社会公德教育。但总的来说，我国学校需要进一步加强社会公德教育。

> 从类型划分的角度说，德育即培养学生在私人生活、国家与社会公共生活、职业生活中的道德意识，以及合乎私德、国民公德与社会公德、职业道德规范的行为习惯。
>
> 德育包括私德、公德和职业道德教育。私德教育即培养学生在私人生活中的道德意识及行为习惯；公德教育即培养学生在国家与社会公共生活中的道德意识及符合国民公德和社会公德的行为习惯；职业道德教育即培养学生在职业生活中的道德意识及合乎职业道德规范的行为习惯。

■ （三）道德层次与德育

公德、私德、职业道德均含三个层次的道德要求，例如，1949年《中国人民政治协商会议共同纲领》提倡的"五爱"（爱祖国、爱人民、爱劳动、爱科学、爱护公共财物），1996年《中共中央关于加强社会主义精神文明建设若干重大问题的决议》对我国社会公德建设提出的基本要求（爱祖国、爱人民、爱劳动、爱科学、爱社会主义），上海市民的"七不"规范（马路不乱穿、车辆不乱停、垃圾不乱扔、宠物不扰邻、餐食不浪费、言语不喧哗、守序不插队）或其他地方提出的乡规民约，大致上分别属于我国公德的理想层次、原则层次、规则层次的要求。

在学校德育中，道德理想是学校提倡的、希望学生去追求的最高的道德境界，道德原则是在一般情况下必须遵守的、特殊情况下可以变通的道德要求，道德规则是学校强制执行的学生必须遵守的道德要求。

教师常运用道德倡议的形式对学生进行道德理想教育，激励学生的高尚行为。道德理想体现至善至极的道德境界，其实是一种难以完全达到的要求。它虽是一种可望不可即的境界，却给学生树立了一个不断追求的终极目标，激励并指导着学生高尚的道德行为。

教师常运用道德指令或道德倡议的形式对学生进行道德原则教育，指导学生正确的行为。道德原则所声明的是学校认为学生可以而且应当达到的要求，但原则性要求在具体的教育情景中具有一定的灵活性。在一般情况下，它是应当达到的要求；但在执行当中，允许根据具体情况加以变通处理。道德原则是指导学生行为的基本准则。

教师常运用道德禁令或道德指令的形式对学生进行道德规则教育，重在约束学生的不良行为。这是因为，道德规则属于不可违反的最低限度的要求，在执行当中几乎没有可以商量变通的余地，因此对学生的行为最具指导性和约束力。其中，肯定性规则起指导作用，否定性规则起约束作用。

2019年10月中共中央、国务院印发了《新时代公民道德建设实施纲要》，提出了公民道德教育的整体框架和重点内容：

——坚持马克思主义道德观、社会主义道德观，倡导共产主义道德，以为人民服务为核心，以集体主义为原则，以爱祖国、爱人民、爱劳动、爱科学、爱社会主义为基本要求，始终保持公民道德建设的社会主义方向。

——坚持以社会主义核心价值观为引领，将国家、社会、个人层面的价值要求贯穿到道德建设各方面，以主流价值构建道德规范、强化道德认同、指引道德实践，引导人们明大德、守公德、严私德。

——坚持在继承传统中创新发展，自觉传承中华传统美德，继承我们党领导人民在长期实践中形成的优良传统和革命道德，适应新时代改革开放和社会主义市场经济发展要求，积极推动创造性转化、创新性发展，不断增强道德建设的时代性实效性。

——坚持提升道德认知与推动道德实践相结合，尊重人民群众的主体地位，激发人们形成善良的道德意愿、道德情感，培育正确的道德判断和道德责任，提高道德实践能力尤其是自觉实践能力，引导人们向往和追求讲道德、尊道德、守道德的生活。

——坚持发挥社会主义法治的促进和保障作用，以法治承载道德理念、鲜明道德导向、弘扬美德义行，把社会主义道德要求体现到立法、执法、司法、守法之中，以法治的力量引导人们向上向善。

——坚持积极倡导与有效治理并举，遵循道德建设规律，把先进性要求与广泛性要求结合起来，坚持重在建设、立破并举，发挥榜样示范引领作用，加大突出问题整治力度，树立新风正气、祛除歪风邪气。

实施纲要要求要把社会公德、职业道德、家庭美德、个人品德建设作为着力点。推动践行以文明礼貌、助人为乐、爱护公物、保护环境、遵纪守法为主要内容的社会公德，鼓励人们在社会上做一个好公民；推动践行以爱岗敬业、诚实守信、办事公道、热情服务、奉献社会为主要内容的职业道德，鼓励人们在工作中做一个好建设者；推动践行以尊老爱幼、男女平等、夫妻和睦、勤俭持家、邻里互助为主要内容的家庭美德，鼓励人们在家庭里做一个好成员；推动践行以爱国奉献、明礼遵规、勤劳善良、宽厚正直、自强自律为主要内容的个人品德，鼓励人们在日常生活中养成好品行。

> 从层次划分的角度说，德育即对学生进行道德理想、道德原则、道德规则教育，激励学生的高尚行为，指导学生的正确行为，约束学生的不良行为。
>
> 道德理想教育即运用道德倡议形式激励学生的高尚行为；道德原则教育即运用道德指令或道德倡议形式指导学生的正确行为；道德规则教育即运用道德禁令或道德指令形式约束学生的不良行为。

■ 二、品德与德育

品德是道德认知、道德情感、道德行为等构成的整体特性。道德认知是产生道德情感的必要条件，没有认知，就不可能有道德情感；同样，不是道德意识支配的行为则具有偶然性，难以长久保持。反之，一个人道德知识不论有多么渊博，若无切身体验或情感的介入，也可能没有任何行动；或者一个光有善意，却无坚决执行善意的性格力量，遇到困难或障碍就有可能终止；而道德行为是品德的最终体现，没有行动，即使有道德知识和道德情感，不付诸行动，依然构成不了一种美德。

儿童早期良好行为习惯的训练，是道德教育的基础。道德教育依赖于儿童的认知（知识与理解力），纯粹的行为训练并非道德教育。学校德育既要发展学生的道德认知，又要陶冶学生的道德情感，还要培养学生的道德行为习惯，并且，这三方面的工作不能割裂开来分别进行。

传统的学校德育注重系统的道德知识的授受以及良好行为习惯的养成，我国学校德育尤其重视培养学生具有某些具体的美德。这固然是需要的，但是，社会文化中的道德因素包含着大量的观念、情操和习惯，教师在时间十分有限的学校教育阶段，把所有的具体美德逐一传授给学生是不可能的。学校德育应着重加强道德情感的培养。

改革开放以后，我国社会的道德价值观日趋多样化，每个人都不得不面对各种各样的利益冲突和道德冲突。学校德育的重点需要从传授道德上的金科玉律，转向培养学生的道德思维能力（道德判断、道德推理、道德抉择能力）以及道德敏感性（对环境及他人情感、利益和需要敏锐的感受性）。价值多元时代，任何人不能脱离道德思维能力和道德敏感性的培养而奢谈学校德育。

> 品德是一定的道德规范在个人思想和行为中表现出来的较为稳定的特点和倾向，是道德认知、道德情感、道德行为等构成的整体特性。道德认知即对现实道德关系和道德规范的认识，包括道德印象的获得、道德概念的形成和道德思维能力的发展等；道德情感是对现实道德关系和道德行为的好恶、爱憎等情感；道德行为是在一定道德意识支配下表现出来的具有道德意义并能进行道德评价的利他行为或亲社会行为。

> 从德育任务的角度说，德育包括发展学生的道德认识、陶冶学生的道德情感、培养学生的道德行为习惯三个相互联系的方面。当代学校德育重在培养学生的道德判断力和道德敏感性。道德判断力即运用一定的道德标准对一定的事件或行为进行对与错、当与不当的判断的能力；道德敏感性即敏锐地感知、理解和体察自己、他人及社群的情感、需要和利益的能力。

■ 第2节　直接的道德教学与间接的道德教育

通过何种途径实施德育，在近代并非难题。古典人文学科中包含大量的道德内容，通过这类学科的教学自然地渗透道德教育，可谓学校德育的传统。然而，随着自然科学知识大量涌入学校和教室，学科教学逐渐与德育疏远，仿佛成了专门实施智育的途径。教育界不得不另辟蹊径实现学校教育的道德目的，这条新途径就是直接的道德教学。

■ 一、直接的道德教学

■ （一）道德课

所谓直接的道德教学，就是通过专门的道德课系统地向学生传授道德知识和理论。

1882年，法国率先以法令的形式把"道德课"列入学校的正式课程，从而部分地解决了学科教学与学校德育分裂所造成的问题。此后，世界各国纷纷仿效法国，在学校设置专门的"道德课"或"公民道德课""修身课""思想品德课""道德与社会关系课""共产主义道德品质教育课""道德价值教育课""人格教育课"等，从而开辟了一条实施德育的新途径。杜威把这条途径称作"直接的道德教学"或称"关于道德观念的教学"。直接的道德教学途径的开辟，使教学与德育的关系又密切起来。

稍微比较一下道德课和语文课教学，就不难发现它们何其相似。直接的道德教学，几乎完全模仿学科教学的方式和方法。以日本战后的修身课为例，可见直接的道德教学涉及德目相当广泛，内容也比较系统。(见表9-1)

表 9-1　日本 1945 年修身课中的德目

德目	课数	德目	课数	德目	课数
勤勉学习	23	勇气	14	尊师	7
孝行	23	守纪律、守法令	13	振兴产业	7
忠义忠君	22	独立生活	12	进取心	6
公益	21	度量宽大	12	祖先	6
诚实正直	19	友谊	12	健康	6
勤学学问	17	勤俭节约	10	博爱	6

资料来源：文部省调查局. 日本的经济发展和教育 [M]. 吉林师大外研所日本教育研究室，译. 长春：吉林人民出版社，1978：98.

■ (二) 道德课的优点

设立单独的道德课，进行直接的道德教学，在实施德育上具有若干优点。

其一，在学科教学日益智育化且未寻找到有效的办法通过学科教学实施德育的形势下，单独设立道德课，至少可以使学校德育的实施在课程和时间上得到最低限度的保证。

其二，开设单独的道德课，有利于系统地、全面地向学生传授道德知识和道德理论，提高学生的道德认识（见表9-2）。通过其他途径，则难以取得这样的效果。

其三，如果教学得法，道德课还可以迅速地促进学生道德思维能力和道德敏感性的发展。

表 9-2　我国小学统编版《道德与法治》六年级上册教学内容

教学内容		课时①
第一单元 我们的守护者	1. 感受生活中的法律 2. 宪法是根本法 通过让学生体认生活中的法律，了解宪法作为根本法保护着人们的生活，来感受法律的守护作用，认识法律、尊重法律	6
第二单元 我们是公民	3. 公民意味着什么 4. 公民的基本权利和义务 以公民这一最基本的法律身份作为线索，培养学生的爱国情怀	6
第三单元 我们的国家机构	5. 国家机构有哪些 6. 人大代表为人民 7. 权力受到制约和监督 通过法律从哪里来、如何实施等内容，增强学生的主人翁意识、民主意识、程序意识、责任意识	9
第四单元 法律保护我们健康成长	8. 我们受特殊保护 9. 知法守法　依法维权 以法律的应用为主要内容，将守法维权的价值导向融入其中	6

资料来源：人民教育出版社课程教材研究所，小学德育课程教材研究开发中心. 义务教育教科书　教师教学用书　道德与法治　六年级上册［M］. 北京：人民教育出版社，2019：7-10.

2016 年，教育部将义务教育阶段《品德与生活》《思想品德》教材统编为《道德与法治》，内容也进行了相应的调整。例如，《道德与法治》六年级上册的教材内容更改为四个单元："我们的守护者""我们是公民""我们的国家机构""法律保护我们健康成长"；下册的教材内容更改为"完善自我　健康成长""爱护地球　共同责任""多样文明　多彩生活""让世界更美好"。以社会主义核心价值体系引导学生的道德发展，丰富学生的社会认识和内心世界，健全学生的人格，促进学生以道德发展为核心的基本文明素质的全面发展，使他们能够以积极的生活态度参与社会，成为有爱心、有责任心、有良好行为习惯和个性品质的人。

■（三）道德课在理论上的难题

设立单独的道德课，在理论上有诸多难以解答的问题。

---

① 根据《义务教育教科书　教师教学用书　道德与法治　六年级上册》，每个单元有二三个不等的课题，每个课题由 3 个二级标题组成，这些标题为课时的划分提供依据，一个标题一课时。例如，第二单元《我们是公民》由 2 个课题"公民意味着什么""公民的基本权利和义务"组成，每个课题包含 3 个二级标题，即第二单元共计 6 个课时。

其一，设置独立的道德课，本意是为了加强学校德育，但把道德教学与学科教学相提并论，实际上贬低了学校德育的价值和地位。

其二，德育领域宽泛而分散，无明确界限，很难限制在一套固定的课程里进行教学。

其三，道德课实为关于道德知识的教学，与其说是实施德育，不如说是在实施智育。道德不仅仅是知识，难以用类似讲授科学知识那样的方法讲授道德；安排一门独立的课程实施德育，容易导致知与行的分离。

其四，现代学校学科教学任务繁重，教师和学生的大部分时间必须放在发展智力的材料上，留给道德教学的时间非常有限，如果仅仅通过道德课进行道德教育，学校教育的道德目的就极有可能落空。

> 直接的道德教学，即开设专门的道德课系统地向学生传授道德知识和道德理论。

■ 二、渗透在学科教学中的道德影响

所有的批评和反思都表明，仅仅依靠直接的道德教学不足以实现学校的德育目的。学校教育的德育目的的实现，与其寄希望于一周1—2课时的道德课，不如寄希望于更加经常性的、范围更加广泛的、更具活力的学校集体生活以及学科教学。如果说道德课是实施德育的一条直接途径，那么，学校生活和学科教学就是实施德育的间接途径。

■ （一）间接的道德教育

所谓间接的道德教育，主要指在学科教学和学校集体生活的各个层面对学生进行道德渗透。通过学科教学和学校生活对学生进行道德教育，对于教师而言，是在有意识地影响学生的道德发展，但它是一种间接的道德渗透，而不是直接的道德教导。语文课或历史课中直接的道德教导，不属于间接德育的范畴。教师在语文课中进行直接的道德教导，与其说是在上语文课，不如说是在上思想品德课。所以，为了保持学科自身的特点，遵循学科教学自身的逻辑，学科教学中唯一可行的德育是间接的或渗透式的德育。

道德学习不同于知识学习和技能学习。道德学习包含知识和技能学习的成分，但其核心是态度或价值观的学习。知识学习的基本方法是理解和记忆，教师可以通过口授式的教直接帮助学生获得知识；技能学习的基本方式是模仿和练习，教师可以通过示范和训练式的教直接帮助学生获得技能。教师不可能通过口授的教以及示范和训练式的教直接帮助学生获得某种态度或价值观，而只能通过知识与技能的教学间接地影响学生的态度或价值取向。当然，知识也有促进态度和价值观转变的作用。换言之，如果说知识和技能可以直接地教，态

度或价值观就只能间接地教。学生从直接的道德教学中获得的主要是关于道德的知识，而不是美德。这正是道德课作用有限、效果不佳的原因，也是强调以学科教学作为学校德育的基本途径、在学科教学中间接渗透道德影响的理由。

可以从教师、教法、教材、课堂气氛等多个方面考虑在学科教学中进行道德渗透，这里集中探讨的是在教材和教法上进行道德渗透的机制。

■（二）教材与德育

1. 教材凸显思想内容与暗含的价值取向

学科教学对学生最显而易见的道德影响体现在教材上，尤其是语文、历史等文科教材包含大量思想内容，是通过学科进行道德教育的重要资源。1993年颁布的《小学德育纲要》强调"各科教学是向学生进行思想品德教育最经常的途径"，并对在各科教学中实施德育提出了指导性建议。（见表9-3）

表9-3 在小学各科教学中实施德育的基本要求

学科	基本要求
语文	语文教学要贯彻文道统一的原则，将语言文字的训练、句段篇章的学习与思想品德教育统一于教学过程之中，利用课文内容中丰富的思想品德教育因素，充分发挥感染、陶冶作用，使学生受到教育。
数学	数学教学最易于渗透辩证唯物主义观点的启蒙教育，并要通过数学训练，培养学生认真严谨、一丝不苟的学习态度和积极思维的良好习惯。
历史常识	历史常识教育最易于具体、形象、生动地对学生进行热爱祖国、热爱共产党、热爱社会主义的教育。要通过教学，帮助学生了解中国古代科学技术、文化艺术方面的一些重大成就和对人类的杰出贡献；知道近代史上帝国主义列强野蛮侵略我国的主要罪行以及中国人民受欺凌的主要史实；知道中国人民抵御外侮、捍卫中华的重大斗争和一些仁人志士、革命先烈的事迹；知道中国人民在中国共产党的领导下，为建立新中国英勇斗争的主要史实和社会主义建设的重大成就。教育学生学习中华民族的光荣传统和中国共产党的革命传统，激发学生的爱国情感，增强其民族自尊心和自豪感。
地理常识	地理常识教学易于具体、形象地对学生进行国情教育。要通过教学帮助学生初步了解我国和家乡的自然环境和建设成就，激发其爱祖国、爱家乡的感情；初步了解我国和家乡的主要资源及其利用情况，初步认识合理利用资源和保护环境的重要，初步了解我国和家乡人口数量及发展状况；初步懂得控制人口的重要性；初步了解我国是一个多民族的国家，各民族一律平等，要共同维护祖国统一。
自然常识	自然常识教学要在讲授自然常识的同时对学生进行热爱科学、反对迷信的教育，培养学生尊重科学、相信科学的精神和学科学、用科学的志趣及能力。

续表

学科	基本要求
音乐、美术	音乐、美术教学要充分发挥艺术教育寓教于乐、生动形象、感人的优势，向学生展示中华民族的优秀艺术传统，培养健康的审美情趣，陶冶情操，增强学生的民族自豪感，激发其热爱祖国、热爱共产党的感情。
体育	体育教学要在体育技能技巧训练的同时，培养学生良好的卫生习惯、锻炼身体的习惯以及朝气蓬勃、不怕困难、勇敢顽强的精神；并通过体育活动进行集体主义教育，培养集体荣誉感、组织纪律性和合作精神。
劳动	劳动教学要把传授劳动知识技能和培养良好的劳动习惯结合起来，通过劳动实践活动，培养学生热爱劳动的思想、吃苦耐劳的精神、珍惜劳动成果的感情和对工作的责任心，养成劳动习惯。

各科教学大纲或课程标准对学科教学的"德育目标"的说明还要详尽细致。尽管如此，学校的德育大纲或纲要以及各门学科的教学大纲或课程标准，依然没有穷尽学校教材影响学生道德成长的各种可能性。

2. 课程价值观

教材对于学生品德的影响，还与教材编写者或教师的课程价值观密切相关。同样的教材在不同学校和不同的教师手中，对学生具有不同的影响。

重视课程内在价值的教师，把教材看成是满足学生好奇心、求知欲、探究欲望以及促进学生理性进步的手段，鼓励学生学习致知，并在追求真理中获得乐趣。强调课程工具价值的教师，把教材看成是谋求个人或社会福利的手段，鼓励学生学以致用，为完满的个人生活或社会生活而学习。

社会取向的课程工具论者，又不同于个人取向的课程工具论者。后者（如斯宾塞）强调教材的个人价值，前者（如杜威）强调教材的社会性质。

强调教材的社会性质，意味着把教材看成是引导学生了解社会活动情境和促进社会进步的手段。站在社会的立场上看，学校中任何一门学科都应该既讨论社会生活的实际结构，又关注社会自我维持和自我发展的各种工具和方法。相对而言，文科教材重在引导学生加深对社会生活结构的认识，理科教材重在教给学生促进社会进步的手段。如杜威所言，数学及自然科学本身并不是目的，它们只有被运用于认识和改造社会，才具有道德的意义。当物理学、化学、生物学、医学等有助于诊断人类所遭受的各种痛苦、有助于医治这些痛苦、有助于缓和人类的艰难处境时，它们就成了道德探究的工具。当学校不再为真理而真理地去追求科学知识，而是出于其责无旁贷的社会意义去追求科学知识时，自然科学就摆脱了与人文学科的分离，而使自己具有人文的特征。当道德生活的重心集中在运用理智去诊断和消除社会生活情境中的各种不幸时，理智的事物就变成了道德的事物。

总之，教材对学生品德的影响，不仅来自教材本身的思想内容和价值取向，更来自使用教材的教师本人的课程价值观。课程改革的关键之一是编写新教材，但要从根本上转变教师及整个社会的课程价值观。

■（三）教法与德育

在学科教学中渗透道德影响，不但要利用教材固有的思想内容，诉诸教师的课程价值取向，还要使教学方法有助于社会精神的培养。学科教学如果一味地灌输，其重心如果放在学生被动的学习、自私的吸收和排他性竞争上，学生养成的将是个人主义的意识和习惯。学生的社会精神不但得不到进一步的发展，而且会因未得以充分发扬而逐渐萎缩；由于被个人主义学习动机取代，学生反而会逐渐养成反社会的倾向。相反，学科教学的重心如果放在学生主动参与、积极贡献、相互合作和互惠共享上，学生养成和不断发展的将是集体主义民主生活的意识和习惯。学科教学引进诸如培养学生主动的建设能力、生产能力和创造能力的方法，意味着教学重心从自私的吸收转移到了社会性服务上来。这种转移并不纯粹是方法论意义上的转移，还是教学方法道德重心的转移。

如前所述，道德目的应当普遍存在于一切教学之中，并在一切教学中居于主导地位。否则，一切教育在于形成品德的最终目的就会成为空谈。在现代学校生活中，教师和学生的大部分时间和精力都集中在知识的授受上，直接的道德教学即使十分成功，也不可能在时间分配上居于优先考虑的地位。教师在学科教学中，也不可能经常地直接考虑教材中的道德因素。但是通过学生主动参与、积极贡献、相互合作、互惠共享等教学方法，潜移默化地渗透道德影响，却是可能的。

■（四）文化与德育

学科教学不过是学校实施德育一条间接的途径。学校工作除教学之外，尚有管理、辅助性服务、校园环境等。所以我国学校不但强调"教书育人"，还提倡"管理育人""服务育人""环境育人""科研育人"。如果说教学是学校德育的基本途径，那么学校管理、学校后勤以及其他辅助性服务也是学校实施德育的重要渠道。此外，学校和班集体生活也是一条重要的途径。

总之，学校的课程、教学中所采用的方法以及学校生活中发生的每一件小事，都充满了进行道德教育的可能性。如果学校生活在它自身的精神上代表一种先进的社会生活，如果学校纪律、学校管理、学校秩序体现出社会生活民主的精神，如果学科教学所采用的方法有利于提高学生主动的和建设性的能力，如果教材的选择和组织，使学生意识到他必须承担促进社会进步的职责，学校的德育就全面地建立起来了，学校教育就有可能实现它的道德目的。

然而，这一切取决于教师的道德意识和教育意识。就是说，学校通过教学、管理、辅助性服务工作以及学校生活的各个层面实施德育的余地虽然十分宽广，但受到教师的道德意识和教育意识的限制。教师如果道德平庸，或者对自己的工作缺乏道德上的敏感性，就不可能通过这些间接的途径促进学生的道德发展。较之于直接的道德教育，间接的道德教育虽然范围更广，更具活力和生气，但更要求施教者加强领导和组织，各方面积极参与，形成合力。

> 间接的道德教育即在学科教学、学校与课堂管理、辅助性服务、环境营造以及学校集体生活等各个层面对学生进行道德渗透。学科德育是间接德育最重要的渠道。

■ 第3节　认知性道德发展模式

德育模式实际上是在德育实施过程中道德与德育理论、德育内容、德育手段、德育方法、德育途径的某种组合方式。

当代最具影响的德育模式有社会行动模式、社会学习模式、体谅模式、认知性道德发展模式、价值澄清模式等。它们在提高学生道德认识、陶冶学生道德情操、培养学生道德行为习惯上各具特色和贡献。大体上说，认知性道德发展模式重"知"，体谅模式重"情"，社会行动模式和社会学习模式重"行"。如前所述，价值多元时代如何促进学生道德判断力和道德敏感性的发展，是当代学校德育亟待解决的难题。这里主要介绍认知性道德发展模式及其借鉴意义。

认知性道德发展模式由瑞士心理学家皮亚杰（J. Piaget）和美国心理学家科尔伯格（L. Kohlberg）等人创建。前者的贡献主要体现在理论建设上，后者的贡献还体现在从实践上提出了一种可以操作的德育模式。

■ 一、理论假设

科尔伯格曾就道德教育的哲学和心理学基础做过专门探讨，可以从他关于道德发展和道德教育的基本观点出发，来把握认知性道德发展模式的理论假设。

■（一）科尔伯格的道德发展理论

科尔伯格的道德发展理论确切地说是道德判断发展理论，关于道德判断，他提出了如下重要假设。

1. 道德判断形式反映个体道德判断水平

道德判断有内容与形式之别。所谓道德判断内容就是对道德问题所做的

"该"或"不该"、"对"或"错"的回答；所谓道德判断形式指的是判断的理由以及说明理由过程中所包含的推理方式。例如：

　　欧洲有个妇女身患癌症，生命垂危。医生认为，有一种药也许救得了她。这种药是本城一名药剂师最近发明的一种镭剂。该药造价昂贵，药剂师还以10倍于成本的价格出售。他花200美元买镭，而一小剂药却要价2000美元。这位身患绝症的妇女的丈夫名叫海因兹，他向每个相识的人借钱，但他只能筹到大约1000美元，只是药价的一半。海因兹告诉药剂师他的妻子快要死了，并且请求药剂师便宜一点把药卖给他，或者允许他以后再付钱。可是，这位药剂师说："不行，我发明这种药，是要靠它来赚钱的。"海因兹绝望了，趁店主不注意为妻子偷了药。海因兹该不该偷药？为什么该偷或不该偷？

　　这就是著名的"海因兹两难"。对此，从小学生到大学生都只有两种可能的回答——要么说"该偷"，要么说"不该偷"。显然，根据"该偷"或"不该偷"的回答，并不能把学生的道德判断水平区分开来；体现学生道德判断水平的是他们说明"该偷"或"不该偷"的理由以及这种辩护中隐含的道德推理方式。

> 　　道德判断内容即对道德问题所做的"该"或"不该"、"对"或"错"的回答，道德判断形式指道德判断的理由及说明理由过程中所含的推理方式。后者反映个体的道德判断水平。

　　2. 个体的道德判断形式处于不断发展之中

　　科尔伯格及其同事设计了九个类似"海因兹两难"的道德两难问题，对儿童的道德判断力进行跨文化的追踪研究。

　　第一，个体的道德判断处于不断发展之中，经历性质不同但有相互关联的三种水平和六个阶段。（见表9-4）

表9-4　道德判断发展的阶段

水平	阶段	道德推理的特点	关于"海因兹两难"的道德推理	
			不该偷的理由	该偷的理由
前习俗水平	1	以惩罚与服从为定向	偷东西会被警察抓起来，受到惩罚	他事先请求过，又不是偷大东西，他不会受重罚
	2	以工具理性的相对主义为定向	要是妻子一直对他不好，海因兹就没有必要自寻烦恼，冒险偷药	要是妻子一向对他好，海因兹就该关心妻子，为救她的命去偷药

水平	阶段	道德推理的特点	关于"海因兹两难"的道德推理	
			不该偷的理由	该偷的理由
习俗水平	3	以人与人之间和谐一致或"好男孩—好女孩"为定向	做贼会使自己的家庭名声扫地，给自己的家人（包括妻子）带来烦恼和耻辱	不管妻子过去对他好不好，他都得对妻子负责。为救妻子去偷药，只不过做了丈夫该做的事
	4	以法律与秩序为定向	采取非常措施救妻子的命合情合理，但偷别人的东西犯法	偷东西是不对的，可不这么做的话，海因兹就没有尽到做丈夫的义务
后习俗水平	5	以法定的社会契约为定向	丈夫没有偷药救妻子的义务，这不是正常的夫妻关系契约中的组成部分。海因兹已经为救妻子的命尽了全力，无论如何都不该采取偷的手段解决问题。但他还是去偷药了，这是一种超出职责之外的好行为	法律禁止人偷窃，却没有考虑到为救人性命而偷东西这种情况。海因兹不得不偷药救命，如果有什么不对的话，需要改正的是现行的法律。稀有药品的价格应当按照公平原则加以调控
	6	以普通的伦理原则为定向	海因兹设法救自己妻子的性命无可非议，但他没有考虑所有人的生命的价值，别人也可能急需这种药。他这么做，对别人是不公平的	为救人性命去偷药是值得的。对于任何一个有道德理性的人来说，人的生命最可宝贵，生命的价值提供了唯一可能的无条件的道德义务的源泉

第二，上述三种水平六个阶段按照不变的顺序由低到高逐步展开。

第三，更高层次和阶段的道德推理能兼容更低层次和阶段的道德推理方式；反之，则不能。

3. 冲突的交往和生活情境最适合于促进个体道德判断力的发展

科尔伯格及其合作者还对道德发展的动因进行了研究，概括出如下结论。

第一，道德发展是学习的结果，这种学习不同于知识和技能的学习。人可以通过几个小时或几天的努力，习得某种知识；也可以通过几天或几个星期的练习，形成某种技能；但道德学习却需要长期的甚至一生的努力。

第二，道德的发展有赖于个体的道德自主性。道德不可能从外部强加于人，而是个体内部状态与外界环境交互作用的产物。

第三，冲突的交往和生活情境最适合于促进个体道德判断力的发展。科尔伯格的合作者布莱特（M. Blatt）认为，儿童通过对假设性的道德两难问题的讨论，能够理解和同化高于自己一个阶段的同伴的道德推理，拒斥低于自己道德发展阶段的同伴的道德推理。因此，围绕道德两难问题的小组讨论，是促进学生道德发展的一种有效方法。科尔伯格和劳顿后来在20所学校进行试验，结果证明布莱特的假设成立，将之称为"布莱特效应"。

> 布莱特效应：儿童在讨论道德两难问题时，能够理解和同化高于自己一个阶段的同伴的道德推理，拒斥低于自己的道德发展阶段的同伴的道德推理。

■（二）道德教育论

1. 道德教育旨在促进道德判断的发展及其与行为的一致性

根据道德发展理论的基本结论，认知性道德发展模式强调，道德教育的目的首先在于促进学生的道德判断不断向更高水平和阶段发展，其次在于促进学生道德判断与其行为的一致性。科尔伯格及其同事的研究表明：儿童的道德判断普遍存在着与其行为不一致的现象，但是，儿童道德判断力的发展水平和阶段越高，道德判断与行为的一致性程度越高。因此，道德教育的关键是促进学生道德判断力的逐步提高。

2. 道德教育奉行发展性原则

从发展的眼光看，个体道德判断的成熟并非一蹴而就，而是循序渐进发展的结果。据此，认知性道德发展模式强调，根据儿童已有的发展水平确定教育内容，创造机会让学生接触和思考高于他们一个阶段的道德理由和道德推理方式，造成学生认知失衡，引导学生在寻求新的认知平衡之中不断地提高自己的道德判断力。

根据发展性原则，认知性道德发展模式实施德育的方法和策略包括：

第一，了解学生当前的道德判断发展水平；

第二，运用道德难题引起学生的意见分歧和认知失衡；

第三，向学生揭示比他们高一阶段的道德推理方式；

第四，引导学生在比较中自动接受比自己原有的道德推理方式更为合理的推理方式；

第五，鼓励学生把自己的道德判断付诸行动。

> 德育的发展性原则，要求根据儿童已有的发展水平确定教育内容，创造机会让学生接触和思考高于其一个阶段的道德理由和道德推理方式，造成学生认知失衡，引导学生在寻求新的认知平衡之中不断地提高道德判断力。

■ 二、围绕道德两难问题的小组讨论

根据以上理论假设，科尔伯格及其追随者在学校教育实践中主要做了两项

开拓性的工作：一是开发围绕道德两难问题组织小组讨论的策略；二是按照发展性原则重建学校的道德环境。

1. 道德两难问题涉及两条不能兼顾的道德规范

所谓道德两难，指的是同时涉及两种道德规范且两者不可兼顾的情境或问题。例如，"不许偷盗"和"救人性命"均为生活中应当遵守的道德规范，但在"海因兹两难"中这两条规范发生了不可避免的冲突。海因兹不得不在两者之间做出抉择，遵守"不许偷盗"的规则就意味着违背"救人性命"的原则，遵守"救人性命"的原则就意味着偷盗。任何行为决断都会违背其中的一条道德规范，所以叫作"道德两难"。

道德两难问题除可用于测量儿童的道德判断的发展水平，还具有非常特别的教育意义。

第一，如前所述，道德两难问题可以用于促进儿童的道德判断力的发展。

第二，道德两难问题可用于提高学生的道德敏感性，使他们更加自觉地意识到各种不同的道德规范在现实生活中可能存在的矛盾和冲突，意识到自己的道德价值取向与别人的道德价值取向之间可能存在的矛盾和冲突。

第三，道德两难问题可用于提高学生在道德问题上的行动抉择能力。

第四，道德两难问题可用于深化学生对各种道德规范的理解，提高学生的道德认识。

2. 教材中道德两难情境的设计

根据道德两难的特点及学生的实际情况，道德两难情境的设计必须遵循一定的要求。

第一，设计的情境必须是真实的或者是可信的。尤其对学生而言，还必须是学生能够理解的。

第二，设计的情境必须包含两条道德规范，而且只包含两条道德规范。有些问题确属两难，但冲突双方不是或不全是道德规范，因而不属于道德两难问题。有些道德冲突情境异常复杂，涉及三条或更多的道德规范。以这种情境为背景的道德问题，已超出两难问题。对于多数学生来说，不宜用过于复杂的道德冲突问题讨论来促进其道德发展。

第三，涉及的两条道德规范在设计的情境中必须发生不可避免的冲突。有些情境乍看起来包含某种道德冲突，而实际上所涉及的道德规范并不矛盾，或者可以避免两者发生冲突。这种"假两难"不会引起学生道德认知的失衡，难以发挥促进学生道德判断力发展的作用。

3. 道德两难问题的素材

教师设计道德两难问题，可以广泛取材。这种素材一般有三种来源。

第一，虚构的道德两难问题。如"海因兹两难"就是虚构出来的，它虽不以事实为据，却可信。虚构两难问题的好处是，学生因为与难题本身没有个人牵连，能够开诚布公地就难题展开讨论，有利于从道德两难中概括出其所包含的道德规范。

第二，以学科内容为基础的道德两难问题。这是根据某一教学科目的资料设计的两难问题。例如在历史教学中，教师可能向学生提出：第二次世界大战结束之前，美国人该不该向日本投掷原子弹？这是一个以历史教学内容为基础的道德两难问题。设计这样的两难问题的优点，首先在于能够向学生展现他们正在研究的人类生活道德的各个方面，而不受时间和空间的限制；其次在于能够把道德教育与学科教学融为一体。

第三，真实的或实际发生的道德两难问题。如组织学生思考和讨论"朋友考试作弊该不该揭发"这样的两难问题，可以最大限度地把学生的情感和切身利益卷进来。

> 道德两难问题，即同时涉及两种道德规范且两者不可兼顾的冲突情境或问题。

4. 总结讨论的导入

不论道德两难问题来自何处，帮助学生围绕道德两难问题展开讨论，都要求教师讲究提问的技巧和策略，以引导学生探究自身主张的逻辑，并在一般的思维方式上，以挑战和质疑的方式与同学相互交流，激发学生的认知冲突和社会角色扮演。

围绕道德两难问题的小组讨论可分为起始阶段和深入阶段，与之相应，教师的提问也可以分为"引入性提问"和"深入性提问"。引入性提问的策略是把师生引入对道德争端的讨论，并不断地发展学生的道德意识；深入性提问的策略重在可能引起道德推理结构性变化的讨论因素。

当学生阐明自己对道德两难问题的立场和理由之后，小组讨论才有可能真正开始。为了使学生深入地进行讨论和思考，教师提问的策略应当做出相应的改变，促使学生努力应对各种相互竞争的主张，并寻找它们相互对立的理由。

> 认知性道德发展模式是由瑞士心理学家皮亚杰和美国心理学家科尔伯格等人创建的一种德育模式。该模式假定人的道德判断力按照一定的阶段和顺序从低到高不断发展，道德教育的目的就在于促进儿童道德判断力的发展及其与行为的一致性。它要求根据儿童已有的发展水平确定教育内容，运用冲突的交往或围绕道德两难问题的小组讨论等方式，创造机会让学生接触和思考高于他们一个阶段的道德理由和道德推理方式，造成学生认知失衡，引导学生在寻求新的认知平衡之中不断地提高自己的道德判断力。

主题词

道德	道德行为
道德教育	道德判断力
公德	认知性道德发展模式
私德	道德判断发展阶段
职业道德	发展性原则
道德理想	道德两难问题
道德原则	道德认知
道德情感	

习　题

1. 试析道德教育与政治教育的关系。
2. 根据学校的实际生活，比较把德育视为教育工作与把德育视为教育目的的差别。
3. 以事实说明和分析直接的道德教育与间接的道德教育的利与弊。
4. 围绕认知性道德发展模式或其他模式考察当代学校德育的发展趋势。

参考文献

1. 瞿葆奎. 教育学文集·德育［M］. 北京：人民教育出版社，1989.
2. 中国普通高等学校德育大纲［J］. 中国高等教育，1996（2）.
3. 中华人民共和国国家教育委员会. 全日制普通高级中学思想政治课课程标准（试行）［M］. 北京：人民教育出版社，1996.
4. 教育部. 教育部关于印发《中小学德育工作指南》的通知［EB/OL］.（2017-08-22）［2020-08-12］. http：//www. moe. gov. cn/srcsite/A06/s3325/201709/t20170904_ 313128. html.
5. 中共中央，国务院. 中共中央　国务院印发《新时代公民道德建设实施纲要》［EB/OL］.（2019-10-27）［2020-08-15］. http：//www. gov. cn/zhengce/2019-10/27/content_5445556. htm.

第10章
当代教育评价

教育评价是教育工作中十分重要的一个环节。我国的教育评价研究在近二十年来有了较大发展，在教育实践中也越来越得到普遍的运用。

■ 第1节　教育评价的一般理论

■ 一、教育评价的产生和发展

■ （一）现代教育评价的产生与发展

教育评价作为一种实践活动，自学校教育产生时就开始了。但是，教育评价在概念上得到明确界定，并在理论和实践上有较大发展，却是从 20 世纪三四十年代才开始的。

1929 年，拉尔夫·W. 泰勒（Ralph W. Tyler）应邀主持美国俄亥俄州立大学教育研究所成绩测验室的工作，受命通过运用测量手段帮助教师改进本科的课程和教学。泰勒很快发现，帮助教师改进教学，首先必须使教师明确课程教学目标及其重要性；此外，还必须编制新的测验，以评价学生达到各种课程教学目标的程度。在他看来，在经受过教育测验运动洗礼的美国，现有的测验理论和测验工具不能适合新的工作需要。在研究和实践的基础上，泰勒先后撰写了《编制成绩测验的一般技术》（1931）和《成绩测验的编制》（1934），提出了编制以课程教学目标为核心的新的成绩测验的理论和技术。

1934 年，泰勒应邀主持"八年研究"（1934—1942）的评价工作。在"八年研究"中，他进一步发展了他的评价理论，并把评价纳入课程与教学的编制理论之中，使评价成为课程编制过程的一个重要环节。在其课程编制理论中，他又进一步明确提出，评价过程实质上就是一个确定课程与教学计划实际达到预期教育目标程度的过程。他运用其评价理论和方法，成功地指导"八年研究"的评价工作。

由于"八年研究"的广泛影响，泰勒提出的评价概念和理论，很快被人们广泛接受和应用。许多人把史密斯（E. R. Smith）和泰勒 1942 年发表的八年评价研究报告《学生进步的评估与记录》，称为"划时代的教育评价宣言"。而泰勒则被誉为"教育评价之父"。

"八年研究"之后，教育评价开始渐渐发展成为一个重要研究领域，理论和方法、技术进一步发展。特别是在 20 世纪六七十年代的美国，受联邦政府教育改革政策的影响，教育评价领域迅速扩展，其研究得到了更多的资助。研究者根据各自的评价任务和需要，在批判泰勒评价理论的基础上，又提出了许多新的评价理论和观点，如决策导向评价模式、消费者导向评价模式、目的游离评价、应答评价模式等。到 20 世纪 70 年代中期，教育评价发展成为一个相对独立的专业，进入专业化发展阶段。20 世纪 80 年代，随着各类评价的盛行，教育界盛行着各种数据。绝大多数研究都宣称自己是有效的。澳大利亚墨尔本大学的约翰·哈蒂运用 15 年的时间对涉及 2.46 亿儿童的 800 多项元分析进行了综合研究，研究结果体现在 2009 年出版的《可见的学习：对 800 多项关于学业成就的元分析的综合报告》。在这个研究中，哈蒂把 138 个影响学业成就的因素的效应量进行了排序，形成了著名的"哈蒂排名"，元分析的方法也在 21 世纪开始流行。

除了各国开始重视通过教育评价诊断教育问题外，国际组织在 21 世纪初参与、统筹、推行的一系列大型教育评价也促进了评价及其研究的发展，如经济合作与发展组织统筹的国际学生评估项目（Programme for International Student Assessment，简称 PISA）、教师教学国际调查项目（Teaching and Learning International Survey，简称 TALIS）、国际成人能力评估计划（Programme for the International Assessment of Adult Competencies，简称 PIAAC）。其中第一次 PISA 评估于 2000 年首次举办，此后每 3 年举办一次，主要对接近完成基础教育的 15 岁学生进行阅读、数学、科学等素养的评估。

我国现代教育评价的研究和实践基本上是从 20 世纪 70 年代末开始的。在《中共中央关于教育体制改革的决定》和《关于第七个五年计划的报告》中提出要建立系统教育评价和监督制度的改革要求之后，我国教育各领域的评价和研究犹如雨后春笋，蓬勃发展起来。21 世纪初，上海在实施国家教育体制改革试点项目"改革义务教育教学质量综合评价办法"的过程中，开始构建以关注学生健康成长为核心价值追求的"中小学生学业质量绿色指标体系"，与世界上许多发达国家共同探索从"证明"走向"改进"的教育变革，为教育质量进行定期检查，提供改进的依据。

■ （二）教育评价的定义

由于教育评价的领域十分广泛，各种评价的目的和任务各不相同，往往需要根据具体的不同的评价需要来界定评价概念，到目前为止，教育评价尚无统一的定义。

在理解教育评价定义之前，首先需区分其与测评、考核之间的功能区别（详见表10-1）。

表10-1　评价、测评与考核的功能

评价（evaluation）	用于判断学校、学校系统、政策和项目的有效性
测评（assessment）	用于判断学生的进步和学习目标的实现
考核（appraisal）	用于判断学校专业人员（例如教师、校长）的表现

由此可见，教育评价的范畴大于测评与考核，指向学校专业人员表现的考核数据、用于判断学生进步和学习目标达成的数据均可以服务于评价信息的完善。故下文不对三个概念做具体的细分，将运用科学手段搜集信息、展开资料分析、进行价值判断，并为教育决策提供反馈的行为统称为教育评价。

西方学者大多是根据评价目的来对教育评价定义的。这些定义主要有：评价实质上是一个确定课程与教学计划实际达到教育目标的程度的过程（泰勒）；评价是一种对优缺点或价值的评估活动（斯克里文）；评价是为做出关于教育方案的决策提供有用信息的过程（克隆巴赫、斯塔弗比姆等）；评价是对某些对象的价值和优缺点的系统调查（美国教育评价标准联合委员会）等。

我国学者也对教育评价的本质进行了研究，并提出了许多界定。一般认为，教育评价实质上是一种对评价对象的价值判断。对教育评价的具体定义，不仅揭示了评价的本质，而且还考虑了构成评价活动的基本要素，即评价的要素结构。这些定义大同小异，其中比较有代表性的是：教育评价是根据一定的教育价值观或教育目标，运用可操作的科学手段，通过系统地搜集信息、资料并进行分析、整理，对教育活动、教育过程和教育结果进行价值判断，从而为不断完善自我和教育决策提供可靠信息的过程。

> 教育评价是根据一定的教育价值观或教育目标，运用可操作的科学手段，通过系统地搜集信息、资料并进行分析、整理，对教育活动、教育过程和教育结果进行价值判断，从而为不断完善自我和教育决策提供可靠信息的过程。

■ 二、教育评价的功能

现代教育评价在教育的改革和发展中发挥了积极的作用，主要表现在以下几个方面。

■（一）诊断功能

在评价活动中，通过对搜集到的信息资料进行整理分析，常能发现评价对象（如教育方案、课程计划、教师工作、教学方法、学生学习等）的优缺点及存在的问题。美国教育家布卢姆等专门研究了教学中的诊断评价的理论与方法技术，以帮助教师和学生发现学习进程中的问题。在评价者对发现对象的价值、优缺点及问题感兴趣时，这种作用表现得更为明显。

■（二）改进功能

评价不但能发现诊断问题，而且对有效的教育计划、课程方案，或有效的教学方法、教材、教具等的设计、改进和形成发挥积极作用。例如，早在 20 世纪 30 年代，泰勒就将评价列为课程编制过程的一个重要步骤，并进行了长达 8 年的研究，通过测验和评价，帮助学校和教师改进课程和教学。1963 年，克隆巴赫（L. J. Cronbach）又提出通过评价改进教程，进一步阐述了评价对改进学校教学的价值和作用。

■（三）鉴定功能

通过评价，人们可以区别、鉴定组织（如学校）、方案（如课程方案）或个体（如教师、学生）等对象的某些方面或各方面水平的优良程度，确定其有无价值与价值的大小，衡量其是否达到了应有的标准、是否能实现国家和社会赋予它的目的和任务，并为它们评定相应的等级。科学、合理、公正的评价所区分的优良和鉴定的等级，是教育管理决策科学化的基础。教育行政管理部门特别重视评价的这种功能。

■（四）问责功能

当评价结果与被评价者产生利益关联（如薪资提升、职务变动）时，或仅仅为家长择校提供信息时，评价就成为问责工具。例如教育督导通过衡量学生学业成绩、课程实施度、学校管理水平等，并让教师或学校对其结果负责时，评价所提供的信息就成为各方责任检视的基础。2017—2018 年全球教育监测报告《教育问责：履行我们的承诺》指出，"确保包容和公平的优质教育往往是一项集体事业，需要所有行动者共同努力履行责任"。当教育评价为各类责任承担者提供诊断与反馈信息时，其问责功能也就成为实现教育目标的一种手段。

■（五）激励功能

评价通常要区分出水平高低、评定等级。由于评价结论往往直接影响到评价对象的形象、荣誉和利益等，评价常能激发被评者的成就动机，使他们追求好的评价结果，激励他们全力以赴做好有关工作，创造更大的教育成就。如果评价和其他一些管理措施结合起来，如在评价结论的基础上进行表扬、奖励、资助、批评、处罚等，评价的激励功能就会得到更好的发挥。在评价中，若能在肯定成绩和优点的同时，诚恳地、富有建设性地指出他们存在的缺点和问题，则更会激励他们进一步改进和完善有关工作。

（六）导向功能

教育评价是根据一定的价值标准进行的价值判断活动。教育评价对教育实践具有巨大的导向作用，好的评价可以促进教育和个人的健康发展，不好的评价则可能误导、阻碍教育和个人的发展。这种导向功能，在权威性较高、评价结果与被评者的利益密切相关的评价中，更容易得到发挥。2018年9月，习近平总书记在全国教育大会上指出："要深化教育体制改革，健全立德树人落实机制，扭转不科学的教育评价导向，坚决克服唯分数、唯升学、唯文凭、唯论文、唯帽子的顽瘴痼疾，从根本上解决教育评价指挥棒问题。"这深刻揭示了教育评价的重要性和发挥教育评价正确导向功能的迫切性。

> 教育评价的功能主要有：诊断教育情况、改进教育效果、问责教育质量、区分教育水准、激励教育热情和引导教育改进。

但是，我们也应认识到，评价是把"双刃剑"。它既能发挥积极的作用，也会产生一些消极的效应。如何协调教育的标准化评价和多样性评价、教育的自评和他评（主动评价和被动评价）、单一性评价和综合性评价、群体评价与个体评价、结果评价和过程评价等，是教育评价的永恒话题。

三、教育评价的基本过程

教育评价活动是由一系列环节组成的过程。不同类型的评价，其具体的活动过程也有所区别。但是，下面这些步骤或环节基本上是每类评价都要经历的。

（一）建立知识能力结构合理的评价组织

开展教育评价，必然要建立或委托一定的评价组织。评价是一项专业性很强的活动。评价组织的人员结构或知识能力结构，决定着评价理论、方法、工具的选择和设计水平，以及评价的质量和价值。一般来说，合理的知识能力结构，应熟悉关于评价对象（如学校管理、课程方案、学生、教师工作等）领域的理论和知识，教育评价的理论、方法和技术，教育与心理测量的理论与方法，数理统计的方法与应用，计算机的使用，等等。社会中精通这些方面的全才是很少的，因而需要选择精通或熟悉这些方面的专业人员，组成整体知识结构较为合理的评价小组。在教育或管理工作中，经常从事正式的与非正式评价的人员，也需要从这些方面发展自己的知识结构。

■ (二)　确定评价目标和评价任务

无论评价者是发起者本人，还是受委托的评价小组或机构，在开始评价工作前，都必须首先认真分析和确定自己的评价目标是什么，评价想要达到什么目的，需要完成哪些具体的任务。这是选择或设计评价理论、方法和评价工具的依据。为使评价的目标、目的和任务更加明确、清晰，并被有关人员接受，评价者需要组织信息交流和协商活动，广泛征求意见，了解评价有关组织和人员，特别是发起人的评价需要。一般教育评价目标按范围分有办学评价、教学评价、课程评价、教师评价等，按任务分有过程评价、目标（终结）评价、综合评价、达标评价、选优评价等。

■ (三)　选择和确定评价的项目与指标

选择和确定评价的项目与指标，即是确定从哪些方面进行评价。由于评价不可能包括评价对象的所有方面和一切细节，因而关键是发现和确定体现评价目标的那些有代表性的主要行为及效应的情境，即这些目标会在什么样的情境下反映出来；然后对这些情境进行一定的分类，确定出评价的项目和指标体系。这个环节也是一个由许多环节组成的复杂过程，需要遵循一些指标设计原则，综合运用多种方法。

■ (四)　选择和设计收集评价信息的方法和工具

进行评价需要以一定的证据或信息为依据。评价信息主要有定量评价的有关数据和定性评价的有关资料。丰富、有效、全面、可靠的信息，不是随便就可以获取的。有效的评价方法和工具是获取这种信息的前提和手段。在设计评价方法和工具时，评价者需要考虑评价目的、评价项目、评价指标的特点和要求，以及信息提供者的特点。设计出的评价方法和工具要有较高的信度、效度、鉴别力和可行性。许多心理与教育测量的理论与方法对评价工具的设计很有借鉴价值。

■ (五)　收集评价所依据的证据或信息

这个环节是指评价者组织各种有关人员利用设计的方法和工具，通过谈话、考察、问卷调查、测验、查阅档案材料等实际行动，来获取证据或信息。这个环节直接决定着能否搜集到可靠的信息，以及评价结论的可靠性。在这个过程中，关键是要做好参评者（包括收集信息活动的组织者和信息的提供者）的思想和心理调控，使他们对评价工作保持支持和认真负责的态度。

■ (六)　整理和分析信息资料

这个过程非常烦琐，操作性很强。它提供的应当是简洁、有条理、全面、可靠的、具有可比性、有价值的评价信息。这个环节不是一个简单的统计过程，它还包括对信息证据进行鉴别、区分真伪，对评价信息的质量检验和分析，对有关的项目和指标之间的关系进行分析等工作；甚至有时还需要对评价信息进行重新分组、归类，对新的评价项目和指标进行统计分析。对评价信息进一步研究和开发，可以为评价获取更有价值的反馈信息。

■ （七）形成评价报告

在对评价信息进行整理和分析之后，需要以整理和分析出的信息结果为依据，结合评价的目的和任务，对评价对象做出恰当的价值判断。评价报告的内容应尽量满足评价发起人和其他评价听取人的需要。报告评价结果，可以采取多种形式，如提交正式的文本报告、出版评价研究结果、向需要评价信息的人提供允许范围内的咨询、进行个别谈话传递评价结论和信息等。在以诊断和改进为目的的评价中，评价者更应及时地、以恰当的方式向被评者反馈信息。评价信息和结论能充分地报告和传递给有关人员，是发挥评价效益的重要保证。

■ 四、教育评价的发展趋势

回顾和分析近几十年来教育评价的发展与繁荣，可以发现其发展呈现出下面一些特点和趋势。

■ （一）评价的指导思想从筛选转向多样化

早期的评价是"为了选择适合教育的儿童"，而20世纪60年代中期后，教育评价则服务于"创造适合于儿童的教育"。前者把评价的着眼点放在鉴定、选拔的功能上。评价是为了筛选出能够接受高一级教育的学生，淘汰一部分学生。评价方法偏重于相对评价、常模参照测验。后者则是适应现代社会政治经济发展的需要，适应教育平等与民主以及终身教育的需要，目的在于全面地最大可能地促进每个学生的发展，力求帮助教育者发现、选择和形成一切可能的有效的教育方式，创造好的教育环境，形成一种适合于每个学生的教育。如今，许多国家通过标准化测量来反应学生的学习结果。但是一些国家更强调通过学生成绩来了解教育系统、学校、教师和学生之间的平衡关系，关注那些成绩得到改善的学校的发展过程，以更好地为学生发展提供证据基础和决策依据。

■ （二）评价的对象和范围突破了学习结果评定的单一范畴，扩大到整个教育领域

早期教育评价集中在学生的学习成绩、学业成就以及学习潜能的评定上。随着国家和社会对教育评价的重视，教育评价的功能和作用也越来越得到开拓与发展。当代教育评价已突破了课堂，扩展到教育的全领域。评价对象不仅有学生的学习与发展的成就、教师的教育教学工作、校长的领导水平，还有学校的管理与办学水平、课程教材、教育计划、教育发展战略、教育科研成果等。现在，教育评价在整个教育事业中发挥着越来越重要的作用。凯勒根和格里尼（Kellaghan & Greaney）认为："就20世纪末的趋势来看，评价领域最引人注

目的发展是越来越多的国家运用测评来测量国家系统取得的成绩，制定教育规划，提升教育质量。"① 进入 21 世纪，随着各类跨国大规模评价的推进，评价的国际化水平开始提高，跨国教育指标的研发在进行中，反映教育系统、学生表现的国际比较数据越来越多，一定程度上影响了各国关于教育的讨论，并促进了各国的教育政策改革。

■（三）在方法和技术上从单纯的定量分析发展到定量分析和定性分析相结合

早期的教育评价主要使用测量、统计等定量分析的方法。这相对于过去的主观评定是一种进步，它重视了客观公正性，减少了主观随意性。但是，随着评价的逐步扩展和研究的深入，人们越来越感到教育现象的全面量化是不可能的，而许多用于诊断、改进功能的评价结果也不需要完全被量化。因此，人们现在非常重视从实际出发，对不同的评价对象分别采用不同的定量或定性的方法，或定量与定性相结合的方法，以更恰当地反映评价对象。在当代教育评价的发展中，问卷调查、观察、交谈等定性分析的方法与测量、统计分析等定量方法更多地被结合起来使用。

■（四）教育评价日益重视被评价者及其自我评价的地位和作用

实践证明，任何评价如果没有被评者的积极参与，很难达到预期目的。当代教育评价已不把被评者作为被动接受检查的客体，而是把他们看作参与评价的主体，采取各种途径和方法，使之积极参与评价过程。在许多评价中，自我评价都成了重要的组成部分。强调被评者的主体作用，不仅可以使他们积极配合，保证评价工作的顺利进行，还能促进他们通过参与和交流，主动地客观检查和评价自己的工作和成就，改进自己的不足之处，吸取他人的经验，有利于进一步完善自我。

■（五）教育评价将更加重视对评价的再评价

当教育领域中的各种评价得到发展时，人们又开始怀疑评价本身的价值问题。评价活动是否科学、是否可靠、是否达到预期的目的、是否产生了较大的效益，以及如何改进和完善评价等问题，故对众多现有的实证文献进行再次统计分析的元分析也开始被运用到教育评价中。元分析有助于各种评价方案和制度进一步改进和完善，有助于提高评价的质量水平和价值。

> 注重评价的改进和形成功能，扩展教育评价的范围，强调评价方法定量与定性的结合，重视自我评价的作用，重视对评价本身的评价，是当代教育评价发展的新趋势。

---

① Kellaghan, Greaney. Using assessment to improve the quality of education ［M］. Paris：UNESCO，2001.

■ 第2节　学生评价

■ 一、学生评价与学业评价

在教育评价领域，有关学生的评价研究可以说是最为丰富的。目前，学生评价在理论和方法技术上是比较成熟、完善的，主要有智力测验、学习潜能测验、学科学习成就测验、中小学体育锻炼标准达标测验、学习适应性测验（如 AAT 测验）、个性测验（如卡特尔 16 种人格因素测验）、心理健康评价等。这些评价在我国都有不同程度的发展。在当前我国教育必须由"应试教育"向"素质教育"转轨的形势下，学生综合素质评价越来越受到重视。很多有识之士把学生综合素质评价看成是推动素质教育的重要手段，并积极展开了相关研究。但是，从目前的研究文献和实践来看，学生综合素质评价的理论和方法技术还不成熟，处于不断完善中。

> 学生评价是通过单项或综合评估手段，评估学生个性的某方面或整体特性。

学业成就是衡量学生学习和发展水平的重要方面，而且学业成就的测量与评价研究起步较早，也较为成熟。下面主要以学业评价为主，介绍学生评价研究的一些成果及应注意的一些问题。

目前学界关于学业成就尚无统一的界定。它在使用中多指在规定的教育内容范围内，学生通过教学或自学，在认知方面所获得的成果。在我国，一般是根据布卢姆等人提出的教育目标认知领域的目标分类理论，从知识、领会、应用、分析、综合和评价等认知目标层次，来测量和评价学生的认知发展变化。因而，学业评价是指以国家的教育教学目标为依据，运用恰当的、有效的工具和途径，系统地收集学生在各门学科教学和自学的影响下认知行为上的变化信息和证据，并对学生的知识和能力水平进行价值判断的过程。

学业评价既可以在教学过程中进行，做诊断性评价和形成性评价，来诊断和发现学生学习和教师教学中的问题，为教和学的改进和完善提供有用的反馈信息；也可以设计为总结性评价，对学生的阶段性学习成就区分优劣、鉴定等级。

> 学业评价是指以国家的教育教学目标为依据，运用恰当的、有效的工具和途径，系统地收集学生在各门学科教学和自学的情况下认知行为上的变化信息和证据，并对学生的知识和能力水平进行价值判断的过程。

■ 二、有效测验的必要条件

学业评价和教育测量密不可分。测量是根据一定的法则为事物指派数字。教育测量的任务主要是选择和编制测量工具，收集学业成就的证据，获得数据资料。测量是评价的基础。单纯的测量结果，如某学生的化学考试成绩为 55 分，并不具有什么价值和意义。在测量之后，依据测量结果和其他准则进行一定的价值判断，是评价的主要目的。例如，可以用这个分数与其他学生的成绩相比，判断他的化学成绩是好是差，属于 A、B、C、D 的哪一等级；或者和一定的标准（某一单元教学目标）相比，说明他是否达到了目标、相差多少；或者与以往成绩相比，分析他的化学学习是进步了还是退步了等。

测验是测量的重要工具。有效的测验，是对学生的学业成就做出科学、公正、可靠的评价的前提条件。一个有效的测验，需要符合下列几个必要条件。

1. 有较高的效度。效度是指一个测验测量其所要测量的东西达到了什么程度。一个有效的测验，应当能最大限度地测量出它所要测量的东西。测验效度较低，评价所指的对象就会发生错位，评非所评。比如进行数学测验，由于应用题的语言令学生费解而未能正确解题，就是低效度的表现。因为它未能测量到学生的数学能力。

2. 有较高的信度。信度是指一个测验测量其所要测的东西前后一致的程度。信度反映测验是否准确可靠的问题。测验信度不高，表明测验结果不稳定、不准确，也不可靠。根据这样的测验结果所做的价值判断，也就不会可靠。

3. 有较高的代表性。几乎所有的心理与教育测量都是以取样的原理为根据的。实际上，要测量一名学生对某一学科里的全部概念和原理原则的掌握是不可能的。测验的内容往往是其中的一个内容样本，学生对测验的反应就构成了他的学习成就的一个行为样本。要想根据样本对其所属总体的情况做出可靠的推断和评价，需要测验的内容样本及相应的行为样本具有较高的代表性，这样才能最大可能地代表或反映出学业成就的总体水平。

4. 有较高的区分度和鉴别力。一个有效的测验，特别是用于选拔和鉴定分等的测验，还应具有较高的区分度，即能最大限度地区分或鉴别出学生个体在所测量的品质或属性上的水平差异。一般来说，如果目的主要是为了评价学生是否掌握了规定的知识或是技能的测验，则对区分度的要求不高。

5. 具有一定的可行性。除上述的条件之外，编制和设计测验时，还必须考虑各种实际问题，看测验是否可行，力求测验具有较高的可行性。测验缺乏可行性，或可行性不高，在施测或评分时，会发生许多无法控制的问题，影响测验结果的可靠性，进而影响到评价结论的可靠性。

具有较高的效度、信度、代表性、区分度和可行性，是科学的测验和测量的基本要求。

■ 三、几种常用的测验类型

■ （一）常模参照测验和标准参照测验

常模参照测验是以学生团体测验的平均成绩作为参照标准，说明某一学生在团体中的相对位置，将学生分类排队。它着重于个人与个人之间的比较，主要用于选拔或编组、编班。常模参照测验要求试题难度适中，尽量对所有学生都有较强的鉴别力和区分度。

标准参照测验是以体现教育教学目标的标准作业为准，看学生是否达到标准以及达到标准的程度，主要不是用于比较个人之间的差异。它关心的是试题是否从数量上、质量上、结构上同要测定的内容和范围一致，即能否正确反映教学目标的要求，而不是这些试题的难易和区分度。利用标准参照测验可以具体地了解学生对某单元的知识、技能的学习和掌握的情况，哪些学得好，哪些没学好需要补救。我国的高中会考和教师自编测验就属于标准参照测验。

■ （二）标准化成绩测验和教师自编测验

标准化成绩测验一般是由学科专家和测验编制专家或专门的测验编制机构按照一定的程序共同编制的，具有较高的信度和效度。标准化成绩测验的突出优点是具有客观性和可比性，所以它是评价学生学业成就的重要手段之一，在国外使用比较普遍。在我国，标准化成绩测验主要用于高考。目前市场上供应的各种"标准化测验"并非是严格意义上的标准化测验。

教师自编测验是教师根据教学各个阶段的需要，自行设计与编制的测验。由于制作过程较为简单，测验的信度、效度等事先没有经过严密的论证，其应用范围仅限于本班、本校。但它常可以迅速达到很多具体的评价目的。如果教师希望利用恰当评价对学生做好个别指导的话，他就必须善于自己编制各种不同的测验和试题，借此去发现和肯定学生的成就和优点，找出不足和缺点。

■ （三）客观测验和论文式测验

测验的试题可以客观地记分，即不同的评分者虽然各自评分，但评定的结果是相同的，这样的测验叫客观测验。客观测验强调评分标准和试题答案的确定性和唯一性，这就使编制较为困难而费时，而且对测量诸如发散思维、创造力、对没有唯一答案的现实问题的分析能力、写作能力等方面的水平，显得无能为力。但是它具有多种优点，如排除了评分的主观性与不确定性，能提高阅卷的效率和准确性；测验试题的容量较大，可以保证试题样本有较高的代表性，可以提高测验的效度；测验项目和要求填写的答案内容简短，测验的效率较高等。客观测验主要有是非题、匹配题、排列题等再认式试题，有时也会用答案非常简单的填空、简答、改错等回忆式试题。

论文式测验是以少数试题让受测者或申述说明，或分析比较，或论证批判，或评价鉴赏等，根据自己的想法和认识自由作答的一种测验。它是一种衡量较高级的思维过程和能力的测验。论文式测验的试题容易编写，最适合于组织能力、分析综合能力、文字表达能力、发散思维、创造能力等方面学习成就的测量。但是，论文式测验的题目少，取样缺乏代表性，而且评分困难，既费时又难以排除无关因素，尤其是评分者的主观因素的影响，从而使测验的效率、可靠性和有效性降低。

■（四）基于计算机的适应性测验和表现测验

随着技术的发展，人工智能在教育评价中发挥着越来越重要的角色。适应性测验是计算机提出的问题可以适应应试者的水平。正确回答问题的学生可以被引至更难的问题，而回答错误的学生会被引导至更简单的问题。适应性测验可以提供更多关于学生表现的详尽信息，但需要非常多的试题以匹配不同学生的程度，带来相对较高的开发成本。且并非所有的学生都回答同样的问题，因此无法比较学生的表现。基于计算机的表现测验可以通过使用信息技术来测评大量学生的复杂表现，一些国家已对此进行了研究，但处于研发的早期阶段，尚未广泛使用。该测验一方面有助于解决人工测验与信度相关的问题，一方面有助于解决客观题的效度相关问题①。

■ 四、学业评价的主要类型

根据评价依据的标准和对评价结果的解释方式的不同，评价可分为相对评价、绝对评价和个体内差异评价。

■（一）相对评价

相对评价指通过个体的成绩与同一团体的平均成绩或常模相互比较，从而确定个体成绩的适当等级的评价方法。相对评价也称常模参照评价，这种评价重视区分个体在团体中的相对位置和名次。相对评价主要满足教育管理者对学生进行鉴定分等和选拔的需要。但它对于个人的努力状况及进步程度重视不够，尤其是对后进者的努力缺乏适当的评价。相对评价的结果经常用偏差值法表示。

---

① LOONEY. Alignment in complex education systems: achieving balance and coherence [EB/OL]. (2011-12-02) [2020-07-13]. http://www.oecd-ilibrary.org/education/alignment-in-complex-education-syst.

相对评价是通过个体的成绩与同一团体的平均成绩或常模相互比较，确定个体成绩适当等级的评价方法。

偏差值法，即用相对平均值的偏差数值来反映个人在所在团体中的水准顺位。偏差值可以用 Z 分数、T 分数等表示。Z 分数，又称标准分数，其计算公式为：$Z = (X - \overline{X}) / SD$。其中，$X$ 为测验原始分数，$\overline{X}$ 为团体平均分，SD 为测验分数的标准差。Z 分数的平均分为 0，它的取值 95% 落在 -1.96 ~ +1.96 之间，99% 落在 -2.58 ~ +2.58 之间。Z 值为负数，说明成绩低于团体平均水平；Z 值为正数，说明成绩高于平均水平；Z 值为 0，则说明成绩位于平均水平。由于 Z 分数有负值，和平时记分习惯不同，使用不便。因而，人们又常用 T 分数（常态化标准分数）来表示偏差值。T 分数的思想和 Z 分数一样，它是根据公式 $T = 10Z + 50$ 转换来的。T 分数的平均值为 50，它的取值有 95% 落在 30.4 ~ 69.6 之间，99% 落在 24.2 ~ 75.8 之间。T 分数 50 为一般，50 分以上则越高越优，50 分以下则越低越差。T 分数主要用于单科学业评价。目前，我国许多省（市）开始用标准分数来报告考生的成绩。这种标准分数就是 Z 分数的一种转化形式。

■ （二）绝对评价

相对评价的参照标准是在对测量结果做出统计处理之后确定的。而绝对评价的参照标准则是根据教学目标的要求在测量之前就确定了的。绝对评价的主要任务是对被评者是否达到了目标要求和达标的程度做出判断。因而，它也可以称为标准参照评价。

绝对评价是通过个体成绩与一个预先确定的目标的比较，确定其成绩适当等级的评价方法。

绝对评价的思想容易理解，但是，达标标准的确定是绝对评价的最大难题。目前，我国中小学教育虽然有全国统一的课程标准和教学计划，但是尚未建立统一的、权威性的、相对稳定的各科的具体学习水平标准，以及可靠有效的考试评价制度。在学校中，教师广为使用的测验和评价，主要属于标准参照测验和绝对评价。

绝对评价一般用通过或不通过（合格或不合格）来表示，但也有用三级或五级标准来表示的。在测验难度符合教学目标要求的情形下，评定等级所依据的分数可以是原始分。三级评定采取的一般标准是：答对率在 85% 以上，为掌握较好；70% ~ 84% 为掌握一般；69% 以下为掌握较差。五级评定的标准是：95% ~ 100% 为优；85% ~ 94% 为良；75% ~ 84% 为中；65% ~ 74% 为及格；64% 以下为差。

■ （三）个体内差异评价

和绝对评价、相对评价不同，个体内差异评价是依据个人的标准来评价的。它是指对学生个体的同一学科的不同方面，或不同学科间的成绩与能力差异进行的横向比较和评价，以及对个体两个或多个时刻内的成就表现进行的前后纵向评价。

通过横向评价，可以了解一个学生各科学业成就、学习潜能、学习兴趣、学习态度或有关的性格特征等方面的总体水平和发展平衡情况，以及表现较为突出的方面和比较薄弱的、需要加强学习和改善的方面。而通过纵向比较，可以评价学生在不同时期的学习是进步还是退步，进步或退步的程度如何。因而，个体内差异评价，可为学校和教师的个别指导提供较好的服务。

> 个体内差异评价是对同一个体的不同方面或某方面的前后变化的评估。

个体内差异评价依据的数据信息，要求具有可比性。Z 分数、T 分数等标准分数形式都具有较强的可比性。

上述三种评价并非截然对立、相互排斥的，在实际应用中，可以互相融合使用。例如，教师和学生个体可以在相对评价或绝对评价的基础上，进一步展开个体内差异评价。

■ 第3节　教师评价

■ 一、教师评价的目的、意义

教师评价就是根据学校的教育目标和教师的工作任务，运用恰当的评价理论和方法手段对教师个体的工作进行价值判断。科学的教师管理制度和方法，是调动教师积极性、促进自身发展、改进教育教学、提高教育质量的重要机制。而科学地评价教师的工作，则是这种机制的重要基础。

教师评价能否发挥积极作用，受很多因素的影响。但就教师评价本身而言，它至少应能实现以下目的和要求：（1）能客观、公正、可靠地鉴别和评定教师各方面工作的质量、水平，否则，教师和有关人员就会对评价持否定和怀疑态度，对在评价基础上做出的各种决策和处理产生抵触情绪；（2）能诊断和发现教师工作中的较为具体的优点和弱点，为教师自身的发展和改进教育教学工作提供具体的反馈信息，而不能是笼统的结论或简单的总评等级。

■ 二、教师评价的基本内容

应当从哪些方面评价教师，确定什么样的评价指标体系，是教师评价研究的重要课题。教师评价的项目和指标，对教师向何处发展有着重要的导向功能。

■ （一）教师工作综合评价的基本内容

教师工作综合评价是对教师各个方面工作的质量、水平和价值进行的综合评定。从目前的研究和实践来看，教师工作综合评价的项目主要是根据国家、社会以及教育活动本身的规律对教师职业提出的各项要求来确定的。概括地讲，教师工作综合评价的基本内容和项目主要有以下几个方面。

1. 政治思想素质和师德修养

2. 专业知识

3. 教育教学能力

4. 专业品质

（以上四个方面详见第五章"教师与学生"，这里不再重复）

5. 教育教学效果

教师的教育教学是否实现了教育教学的目标，是否真正促进了学生的学习和身心等方面的发展，是评价教师教育教学质量的根本标准。一个教师是不是好教师，关键是看他的教育教学效果。因而，教育教学效果已成为教师评价的基本内容。

6. 教育科研能力和水平

一个不善于进行教育研究的教师，容易因循守旧、缺乏改革创新，个人经验不能及时上升到理论进一步发展，同时也难以接受先进的教育教学思想，把自己局限为一个教书匠。教师重视教育科研，具有较高的教育科研素养，可以使教育教学工作上升到较高的艺术境界。现在，许多教师评价方案都把教育科研作为一项评价内容。

7. 教师工作量

在教育教学效果达到一定的标准之后，教师的工作量也反映了教师劳动的价值。因而，教师承担的教育教学工作、社会工作、科研工作等方面的工作量，也应是教师评价的基本内容。

■ （二）教师教学评价的主要内容

教学评价是教师工作评价的一个重要方面。国外有很多研究对学生评价教师教学进行了因素分析。这些研究发现的公共评价项目主要包括：（1）教学的组织、结构和清晰度；（2）教师和学生间的交流和关系；（3）教学技巧、表达和讲课能力。其他评价项目还有课程的负担或难度、评分和考试、对学生的影响（学生自我评定学习收获）和总体效果等。以韩国教师专业发展评估标准为例，在教学、学生指导方面，对教师的评价标准如表10-2所示。

表 10-2　韩国教师专业发展的评价标准①

领域	要素	标准	
教学	准备	理解课程，努力改善教与学的方法 开展学习者分析、教学分析 确定教与学的策略	
	实施	导入 教师态度 教学材料 总结与综合	教师提问 师生互动 教学活动
	评价与应用	评价学生的学习（标准和方法） 评估结果的运用	
学生指导	人格发展	理解学生个性，实现其个性发展，促进创造力培养 与家长合作指导学生 基于学生的兴趣和特长进行生涯指导	
	社会发展	培养良好的习惯 促进学生的在校适应力 培养民主社会的公民	

如今，世界上许多国家形成了教师阶段性的评价标准，例如澳大利亚界定了新手教师、成熟教师、资深教师与领导型教师在不同阶段的考核要求与指标。教师评价被用于教师的注册、定期考核、晋升、奖励方案中，具有导向、问责、激励等功能。

■ 三、教师评价的主要方法

教师评价方法很多，在我国，目前主要是通过学生评价、同行评价、领导评价、自我评价、学生成绩分析和档案袋评价六种方法和途径来收集评价信息的。

■（一）学生评价

学生是教育的对象，是教师产生的各种教育影响的直接体验者。他们的体验和感受最能有效地反映出教师的某些方面的水平，如师德修养、教学态度、教学能力、教学过程和效果等。让学生评价教师，是教师评价的一个重要的、较为可靠的信息渠道。在美国的许多大学，系统的学生教学评价结果在教师的

---

① CHOI H J, PARK J-H. An analysis of critical issues in Korean teacher evaluation systems［J］. Center for Educational Policy Studies Journal, 2016, 6（2）：151-171.

总评价中占相当大的分量，同时也对学生的评价有关问题和方法进行了许多研究。通过学生来系统地评价教师的教育教学，关键是要研究和设计出适当的方法和工具。选择和设计方法、工具时，必须考虑和研究有关问题，如确定哪些方面或项目最适合于学生评价，哪些项目最能提供有价值的参考信息；对于不同年龄特点的学生，哪些方法更为有效、更为可行；每个项目以什么样的问题方式、评定最有效；设计多少个评价项目和问题既能获得可靠的总评结果，又能诊断出一些问题，为教师提供更为具体、更有价值的反馈信息；让学生评价时，如何调整和控制他们的心理状态。在我国的教师评价中，虽然学生评价也得到重视，但有明显欠缺。存在的主要问题是评价工具和方法设计较为简单，评价项目少，得到的多是概括性评定信息，反映具体问题的信息不够。

（二）同行评价

同行包括本校的教师、校外的教师或专家等。他们对教师的专业知识和能力水平、教育教学指导思想的合理性、教学方法与教育教学目的的适合性、教育科研水平等方面常能做出恰当的评价。但评价者必须是对被评教师的有关方面情况有所了解的教师同行。否则，所做的评价就不可靠。

（三）领导评价

教师所在学校、系、组（室）的领导有责任对教师做出公正的评价。特别是有丰富教学经验的领导，更有能力对教师工作做出恰当评价。但这要求他们必须多去接触教师，多去听课，多去了解学生、教师同行对教师的反映，多去了解有关教师工作及成就的分析和记录，掌握丰富的信息。否则，他很难做出全面的、恰当的评价，即便做出了评价，也常会遭到教师的合理非议。

（四）自我评价

为教师列出各方面的标准，让他们进行自我评价，不仅是教师工作总评的重要依据，而且也可实现帮助教师改进工作的评价目的。虽然自我评价常会有夸大自己的价值、评定等级较高的嫌疑，但这并不妨碍教师会在内心里客观地分析和评价自己的工作和业绩，做出如何改进和完善的决策。学生评价、同行评价、课堂记录或录像带都能向教师提供自我评价和自我改进的依据。因而，学校应将这些方面的评价结果信息及时反馈给教师，以便他们正确地评价自己。

（五）学生成绩分析

根据学生的成绩分析来评价教学，也是一种重要的方法。学生学完规定的教学内容之后，知识和能力的提高是评价教学是否达到规定的教学目标的重要标准。如果某教师所教学生的成绩经常低于或高于全年级同类学生的统考平均成绩时，就有理由做出其教学能力高低的评价。另外，根据学生成绩的分布状态，可对教师的教学重点及其价值做出评判。

■（六）档案袋评价

教师档案袋为教师的过程性评价提供了重要的证据，目前已经成为许多国家考核教师的重要手段。教师档案袋由各种不同的要素构成，包括教案和教材、试卷分析、教师的反思报告等各类与教学相关的进展性材料。美国学者达林认为，应用专业发展的思想设计教师档案袋，让档案袋促进教师的反思①。由此，档案袋评价的专业发展导向功能更加明确。需注意的是，某些设计不良的档案袋，或者为了应付检查的档案袋成为教师额外的工作负担，不利于教师的发展。

> 教师评价就是根据学校的教育目标和教师的工作任务，运用恰当的评价理论和方法手段对教师个体的工作进行价值判断。

■ 第4节　学校办学水平评价

■ 一、学校办学水平评价的目的和任务

1985 年《中共中央关于教育体制改革的决定》提出，"教育管理部门还要组织教育界、知识界和用人部门定期对高等学校的办学水平进行评估"，以加强对高等教育的宏观指导和管理。1986 年，全国人大六届四次会议通过的《关于第七个五年计划的报告》又进一步明确提出："要加强教育事业的管理，逐步建立系统的教育评价和监督制度。"在这两个重要文件的推动下，我国迅速展开了学校办学水平评价的研究和实践。在广泛的研究和实践基础上，国家教委分别于 1990 年、1991 年颁布了《普通高等学校教育评估暂行规定》和《普通中小学校督导评估工作指导纲要》（以下简称《指导纲要》）。这两个文件是对我国学校办学水平评价工作的政策规定性文件。2016 年，国务院教育督导委员会办公室印发了《中等职业学校办学能力评估暂行办法》，2020 年，教育部印发了《县域学前教育普及普惠督导评估办法》，这两个文件是对我国职业教育、学前教育工作评估的政策规定性文件。本节主要介绍中小学校办学水平评价的相关问题。

学校办学水平评价是一种综合性的教育评价。它是指教育行政部门或专门的评价机构根据国家和社会赋予学校的教育目标和任务，运用科学的评价理论和技术，对学校的办学方向、办学条件、管理工作、办学效益等方面进行的总

---

① DARLING L F. Portfolio as practice：the narratives of emerging teachers ［J］. Teaching & Teacher Education，2001（17）：107-121.

体的或单项的价值评判。我国目前既重视总体的综合评价，也重视学校各类工作的分类评价。

根据《指导纲要》的规定，对普通中小学校办学评价的目的，是督促学校认真贯彻有关教育的方针、政策、法律、规定，端正办学方向，遵循教育规律，深化教育改革，优化教育管理，培养社会主义建设者和接班人；督促政府及其教育行政部门改进对学校的领导，解决办学中存在的问题；引导社会、家长用正确的标准评价学校的办学水平。

为实现上述目的，中小学校办学水平评价应完成的基本任务主要有：（1）研究和设计各种有效的评价方法、评价工具，系统地收集可靠的信息资料，准确地了解实际情况；（2）科学地分析收集到的信息资料，对学校各方面工作的水平和总体办学水平做出恰当的评价；（3）为学校改进工作、开展教育改革和教育管理部门改善宏观管理提供有价值的决策信息等。

■ 二、学校办学水平评价的基本内容

《指导纲要》确定的督导评估内容要点，是学校办学水平评价内容的主要依据。它提出的评价内容要点主要有以下几点。

■（一）办学方向

学校应全面贯彻教育必须为社会主义现代化建设服务、为人民服务，必须与生产劳动和社会实践相结合，培养德、智、体、美等方面全面发展的社会主义建设者和接班人的教育方针，实现教育目标。学校教育要面向全体学生，统一要求，因材施教。

■（二）学校管理

1. 组织领导：校长的岗位培训情况；政治思想素质与业务素质情况；贯彻执行有关教育的方针、政策、法律、法规的情况；党组织发挥政治核心与监督保障作用的情况；民主管理与教育工会、教职工代表大会的建设；机构设置、职责划分、团结协作、工作效率；规划与计划的实施；信息统计与档案管理工作。

2. 队伍建设：教职工的思想政治工作、政治学习制度；岗位责任制、教职工的主人翁意识与工作实绩、考评与奖惩；教职工队伍的培训与提高、骨干教师的培养；关心教职工生活；有关教师政策的执行情况及教职工队伍的稳定情况。

3. 德育工作：德育的位置；德育工作管理体制与队伍建设；德育工作的计划与实施；各项工作渗透德育，教书育人、管理育人、服务育人，学校、社会、家庭的配合；校容、校风、校纪；德育研究与改革。

4. 教学工作：教学计划与教学大纲的执行情况，教学质量的高低，教学

的组织、实施与检查，教研与教改；教材和复习资料的管理；学生课业负担及其控制；执行招生计划情况，班额控制，学籍管理，流失率，留级率；劳动教育、劳动技术教育与社会实践；体育、卫生制度，课余体育训练与竞赛，健康教育与卫生监督，公共卫生；课外活动；教学设施、仪器设备、图书资料的利用与管理。

5. 总务工作：财务管理与监督；收费项目与收费标准的执行情况；学校资产管理，后勤服务；勤工俭学与校办产业；校园规划、建设与管理；安全教育与安全措施。

■（三）办学条件

1. 领导班子：素质、配备、结构。

2. 师资队伍：教师编制额和实有数量；教师学历达标率、专业证书考核合格率；教师的学历、职称、专业、年龄结构。

3. 物质条件：校舍，场地，设施；教学仪器设备，图书资料，卫生设施。

4. 经费：生均公用经费，生均业务费；教师经济待遇和政策落实情况。

我国目前许多评价指标体系所确定的评价内容和上述这些内容基本一致。应当指出，这些评价内容对学校办学特色及以学校背景（原有水平、生源、师资等方面情况）为基础的学校办学效率和效益等方面的评价，缺乏重视。

学校教育应促进学生的全面发展，但全面发展并不是使学生在所有的方面都达到相当高的水平。社会需要的是各方面都得到较好的发展，并又在某些方面有所特长的人才。大学不仅要培养这样的人才，中小学校教育也应为学生的这种发展奠定基础。因而，学校在完成国家规定的基本教育教学任务的前提下，还应当办出一定的教育特色。学校的教育特色应当作为学校办学水平评价的一项重要内容。

每个学校的背景都不一样。学生的原有的基础和水平不同，对学校管理和教育教学工作的难易程度、学生学业成就以及各方面的发展水平都有很大影响。对学校的教育质量，如果仅通过对学生现有的实际发展水平的比较来进行评价，很难反映出许多学校办学工作的实际价值。事实上，许多学校在生源较差、办学条件较为艰苦的情况下，使学生的发展潜能得到充分的挖掘，创造出很高的教育教学效益。因而在评价学校时，不能仅注意各方面的绝对水平评价，也应重视投入与产出的效益方面的评价。另外，学校的教育科学研究、教育教学改革、学校的建设发展也应当作为评价的内容。

■ 三、学校办学水平评价的指标体系

在我国的学校办学水平评价中，最为重要的工作是建立科学的评价指标体系。因为它具有指挥棒的作用，直接影响着办学的方向。实践中，许多地方评

价学校办学水平的主要指标是升学率，对中小学校片面追求升学率无疑起了推波助澜的作用。无论是在理论上，还是从实践的经验、教训看，确立科学的学校办学水平指标体系对学校办学水平评价都是十分重要的。

指标是评价目标一个方面的规定，它是具体的、可测量的、行为化和操作化的目标。指标体系就是指反映评价目标的、并被赋予一定权重的一系列指标的结构系统。指标体系决定评价什么，它不仅反映评价内容的结构，而且也体现出评价的倡导者和设计者对评价内容的价值取向。人们重视什么，强调什么，就会把它列为重要的评价内容，并赋予其较大的权重。

建立科学的学校办学水平评价指标体系，是一项非常复杂的工作。它需要遵循一些基本原则和要求，通过一系列重要环节，综合运用多种可靠的方法和技术。在我国，人们认为，设计指标体系应遵循下列原则：（1）各项指标应与目标保持一致性；（2）指标具有可测量性；（3）系统内指标应有相互独立性；（4）指标系统应有整体完备性；（5）指标应有可比性；（6）指标应有可接受性。

科学的指标体系设计过程，通常要经过以下几个阶段：（1）明确评价目标，即明确国家赋予学校的办学目标；（2）层层分解评价目标，使之转化为全面的、适量的、可测的（定性或定量）指标；（3）对分解出的指标进行归类合并，筛选出能涵盖全面又具有代表性的项目，形成初步的科学合理而又比较精简的指标体系；（4）进行预试，进一步修订指标体系。在各阶段，为保证工作质量，又需要研究者选择、运用多种科学的、可靠的方法和技术。文献分析、理论推导、演绎法、专家论证、民主评议、调查统计、德尔菲法、试验分析、R 聚类分析、主成分分析等，都是很有价值的方法和技术。

另外，在评价理论和实践中还有许多问题需要研究和探索。例如，如何通过评价促进改革、提倡特色，如何解决统一性要求与多样性实际的矛盾，如何适应不同社会历史背景、地区和学校发展水平差异问题，如何表达评价结果以及如何利用评价结果等。

学校办学水平评价是一种综合性的教育评价。它是指教育行政部门或专门的评价机构，根据国家和社会赋予学校的教育目标和任务，运用科学的评价理论和技术，对学校的办学方向、办学条件、管理工作、办学效益等方面的水平进行总体的或单项的价值评判。

评价指标是评价目标一个方面的规定，评价指标体系就是指反映评价目标的、并被赋予一定权重的一系列指标的结构系统。

主题词

教育评价	绝对评价
教育评价功能	相对评价
教育评价过程	个体内差异评价
学生评价	教师评价
学业测评	学校办学水平评价
评价指标	评价指标体系

习　题

1. 如何理解教育评价的概念?

2. 教育评价有哪些功能? 进一步分析实现各种评价功能需要哪些条件。

3. 教育评价的基本过程有哪些重要环节? 各个环节应注意什么问题?

4. 当代教育评价发展的主要特点和趋势有哪些?

5. 试联系实际分析绝对评价、相对评价和个体内差异评价在学生评价中的应用及存在的问题。

6. 试析教师评价的主要目的和评价的主要内容, 联系实际分析教师评价中存在的问题。

7. 中小学校办学水平评价的主要目的和任务是什么?

参考文献

1. 陈玉琨. 教育评估的理论与技术 [M]. 广州: 广东高等教育出版社, 1987.

2. 瞿葆奎. 教育评价 [M]. 北京: 人民教育出版社, 1989.

3. 北京市高教局, 等. 教育评估的理论与实践 [M]. 北京: 北京航空学院出版社, 1987.

4. 张玉田, 等. 学校教育评价 [M]. 北京: 中央民族学院出版社, 1987.

5. 林昌华. 学校教育评价 [M]. 成都: 四川大学出版社, 1990.

6. 王汉澜. 教育评价学 [M]. 开封: 河南大学出版社, 1995.

7. 吴钢. 现代教育评价基础 [M]. 上海: 学林出版社, 1996.

第*11*章
当代学校管理

学校管理既是社会管理的组成部分，又是学校教育理论和实践的一个重要方面。管理也是生产力，是效益和质量的保证。在现代社会，学校管理在教育活动中的重要性越来越凸显。

■ 第1节　学校管理的理论与实践

■ 一、学校管理理论

学校管理是根据一定的教育目标和管理目标，通过决策、计划、组织、指导和控制，有效地利用学校的各种要素，以实现培育人的社会活动。

为适应现代社会经济、政治、科技、文化发展的要求，从20世纪50年代开始，一些发达国家着手进行教育改革，延长义务教育年限，改革教育结构，加强继续教育，推进教育民主化、现代化。与此相适应，各种教育思想、各种学校管理理论也得到发展，新观点、新流派不断涌现，出现"管理理论的热带丛林"现象。西方国家有代表性的教育管理理论可以概括为以下六种。

■ （一）角色理论

这一理论根据社会学的观点侧重分析研究学校组织及其成员的关系，认为学校组织是学校中各种职位的成员所组成的社会系统。这些组织成员的行为方式受到组织内外对他们的期望的影响。学校中的每个成员都扮演着特定的角色，每个角色又有一定的行为标准。通过角色的扮演，个体与他人发生交互作用，并由此参与学校管理活动。他们认为，角色有三个层面，即角色期待、角色知觉和角色实现。角色期待，是社会、组织及他人对自己扮演的角色的期待；角色知觉，是自己对自己所扮演的角色的认知；角色实现，是以角色期待、角色知觉为基础，实现自己所扮演的角色，又称角色行为。格茨尔斯、林顿等人是这种理论的代表人物。

■ （二）过程理论

古利克、厄威克在 1937 年合编的《管理科学论文集》一书中把管理职能的理论系统化，提出行政管理是一种过程。他们创立了著名的"POSDCORB 过程论"，认为基本管理过程有七个步骤，即计划、组织、人事、指挥、协调、报告、预算。这七个步骤也就是管理的基本职能。过程理论是从管理过程的角度研究行政管理人员职能的，以明确管理人员的职责及其工作步骤。它在探索和解释一般行政过程的规律性方面，对西方管理理论、对教育管理理论的发展产生了影响。

■ （三）系统理论

第二次世界大战后，一些现代管理理论学者提出了系统理论，并形成了各种学派。他们认为，系统理论是当代先进的行政管理理论之一。学校组织是一个系统，是一个有输入过程也有输出过程的有机体。学校系统有赖于社会系统的存在，是社会系统的一个分支。学校系统由许多交互反应的元素构成，包括个人、各种团体，它们在结构形式、目的、态度、动机、状态等方面发生相互影响和作用，同时受到社会系统的政治、法律、经济、文化、技术及社会问题等的影响，并发生交互作用。要使学校系统发挥其最理想、最高效能的作用，就必须对这些元素和势力加以适当的控制和安排，使它们各得其所、各司其职。系统理论认为，各级组织是一个协作系统，包含协作的意愿、共同的目标、信息联系三个要素。用系统观点去考察和管理学校教育，可使各个系统和有关部分相互联系的网络更清楚，有助于提高各级教育行政组织的效率，较好地实现教育系统的总目标。

■ （四）素质理论

素质理论认为教育行政人员的优劣，关系到整个教育活动的成败。教育管理的任务在于选择适当的学校行政人员，安排适当的行政职位，并赋予其适当的责任。在各级教育组织中，有了良好素质的教育行政人员，就能推动各级教育事业的发展。素质理论又被称为领导特质理论，其着眼于分析优秀行政人员应具备的各种素质，进而依据素质标准选择人员，再予以训练、任用。一些研究成果表明，良好的行政人员的共同素质包括友善、自信、果断、机智等，主张以此作为辨别教育行政人员优劣的标准。还有一些学者认为，人格素质对领导行为有重要影响。素质理论追求每个组织有最佳的领导，以在现代社会中应付组织内外的环境，做出有价值的努力。

■ （五）权变理论

在素质理论基础上，有关领导有效性的研究转入权变理论。权变理论认为领导的有效性不是取决于领导者不变的品质和行为，而是取决于领导者、被领导者和情境条件。随着研究者把注意力从静态的品质转移到动态的领导情境，影响领导有效性的大量情境因素被识别出来。其中代表性的研究人物及其成果是费德勒（F. Fiedler）的领导有效性权变模型，豪斯（R. House）的路径—目标领导理论，卡曼（A. Korman）的领导生命周期理论。

（六）领导及领导力

随着 20 世纪 70 年代"有效学校"研究的发展，以及各国和地区有关教育领域变革报告的涌现，教育领导、领导力成为重要的关键词；领导学本身的进展使得领导拥有了新的内涵与变式。有学者认为管理和领导最大的区别在于前者的工作重心是有效执行组织的安排，后者重在影响他人以取得令人向往的目标，通常蕴含着变革①。其中具有代表性的人物及其成果是海林杰（P. Hallinger）的教学型领导，伯恩斯（Burns）的变革型领导和哈瑞斯（A. Harris）的分布式领导。

> 学校管理是根据一定的教育目标和管理目标，通过决策、计划、组织、指导和控制，有效地利用学校的各种要素，以实现培育人的社会活动。

二、学校管理与改进

教学管理是按照教学规律和特点，对教学工作进行的计划、组织、控制、监督等管理活动。

（一）实施校本管理，必须把教学管理放在重要地位

近些年来，英国、美国、加拿大、澳大利亚等一些国家在推进教育改革的运动中，相继提出校本管理的理念，主张教育活动"校本化"，以学校本身的特性和需要为出发点进行管理工作。这一理念体现了人们对学校管理的本质特点认识的深化，也反映了当今世界教育改革发展的共同趋势。

> 校本管理是学校以教学工作为核心，根据教学规律的自我独立管理。实施校本管理，提高学校管理的效能，必须坚持以教学为主，把教学管理放在学校工作的重要位置。

首先，教学是实现教育目标，提高人的素质的基本途径。教学是学校的主要工作，以教学为主，是学校教育的基本规律，也是学校管理工作的基本规律。教育活动可分为宏观、中观和微观三个层面，对人产生直接影响的层面是微观层面，即学校教学活动。学校教学是全面贯彻教育方针，全面提高教育质量的基本途径。学生的思想品德教育，要通过教学来进行；向学生传授知识、

---

① CUBAN L. The managerial imperative and the practice of leadership in schools [M]. Albany: State University of New York Press, 1988.

发展学生的能力，要通过教学来实现；增强学生体质，使学生具有健康的体魄，也离不开教学。从一定意义上说，学校教学工作就是教学管理工作，教学计划的制订与执行、教学活动的组织与安排、教学质量的检查与反馈，都是教学管理工作，通过教学管理的指挥、组织、协调，教学活动才能有条不紊地进行。因此，重视教学工作，就必须重视教学管理工作。

其次，教学管理在学校各项管理工作中处于中心地位。学校工作千头万绪，纷繁复杂，但中心是教学工作。教学工作组织管理得好，不仅有助于建立稳定正常的教学秩序，促进教学质量的提高，而且有助于带动其他各项工作的开展。

再次，教学是学校教育实践活动的主要形式。学生素质的提高，学生的成长与发展主要是在学校实践活动中实现的。实践活动是学生成长与发展的基础。离开学校实践活动，学生素质的提高就成了无源之水、无本之木。因此，作为学校教育实践活动主要形式的教学，对于学生的社会化和学生发展的个性化，都起着重要作用。

（二）教学管理首先是教学思想的管理

教学管理，首先是教学思想的管理，其次才是行政的管理。这是现代学校管理学的一个重要观念。

思想是行为的先导，一切教学活动总是受一定的教学思想支配和指导的。一个教师的教学水平如何，除了业务能力外，他的教学思想也起着重要的指导作用。教师教学工作具有个体性、独立性的特点，教学思想有很大的自主性。教师在相当大的程度上都是按照自己的想法和意愿来进行教学的，其教学思想对教学工作的方向和质量必然产生最直接的影响。

正确的教学思想是符合教学规律，能够促进学生身心健康发展的教学思想。学校管理者和教师的教学思想，是他们的世界观、人生观、价值观、教育观的综合体现，是在多年的教学及教学管理实践中逐渐形成和发展的。当前，适应社会主义现代化建设的需要，应试教育要向素质教育转轨，深入进行教学改革已是当务之急。为此，必须改革同社会主义现代化不适应的教学思想、教学内容和教学方法，要求学校管理者和教师树立素质教育观念，面向全体学生，强化普及教育的意识，淡化选拔意识；面向每一个学生每一个方面，促进学生德、智、体、美、劳全面发展；面向学生的主动发展，培养学生的创造性。要求学校管理者和教师正确认识和处理教学工作中的各种关系，如教书与育人的关系、教学与发展的关系、教师主导与学生主体的关系、各门学科之间的关系、课内与课外的关系，树立教书育人、教学促进发展、教学主体、各学科一体化、课内外一体化等观念。

■ （三）常规管理是教学管理的基础

学校教学管理，在很大程度上是通过常规管理来实施的。常规管理是学校教学工作乃至全部教育工作得以有条不紊地进行，达到规范化和有序化，保持正常的教学秩序、工作秩序、活动秩序和生活秩序的重要保证，是不断提高教学质量和教学效率的重要条件，是学校教学管理工作的基础。抓常规管理，已成为我国许多中小学成功的办学经验。没有教学常规管理，学校教学工作就无章可循、无矩可守。

所谓教学管理常规，是指从习惯上认同的或法令条文上规定的有关经常性教学工作的政策、规则、程序的总和，是学校教学工作中基本的规范要求。教学常规的范围很广，既有国家立法，政府的政策、法令、条例及有关职能部门各种规定等宏观层次的内容，又有学校拟定的规章制度和要求、师生拟定的公约等微观层次的内容；既有规则、守则、行为程序和方法，又有多年形成的传统、惯例和风气；既有成文、不成文的形式，又有约定俗成的形式。

教学管理常规，一般可分为工作程序性的、事务组织性的和活动规范性的三类。教学管理工作程序性的常规是指按照学期工作进程的阶段和管理周期中各主要环节的要求，分为学期初、学期中和学期末三部分的常规，各个阶段、各个周期的教学工作都有一系列的规范要求。如学期初的工作常规有调整和安排教师的工作，制订教学工作计划，制定本学期的作息时间表、课程表和课外活动表；安排留级生和新入学学生、插班生工作等。学期中的工作常规有组织期中测验、考试和工作检查；教学质量分析；召开师生座谈会，了解情况，收集意见，狠抓教学薄弱环节等。学期末的工作常规有检查各科教学进度，组织复习和期末考试，统计分析考试成绩，分析质量，做好学期教学工作总结，进行教学考核等。教学管理事务性的常规，也称为教务工作常规，其内容包括编班、编排课程表、管理学籍档案及教学档案等。教学活动规范性的常规是以制度形式固定下来的常规，如教师教学工作制度、教研组工作制度、学生学习制度、课堂常规、考试规则、考勤制度等。

教学常规管理是指为实现学校的教育目标和教学目标，以教学常规为手段，实现对学校教学工作的组织、控制、调节和指挥的活动。

与其他管理相比，教学常规管理具有基础性、强制性、实际操作性等特点。它是学校教学管理的基础性工程，是其基本的规范要求。教学常规管理，必须符合教育、教学规律，而不能违背教育、教学规律；必须符合社会主义教育方针、政策，而不能背离社会主义教育方针、政策；必须以教育法律和规章制度为依据，以行政手段和措施为基础，用教育法律、规章制度的权威对学校教学工作实施管理，师生员工都必须服从和遵守它。教学常规管理的要求不仅是明确具体的，是切实可行的，而且还便于检查和执行，具有实际操作性。当然，由于管理对象是活生生的、有思想的、有感情的人，实施教学常规管理还需要思想教育、自我教育的手段及物质激励、精神激励的手段相配合，这样才能取得良好的管理效果。

学校教学常规管理，按照教学管理常规可分为教学例内管理和教学例外管理。教学例内管理是在教学管理常规范围内的管理，即例内行事，按照教学常规、惯例去进行。教学例外管理则属于超出教学管理常规范围的各个方面与各种问题的管理。学校教学管理者如果能抓好教学例内管理，就能有更多的时间去研究教学例外管理问题，有利于发挥各个层次管理者的主动性和积极性，有利于提高工作效率，同时也有利于克服只凭个人主观意志的随意性管理倾向。

学校教学常规管理的实施，首先必须依据社会主义教育方针，贯彻从实际出发的原则，拟定简单明确、高度简约的教学管理常规。这种常规既能够控制、调节师生员工的行为，同时又不过分地约束、限制他们的主动性和创造性。其次，在教学常规管理过程中，要提出鲜明的行为、活动特征方面的要求，好的教学管理常规应是本校行为活动特点的鲜明化、概括化，是本校优良教学传统和教风、学风、校风的体现。再次，实施学校教学常规管理，必须培养一批模范带头执行常规的积极分子。模范人物、积极分子是一个组织、一个集体价值观的人格化，他们是学校教学管理常规的载体与传递者，起着承担、象征、延续的作用，有了一支积极分子队伍，就能形成很强的同化力。最后，实施教学常规管理要严格要求。没有要求就没有教育。教学常规管理必须狠抓"细""严""实"，常抓不懈，形成习惯和风气。

■ （四）教学管理的核心是教学质量管理

教学管理是学校管理的主体部分，教学质量管理又是教学管理的核心。提高教学质量，是教学管理的出发点和归宿。学校教学管理的一切工作，归根结底都是为了切实保证和不断提高教育教学质量。

教学质量管理是指在正确的教学质量观指导下，以提高教的质量和学的质量作为目标而实施的管理互动。

教学质量管理，实质上是通过抓质量对教学实施管理。这里所说的质量，是指教与学两方面的质量。教学是教与学的双向活动，教学过程是教师教的过程与学生学的过程的有机统一。因此，衡量教学的质量，不能割断二者的联系。只看教的水平，或者只看学习结果、学生考试成绩，都是片面的。教学质量管理包括以下二方面的内容。

1. 全面教学质量管理

全面教学质量管理是把学生的全面发展作为教学管理的方向和目标，为提高教育质量实施的管理。这就是说，学校教学质量管理所要达到的要求是全面的。它既要重视学生的智育，也要重视学生的德育、体育、美育及劳动技术教育；既要加强基础知识和基本技能的训练，又要发展学生的智力，培养学生的能力，激励他们的创造性；既抓教师的教学质量，又抓学生的学习质量；既要使拔尖学生成绩卓著，又能使其他学生在达到合格标准的基础上不断提高；既要使学生毕业后升学，适应高一级学校学习的要求，又能使学生接受必要的就业准备教育，掌握基本的生产劳动知识和技能，适应劳动就业的需要。全面教学质量管理要求从系统整体上抓教学质量的全面提高，全面完成教学质量管理任务。

2. 全过程教学质量管理

全过程教学质量管理是指实施教学过程的每一阶段、每一环节的质量管理工作，从单纯管理、检验教学质量的结果，转向抓好教学全过程的工作质量管理。以往的质量管理，只抓终结管理，只抓教育劳动产品质量的检验、评估。实际上，产品质量不是检验出来的，而是制造出来的。检查教育劳动产品质量，发现产品不合格已难以弥补。因而，现代质量管理，不仅要抓产品质量检验、评估，更重要的是抓创造生产产品的过程，及时发现问题，把不合格产品消灭在检验之前，这才是科学的全面质量管理。学校教学质量管理同样也应是教学全过程的管理，即不仅要检查教学成果的质量，更要抓教学全过程的工作质量管理，而且要把重点放在教学过程的管理上。学生的学习成绩是教学全过程工作的质量的综合反映。离开了教学全过程的质量，就谈不上教学成果的质量。

教学过程具有阶段性，每一阶段又包括若干环节。教学工作计划、组织、实施、检查和总结，教师的备课、上课、辅导、批改作业、指导学生开展实践活动，学生的预习、听讲、写作业、实习、考试等每个环节，都直接关系到最终的教学成果。因此，教学质量管理就要抓好各年级、各学科、各个教学环节的工作质量。对影响和形成教学质量的每一个环节、每一阶段要提出明确的要求，采取有力措施，重视日常管理，使整体教学工作过程的质量实现最优化。

3. 全员教学质量管理

全员教学质量管理是指全校教职员工及学生都参与教学质量管理工作。教学工作是学校的中心工作，涉及面广，学校全体工作人员都与提高教学质量密切相关，而不仅仅是教师个人的事。因此，学校全体成员都应积极参与教学质量管理，各个部门都要以优质的工作来确保教学质量的提高。实施全员教学质量管理，要求学校建立符合教育特点的岗位责任制，实行科学的评估和奖惩制度，充分发挥学校成员的主体作用，调动其主动性和积极性，要求各在其位，各司其职，各尽其责，协调活动，保质保量按时完成本职工作和学习任务，直接或间接地参与教学管理。

教学质量管理有两个主要环节，一是建立教学质量标准，二是加强教学质量控制。教学质量标准是教学质量管理的基础，有了质量标准，才能有明确的质量奋斗目标，使每位教师明确自己工作的质量标准和要求，明确自己的工作方向。确立质量标准应包括教学成果的质量标准和教学工作过程的质量标准。教学成果的质量标准应包括知识质量、技能质量、智能质量、思想品德教育质量等几个方面。教学工作过程的质量标准包括备课、上课、作业、辅导、成绩考核等方面的要求。教学质量标准确定后，如何达到质量标准，就要采取各种措施，对教学工作过程的质量和教学效果的质量进行必要的控制，争取整个教学工作处于最佳状态，以达到提高教学质量的目的。

教学质量控制是指对影响教学质量的因素直接加以干预，如总结和推广先进教学经验，限制和排除偏离教学大纲、有碍于教育质量提高的不利因素等。对教学质量实行控制，关键在于将经过质量检查和分析提出的改进教学的意见付诸实施，切实解决教学各个环节上存在的问题。要及时地获取各种反馈信息，对形成教学质量的各种因素进行合理的调控，有些则要"预防第一，超前控制"，采取积极措施，防患于未然。如为防止初中二年级学生两极分化，就需及早加强思想品德教育，严格学习管理，把可能影响教学质量的消极因素消灭在萌芽状态中。

> 教学管理是按照教学规律和特点，对教学工作进行的计划、组织、控制、监督的管理活动。教学质量管理是指在正确的教学质量观指导下，以提高教的质量和学的质量作为目标而实施的管理活动。

■ （五）计算机在教学管理中的应用

计算机管理教学（CMI）是计算机辅助教育的一个组成部分。它是指利用计算机帮助教师管理和指导教学过程，并为教师提供做出教学决策所需要的有关信息。教师可以通过 CMI 了解学生学习的情况和理解、掌握知识的情况。随着教育现代化的推进，计算机管理教学工作已成为科学管理的一个重要标志。实践表明，计算机用于教学、课程考试、测量与评价、学生学习成绩管理、教学资源管理等方面，不仅可以大大减少教师和管理人员的工作负担，而且有助于教师采集、处理和分析学生的各种学习反应数据，并及时向教师提供有助于教学决策的重要信息，以改进教学，提高教学质量。

计算机管理教学的形式和功能随着其应用范围的不同而多种多样。

1. 学习监控系统

学习监控系统的作用是监督控制学生的学习进程，保证其最终达到预定的行为目标。一般来说，学生学习的方式是个别化的。计算机内存储着各种教学方案和检测性测验，当学生学习了一些教学单元后，计算机将根据学生的行为（测验结果），提供当前的处方，建议学生采取相应的学习方法，从而使每个学生能按照比较适合自己能力水平的方式和途径进行学习，从而取得较为理想的教学效益。

2. 课堂信息系统

课堂教学至今仍是大多数学校采取的主要教学形式。教师在课堂教学中的任务除了以适当方式呈现教学内容之外，还要收集与分析学生学习情况，并做出反应决策。这一工作中，有经验的教师与无经验的教师之间的能力和水平相差甚远。利用计算机来收集有关信息，可以提高速度和准确性，从而改善教学效果。

3. 计算机辅助测验

教学过程中最重要的管理工作是通过测试设施检测学生的行为是否符合一定的标准，以决定教学条件的变化。测试设施通常是一些预先设计的问题所组成的各种测验。为了在教学中形成有效的反馈——矫正系统和提高教学效益，人们要做多种评价测试，而测试的设计和试卷的生成是需要大量精力和丰富经验的。计算机辅助测验就是利用计算机来辅助测验编制、测验实施、测验评卷与分析。这样可以减少教师编制与实施测试的繁重劳动，提高测试的可靠性和科学性，也可以通过测验分析获取有关学生与测验的有用信息。

4. 评教评学辅助系统

遵循教育评价的调查方法，将调查表格设计成答案标记卡的形式发给学生做出标记后，集中输入计算机处理，这是评教评学的一种重要辅助方法。它可以大大提高评教评学的效率，使评教评学活动可以全面地展开。

随着人们对教学过程中管理作用的认识的提高和信息技术的广泛应用，教学管理中会更多地应用计算机和其他信息技术，还会涌现出一些新的概念、新的方法，从而更好地提高教学管理水平。

■ （六） 当代学校改进与学校领导研究的发展

在过去的几十年里，以欧美为代表的西方社会持续关注学校教育质量的提升与改进，涌现出一系列的学校改进项目，它们试图通过学校管理效能的提升以实现学校教学和学生成就的改进。研究者在关于学校效能和学校改进的实证研究中发现，学校领导对组织的发展具有关键性的作用[①]。随着学校改进浪潮的延展和推进，学校领导研究经历了三个发展阶段。

第一阶段的学校改进浪潮关注课堂教学实践，希望通过改变课程与教学策略来提升学生的学习成绩。在这一阶段，学校被看作一个理性的、目标指向的系统，学校的发展目标清晰地指向提升学生的成就，并认为学生的成就是可以测量的。在这一变革时期，有效的学校领导实践强调通过校长对课堂和教师教

---

① BUSH T. From management to leadership: semantic or meaningful change [J]. Educational Management Administration & Leadership, 2008, 36 (2): 271-288.

学的监督和控制，直接提升班级教学质量和学生的成绩。有研究者认为，这一时期的学校领导研究强调一种英雄主义的自上而下的模式，相对忽略了领导对于组织内部互动和过程的影响作用，因此很难为组织的变革和发展所需的有效领导实践提供知识基础①。

第二阶段的学校改进以"重建运动"为代表，反思了第一阶段改革效果不佳的原因，认为第一阶段的学校改革失败的主要原因在于组织的官僚结构，故要使改革有成效，必须改变学校的基本结构。这一时期的学校改进强调学校管理的权力向教师、学生和家长下放，学校被看作一个有机且动态的系统，有效的领导实践需要通过去官僚化和构建同僚文化来调节和改变组织的内部环境，从而改变学校的文化以实现学校变革的目的。因此，这一时期的研究旨在回答什么风格的学校领导能够促进组织文化的变革。

第三阶段的学校改进将更多的学校外部环境纳入教育结构和变革中，从而形成一种更为综合的、全面的变革。研究者认为这样的变革模式能够从根本上改变学校的运作情况，减少对学生学业失败造成影响的环境因素②。这一阶段的学校被看作一个开放的系统，它的发展和变革不仅受到组织内部因素的影响，也会受到组织环境的作用。相应的，以前仅强调"领导者中心"的学校领导模式受到批评，取而代之的是分布式领导。分布式领导取代了以前学校领导单一影响路径的过程，转而强调学校领导更多渠道的互动影响过程。这一阶段的学校领导研究倡导将领导力分散到组织内外的多元个体和群体上，推进学校的系统变革。

■（七）当代学校管理实践的发展

为适应社会改革和学校教育发展的新特点，当代学校管理实践正在发生一场深刻的变革，出现了一些新趋势。

1. 学校管理自主化。许多国家在校本管理理念的指导下，注重加强校长的办学自主权，实行校长负责制度；在教育立法中，确定校长在管理学校中的核心地位，由过去的依附型管理向自主型管理转变。

2. 学校管理开放化。学校管理已成为全社会的事业。加强学校与社会的联系，加强学校教育与家庭教育、社会教育的衔接、沟通，形成一体化教育管理体系。学校管理开放化的标志是：树立现代大教育管理观，改变"就教育论教育"的观念；建立比较稳定的与社区联系的网络和基地；建立一定信息反馈系统；学校内部信息沟通的渠道畅通。

---

① RILEY K A, LOUIS K S. Leadership for change and school reform: international perspectives [M]. London: Routledgefalmer, 2000.

② HALL G E, HORD S M. Implementing change: patterns, principles, and potholes [M]. Boston: Allyn & Bacon, 2006: 2-17.

3. 学校管理民主化。管理者充分发扬民主，调动全体被管理者的积极性和创造性，并使之参与管理过程。学校管理民主化趋势表现在：（1）从学校自己管理转向社会参与管理；（2）从少数教育行政人员管理向全员管理方向发展；（3）从学校管理学生转向在教师指导下的学生自我管理。

4. 学校管理现代化。学校管理由经验型管理向管理现代化发展，创设优化的学校管理环境，向管理要质量，向管理要效益。学校管理现代化主要由管理技术装备现代化、管理组织制度现代化、管理观念与行为现代化三个层次组成。当前，学校管理现代化已成为学校管理研究的热点课题。

总之，现代学校管理呈现了自主化、开放化、民主化、现代化等发展的取向。这一取向反映了现代学校管理的特质，展现了学校管理发展的美好前景。

■ 第2节　教师管理与发展

学校管理涉及诸多因素，其中最主要的因素是对人的管理，特别是对教师的管理。教师管理既是学校管理的重要内容，又是学校管理的重要手段。

■ 一、依靠教师办学的教师管理思想

学校的中心工作是教育教学工作，教师是完成教育教学任务的主要劳动者。教师是教育教学过程的实际组织者、操作者。教师与学生直接接触和交往，对他们施加教育影响，使他们身心得到健康和谐的发展。学校教育教学质量的好坏，取决于教学过程的四个基本因素，即学生、教师、教材和教学手段。在这四个基本因素中，学生是教学的对象、学习的主体，教材是教学的内容，教学手段是进行教学的工具；而教师是进行教学活动的主导力量，在教学工作的各个方面和教学过程的各个环节都发挥主导作用。

现代管理中的人本原理认为，人是最具有能动性的。管理运动的核心是人，人是所有管理因素中最核心、最根本、最有决定意义的因素。管理，归根到底是充分发挥人的主体能动性。尊重人的主体能动性，调动人的积极性，是学校管理的出发点，又是学校管理的归宿。我国学校管理，应在遵循社会主义办学方向的前提下，把尊重人、理解人、激励人、充分发挥人的主体能动性作为学校管理工作的重要内容。教师在学校管理中，既是管理客体又是管理主体。在学校管理的整体层面，教师是学校管理的对象，充当管理客体的角色；在学校管理的微观层面，即班级管理中，教师相对学生而言，又充当着管理主体的角色。从作为管理客体的角度分析，教师是学校里具有较高思想觉悟和职业道德、具有知识储备和一定业务能力水平的群体。他们是学校管理者的管理指令的积极执行者，同时又积极作用和影响学校管理者。对于学校管理者的管

理指令，教师不是被动地、机械地、盲目地接受，而总是积极主动地选择和接受。因此，管理者进行学校管理，应把教师看作学校管理的主力军，是学校管理的主要依靠力量，依靠教师管理学校的各项工作。

二、教师管理与发展的目标和内容

确定学校教师管理目标，为管理工作指明方向，是做好学校教师管理工作的首要步骤。

学校教师管理目标，概括而言就是通过执行教师管理职能，建设一支素质优良、结构合理、专业配套、数量适度、协调配合、能适应教学和科研工作需要的教师队伍，充分调动广大教师教书育人的积极性，从而为我国的教育改革和发展服务，为实现社会主义教育现代化服务。为了达成这一目标，我国学校教师管理必须完成以下具体任务和内容。

（一）合理安排使用教师

合理安排使用教师，是教师管理的一项重要内容。要合理安排使用教师，首先必须做到知人善任，就是学校领导者要能够识别人才并善于使用人才。了解教师的思想业务水平和专长，了解教师性格爱好和健康状况，从而量才使用，用其所长，人尽其才。根据教师才能将其安排在适宜的职位上，努力做到才能与职位相当。对教师不求全责备，更不能只见其短、不见其长，而是用教师所长、避教师所短。要充分发挥教师的聪明才智，看到每位教师的潜力所在，并积极设法为其创造发展潜力的条件，把老年教师看作学校的宝贵财富，把中年教师看作学校承前启后的纽带，把青年教师看作学校的未来和希望。

合理安排使用教师，还必须合理安排教师的教学任务。这不仅有助于提高教师的能力，而且有助于提高教学质量。安排不当，则达不到上述目的，甚至会挫伤教师的积极性。安排教师教学工作，一要做到相对稳定，不能频繁变更教师所教课程和所教年级。二要做到新老搭配，即老教师带新教师，各年级都要配骨干教师。三要做到小型循环，即以实行小循环为主。有的教师稳定在低年级，有的教师稳定在高年级；在完全中学，有的稳定在初中，有的稳定在高中。教师能力强的，或负有实验任务的教师也可以实行大循环。当然这是极少数的，对多数教师来说，应以小循环为主。四要做到踏步跟班。这是对教学困难较大的新教师来说的。新教师如果教了一年以后，仍然感到吃力，要在原年级踏步一年至二年，然后跟班。

此外，还需注意组织协调配合，包括调整教师之间的关系，相互之间的工作衔接，信息的交流与沟通，充分发挥整体的合力。因为完成教学工作任务不是教师个体工作的简单叠加，而是教师集体协同合作的结果。这是系统理论在教师管理方面的体现。

■ （二）满足教师正当、合理的需要

教师管理应当满足教师正当、合理的需要，以调动教师的积极性。人的行为动机产生于人的需要，人的各种各样的活动，无不是由社会生活的需要而引起的，需要是调节人的动机的杠杆。同样，满足教师正当、合理的需要，是激发教师工作动机的杠杆。

教师的需要是一个多层次的结构。按需要的对象分，不仅有物质需要，还有精神需要。精神需要是人的高层次的需要，是人的精神支柱。它包括情感需要、发展需要、成就需要等。教师是具有较高知识水平的群体，具有与其他职业岗位人员不同的特点，精神需要是教师需要系统的主导需要，其激励效果更为显著，影响更为持久、深远。因此，满足教师正当、合理的需要，既要有物质生活方面的，诸如住房、经济待遇、子女就业等；又要有精神生活的需要，诸如要求入党入团、学习、进修、文化娱乐、个人发展等。在学校现有条件下，尽可能给予教师关心和帮助，通过各种组织、各种渠道来解决他们的问题。

■ （三）教师的培训与提高

在职教师的培训与提高，属于教师继续教育的范畴，这是当前教师管理工作的一项重要任务，也是建立和完善终身教育体系，不断提高教师队伍整体素质的一项战略性措施。培训与提高包括在职提高与脱产进修培训两种形式。对我国中小学教师来说，以在职培训提高为主。培训与提高教师，既有政治素质、师德修养、教育思想等方面的内容，又有学历达标和学历达标后的继续教育，以及紧密结合工作的以提高教育教学能力的内容。在当代教育思想观念迅速发展、科学技术特别是信息技术飞速发展、教育改革阔步前行的情况下，几乎每一个教师都面临着培训、提高的任务。因此在教师管理中，除适当安排少数教师脱产进修以外，还要做好以下在职培训工作。

第一，制定规划、明确目标。各地区、各学校根据本地区、本校教师实际状况，制定出长短期规划。如有的学校提出"一、三、五"工程，即新教师上岗后一年以内要适应教学工作，三年内要成为合格教师，五年内成为骨干教师，以此来促进青年教师的成长与提高。

第二，建立健全各种制度。教师的培训与提高，要立足于学校。为此，学校要建立健全各种学习、进修、奖励等制度，如发挥教研组的作用，通过教研组的集体备课、相互听课、经验交流、政治业务学习等制度，保证教师在日常工作中得到培养和提高。还可以建立老教师传、帮、带的制度，帮助青年教师学思想、学业务、学作风。

第三，加强教师基本功训练。这是提高教师素质和业务水平的基础性的工作。教师基本功训练，既包括政治、道德方面，也包括业务知识和能力方面。

基本功训练不仅可以培养青年教师的规范性、稳定性和养成性，而且能够提高他们对于教育教学工作严肃性、科学性的认识。学校严格要求教师、坚持不懈地狠抓其基本功训练，是教育教学工作质量的保证，有利于树立学校优良的教风、学风和校风。

第四，组织教改实验研究。教育教学工作必须以教育科研为先导，以教育科研为依托，以科研促教学，这是许多学校的办学经验。结合学校工作实际及学科教学实际，积极开展教育教学改革实验，是提高教师素质和水平的重要途径。为此，学校要努力树立教师教育科研意识，提高教师教育科研素养；要组织教师学习教育科研理论，掌握教育科研的基本理论和方法；指导教师开展教育教学改革实验，鼓励他们出教改实验成果。通过教育教学改革实验来提高教师教育科研水平和教育教学改革的能力。

■ （四）教师的考核与评价

考核和评价教师是两个既有联系又有区别的概念。教师考核是指通过科学的程序和方法，对教师履行职责的情况进行全面的了解和准确的评定或评审。教师评价是在考核的基础上，对教师的工作及其成效做出科学的价值判断。客观、科学、公正地考评教师的工作，是合理地使用和晋升教师的前提，也是科学地安排与管理教师工作的基础。这一工作的有效组织，不仅能够激励教师不断进取，提高其成就感、荣誉感，促进优秀教师脱颖而出；同时，也能促进教师尽职尽责，奖罚分明，客观地认识和衡量自己的工作，进而加以改进。

在教师考核、评价工作中，需要遵循下列要求。

第一，坚持整体性，进行全面衡量。教师考评涉及多因素、多变量，需要运用多指标进行综合考核和评价。既要看到其工作成绩，又要看其工作态度和工作能力；既要了解其主观努力的程度，又应了解其原有的基础、水平和所教班级、学生的具体状况。在考核教师的教育教学工作成绩时，不能片面地只看学生的分数，而要着重考核教师在德、智、体、美、劳等方面使学生在原有基础上获得的提高和所取得的成绩。

第二，坚持多主体性，依靠群众进行考评。以往的教师考评是一种单向的自上而下的考评，即由学校管理者对教师的单向考评。随着教育改革的深入发展，在教育评价过程中，越来越重视评价对象的主体性，重视被评价者在评价过程中的作用，重视自我评价，使被评价者也成为评价主体。因此在教师考评中，教师不应是被动地参与评价，也要积极参与考评，把组织考评与自我考评结合起来。同时在教师考评中，必须广泛听取意见，听取各方面的反馈，包括同科教师、学生家长，以及学生的意见和反映。只有多主体参与考评教师，才可能取得真实的、可靠的反馈信息，取得真实的、可靠的评价结果。

第三，坚持客观性，注意定性和定量相结合。一切事物都是有质和量的两个方面，是质和量的统一体。教师考评必须综合地运用定量考评和定性考评，对教师进行量的分析和质的分析，从而做到比较全面、客观的评价。综合地运用定量和定性考评，是全面客观评价教师的有效的技术和方法。

第四，坚持奖罚分明，考评与奖罚相结合。对教师的考评，必须要建立奖惩制度。考评与奖惩是相辅相成的，考评是奖惩的前提，奖惩是考评的延续。仅仅有考评，而缺少奖惩的环节，难以巩固考评的成果。对教师考评后及时进行奖励、表彰，不仅能强化被奖励者的行为动机，鞭策和鼓舞他们不断进取，而且对其他教师也是一个引导和激励。

教师考评的方法，一般是以自我考评为基础，经过民主评价，即由教研组、相关人员（教师代表、学生代表、职工代表等）按照考核标准的要求，逐项进行评议，最后由领导小组做出综合评价，并给予相应等级。考评一般每学期或一年进行一次，考评结果载入教师业务档案。

> 教师管理是学校通过管理使教师树立正确的教育思想，明确自己的职责、权利和义务，不断提高教师的水平，通过建立规章制度和奖惩措施调动教师的工作积极性和创造性的过程。

■ 三、教师管理与发展的实践

传统的教师管理与发展采用的是外控式的方法，即由教育部门采取自上而下的管理方式，通过集中授受的方式，为教师提供知识与技能为主的训练内容。自20世纪80年代开始，与校本管理同时并行的还有校本教师专业发展。教师的管理与发展逐渐从外控走向自主，从规模化走向精细化，从偏重知识与技能走向兼顾技术、价值与理念。

基于上述变迁，要在校内有效地实施分层、具体、有针对性的教师管理与发展，可采取如下工作步骤。

■ （一）检查教师管理与发展的方式

根据学校的办学目标、校风校训和发展规划，对当前的教师队伍做全面的审视，不妨从以下五个方面进行提问。

第一，目前学校的师资队伍总体情况、结构如何？短板在哪里？不同教师的需求分别是什么？

第二，教师之间的工作氛围如何？教师在学校中是否扮演伙伴、学习者、引导者、合作者、领导者、专业实践者的角色？

第三，教师发展计划是否能够持续支持到不同教师？推行时是否有稳定的制度保障和足够的资源支撑？

第四，学校是否有成熟的制度让教师参与管理，并鼓励教师参与、投入合作式教学探究？

第五，学校的领导者是否营造氛围激励教师？学校的发展愿景有无渗透到教师行动中？

■ （二）建立友好的教师发展环境

有效的教师管理，必须考虑教师对学校的归属感，以及教师主动发展自我、建设校园的意愿，故建立友好的教师发展环境是必需的。在进行全面审视后，学校领导者要对影响教师主动、持续发展的问题——进行排查，聆听教师的声音，营造积极互信的文化氛围，建立教师应对教育变革的信心，坚定教师教书育人的信念。

■ （三）甄别教师发展需要，确定优先次序

首先，明确当前师资结构中的短板及影响教师效能的主要因素，识别不同类别教师的发展需求；其次，根据学校发展的阶段性目标、教师队伍的现状，综合学校现有的资源，确定教师发展的优先次序。

■ （四）设计教师发展方案

明确教师发展方案对教师个人、小组、集体的意义。一份完整的教师发展方案包含达到发展目标的重要步骤，涉及发展的目的、对象、内容、程序、制度（方式）、资源、时间节点及评价。

■ （五）实施教师发展方案

在正式方案颁布之前，要充分咨询各类教师的意见。在推进方案实施的过程中，要做好过程跟进。发挥教师专业共同体的作用，在行动中不断提炼、总结、反思已有的项目，形成过程性的报告。

■ （六）评估教师的发展，提出管理建议

根据教师发展方案的目标，综合已有的资料，评估教师的发展是否按照既定计划进行，总结不同类别教师的所得与不足，并为更有效的学校教师管理提出改进方向。

■ 第3节　班级管理

班级是学校教育活动的基本单位，班级管理是学校管理的基本组成部分。加强班级管埋，充分发挥班级管理的功能，对于实现学校管理的目标具有重要意义。

■ 一、班级管理的意义

现代学校班级管理的意义，是由班级的性质和特点所决定的。

首先，班级是学校组织系统中最基层的正式组织。每个人都是一定社会的成员，都必须归属于一定的社会组织。以学习为己任的学生，归属于学校里一定的班级组织。各种班级组织是对学校中不同年龄阶段的学生加以组合和编排而组成的正式组织，班级成员有固定的编制，有规定的权利和义务，有明确的职责分工，有共同的目标、统一的规章制度和组织纪律。作为正式组织的学生班级，是按照学校的教育要求编定，一般不考虑学生的愿望和情感，具有行政强制性和相对稳定性，班级里的每个学生接受教育的内容、享有的权利和履行的义务都是相同的。班级组织有统一的计划和共同的目标，但其中每个成员的活动和发展都有着相对自主性和一定的自由度。从组织管理的角度来讲，班级必须发挥正式组织的统一性与强制性的作用，同时又高度重视班级组织中每个成员的主动精神和个性发展。

其次，班级组织是学生交往的基本场所，是学生成长的重要环境。在学校组织中，班级是学生共同生活的基层组织。在共同的学习和活动中，师生之间、同学之间通过人际交往、思想沟通而相互影响。通过这种活动和交往，使学生接受丰富广泛的社会信息，发展他们的智力和体力，逐步形成学生良好的思想品德和个性品质。良好的交往应该是双向的，相互理解、认同的，它是良好师生关系和同学关系的基础。在班级中学习、生活也为学生未来适应社会生活打下良好的基础，是学生由家庭走向社会、成为社会人的第一步。

任何班级组织一旦建立，就会逐步形成一定的班级风气，形成一种情境条件和一定的心理气氛，这就是通常所说的班风。班风对群体成员起着潜移默化的教育作用，产生一种群体的压力和活力。即便线上教学、走班制的兴起，也不能完全取代班级的作用。班级不仅仅是教学的组织形式之一，还是学生社会化的重要载体。有经验的教师都努力创设一个适宜于学生发展的优化心理环境和班级风气，使学生在班级环境中掌握科学文化基础知识，学习做人之道，身心得到和谐发展。

再次，班级管理的效能与效益是实现学校管理整体效益的基础。学校管理的效益由教育效益、经济效益、社会效益、环境效益等部分组成。其中教育效益是学校管理最根本的效益。班级管理的效能与效益最重要、最直接的表现是班级学生全面素质的健康发展和班级组织的高度成熟，这正是学校管理育人效益的基本追求，学校培养人才的数量与质量在很大程度上取决于全校各个班级管理的成功与否。实践证明，一个有良好风气的班级，其教育质量就能得到保证，一个"差班"，正常的教育教学秩序会受到干扰，教育质量必然受到影响。所以，学校管理必须要重视班级管理。

■ 二、班级组织的结构和类型

现代组织理论认为，社会是由组织构成，组织是由群体构成，而群体又是由个体构成的。个体、群体、组织，组成一个相互依存的社会整体系统。学校班级正是一个由个体、学生群体、学生组织组成的整体系统。

班级组织是一个有一定人数规模的学生集合体，是有目标、有计划地执行管理、教育职能的学校基层群体。

■ （一）班级的正式组织和非正式组织

按行为科学的观点，班级的组织可划分为正式组织和非正式组织两类。正式组织是指由上级有关文件规定的组织，组织成员有固定的编制，有规定的权利和义务，有明确的职责分工，有统一的目标、规章制度和组织纪律。班级组织是由学生组成的正式组织，每个班级组织都有工作的目标，都要建立不同班级分工的组织机构。如在班主任的指导下，产生班级委员会，班委会设有班长、副班长和委员若干人；还有班级团支部、少先队组织，有学校正式组织的读书小组、科技小组、运动队等。

非正式组织是指没有明文规定的组织，是学生在共同学习与活动中自然形成的。它没有定员编制，没有明确的组织形态，但它是客观存在的。例如学生宿舍同学、某项体育活动爱好者群体、"小哥儿们"圈子等。非正式组织以共同的心理需要为基础，有相似的心理吸引；具有明显的情感色彩，以相互间的情感为纽带；具有灵敏的信息传递渠道，思想交流频繁，信息传递迅速畅通。一般来说，非正式组织者有核心人物，他在组织中的威信高、影响力大。非正式组织在与正式组织目标一致的情况下，对班集体建设可以产生积极作用。如果非正式组织与正式组织目标不一致，则可能会产生消极作用，有时甚至还会成为破坏性力量。教师在充分发挥班级正式组织作用的同时，还要善于分析班级中的非正式组织，加以正确引导，将其纳入学校主流教育的轨道。

■ （二）班级组织的角色结构

角色是社会对个体职能的划分，它代表个体在社会中的地位和在社会关系中的位置。班级作为一个"雏形社会"，是一个相互关联的角色群。每个学生在班级里都扮演学习者、受教育者的角色。这是学生的主导角色。但是在班级组织里，学生又充当着各种角色，有的是班干部，有的是班级成员。

班主任是班级的中心角色，但是由于时空、条件的变换，班主任的中心角色也在变换。在学生自行组织的活动中，班主任可能是参谋，也可能是一般的参与者。因此，班主任一方面要强化角色意识，认真履行角色职责和义务；另一方面又不要以教育者自居，而要注意角色的转换。

■（三）班级组织的信息沟通结构

信息交流、沟通是班级组织的"神经"和"血液"，没有信息交流、沟通，班级组织就没有活力，就会僵化。

在班级组织中，信息沟通渠道的复杂性与沟通成员的单一性是相互统一的。班级组织信息沟通的主体是单一的，主要是在班主任与学生之间进行；但作为相对开放的系统，其信息沟通渠道又是复杂的。班级要与学校沟通信息，班级之间要沟通信息，班级要与家庭沟通信息，还要与社会沟通信息。渠道的复杂多样，必然带来信息的复杂多样。这对班级组织的影响，可能是积极的，也可能是消极的。因此，教师应向学生提供正确健康的信息源，善于引导学生对各种信息进行分析、评价，提高其对信息识别、判断的能力。

■ 三、班级管理的过程

班级管理过程是遵循学校管理原则，运用管理的基本职能和方法，在班级管理活动中围绕班级建设和发展目标有序运转的客观过程。它既具有一般管理过程的特点，是一个计划、组织、检查、总结的动态过程；又具有自身个性特点。班级管理过程的个性特点主要有以下方面。

首先，班级管理过程是以育人为目标的，与学校教育过程紧密相连。班级管理的对象与班级教育活动的对象具有同一性，都是以班级学生为直接对象。班级管理的各个环节都必须服从培养人、塑造人这一目标，围绕努力提高教育质量的教育过程来进行，使管理过程与教育过程有机配合，从而提高班级管理的效率和效果。班级管理过程与学校教育过程的密切结合表现在三个方面：一是班级管理过程的每一环节、每一步骤都要以实现社会主义教育目标为中心，为实现教育目标服务。班级工作计划的制订，计划的组织实施，计划的检查及实施计划的总结，都要服从育人的目标和任务。二是班级管理过程的程序性要按照教育过程的阶段性来安排，要有利于建立正常的教育教学秩序。三是班级管理过程本身应发挥其教育作用。班级管理过程本身也是教育学生的过程。班级管理的方式方法、班主任的言行举止等，都应力求做到对学生富有教育意义，使学生从中受到潜移默化的教育。

其次，班级管理过程是教师与学生共同活动、相互作用的能动过程。一般管理过程是管理主体有目的地作用于管理客体的能动过程，它与自然界的自发过程不同。学校班级管理过程更有其特殊性。一般工厂企业的管理过程主要是领导者和职工的双边活动，其管理的成果主要体现在产品的数量、质量和经济效益方面。所以，工厂管理的主要是"人—物"的关系，而学校班级管理的是"人—人"的关系，其管理成果体现在学生身心和谐、全面的发展即教育效果方面。学校班级管理是一个十分复杂的过程，它不是简单的单向关系，而是师生之间、学生与学生之间的一种互动关系。这种关系可用图 11-1 表示。

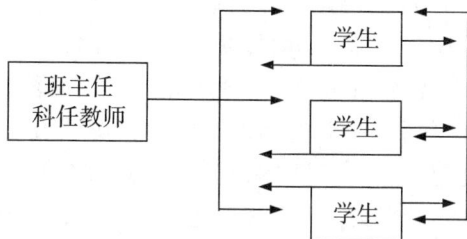

图 11-1　师生之间的互动关系

　　明确班级管理过程中的双边互动关系，有利于学校尊重师生的主体性，发扬民主，调动各方面的积极性、创造性，注意各方面反映的意见，随时对管理工作进行合理的调节，从而不断提高管理的效能。如果按照"教师→学生"这样的单向模式进行管理，片面强调教师的权威，把学生看作被动的执行者，就必然会压抑学生的积极性、主动性，影响管理效能的发挥。

　　再次，班级管理过程既是一个管理基本环节按顺序连续运转的封闭系统，又是一个依托学校、社会、家庭积极参与组织指导的开放系统。为了维护班级管理的稳定秩序，必须发挥管理的作用，在班级管理过程中坚持诸环节有序行进，形成相对封闭的体系。然而，班级毕竟是学校组织系统中的一个基本单元，是社会大系统中的一个细胞。班级管理的主要职能是育人，而学生的成长是学校、社会、家庭、班级共同培养的结果。因此，班级的管理者既要保持班级管理过程的相对封闭性和独立性，又要重视班级组织同学校、社会、家庭之间的物质、信息和能量的交流，实现封闭与开放的有机统一。

　　总之，学校班级管理过程既具有管理的一般属性和特点，又具有自身的个性特点。鉴于普遍性和特殊性两个方面，学校班级管理，一方面要做好班级计划工作、落实计划的组织指挥工作、检查与总结工作；另一方面要注重班级管理自身的特点，从学生年龄特点和心理发展水平出发，克服形式主义，提高学校班级管理的有效性。

> 　　班级管理是班主任与全班同学明确班级发展目标、形成班级集体、建立班级组织、有效开展班级活动的过程。

■ 四、班级管理的内容

　　班级管理属于微观、具体的学校管理层次，主要管理范围是对组成班级的学生的管理。因此，围绕育人的教育目标，现代中小学校班级管理的基本内容包括以下几方面。

■ （一） 班级教学管理

教学是学校教育的中心工作，也是班级管理的一项主要活动。班级管理者必须重视班级教学活动的管理，努力提高班级学生的学习质量。班级教学管理工作主要包括：第一，明确班级教学管理的任务。根据教学的任务和班主任的职责，班级教学管理主要是协调控制教学活动，协调班级任课教师的教学活动，控制教学的进度与课业负担量。第二，建立并维护班级良好的教学秩序，使班级教学工作正常运转。第三，激发学生学习动机，指导学习方法。班级教学管理不仅要重视教的管理，也要重视学的管理，重视对学生学习目的的教育、学习兴趣的激发，还要重视学习方法的指导与训练，使学生乐学、会学。第四，搞好班级教学活动的组织安排，建立班级教学管理的指挥系统。一是以班主任为核心的班级任课教师群体；二是以班长或学习委员、科代表为骨干的教学沟通系统；三是以学习小组长为中心的执行系统。

■ （二） 班级德育管理

对学生进行思想品德教育是班级管理的重要内容，也是班主任的基本职责。德育在班级学生的全面发展和班级管理工作中具有端正方向、增强动力和优化风气的作用。班级德育管理的内容主要包括：第一，全面理解并充分发挥德育目标在班级德育工作中的作用及其要求，保证德育目标在班级德育工作中的组织实施。第二，依据德育目标创造性地设计与组织班级德育活动，使班级德育活动既有序列、有层次，又丰富多彩、生动活泼，使学生真正成为德育管理的主人。第三，形成教育合力，优化班级德育环境。班级德育环境在学生思想品德的发展中起着积极的作用，学校应努力形成内外协调的、和谐的教育环境，使学校、社会、家庭和班级内部的各种教育力量形成强大的合力，促进学生的思想品德健康发展。

■ （三） 班级体育卫生管理

体育卫生和课外活动是学生身心健康发展的基本条件和重要手段。班级体育卫生和课外活动的管理内容主要包括：第一，全面贯彻社会主义教育方针，认真执行国家有关学校体育卫生工作的法规法令。第二，组织开展群众性的体育活动，养成学生体育锻炼和讲究卫生的习惯，建立班级体育卫生常规。第三，协助体育教师抓好体育课教学，协助校医进行卫生知识、特别是青春期教育，以及性教育等方面的宣传教育。第四，认真进行学生体育达标和体格发展状况的考核与记载。

课外活动管理工作主要包括：第一，从学生实际出发，制订班级课外活动计划；第二，安排丰富多彩、灵活多样的活动内容和形式；第三，组织各项课外活动必须体现教育性的原则。

■（四）班级心理健康辅导

积极健康的人格和良好的心理品质是未来人才不可或缺的一部分。在班级中渗透社会情感能力教育、心理健康辅导，有助于提高学生在校的适应能力、社会交往能力，有效防止校园霸凌和冲突。班级心理健康教育应是发展性的、超前性的，而非限于补救功能。教育者要善于运用观察法了解学生的日常表现，通过调查、访谈等方法了解学生行为异常的原因，通过游戏、活动、心理剧表演等方式渗透心理健康教育；引导学生掌握合适的情感表达、疏解焦虑的方式方法。

■（五）班级生活指导

马克思说过，人的本质是其一切社会关系的总和。学校是学生走向社会的桥梁。学生在学校不仅要学知识，还要学习和实践社会生活，获得社会生活的初步经验。因此，班级管理的重要内容之一，就是使学生适应未来，学会生活，学会做人。在班级管理中，要对学生进行生活基础教育，进行职业预备教育，进行生活指导，教给学生一些基本的生活基础知识和职业预备知识，培养他们适应生活、适应社会的能力。

> 班级组织是一个有一定人数规模的学生集合体，是有目标、有计划地执行管理、教育职能的学校群体。

主题词

学校管理	学校改进
教学管理	教师管理
教学质量管理	班级管理
教师考评	班级组织

习 题

1. 简述当代学校管理理论的研究取向和发展趋势。
2. 什么是学校管理？实施学校管理为什么必须要加强教学管理？教学管理主要包括哪些内容？
3. 教师管理的任务和内容有哪些？怎样加强学校教师管理？
4. 现代班级管理有哪些特点？

参考文献

1. 曾天山. 外国教育管理发展史略 ［M］. 北京：教育科学出版社，1995.

2. 陈孝彬. 外国教育管理史 ［M］. 北京：人民教育出版社，1996.

3. 王铁军，等. 校长学 ［M］. 南京：江苏教育出版社，1993.

4. 马克·汉森. 教育管理与组织行为 ［M］. 冯大鸣，唐宗清，王立新，译. 上海：上海教育出版社，1993.

5. 张济正. 学校管理学导论 ［M］. 修订本. 上海：华东师范大学出版社，1990.

6. 范国睿. 多元与融合：多维视野中的学校发展 ［M］. 北京：教育科学出版社，2002.

7. 钟启泉. 班级管理论 ［M］. 上海：上海教育出版社，2001.

下　篇

DANGDAI JIAOYUXUE

第*12*章
教育与经济

　　社会是一个具有整体性的大系统，教育是社会系统中的一个子系统。作为人类的一种特有的社会现象与社会活动，教育的发展本身是社会发展的一个重要方面或重要标志，受到社会发展的制约。但教育具有相对的独立性，亦有其自身的规律，它能动地作用于社会发展，促进社会的变革与进步。

　　在促进社会发展的诸多要素中，教育的作用随着历史的推进越发凸显。在下面的几章中，我们将从经济、政治、科学技术、文化等方面分析教育与社会发展的关系。

　　教育作为一种社会现象，从产生开始就同人类谋取物质资料的劳动过程联系在一起，和人们的经济活动不可分割。随着经济社会的发展和人们物质生活水平的提高，教育与经济生活的关系也越来越复杂。一方面，经济发展为教育发展提供的物质条件越来越雄厚，对教育的要求越来越高；另一方面，教育对经济发展的作用也越来越大。教育作为影响人们社会经济生活的一个最重要的因素，正日益受到整个社会的广泛关注。因而，教育与经济发展的关系也就成了教育理论研究的一个重要领域。

■ 第1节　教育与经济发展的理论

　　20世纪60年代以来，随着教育在社会经济生活中的地位的日渐提高，人们研究教育与经济的关系兴趣日浓，相继形成了一系列理论流派，这些理论流派对整个世界教育的发展产生了深远的影响。

■ 一、人力资本理论

■ （一）人力资本理论的产生

人力资本理论的创立来自于经济学家对现代经济增长问题研究的深入。传统西方经济学把土地、劳动、资本看作生产的三个要素。在一定时期内，生产的产量是由劳动、资本和土地三个基本要素的投入量决定的，如果一定时期内土地的数量不变，则可以用"柯布—道格拉斯生产函数"来说明一定时期内产出量与投入量之间的关系：

$$Y = KL^a C^{1-a}$$

式中，Y 表示一定时期内的产出量，K 为常数，L 表示同期的劳动投入，C 表示同期的资本投入，a 和 $1-a$ 分别表示劳动和资本的产出弹性。

根据这一生产函数，一定时期内经济的增长是依赖于劳动和资本投入量的增加而增长的。但是，第二次世界大战后，西方经济学家从对经济增长中生产要素组合比例的分析中发现，影响经济增长的因素除了土地、资本和劳动之外还有其他的因素。有学者把这些因素归结为知识的进步、技术的改进和劳动力质量的提高，即人力投资（特别是教育投资）的结果。

■（二）人力资本理论的主要含义

人力资本理论的核心概念是人力资本，它指的是人所拥有的诸如知识、技能及其类似可以影响从事生产性工作的能力；它是资本的形态，因为它是未来的薪金或未来的偿付的源泉；它是人的资本形态，因为它体现在人身上，属于人的一部分。

人力资本是相对于物质资本而言的，它也是一种生产要素资本，对生产起促进作用，是经济增长之源泉。与物质资本相比，人力资本在现代经济活动中的作用更大，对经济增长的贡献更大。人力资本投资包括正规教育、职业训练、卫生保健及为适应就业机会变化而进行的迁移和信息搜寻等形式。所有这些方面的投资都会改善和提高知识、技能、健康等人力品质，从而提高生产力，增加金钱或精神收益。

美国经济学家舒尔茨（Theodore W. Schultz）是人力资本理论的奠基者。1960 年 12 月，舒尔茨在美国经济学会第 73 届年会上所做的"人力资本投资"演讲被称为人力资本理论创立的"宪章"。他认为，人力资本是体现在人身上的知识、能力与健康；人力资本的获取需要一定的时间成本和机会成本，应当依据市场多变的供求关系来进行人力资本的投资；人力资本的关键性投资在于教育。继舒尔茨之后，美国经济学家贝克尔（Gary S. Becker）特别强调由正规教育和职业培训支出所形成的人力资本的重要性；用系统实证的方法分析了人力资本投资对个人就业、经济收入的各种重大影响，提出了估算人力资本投资量及其收益率的若干方法，从而建立了微观决策的人力资本理论。卢卡斯（Robert E. Lucas）、罗默（Paul M. Romer）把人力资本作为独立的生产要素纳入经济增长模型，进一步挖掘了人力资本的内涵、增长机制及其对经济增长的作用机制。丹尼森（E. F. Denison）有关教育年限和知识增进等经济增长因素的分析和计量，以及"因素分析法"，明瑟（Jacob Mincer）计算教育投资收益率的"明瑟收入方程"，郝克曼（J. J. Heckman）从人的生命周期动态分析人力资本投资的理论框架等，均对人力资本理论的发展做出了重要贡献。

倡导人力资本理论的学者，尤其重视教育投资的作用，认为教育不但是一种消费，也是一种投资活动，能够提高劳动生产率，促进生产的经济效益。舒尔茨曾指出，就美国经济增长而论，已有大量证据表明学校教育和知识的增加是经济增长的主要源泉①。教育作为一种重要的投资活动，对个人而言，可以增加知识和学习技能，提高个人收入回报；就社会而言，可以为经济社会发展培养各行各业人才，提高其生产力，促进社会经济的发展。同时，由于个人的教育水平与个人的收入联系在一起，一个人的教育水平越高，其工资收入越高。因此，国家通过平均性的教育发展政策减少国民教育水平的差别，从而相应缩小国民收入分布的方差，最终促进社会的平等。

> 人力资本是相对物质资本而言的，它指人所拥有的诸如知识、技能及其他类似可以影响从事生产性工作的能力。人力资本理论认为，人力资本也是一种生产要素资本，是经济增长的重要源泉，其中教育投资是人力资本的重要投资形式。

■ 二、筛选理论

■ （一）筛选理论的产生

20 世纪六七十年代，伴随着人力资本理论日益深入人心的是全球范围教育的迅猛扩张，国际宏观经济发展的大环境逐步发生着深刻变化。教育扩张不仅没有带来经济的高速增长，相反在 20 世纪 70 年代经济不景气的状况下导致了诸如"文凭膨胀""过度教育""高失业率"等问题。在这种背景下，人力资本理论在理论和实践上都开始受到质疑。1970 年，伯格（I. Berg）出版了《教育与职业：训练大盗》一书，书中把人力资本方法贬斥为"训练大盗"。他认为教育只是用来作为区别个人能力的一种手段，未必能提高生产率，这一主张被视作"筛选理论"最早的研究。继伯格之后，相继有阿诺（K. Arrow）、斯宾斯（D. Spence）、斯蒂格利茨（J. E. Stiglitz）等学者提出了一系列有关教育功能的论点，向人力资本理论发起了挑战。他们首先对人力资本理论关于教育提高生产率的主张提出了质疑，并把教育的作用归于其筛选的功能，最终形成了"筛选理论（screening hypothesis）"。

---

① SCHULTZ T W. The economic value of education ［M］. New York：Columbia University Press, 1963：46.

■ （二）筛选理论的基本思想

筛选理论认为，教育是一种标识个人能力的工具，它揭示了已内含于人的未来的生产特征，表明了一个人固有的生产力，从而为雇主识别、选拔不同能力的求职者提供依据，起到筛选作用。在此，筛选理论把教育过程看成是根据个人的先天能力进行排序的过程，把教育水平看成是反映个人能力或未来生产率高低的有效信号。由此认为，在当代社会，教育制度扮演着起信号作用的过滤器的角色，个人受教育程度的高低既是求职者表达个人能力的信号，又是雇主鉴定求职者能力的装置。

教育作为一种筛选的工具，对个人和雇主来说都是有价值的，其价值可以做如下解释。首先把人口中每个人的能力用一信号特点 A 描述，并假定这一能力与个人生产率成比例，能力高的人（A_H）有更高的生产率，应该获得高的薪金（W_H）。而对于市场来说，如果没有关于个人能力水平的信号，只能同样对待每个人，即信息缺乏情况下每个人获得的工资是一个平均值：

$$W = P(A_H H + A_L L)/H + L$$

H：表示人口中能力高的人的数量；

L：表示人口中能力低的人的数量；

P：表示能力—收入转换比例系数。

显然，任何社会要将成千上万的人用其他方法按能力分类是一项无法完成的巨大的工作，因此，教育就成为实施这种分类的有效工具。对个人来说，个人投资教育实际是向劳动力市场发出个人具有何种能力水平的信号，如果因为教育的信号作用而使得能力高的人和能力低的人之间的工资差异大于教育的成本，那么，纯粹为信号价值而进行的教育投资就产生了净的个人收入。对雇主来说，在市场缺乏这种信号的情况下，雇主录用雇员很难准确地了解和预测他们未来的生产率，因此有可能加大解雇低素质员工的数量，由此造成生产损失，提高雇佣成本。如果教育作为一种信号能准确地向雇主传达员工未来的生产率，雇主就愿意按教育信号来选择员工并支付相应的工资。

总的来说，筛选理论是从分析劳动力市场上雇主选聘求职者的过程去说明教育的经济价值。它承认教育与工资的正相关，指出这种正相关是通过筛选作用而实现的；但认为教育只反映了个人的能力，并没有增加个人的能力。由于这种理论强调教育文凭的重要性，故又被称为"文凭理论"。

> 筛选理论不同意人力资本理论关于教育能提高人的生产能力的观点，认为教育并不提高人的能力，只是一个"筛子"，是用来区别不同人的能力的手段。

■ 三、劳动力市场分割理论

■ （一）劳动力市场分割理论的产生

分配问题，诸如如何决定工资水平，为什么工人之间存在工资差异等是经济学家长期以来所关心的。早期经济学家运用工资基金理论来解释这一问题。他们认为雇主用来购买第二年生产所需要的劳动力的那部分生产成本就是工资基金，用于工资基金的资本大小取决于雇主消费在生产总额中的比率。在任何时候，一个国家经济中的工资率，都可以通过把现有工资基金除以受雇佣的工人数量的简单方法计算出来。后来的经济学家更进一步用竞争性劳动力市场理论来解释工资水平的确定，认为竞争性劳动力市场内的劳动力供需的相互作用决定了工资水平和雇佣率的平衡。但上述理论主要解释了工资和雇佣的一般水平是如何决定的，对于工人之间的工资差异则其少涉及。对此，人力资本理论运用"由教育程度的不同而导致的生产力水平差异，最终影响工资收入的不同"的观点来阐述了上述问题，但这一阐述受到了劳动力市场分割理论的挑战。劳动力市场分割理论是在 20 世纪六七十年代出现的，主要的代表人物有皮奥雷（M. Pioer）、多林格尔（P. Doeringer）等。他们认为人力资本理论把"本来被分割成不同部分、具有封闭等级性的市场看作是统一的竞争性市场"的基本前提就不正确，因此关于教育水平与个人收益成正相关的论断不全面，没有考虑劳动力市场的内部结构。

■ （二）劳动力市场分割理论的基本思想

劳动力市场分割理论采用制度经济学的观点，指出劳动力市场根据种种制度性力量或者不成文的规章与习惯的影响而被划分为不同的部分。在劳动力市场的不同部分里，教育与工资有不同的关系。该理论认为劳动力市场是由主要劳动力市场和次要劳动力市场两个不同部分组成的。主要劳动力市场提供的工作具有工资高、工作条件好、就业稳定、职业有保障、权利平等、晋升有机会、管理规范等特点；次要劳动力市场提供的工作则往往是工资低、待遇差、就业不稳定、条件低劣、要求苛刻、晋升机会少的工作。两个市场之间具有相对的封闭性，它们之间的人员很少相互流动[1]。

按照劳动力市场分割理论的观点，教育与个人收入之间的关系和个人的生产力本身并不相关，一个人的工资水平主要取决于他在哪一个劳动力市场工作，而此人在哪一个劳动力市场工作又与他的诸如性别、年龄、种族及教育程度有显著的关系。一般来说，主要劳动力市场中雇用男性、年纪较大的人、白人及教育水平较高的人的比例较高；而次要劳动力市场雇用的女性、年轻人、

---

① 舒尔茨，等. 西方教育经济学流派 [M]. 曾满超，等译. 北京：北京师范大学出版社，1990：287.

有色人种及教育水平较低的人的比例较高。在这里，教育只是决定一个人在哪一个劳动力市场工作的重要因素之一。因此，在其他因素相同的情况下，男性、年龄大的人、白人的平均工资高于女性、年轻人、有色人种的平均工资。对于人力资本理论和筛选理论关于教育与工资有显著的正相关的结论，劳动力市场分割理论认为上述理论只在主要劳动力市场中成立，而在次要劳动力市场中是不成立的。

> 劳动力市场分割理论不同意人力资本理论关于教育与工资收入正相关的论断，认为一个人的工资水平主要取决于他在主要劳动力市场还是次要劳动力市场工作，而与教育程度本身并不直接相关，教育只是决定一个人在哪一个劳动力市场工作的重要因素之一。

■ 四、社会化理论

■ （一）社会化理论的产生

第二次世界大战后，尤其是 20 世纪六七十年代，是西方教育发展的一个跌宕起伏的阶段，层出不穷的问题和矛盾不仅使教育的决策者付出了极大的精力，也使得广大的教育研究工作者费尽了心思。1976 年，在美国出版的《Schooling in Capitalist America：Educational Reform and the Contradictions of Economic Life》一书，就是其作者鲍尔斯和金蒂斯（S. Bowles & H. Gintis）缘于"教育改革的大量矛盾"而"对教育在经济生活的作用进行全面的再思考"的产物[①]。他们采用西方"新马克思主义"的观点及方法，说明美国学校教育维持美国资本主义制度存在的功能，并抨击了人力资本理论等教育经济学家的观点。其理论被称为社会化理论（socialization theory）。

■ （二）社会化理论的基本思想

社会化理论认为，学校教育的经济、社会价值在于它所具有的社会化功能。教育系统本身可以被看作一个把青年人顺利地统合到劳动大军中去，从而使经济生活的各种社会关系得以永恒化的机构。它为社会不同的职业培养具有不同个性特征的人，这样不仅为资本主义生产提供了劳动力，而且也再生产了资本主义的生产关系和社会关系。鲍尔斯和金蒂斯批判了"教育通过改善和提高人的知识技能水平，不仅能提高生产率而且也能扩大个人社会升迁的机会、最终促进社会平等"的观点。他们指出，由于资本主义社会生产组织的等级化、工作的分割化，不同的职业需要不同的认知技能水平和个性特征。但

---

① 鲍尔斯，金蒂斯. 美国：经济生活与教育改革［M］. 王佩雄，等译. 上海：上海教育出版社，1990：11.

在现代生产中，大多数职业所要求的认知技能水平并不高，与认知技能的要求相比，雇主更重视的是劳动者是否具有"合适"的劳动力的个性品质，即有利于把他们顺利地统合到企业的等级秩序中去的品质，如能否遵守规章守则，能否将企业规范、准则内化并变为个人的自觉行动；认知成绩和从事较高层次职业的联系只是根据其他特质进行选择的副产品。雇主之所以将教育水平作为筛选劳动者的主要标准，并不在于将它作为衡量雇佣对象的认知水平的标准，而是作为鉴定其所具备个性品质"适当"与否的重要标尺。因此，学校教育的主要功能就是培养能适合资本主义经济结构和劳动等级秩序所需的劳动力的个性品质，这就是学校教育的社会化功能。

鲍尔斯和金蒂斯进一步指出，教育的社会化过程是一个"差异性"的社会化过程。通过教育结构的分轨及多样化、课程的多样化等形式，来自不同阶级的学生便受到不同形式和质量的学校教育。一般来说，富有家庭的子女有较大的机会进入一流的学校，培养自主、自尊、自重及创新精神等与从事高等职业相适应的个性品质；贫穷家庭的子女则往往在条件差的学校受教育，养成守时、温顺、守规则及接受权威等与从事低等职业相匹配的个性特征。因此，学校教育是通过社会化为资本主义经济服务的。学校教育对不同社会阶级学生的不平等待遇，反映了不平等的资本主义生产关系，而且再生产了此种不平等的生产关系。要促进和实现社会的平等，对现行的教育系统来说是无能为力的，只有靠社会经济生活的根本改变才能实现。

> 社会化理论认为，教育的根本功能并不是提高人的生产能力，而是使人的不同个性品质与现存社会经济结构和等级秩序相适应。

第 2 节　教育的经济价值

一、教育与经济的一般关系

（一）经济对教育的决定作用

经济是人类社会生存和发展的基础，是引起一切人类社会生活发展变化的决定因素，同样也是影响教育发展变革的决定因素。一定的经济发展水平为教育的发展提供了经济条件，也对教育的发展提出了一定的客观要求。

1. 经济发展是教育发展的物质基础。经济的发展为教育的发展提供了物质的保证。举办教育事业需要一定的投入，包括人力、物力和财力等方面的投入，这需要一定的经济发展水平做保障。一般而言，经济发展到什么水平，教育才能发展到什么水平；如果离开了一定的经济发展水平，盲目发展教育，必然会陷入教育发展的误区。

2. 经济发展水平决定着教育发展的规模和速度。教育发展的规模和速度与经济发展的水平有直接关系，社会经济和生产力发展的规模和速度决定着教育培养的各种规格、类型的人才的数量，制约着教育普及的程度。一般来说，一个国家经济发展的水平与该国的文盲率、入学率、义务教育普及的年限和高等教育普及的程度直接相关。从世界范围教育发展的历程看，在不同的经济发展水平上，教育发展走过了从扫除文盲、普及初等教育到普及中等教育、最后实施大众化的高等教育的道路。

3. 经济发展水平及结构制约着教育结构的变化。经济发展水平的提升与结构的调整，往往引起产业结构、职业结构、技术结构、消费和分配结构的变革；与此相适应，教育结构也将随之发生变化，如大、中、小学的比例关系，普通中学与职业中学、全日制学校与业余学校的比例关系，高等学校中不同层次、不同科类之间的比例关系等。在经济社会发展过程中，区域结构、产业结构等总是处于不断变化之中，技术构成状况也会不断变化，这就要求教育结构要与一定的经济发展水平和经济结构相适应，否则就会导致教育事业内部的各种比例失调。

4. 经济发展水平制约着教育的内容和手段。学校所传授的知识必须反映所处历史阶段经济发展和科学技术发展的水平，才能适应生产力发展的状况，满足经济发展的需要。因此，随着经济的发展和科学技术的进步，学校课程的门类要适当增减，课程的结构应不断调整，教学的内容和方法要不断更新。当前，以人工智能为代表的技术革命对经济结构与经济运行方式等领域产生了深刻影响，也带来学习方式、教学内容、学校管理等教育诸领域的重大变革。

5. 经济体制决定着教育体制。经济体制是国家组织管理经济的方式、方法和制度的总称，教育体制则是国家管理教育的方式、方法和制度的总称。教育基本的经济功能是为经济发展提供人才支撑与智力支持，这就需要根据经济的要求制定教育目标、确定教育内容、改善管理方式。所以，经济体制决定着教育体制的基本模式，有什么样的经济体制就有什么样的教育体制。例如，长期以来我国实行的是计划经济体制，这种经济体制下劳动力和专门人才的培养，是通过高度集中统一的有计划、按比例的培养渠道和方法实现的，由此也就形成了高度集中统一的教育体制。改革开放后，我国逐步推动计划经济体制向市场经济体制转变，与之相适应，我国教育体制也进行了相应的改革。1993年《中国教育改革和发展纲要》明确提出，我国教育体制改革的目标是初步建立起与社会主义市场经济体制和政治体制、科技体制改革相适应的教育新体制。与社会主义市场经济体制相适应的教育体制包括多元化的办学体制、多渠道的投资体制、政校分离的管理体制、自主招生与自主择业的招生和毕业生就业体制等。21 世纪以来，随着市场经济体制的逐步完善，我国进一步深化教育体制改革，并于 2017 年启动了教育投入体制、教师管理制度、教育宏观管理体制等方面的综合改革，旨在建立充满活力、富有成效、更加开放、有利于科学发展的教育体制机制。

> 经济发展是教育发展的物质基础，经济发展的水平制约着教育发展的规模和速度，制约着教育结构和教育体制的变化，制约着教育的内容和手段。

■ （二）教育对经济的推动作用

教育是社会经济生活中的一个重要因素，虽然教育发展状况受一定社会的经济发展状况的制约，但教育反过来对经济发展具有积极的推动作用。教育对经济发展的推动作用主要通过两条途径实现：教育再生产劳动力，教育再生产科学技术。

1. 教育再生产劳动力。劳动力的数量和质量是经济发展的重要条件，教育担当着再生产劳动力的重任。在现代生产过程中，技术改造、设备更新要靠科学技术人才把科技成果应用于生产过程来完成；丰富的自然资源、先进的生产工具要通过高素质劳动者的劳动来发挥作用；高水平的生产、经济效益要靠大量高水平管理人员的管理活动来实现。而劳动者基本劳动素质的优劣，技术人员科技文化水平的高低，管理人员经营管理能力的强弱，很大程度上取决于他们所受教育的程度和质量。因为教育培养人的劳动能力，使潜在的生产力转化为现实的生产力；教育可以提高劳动力的质量和素质，"使他获得一定劳动部门的技能和技巧，成为发达的和专门的劳动力"[1]；教育可以改变劳动力的形态，把一个简单劳动力训练成为一个复杂劳动力，把一个体力劳动者培养成一个脑力劳动者。理想的社会教育可以使劳动力得到全面发展，"使年轻人很快就能够熟悉整个生产系统"，"使他们根据社会的需要或他们自己的爱好，轮流从一个生产部门转到另一个生产部门"，"从而摆脱现代这种分工为每个人造成的片面性"[2]。

2. 教育再生产科学技术。科学技术是第一生产力的论断，精辟地说明了现代社会中科学技术具有的社会价值和经济价值。现代教育是再生产科学技术的重要手段与途径。通过传递和积累科学技术，教育发挥再生产科学技术的功能。科学技术具有继承性的特点，任何科学技术都不仅仅是某一历史时代的产物，而是人类社会整个历史发展过程的结晶，是人类不断积累、继承和创造的

---

① 马克思. 资本论：第一卷 [M]. 中共中央马克思恩格斯列宁斯大林著作编译局，译. 北京：人民出版社，1975：195.

② 马克思，恩格斯. 马克思恩格斯全集：第四卷 [M]. 中共中央马克思恩格斯列宁斯大林著作编译局，译. 北京：人民出版社，1965：370.

结果。在人类社会发展进程中，科学技术的继承和积累通过教育来实现。教育对已有的科学技术经过加工，成为简约化的科学技术知识和科学方法手段，为新一代人所掌握和继承，也使科学技术得以世代相传、不断丰富，并为新的科学发明和技术创新打下扎实的基础。通过学校进行的科学技术再生产也是一种扩大的再生产和高效率的再生产，它通过使原来少数人所掌握的科学技术被更多的人掌握来扩大科学技术传播的范围，通过有效的教育组织形式和方法来缩短科学技术再生产所必需的劳动时间。

3. 教育直接生产科学技术。教育，尤其是高等学校通过创造和发明新的科学技术从而发挥生产科学技术的功能。开展科学研究，创造科技成果是现代高等学校的重要职能之一。由于科研力量比较集中、学科门类比较齐全、研究后备力量充足、学术思想活跃、信息来源丰富等特点，高等学校是各个国家科学研究的一个重要方面军。从 18 世纪德国创立柏林大学提出把"科学研究和教学相统一"作为办学原则起，世界各国把教学与科研的结合作为高校办学的基本方针，致力于提升本国的科技水平和创新实力。高等学校在创造、发明和开拓新的科学技术领域，在生产新的科学和新的技术方面做出了巨大贡献。

> 教育是社会经济生活中的一个重要因素，它通过再生产劳动力和再生产科学技术而推动经济的发展。

■ 二、教育与经济增长

■ （一）经济增长的尺度

1. 经济增长的含义。经济增长是传统经济学的关键概念，是支撑传统经济学思想的三大基础之一。它表现为对国民生产总值（GNP）、对高速增长目标的热烈追求。在经济学中，经济增长通常是指一个国家或地区在一定时期内，由于就业人数的增加、资金的积累和技术的进步等原因，经济规模单纯在数量上的扩大；或者说，经济增长是指一个国家或地区在一定时期内产出量的增加。它包括了两个方面的内容：一是物质财富的增进，二是劳务的增加。在衡量经济增长时，一方面要考虑到物价变动的影响，应采用不变价格计算国民生产总值，以便把物价变动的影响从国民生产总值的数字中去除；另一方面，考虑到人口增加的影响，应采用实际人均国民生产总值增加的标准来衡量经济增长。经济增长可以解释为：在一定时期内按不变价格计算的人均国民生产总值增长率。

2. 经济增长与经济发展。第二次世界大战后，经济学中的"增长"概念与"发展"概念开始分野，和上述经济增长的含义比起来，"经济发展"的含义要广泛得多。它不仅包括经济产出量的增加，而且包括经济结构的改进与优化，以及一般经济条件、卫生教育、社会福利、环境保护、经济社会发展目标等情况的变化，即包含了可持续增长的诸多因素。经济发展与经济增长既有区别，又有联系。在现实生活中，有增长不一定有发展，如增长结果毫不改变原有的经济结构，不能为进一步增长创造条件，这样的增长便谈不上发展。此外，两者又相互联系。如果经济发展主要表明的是人类经济生活的质的变化，那么经济增长则是引起人类经济生活质变的量的积累。一定阶段的经济发展总是表现为经济增长的一定状态，而经济生活的进步又总会带来更高水平的经济增长。持续稳定的经济增长是经济发展最重要的标志，也是首位的物质条件。从这个意义上说，没有增长便没有发展。

■ （二）教育对经济增长的贡献

前面我们已经说明，教育通过再生产劳动力和科学技术而成为经济增长的源泉，推动着社会经济的发展。但在影响经济增长的众多因素中，教育只是其中的一个因素，或者说是一个最重要的因素。那么，在这众多因素中，教育对经济增长的贡献有多大呢？

1. 斯特鲁米林的研究。苏联学者斯特鲁米林根据马克思关于复杂劳动等于多倍简单劳动的论述，提出了劳动简化率的概念。劳动简化率是指一定时点上复杂劳动与简单劳动的折算比例，它可以用受不同教育程度的劳动者的工资收入差别、受教育年限的长短、受教育费用的多少来确定劳动简化率。通过一定的劳动简化率，可以计算出工人的文化程度和技术水平的提高对国民收入增长的贡献。运用以受教育年限的长短来确定劳动简化率的方法，斯特鲁米林计算出因教育程度提高所产生的价值占国民收入的比率为30%。

2. 舒尔茨的研究。美国经济学家舒尔茨根据人力资本理论的观点，通过教育资本储量分析的方法来推算教育对国民收入增长的贡献。教育资本储量是指国家在某一时期内教育支出的总额，因为教育是一种投资活动，教育支出与资本形成及国民收入有密切关系，故要探讨教育对经济增长的贡献，可从测定教育资本储量入手。舒尔茨首先计算出美国1929年积累的教育资本总额为1800亿美元，1957年则增至5350亿美元；1929年每个劳动力平均的教育资本是3659美元，1957年增至7868美元。这说明了劳动力教育水平的提高与凝结在每个劳动者身上的教育资本增加密切相关。通过计算美国1957年比1929年增加的教育投资总额，舒尔茨推算出教育水平提高对国民经济增长的贡献率是33%。

3. 丹尼森的研究。美国经济学家丹尼森运用经济增长因素分析的方法来研究教育对经济增长的贡献。他把经济增长的因素分为两大类：一类是生产要素投入量，包括就业人数及其性别、年龄构成，非全日工作工人在内的工时数，就业人员的教育程度和资本存量的大小；另一类是生产要素生产率，包括资源配置的改善、规模的节约和知识的进展。丹尼森仔细研究了这些因素对美国经济增长的作用，研究发现：1929—1957年美国国民收入的年增长率为2.93%，其中因教育的作用而增加的收入的年增长率为0.67%，在全部国民收入增长率中占23%；同时因知识进展而增加的国民收入的年增长率为0.59%，在全部国民收入增长率中占20%，其中知识进展的3/5亦是教育的作用，故教育对国民收入增长率的贡献为35%。

4. 其他的研究。关于教育对经济增长贡献的类似研究有很多。例如William和Darrell计算了1973—1984年间教育对不同国家GDP增长率的贡献，其中美国23.41%、英国30.23%、日本11.71%、德国5.9%、法国27.53%、荷兰34.61%[①]。1960—1975年间，日本GDP增长了3倍，而同期的教育投资增长了10倍。一些研究则显示了1960—2010年的50年间，部分国家或地区的教育发展质量与经济增长速度之间呈正相关关系（如图12-1所示）。[②] 尽管不同研究者各自研究的框架和分析的方法各不相同，关于教育对经济增长贡献的具体比率也不相同，但都证明了教育对经济增长的作用是非常巨大的，甚至是最大的。

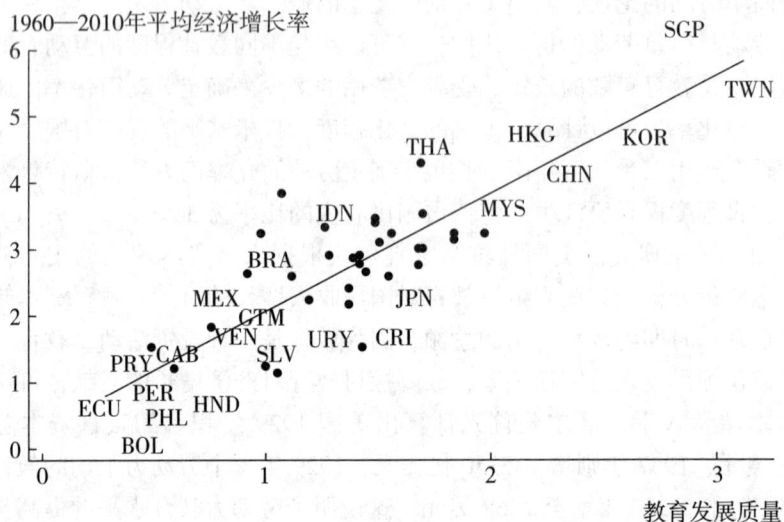

图12-1 教育与经济增长率（人均GDP 1960—2010年）

① WILLIAM E B, DARRELL R L, et al. Higher education and economic growth ［M］. Dordrecht：Kluwer Academic Publishers, 1993：56-57.

② HANUSHEK E A, WOESSMANN L. The knowledge capital of nations：education and the economics of growth ［M］. Massachusetts：MIT Press, 2015：134.

三、教育结构与经济结构

（一）教育结构的含义

教育结构指构成教育总体系的各个部分的比例关系及其结合方式。

1. 教育的纵向结构（级别结构、程度结构）。它是按教育程度划分的各级教育在教育总体系中的比例关系。按教育程度划分的教育级别一般有三级，即初等教育、中等教育、高等教育。教育的纵向结构与国民经济的技术结构有密切联系。

2. 教育的横向结构（类别结构、专业结构）。它是按教育的类别或专业划分的各类教育在教育总体系中的比例关系，一般限于中等以上教育。在中等教育中，有普通中学教育与中等职业技术教育；在高等教育中，有哲学、经济学、法学、文学、历史学、教育学、理学、工学、农学、医学、管理学、艺术学、军事学 13 个学科门类。每一类教育中，又可细分为许多不同的学科和专业。教育的横向结构与国民经济的产业结构、劳动力结构有密切联系。

3. 教育的形式结构。它是指按办学形式划分的各种形式的教育在全部教育中的比例关系。它有两方面的含义：其一指全日制、半日制和业余教育等办学形式之间的比例关系；其二指国家办、地方办、民办学校之间的比例关系。教育的形式结构与国民经济的消费和分配结构及生产资料所有制结构有密切联系。

4. 教育的布局结构。它是指各级各类学校在地区分布上的构成状态。它与国民经济的地区布局结构及教育在各地区的历史沿革和经济文化发展状况有密切联系。

5. 教育的管理体制结构。它是指教育管理机构的设置、隶属关系、管理权限等的构成状态及作用方式。它是国家政体结构的一个组成部分，主要受国家政治制度、政体形式和经济体制的制约。

> 教育结构是指教育体系中各个组成部分的比例关系及结合方式，主要包括教育的纵向结构、横向结构、形式结构、布局结构和管理体制结构。

（二）教育结构对经济结构的影响

经济结构是社会分工发展的产物，它反映了国民经济系统中各部分的构成比例和联系方式，主要包括产业结构、技术结构、生产关系结构、国民收入分配结构和消费结构。社会经济结构的发展制约着一个国家教育结构的发展变化和调整改革；但同时，教育结构会对经济结构产生巨大影响，促进经济结构的不断发展和日臻完善。

1. 一定的教育结构形成一定的劳动力结构。劳动力结构是指国民经济各部门、各行业中劳动力数量、质量以及分布的比例关系。它包括反映劳动力总体分布的产业结构、地区结构、城乡结构、所有制结构等，也包括反映劳动力素质的职业结构、知识结构、性别结构、年龄结构等。劳动力的培养主要靠教育，一个国家各级各类教育的发展水平直接决定着社会劳动力的规模、结构和质量，并最终作用于经济结构。首先，教育的纵向结构制约着劳动力层次结构的形成。劳动力的层次结构直接取决于教育的发展程度，影响着国家产业结构和技术结构的布局。教育普及的程度越高，高素质的劳动人才所占比例越大。其次，教育的横向结构制约着劳动力职业结构的形成。合理的教育类别结构和专业结构，可以使劳动力结构适应于经济发展对不同技术水平、不同职业岗位的劳动力的需要；教育结构的失调会影响劳动力就业岗位的对口和整个社会职业结构的平衡。再次，教育的地区布局结构影响着劳动力地区结构的形成。通常情况下，不同地区教育的普及程度和发展水平，直接制约着本地区劳动人才的布局。

> 教育结构对经济结构的影响主要是通过形成一定的劳动力结构来实现。

2. 合理的教育结构是经济结构调整的重要支撑。产业结构的调整和升级，从根本上取决于广大劳动者和各类专业人才的技术、技能积累和知识能力结构的优化。而劳动力结构的变化、劳动力文化技术水平的提高只能通过发展教育事业来实现。扩大教育规模、调整教育结构，一方面，可以提高劳动者的受教育层次，培养他们的科学技术水平和知识创新能力，利于提升各类型、各层次劳动人才服务经济社会发展的能力，使劳动力结构更能适应经济结构转型的需要；另一方面，不仅能促进教育自身发展与区域经济发展相适应，还有助于优化社会从业人员的知识、技能结构，利于提高社会劳动生产率并最终推动国家经济增长方式的转变、经济增长动力的转换、产业结构的转型升级、科技创新能力的提升等。世界上一些高收入国家，均较早地实现了劳动年龄人口受教育层次的提升，并通过职业教育快速发展、高等教育层次和学科结构的调整，优化了教育发展结构以适应国家人力资源需求的变化，从而为本国经济增长方式由粗放型向集约型转变、实现跨越式发展提供了持久动力。

四、教育与收入分配

不同的人有不同的劳动收入和不同的生活水平，这其中教育被看作决定人们社会成就和收入差异的无比重要的因素。教育可提高受教育者的文化技术水平，改善其劳动质量，增强人们应对经济社会发展和工作岗位变换的适应性和灵活性，从而提高受教育者未来取得较高收入和积极社会流动的能力。

（一）教育与劳动者的有形收入

不同的教育水平具有不同的收入回报。表 12-1 反映了不同收入水平国家教育的私人回报率和社会回报率情况（运用全折现法）。就同一教育水平而言，教育的私人回报率普遍高于社会回报率；就私人回报率来说，当前初等教育的回报率依然很高，高等教育的回报率整体高于中等教育回报率，并且越是低收入国家，高等教育的回报率越高。

表 12-1　根据经济收入和教育水平划分的教育回报率（%）①

	私人			社会		
	初等教育	中等教育	高等教育	初等教育	中等教育	高等教育
低收入国家	25.4	18.7	26.8	22.1	18.1	13.2
中等收入国家	24.5	17.7	20.2	17.1	12.8	11.4
高收入国家	28.4	13.2	12.8	15.8	10.3	9.7
世界平均	25.4	15.1	15.8	17.5	11.8	10.5

注：高收入国家初等教育较"高"的私人回报率是由于波多黎各这个异常值估计为65%，根据目前的人均经济收入分类系统，波多黎各被列为高收入国家。

表 12-2 则清楚地反映了部分 OECD 组织成员国（均属于中等收入以上水平的国家）中，不同国家的 25—64 岁全职从业人员的受教育年限与收入水平的正比例关系。数据显示，全日制劳动年龄人口的受教育程度越高，其收入水平就相对越高。以澳大利亚为例，假定具有高中文化学历的 25—64 岁全日制从业人口的收入基准为 100，低于高中学历从业人口的收入水平仅为 91，比前者低了 9 个百分点；具有本科或同等学力的从业人员收入水平达到 127，高出27 个百分点；具有硕士、博士或同等学力的从业人员收入水平达到 142，高出基准水平 42 个百分点。

表 12-2　2018 年按教育参与度划分的工人（25—64 岁全日制全职从业人员）相对收入②

国家	低于高中学历	高中学历（基准）	中学后教育（非高等教育）	高等教育			总计
				短期高等教育	本科或同等学力	硕士、博士或同等学力	
OECD 平均水平	83	100	m	119	143	189	154

① PSACHAROPOYLOS G, PARINOS H A. Returns to investment in education: a decennial review of the global literature [EB/OL]. (2018-04-11) [2020-08-22]. http://documentsl. worldbank. org/curated/en/442521523465644318/pdf/WPS8402. pdf.

② OECD. Education at a Galance 2020: OECD indicators [EB/OL]. (2020-09-08) [2020-10-05]. https://doi. org/10. 1787/69096873-en.

续表

国家	低于高中学历	高中学历（基准）	中学后教育（非高等教育）	高等教育			总计
				短期高等教育	本科或同等学力	硕士、博士或同等学力	
澳大利亚	91	100	101	104	127	142	125
奥地利	76	100	106	131	101	175	148
加拿大[1]	83	100	115	115	145	177	139
智利[1]	71	100	a	138	279	457	241
丹麦	90	100	122	110	113	147	124
芬兰	101	100	114	119	120	159	135
法国[2]	93	100	m	121	136	184	146
德国	78	100	113	132	162	175	161
希腊	81	100	102	162	132	170	138
匈牙利	77	100	101	111	158	209	177
爱尔兰	96	100	104	132	157	181	157
以色列	75	100	a	106	139	200	149
韩国	79	100	a	111	139	185	136
墨西哥	80	100	a	117	153	308	158
荷兰	86	100	117	126	130	173	147
新西兰	89	100	99	107	125	160	129
挪威	86	100	101	120	106	134	118
波兰	85	100	100	m	141	159	155
西班牙[1]	84	100	89	113	142	174	148
瑞典	85	100	114	105	112	143	122
英国	87	100	a	121	132	157	137
美国	71	100	m	113	166	221	171

注：（1）表中上标1表示为2017年数据，上标2表示为2016年数据；（2）表中字母a表示因为类别不适应而缺少数据，m表示数据不可得。

■ （二）教育与劳动者的无形收入

劳动者受教育不仅能增加他们的"有形收入"，而且还能通过改变他们的生活方式、改善他们的生活质量，使他们获得某些非货币形式的"无形收入"。这些无形收入的主要范畴如下所述。

1. 工作环境的改善。教育程度较高的人，一般拥有相对优越的工作环境和工作条件，如个人工作的安全性较高、工作的自由度较大、工作时间的弹性较强等。随着科技进步和社会发展，新的产业、技术、工种不断涌现，一个从业者在其一生中可能会面临着多次工作岗位、地点等的变换；同时，即使是同一岗位的劳动人才也需要不断更新技能、知识，才能适应经济社会不断变化的需求。面对这些难以预料的不确定状况，人力资本水平高的劳动者更有能力收集、处理、分析、判断信息，从而能较好地面对不确定的状况并做出适当的反应，较好地适应新的环境，迅速掌握和应用知识创新成果并不断推动创新发展①。

2. 医疗支出的节省。受过一定教育的劳动者，更加了解卫生健康方面的知识，更积极有效地利用医疗手段，患病、负伤或致残的可能性会相对较少，从而有可能节省某些医疗支出。有研究表明，受教育程度越高的人更愿意选择健康的生活方式，从事体育锻炼的时间更多②。受教育程度高的群体更倾向于积极预防和治疗，因此降低了疾病传染的可能性；针对同一疾病的患者，受教育程度越高的患者越倾向于采用更有效的药物③。美国人口普查数据的研究同时表明了：受教育年限每增加一年，35 岁后的预期寿命就增加 1.7 年④。

3. 消费行为的改变。购买商品及支付方式与教育程度有密切的关系。教育程度较高的人，由于具备更多的市场知识和商品知识，对市场交易情况的了解程度和对商品属性的了解程度较高，因此在购买商品时，或者可以节省商品选购方面的支出，或者可以在相等的消费支出条件下得到较大程度的满足。同时，教育程度高的消费者易于接受使用信用卡、分期付款等消费方式。

4. 理财能力的改善。相同工作、相同收入的人，其教育程度与其理财能力有密切的关系。教育程度高的人，由于具有更丰富的经济、财政方面的知识（许多国家的中学课程包含该方面的内容），他们在储蓄及投资保值方面会有较好的表现。

5. 家居管理方式的改变。教育程度高的人，居家生活中易于接受新的事物，如购置新的家用电器来代替原来由人力或旧型电器所担负的工作，从而大大减轻了原来的家务工作量。

---

① 闵维方. 人力资本理论的形成、发展及其现实意义 [J]. 北京大学教育评论, 2020（1）: 9-26.

② KENKEL D S. Health behavior, health knowledge, and schooling [J]. Journal of Political Economy, 1991（2）: 287-305.

③ 同①: 9-26.

④ 同①: 9-26.

6. 个人情意特征的转变。教育程度的提高，会使人视野开阔、个人兴趣增加。受过较多教育的人领略到学习的乐趣，喜欢读书，有更高的追求，精神生活更丰富。

7. 子女学习的收益。父母的受教育程度是影响子女教育成就的重要变量。国内外诸多研究采用父母受教育程度作为测量指标来探讨文化资本对子女学业成就的影响，一般均发现父母受教育程度对学业成绩影响显著，父母受教育程度更高的学生其学业成绩高于平均成绩①。受过一定教育的家长，能在工作之余同子女相处的时间里，直接给予子女学习上的指导和帮助，或间接给予子女有利影响，使子女在文化学习方面受益。

■ （三）教育与社会收入分配

收入是否平等是衡量一个国家经济运行是否稳定、机会是否平等的重要指标。国外有学者认为，收入不平等可以从横向和纵向两方面进行度量，横向不平等代表了收入或教育在同一代人内的差距，而纵向不平等则指收入或教育水平在代际间的流动性②。就横向而言，社会不同个体间的收入不平等程度与其受教育水平的差距是正相关的。在有关收入不平等形成机制的研究中，个体的先天禀赋和后天教育是两个最为关键的因素，其中先天禀赋主要是指生物学的遗传因素。Restuccia&Urrutia 等研究者发现，在美国的教育体制下，收入不平等是先天禀赋和后天教育共同作用的结果。在教育因素中，同代间的横向收入不平等主要由所接受的高等教育不同所导致，而父母对孩子早期教育投入的差别则是代际间收入流动性降低的主要原因③。Becker & Chiswick 等通过构建、分析收入分配的人力资本模型发现，人口总体的平均教育程度和教育分布状况会影响收入分配状况④。已有诸多研究都表明了教育程度和收入不平等之间存在稳定且密切的关系，教育不平等会加剧收入不平等。

一般来说，低收入水平总是同低的劳动效率、差的职业适应性、低的文化教育水平联系在一起。随着个体教育层次的提高，教育的回报率是逐步上升的。接受过更高层次教育的人往往具有良好的职业适应能力、更高的劳动生产效率和取得高收入的能力，这有利于改善他们自身和家庭的生活质量。社会个体之间接受的教育水平差距越小，越有利于缩小相互之间的收入差距。同时，

---

① WÖBMANN L. Educational production in East Asia: the impact of family back ground and schooling policies on student performance [J]. German Economic Review, 2005 (3): 331, 353.

② 杨娟，赖德胜，邱牧远. 如何通过教育缓解收入不平等？[J]. 经济研究，2015 (9): 86-99.

③ RESTUCCIA D, URRUTIA C. Intergenerational persistence of earnings: the role of early and college education [J]. American Economic Review, 2004 (5): 1354-1378.

④ BECKER G, CHISWICK B R. Education and the distribution of earnings [J]. American Economic Review, 1966 (56): 358-369.

人们受教育程度的高低除了与个人的智力水平有关外，在很大程度上还与其家庭的经济、社会背景有密切联系。一般而言，家庭经济状况不好、社会背景不利的人接受更高程度教育的可能性相对要小一些。因此，发展教育事业，推动教育的普及，扩大各级各类教育的规模和发展质量，为社会各阶层提供均等的教育机会，将有助于改善社会处境不利家庭及其子女的境况，提升他们的劳动适应能力和劳动生产率，缩小社会贫富的差异。具体途径是：一方面扩大教育规模，加大教育资源投入，为更多的人提供受教育的机会和条件；另一方面采用奖学金和贷学金等方式，为处境不利的学生提供学习的资源，不让一个贫困学生失学。

总之，正如习近平同志所说："教育公平是社会公平的重要基础，要不断地促进教育发展成果更多更公平惠及全体人民，以教育公平促进社会公平正义。"大力发展教育事业，既有利于使非熟练劳动者增加收入，缩小社会收入分配差距；又能普遍提高劳动效率，促进经济增长，从而提高劳动者的平均收入水平和生活质量。

> 发展教育可以提高受教育者个人的收入；扩大人们受教育的机会，提供社会各阶层均等的教育机会，有助于改善低收入者的收入水平，缩小社会收入分配的差距。

■ 第 3 节 教育资源的利用

■ 一、教育需求与教育资源

从一定意义上说，教育系统是一个"投入—产出"系统，它接受外界多元因素（如人力、财力、物力、需求等）的输入，经过内部的运作过程，输出教育效益，从而对整个社会经济发展产生长远的影响。在这里，外界向教育的输入主要包括对教育的需求和为教育提供的资源。

■（一）教育需求

教育需求反映了社会发展和个体发展对教育的要求，它包括社会政治、经济、文化发展对教育所提供人才数量的多寡、质量的高低、文化的传承、知识的演进、技术的更新等方面的要求，以及个人职业、成就的需要对教育发展所提供的受教育机会的要求。从一定意义上讲，随着教育在现代社会发展中作用的日益凸显和人们物质文化生活水平的不断提高，社会和个人对教育的需求程度将越来越高，而教育需求的满足程度又取决于社会及个人对教育提供资源的多寡。

（二）教育资源

教育资源是指整个社会用于教育领域的以培养不同熟练程度的后备劳动者和专门人才的人力和物力的总和。马克思指出，"要改变一般的人的本性，使他获得一定劳动部门的技能和技巧，成为发达的和专门的劳动力，就要有一定的教育或训练，而这就得花费或多或少的商品等价物"①。要进行教育活动，首先需要从社会总劳动中抽出一部分劳动力，这就是从事教育的劳动者和进入劳动年龄的受教育者，他们要消耗一定的生活资料，要进行教育活动；还必须有一定的物质技术条件，如校舍、图书、仪器设备等。社会投入教育的资源以货币的形式表现出来就是教育投资。由于人类资源的有限性，社会能用于教育的资源，只能是满足人的再生产以及所需要的物质再生产以后所能提供的资源，因而是有限的，难以完全满足社会和个人对教育的需求。因此，如何获取更多的教育资源和有效使用稀少的教育资源，就成为社会领域和教育领域的一个共同关心的问题。

> 教育资源是指整个社会用于教育领域的从事教育活动的人力和物力的总和，以货币的形式表现出来就是教育投资。

二、教育投资的来源与分配

（一）教育投资的来源

教育发展总要消耗一定的教育资源，表现为一定的资金投入。那么，教育投资从何而来？应由谁负担？在国民经济中应占多大比重？

1. 教育投资来源于国民收入。国民收入是社会总产值中扣除消耗掉的生产资料的价值所剩下的部分。教育可以增加国民收入，但不能直接创造国民收入，教育活动消耗的教育资源最终只能来源于国民收入。既然教育投资来自国民收入，那么谁占有国民收入，谁从国民收入的分配中获得教育的益处，谁就应当投资于教育。

2. 教育投资来源的构成。国民收入的分配由国家的财政收入、企业收入、劳动者个人收入三部分构成，同时它们也是教育的受益者，教育投资的来源主要也由这三个方面的投资构成。

（1）国家的教育投资。在全部的教育投资中，国家对教育的投资是分量最重的。一般情况下，义务教育阶段教育投资的绝大部分甚至全部由国家负担；在非义务教育阶段，国家也是教育投资的重要负担者之一。国家教育投资

---

① 马克思. 资本论：第一卷 [M]. 中共中央马克思恩格斯列宁斯大林著作编译局，译. 北京：人民出版社，1975：195.

的基本形式是财政支出中的无偿拨款；在实行多级财政的国家中，国家教育投资由各级财政根据相应的比重分担。

（2）企业的教育投资。企业的教育投资主要包括用于本企业职工的教育培训的费用，通过教育附加税负担的普通教育的费用和有偿使用、有偿培养部分高级专门人才的费用等。

（3）个人的教育投资。个人的教育投资是指劳动者个人为本人或子女接受教育所支付的教育费用，主要包括学费（义务教育阶段一般免除学费），因上学而引起的交通费、文教用品费、书籍费，以及学生参加课外补习活动产生的各项学习费用等。此外，个人投资办学、捐资办学，也是各个国家教育投资的重要来源。

> 教育投资即国家、企业和个人对教育事业的投入。

■ （二）教育投资在国民经济中的比例

由于教育投资主要来源于国民收入，因此，教育投资的多少、在国民经济中占有多大的比重，不是由人们的主观意愿决定的，而是由社会经济发展水平决定的。经济发展水平高，国民收入水平高，用于教育领域的投资就多，反之就少。当然，国民经济中用于教育投资的份额应有一个恰当的比例，比例过大或过小，都不利于国民经济的发展。教育投资在国民收入和财政支出中所占的比重过小，会因教育培养劳动力和专门人才数量不足、质量不高而限制物质资料生产和国民经济的发展；教育投资在国民收入和财政支出中所占的比重过大，超过了国民经济的承受能力，同样会制约物质资料生产和国民经济的发展。

1. 衡量教育投资比例的指标。为了确定教育投资在国民经济中的合理比例，需要选择能够正确反映教育投资在国民经济中比例的指标。反映教育投资在国民经济中的比例常用指标主要有：（1）教育总投入占国内生产总值（GDP）的比重，是衡量一个国家教育经费总体投入情况的重要指标；（2）财政性教育经费投入占国内生产总值的比重；（3）预算内教育经费占财政支出的比重。后两项通常是衡量一个国家对教育努力程度的尺度标准。

以上指标均是静态指标，反映了一定时期教育投资和国民经济两个绝对量之间的关系。为全面反映教育投资同国民经济发展的关系，还要有动态指标，即两者变化速度的对比关系，又称弹性系数指标。教育投资的弹性系数指标主要有：

（1）教育投资对社会总产值的弹性，即教育投资的增长速度与社会总产值的增长速度之比；

（2）教育投资对国民生产总值的弹性；

（3）教育投资对国民收入的弹性。

2. 教育投资变动的一般趋势。研究表明，教育投资的变动与国民生产总值（或国民收入，下同）之间有一定的规律性①。

（1）一个国家一定时期内的教育投资水平，以该国的经济发展水平为基础，教育经费占国民收入的比例随人均收入的增长而增长。一个国家经济越发达，人均国民收入越多，教育经费在国民收入中所占的比例通常就越高。

（2）教育投资的超前增长是世界各国经济发展的基本趋势。教育投资超前增长指在经济发展过程中，一国的教育投资增长率高于国民收入（或国内生产总值）的年度增长率。

（3）随着国民收入水平的不断提高，教育投资的超前增长幅度是逐渐减缓的。当人均国民收入达到一个较高的水平以后，在技术没有重大突破的情况下，教育经费在国民收入中的比例将逐渐趋于稳定，教育投资与国民收入将接近于同步增长。

■ （三）教育投资的分配

当一个国家一定时期教育投资在国民收入中的比例确定以后，还必须确定教育投资在教育部门内部的合理分配。

1. 按使用性质进行分配。教育投资按使用性质可分为两个部分，即教育事业费投资和教育基本建设投资。

> 教育事业费投资是教育投资中分配用于教育事业的经常性经费，主要由人员经费和公用经费两部分组成。
>
> 教育基本建设投资是为了扩大教育规模和提高教育设备水平的投资，主要是固定资产的投入。

在教育事业费投资中，人员经费包括教学人员、教学辅助人员、科研人员、行政人员、工勤人员等的工资、补助、职工福利和学生的奖学金等。公用经费包括公务费（如办公费、邮电费、水电费、会议费、差旅费等）、设备购置费、业务费和修缮费等。教育事业费的分配，是根据教育事业的发展计划、教育单位的规模、人员编制和开支定额确定的。

教育基本建设投资是分配用于教育的固定资产的投资，主要包括建筑安装支出、仪器设备的购置支出和其他基建费用支出。

教育投资在教育事业费投资和教育基本建设投资之间，在人员经费和公用经费之间的分配必须保持合理的比例。一般来说，科技经济发展水平较高，人员经费所占比重较少，基本建设费用和其他公用经费所占比重较大；教育级别

① 王显明. 教育经费与教师工资［M］. 北京：教育科学出版社，1988：79.

较高，人员经费所占比重相对较少，基本建设费用和其他公用经费所占比重相对较大。

2. 按教育结构进行分配。教育投资按教育结构进行分配是指教育投资在各级各类教育中的分配比重，即初等教育投资、中等教育投资、高等教育投资在教育投资中所占的份额。教育投资按教育结构进行分配，最基本的依据是学生的数量和生均经费数。

一般来说，教育投资在不同层次教育之间的分配有一定的规律①。

（1）教育投资的分配结构随教育结构的变化而变化，教育投资在各层次之间的分配比例与相应的学生比例基本上是相对应的。

（2）在经济发展的最初阶段，三级教育投资的分配结构呈"金字塔"形，即初等教育投资比例最高，中等教育次之，高等教育比例最低。

（3）随着人均国民收入水平的不断提高，三级教育投资比例之间的差距逐步缩小。

（4）高等教育投资比例随着人均国民收入水平的提高先升后降，最终稳定在一定水平上。

■ 三、教育投资的使用效率

由于教育资源是稀少的，而社会对教育的需求是巨大的，因此，在教育投资既定的情况下，教育部门要合理使用这些资源，提高教育投资的使用效率。

在此，我们假定：和生产过程一样，教育过程是一个"投入—产出"系统，包括了资源的投入、使用和产出。教育投入是指教育过程中所消耗的人力、物力和财力，教育产出是指教育所培养的一定数量和质量的学生。由此，教育投资的使用效率可界定为教育的投入和教育的产出之比。

影响教育投资使用效率的因素很多，如教育管理体制和学校的管理水平，教育投资中与培养学生无关的费用的多少、学校规模的大小等。提高教育投资的使用效率，必须从减少单位产出的投入量和增加单位投入的产出量两方面考虑，即进行成本核算，发挥管理效率。

■（一）教育成本核算

1. 教育成本。教育成本不仅包括易衡量的经济成本，还包括不易衡量的非经济成本②。从易衡量的经济成本来看，教育成本与教育投资有着较大差异；了解教育成本，主要从投入方面计算培养一个学生平均花费的全部费用。

---

① 王显明. 教育经费与教师工资 [M]. 北京：教育科学出版社，1988：214-216.
② 叶庆娜. 学校规模对教育公平、成本效益的影响——国外学校规模影响研究综述及启示 [J]. 教育与经济，2016（3）：69-74.

从资源和成本的形式及提供的方法来看，我们可以将教育资源分为由社会所提供的资源和由个人所提供的资源两大类，由社会和个人提供的资源又都包括教育的直接成本和间接成本。教育的间接成本又称为机会成本。

> 教育成本是指培养一个学生平均消耗掉的全部教育资源。

在社会资源方面，教育的直接成本指由政府和社会直接承担的教育费用，包括教育机构设施的建造、维修保养的费用和教职员的薪酬、福利待遇等教育机构的成本项目。间接成本指由于教育使用的土地、建筑物、设备等如不用于教育而用于其他方面可能获得的利息、租金收入，或者用于教育而免除的税收、达到法定劳动年龄段的学生如不上学而就业时国家所可能获得的税收。

在个人资源方面，教育的直接成本指由学生或其家庭直接负担的教育费用，包括学杂费、书籍费、文教用品费、生活费、交通费、课外补习费等开支项目。间接成本指达到就业年龄的学生因继续上学而放弃就业可能失去的收入。

2. 教育成本核算。成本核算是指对一定时间内发生的费用按照不同种类的计算对象分别归集和分配，计算出各计算对象的总成本和单位成本的活动或过程。进行教育成本核算是在资源有限的情况下厉行节约、减少单位产出的投入量的重要测控手段，它有利于更好地利用教育资源，提高教育投资的使用效果。

教育成本和教育经费既有联系又有区别。教育成本是全部教育经费的主要组成部分，是指教育经费中直接的、间接的和培养学生有关的那部分费用。而全部教育经费中还包括与培养学生无关的费用，这部分费用的多少直接关系到教育投资的使用效率。因此，在教育活动中要进行成本核算，以减少教育资源的浪费，把有限的教育资源用到最需要的地方，降低人才的培养成本。

教育成本核算的内容主要包括：人员经费中用于直接、间接从事和教育教学活动有关的教职员的费用，包括工资、补助和福利等费用；全部的教学费用；和培养学生有关的办公费用；和培养学生有关的图书资料、信息资源费；和培养学生有关的固定资产折旧费等。

■ （二）学校规模效益

学校规模的大小，主要指教师数、在校学生数和物资设备的多少而言，它是影响教育投资使用效率的一个重要因素。虽然规模不等同于效益，但一定的效益必须要求有一定的规模作为支撑。没有规模，效益自然会受到影响；规模过大或过小，都会降低教育投资的使用效率。只有规模适度时，教育投资的使用效率才能得到最好的发挥。当然，不同国家、不同地区、不同类型的学校，规模的标准会有所不同。

> 学校的适度规模是指学校的学生、教师和物资设备之间的构成比例处于最佳的状态，包括教师的适度规模、物资设备的适度规模和学生的适度规模。

1. 教师的适度规模。教师的适度规模是根据教学计划的要求，按学科的比例来确定的。在学校教育中，每个学生的成长都是教师共同努力、集体劳动的结果。因此，教师队伍是一个劳动的整体，他们既分工又合作，为实现共同的目标而努力。教师规模的确定应根据教学计划中各学科的教学时数在总教学时数中所占的比例来确定各学科教师的人数，以形成各学科教师之间的合理比例，从而充分发挥每个教师的作用，提高人员的配置效率。如果以教学计划中课时最少的学科所需的教师量为"1"，其他学科根据各自的特点和所占的学时数来确定所需的教师的合理比值，进而求出全校教师的总量。这是最小规模的教师合理配置。

2. 学校物资设备的适度规模。学校物资设备的适度规模要根据教学和师生生活的需要来设置。实验室设备主要按有关学科教学大纲的要求，一般以能容纳一个班的学生做实验而设置。实验室设备的配置以一个室为单位，它对各项设备有一定的规格、种类、数量的要求。根据教学大纲要求开设的每一实验科目，设有一个可同时供一个班学生做实验的实验室，这是设备的第一适度规模配置。校舍的配置主要是按师生人数的多少而定，其他设备如桌椅、教学用品、生活用品等也是按教师和实验的配置规模而定。当然，学科功能教室、公共教学用房、虚拟教学空间等的配置，均应以满足学校教学活动的顺利开展与学生学习的需要为基准而进行配备与及时调整。

3. 学生的适度规模。学生的规模即学校合理的在校生人数，对中小学来说，主要是由学校教师及设备的数量决定的。在教师人数既定的情况下，学生人数的多少取决于师生比的大小。要确定教师和学生的合理比例，一是要确定班级的适度规模，其依据是在保证教学各个环节的顺利进行和不影响教学效果的前提下可能的最大容纳量，如一般中小学班级规模以 40 人为宜。二是确定教师合理的教育教学工作量，即教师在一定时间内付出的劳动量，如每周上课时数。三是根据教学计划中每周上课总时数和每个教师的平均工作量，决定各年级应设的班数。由班级数和班级规模算出的在校生人数，就是和适度的教师人数相适应的适度规模的学生人数。教师、学生和物资设备三者的规模处于最佳比例状态时，学校的人力、物力、财力资源可以得到最大限度的发挥，由此获得最佳的投资效益。

在信息技术时代，人工智能、大数据和"互联网+"等技术的运用，改变着教育（尤其是优质教育）的供给形态，对学校教学方式、师生互动模式、教学管理与评价等产生了巨大冲击。大规模在线教学、线上线下融合式教学、个性化学习活动等的推进与发展，在一定程度上会对学生规模、教师规模、学校物资设备等的核算产生影响。在新的教育供给形态下，尚需通过对学校成本与学校规模的实证分析，科学确定学校的合理规模。

主题词

人力资本理论	教育事业费
筛选理论	教育成本
劳动力市场分割理论	学校适度规模
社会化理论	教育结构
教育资源	教育投资

习 题

1. 人力资本理论受到哪些理论的挑战？
2. 从一般意义上论述教育与经济的关系。
3. 教育结构对经济结构的影响是如何实现的？
4. 阅读有关资料，分析我国教育投资中存在的问题。
5. 如何提高教育投资的使用效率？

参考文献

1. 王善迈. 教育经济学概论 [M]. 北京：北京师范大学出版社，1989.
2. 柯恩. 教育经济学 [M]. 王玉崑，陈国良，李超，译. 上海：华东师范大学出版社，1989.
3. 舒尔茨，等. 西方教育经济学流派 [M]. 曾满超，等译. 北京：北京师范大学出版社，1990.

第 *13* 章
教育与政治

政治是经济的集中表现，国家政权则是政治的核心。国家政权最基本的职能，一是直接或间接地组织、调节、干预经济生活，二是维护国家安全、政权稳固和社会秩序。教育作为国家基本制度之一，或直接或间接地受到政治的制约，因此形成了教育的"政治"属性。在不同社会和政治背景下，教育的政治属性不同，教育同政治的关系也不同。教育与政治的关系错综复杂。政治对教育不但有直接的制约作用，而且这种制约涉及教育的一切方面：从教育的领导权到受教育权，从教育目的到各级各类学校办学目标，从教育事业发展的规模速度到质量标准，等等。当然，教育不是消极地受制于政治，教育对政治也具有反作用。这种反作用，表现在社会层面，就是教育对社会政治延续和发展的影响；表现在个体层面，就是教育对个体社会化的影响。

■ 第1节　教育与政治关系的演变

把握政治与教育之间的关系，不能仅仅落实在抽象的谁决定谁上，而应当将两者之间的关系放在具体的社会文化传统及社会实践形式中加以考察。就中国的社会文化传统而言，任何时代的政治与教育的关系必须在中国的历史与现实背景下解读。总体而言，教育与政治的关系大致经历了三个阶段：古代社会的教育与政治融为一体；近代社会的教育逐步脱离政治，发展自我；现代社会的教育与政治相对独立并相互支撑。

■ 一、古代社会的教育与政治

中华文明是人类历史上唯一一个历史悠久且不曾中断的文明，更为独特的是，中国保留了大量系统性的史籍和经典。在中国独特的文明历史中，包含着延续文明的重要因素，这些因素对整个人类社会而言也存在着普遍适用的可能。中国古代社会教育和政治的关系就是其中一个重要因素。

中国古代传统政治，与现代政治有着本质不同。政府及其相关的制度萌芽于尧舜时期，也就是五帝时期的末期。在整个漫长的三皇五帝时期，是没有政府的，当然也就没有基于政府的制度，但当时依然存在着良好的秩序。《周易·系辞》中说："上古结绳而治，后世圣人易之以书契，百官以治，万民以察。""结绳"和"书契"都是契约，这是最原始的契约。这就意味着中国的上古时代是一个"契约而治"的契约时代。"结绳而治"就是"契约而治"。尧舜之后，政府开始在中国正式出现。但是，在春秋之前的夏商周时期，政府及其相关制度本身则是契约化的，同时也包含着多神教的宗教因素，但以契约为主导，即所谓的"礼乐"制度。春秋之后，"礼崩乐坏"，其实质就是礼乐制度的崩溃。直至汉武帝罢黜百家独尊儒术，新的制度范式才得以形成，这种范式可以称为儒法范式，即儒体法用范式。儒家思想的实质就是礼乐和契约制度背后的义理因素。因此，整个中国古代历史就存在三大制度范式：第一，三皇时代的契约范式；第二，夏商周时的礼乐范式；第三，西汉汉武帝时期到晚清的儒法范式。

中国古代传统政治有着两大原则，"无为而治"和"不与民争业"。"无为而治""不与民争业"，都是对政府行为的限制，也是对政府的角色进行定位，让政府知道自己该做什么，不该做什么。尽管整部中国历史在制度范式上历经了三次巨大变化——从三皇时期的契约制度到夏商周时期的礼乐制度，再到汉武帝之后的儒法制度，辛亥革命后儒法制度的崩溃，但是支撑这些制度范式的深层因素，却一直没有改变，就是义理，也是道德。

中国传统儒家认为，教育与政治的关系是本与末、体与用的关系。尽管在治理国家的先后次序上，可以暂时将政治作为救急的措施来使用，但教育的价值明显高于政治、优于政治。例如，"学而优则仕"强调的就是政治的选拔标准有赖于考察对象受教育的水准。换言之，做官与否基本上依赖于受教育的优秀与否。因此，政治无论如何不能够凌驾于教育之上，相反，还需要教育的合法性（合人性、理性、道性）作为其依据和基础。

孔子历来主张教育应当"有教无类"，政治应当"举贤"，提倡"学而优则仕"。他认为二者可以有机结合，只有通过"学"而"优"的人才能"贤"，才能做官，才能"仕"途光明。孟子提出"人皆可以为尧舜"和荀子提出"涂之人可以为禹"的观点都说明教育在改造、提升人性方面具有重要作用。对于"政"与"教"的关系，孟子认为："善政不如善教之得民也。善政，民畏之；善教，民爱之。善政得民财，善教得民心。"在孟子看来，统治者应"以德服人"，最根本的是要"得民心"，而教育则是"得民心"的最有效措施。儒家在之后的发展中还进一步明确了"道德"的核心价值，强调教育的功能就是将道德转化为政治，从而实现治国安民之目的。在古代，官员不仅是国家政治层面的"官"，而且也是受人敬仰的教育"楷模"。政治与教育成功地实现了"联姻"。

虽然在总体上中国古代的教育与政治是共同体，但随着社会不断发展，政治对教育的工具性利用也日益明显。总体而言，政治与教育在中国古代社会形成了密切联系，构成了独具特色的中国政教传统，它对现代中国政治与教育之间的关系仍产生着深远的影响。

■ 二、近代社会的教育与政治

近代以来，教育与政治的关系发生了变化。一方面，近代资本主义社会的形成，是以否定封建专制统治和特权阶级利益为特征的，资产阶级以"民主、自由、平等"等作为民主政治统治的口号，这就使得资本主义教育有可能不再是专制统治的附庸；另一方面，近代教育思想的先驱极力主张"教育自由化""教育中立化""教育世俗化"等思想，这也为教育不再依附于某种政治提供了一个思想切入点。而更直接的原因是近代学校系统的成形，教育组织正规化，教育活动制度化，标志着教育已成为社会分工中的一个独立部门。这就使得教育活动与政治活动有了明显的区别，教育人员与政治人员之间的分工愈益明确，从而使得教育与政治的关系有了各种新的变化。

自从西方进入现代社会以来，一方面由于人的理性能力的提升，道德生活在公共领域逐渐隐退，建立在共同体基础之上的社会活动逐渐发生分离，政治与教育的双重去道德化使政治与教育丧失了共有的基础，使得它们都从道德的"纠缠"中解脱出来。"道德生活在公共领域的隐退使政治与教育丧失了在古代共同体中具有的自然和谐关系。政治与教育的双重去道德化使它们几乎没有了相互联系与互为参考，在政治与教育领域出现了技术主义和价值相对主义泛滥。"① 另一方面，随着社会分工的日益深化和不断细化，以及政教分离原则的确立，教育与政治、教育与意识形态以及价值观似乎越来越处于一种分离的状态，而教育也越来越表现为一种只关注事实知识的技术培训。因此，从这个意义上来说，现代西方教育是去道德、去价值的，教育与政治实现了不同程度的分离，现代西方教育试图远离伦理价值和政治意识形态而竭力成为一种纯粹中性的技术培训和学术操练。

教育与政治关系的这种变化，推进了教育与政治的矛盾运动：一方面，资本主义商品经济的发展与生产关系的确立，客观上需要商品生产者之间平等地

---

① 韦伯. 学术与政治：韦伯的两篇演说［M］. 冯克利，译. 北京：生活·读书·新知三联书店，1998.

自由竞争，以及能提供可以"自由"出卖的劳动力，这就产生了"自由教育"或"民主教育"的需求；另一方面，维持资产阶级国家政权，需要统一的国家意识和民族意识，这就必须实现个人的政治社会化，因而又产生了"政治教育"（或谓"国家教育"与"民族教育"）的需求。正是由于教育在选择国家意识和个人自由之间的这种矛盾状态，西方国家教育与政治关系形成了多种模式，例如法国的中央集权制，美国、德国的地方分权制，等等。

■ 三、现代社会的教育与政治

在西方现代社会中，人分化成很多集团，每个集团都有代表自己利益的政党，这样只有多党制才能将全体人民的利益反映出来。如果只有一个政党，那么这个政党将仅仅维护一个集团的利益，并且压制其他集团的利益，形成专制。中国的传统政治文化与西方截然不同。在当代中国，执政党也与西方政党有着本质区别，执政党不代表任何集团的利益，自身也没有特殊利益，它代表的是全体人民的利益，是超越任何特殊的集团利益的。这也是西方社会难以理解中国政治体制的重要原因之一。

现代学校教育的模式，来源于西方，是工业社会的产物。现代学校制度或称全民的教育制度，一般可追溯到19世纪中期，有些人认为是从1870年英国有了《教育法》才开始的。在工业社会里，人是被分类的，也是被分等级的。人力资源需要严格的分工、严格的分等，这就要靠学校教育。于是就有了考试、大纲、课本、学校、时间表等。工业社会的教育基本上是要产生劳动力，劳动力的产生需要把人分类分等级。这是全世界所有政府愿意投资教育的基本原因，教育投资属于一种经济话语，讲究经济回报。因此，现代社会教育的主要目的是把人变成人力资源的过程。在此过程中，不同程度体现着对人性的压迫和人的异化。这也是马克思提出"人的发展"思想的现实基础。随着资本主义发展到后期，由于生产力的极大进步，人的发展日益受到重视，教育的工具属性有所弱化，人的价值在社会中也得到体现。

中国教育的现代化进程一直伴随着教育的功利化、实用化追求，与之相伴的是中国政治现代化进程，两者之间有着极为密切的联系。中国重视教育的传统使得让人人有机会参与竞争，人人有机会进入社会流动。教育的社会使命，就是让每个人都有希望、有能力、有可能创造机会发展自己。在中国传统政治文化中，政治通过道德教化的方式得到合法性基础、治理手段和人力资源供应，这一极其重要的政治传统在当今现代社会仍然起到了基础性作用。因此在现代，与西方现代社会不同，中国社会系统中的政治与教育之间的关系，不仅仅是西方社会提倡的政治与教育的相对独立性，实际上更多的是包含着在中国特色社会主义制度下，对传统关系的继承和转换。

　　教育与政治的关系大致经历了三个阶段：从古代社会的"教育政治融为一体"，到近代社会的"教育逐步脱离政治发展自我"，再到现代社会的"教育与政治相对独立并相互支撑"。

■ 第2节　教育平等的理论与实践

　　教育平等与参与教育管理的平等是教育民主化的两个方面。前者是教育民主化的关键，后者则是实现教育平等的保障，两者共同促成了教育民主化的演进与发展。

■ 一、教育平等的概念

　　教育平等是人类价值的基本尺度，也是衡量一个社会公正程度的基本标准。探求教育的平等可以先从教育的不平等着手。因为教育平等是相对的，而教育不平等是绝对的。

■ （一）教育不平等的历史渊源

　　教育的不平等与社会的不平等一样古老。正规的学校教育产生以后，教育的不平等渐趋扩大，并成为被严厉指责和批评的对象。随着社会和时代的发展，教育平等的理想被逐渐付诸实践，教育不平等才逐渐有所缩小。

　　1. 原始社会的教育。在原始社会里，教育是简单的和连续的。个人都是在共同生活的过程中学习的，而不是被别人教育的。家庭生活或氏族生活、工作或游戏、仪式或典礼等都是个人学习的机会；母亲的照看、父亲的狩猎指导、观察一年四季的变化、聆听长者讲故事和氏族巫士唱赞美诗等，到处都是学习的机会。

　　2. 斯巴达的教育。斯巴达的社会分层非常清楚、严格。第一层是斯巴达人，属于特权阶层或优秀公民；第二层是无政治权利的自由民阶级；第三层，也是最底层，是奴隶。教育是斯巴达公民的特权，公民的权利很少扩充到其他阶层，斯巴达公民阶层是自我封闭的。

　　3. 中世纪的教育和西方大学的产生：等级制教育。中世纪的欧洲主要有两个阶级：贵族（包括高级教士）和农民。贵族拥有土地、财富和珍宝，不参加生产劳动，贵族在家庭或城堡中接受战士的教育；教会垄断了正规教育，并为封建统治服务；农民基本上无受专门教育的可能，只是在宗教活动中参加一些附带的教育活动。自 11 世纪起，西方大学作为一个独立的教育机构出现了，其主要目的是招收和选拔人们从事专门的职业，主要针对领袖人物和教士的培养。因此，它本质上是贵族的教育。

4. 中国封建社会的官学：等级制教育。中国奴隶社会有"学在官府"一说；封建社会的官学关于入学资格也有明文规定："殊其士庶，异其贵贱。"例如唐代官学设有"二馆六学"，按家长官位品级区分不同官学的入学资格：弘文馆、崇文馆只招收皇族勋戚子孙，国子学只招收三品以上官员的子孙，太学只招收五品以上官员的子孙，四门学只招收七品官员的子孙，书学、算学、律学招收八品以下及庶人之子。私学产生，特别是科举制兴起后，官学的等级色彩有所淡化。

5. 西欧双轨制教育：学校制度的不平等。在18、19世纪，欧洲（也包括美国）尽管已经产生了政治上的自由主义和法律上的平等学说，但并没有教育方面的机会均等。近代西欧社会明显地划分为上、中、下三个阶级。尽管普及的、义务的和公共的教育理想开始形成并已付诸实践，但这只是一个双轨制教育：劳工阶级只能受较低等的教育，中上层阶级才能接受中高等教育。例如，英、法、德等国的下层阶级的教育通常只到14岁就结束了；而中、上层阶级则能继续升中学和大学。

6. 现代社会的教育：努力实现教育机会均等。进入20世纪，世界各国几乎都试图通过各种手段扩大受教育机会，采用更为公平的招生和选拔的方法。例如：①为处境不利者提供补偿教育；②延长普通教育的年限，推迟生源分流和专业选择的年龄；③推广综合性中等学校；④实行"积极的差别待遇"以防止后进生学业失败；⑤建立多种通向高等教育的道路；等等。这些措施取得了很大的成效，但是教育的不平等并未完全消除。其根本原因在于经济上的不平等和贫富两极分化，受教育机会取决于家庭经济状况和自身社会地位。

> 教育不平等是指不同的个体由于政治、经济、文化、心理等原因，不能享有同样的受教育机会或不能享受同样的公共教育资源。教育不平等有得到法律或政府认可的不平等和没有法律或政府认可的客观上的不平等两种情况。

■ （二）教育平等的含义

教育平等的含义包含四个原则：第一，人即目的，人受教育的最终目标是个体自由和谐地发展，只有尊重每个个体的基本人权与自由的发展，才符合教育平等的原则。第二，教育权利平等原则，这里所谓的教育权利指的是受教育的权利，是相对于政治上、经济上的平等权利而讲的教育上的平等权利。第三，教育机会均等原则，良好的教育制度是使每个人有均等的入学机会、在教育过程中被均等地对待、有均等的学业成功机会；义务教育的实施是在法律上对教育平等权利的补充，是为个人平等地受教育提供的一种保障。第四，差别性对待原则，由于教育的效果会因受教育者个人的天赋、机会与机遇的不同而不同，机会均等不可能机械式地实现，故要实现教育平等，必需给予每个个体以不同的教育待遇；但是差别性原则的基本前提是使全社会中处于最不利地位的人获得和其他人同等的利益。

> 教育平等是教育民主化的一个重要内容，指人们不受政治、经济、文化、民族、信仰、性别、地域等的限制，在法律上享有同等的受教育权利，在事实上具有同等的受教育机会。

■ 二、教育平等的理论

在古今中外教育史上，任何一种教育理想或思想几乎都可以追溯到很久以前，而把教育作为国家政治改革或实施社会政策的工具也已有很长的历史。教育平等最初是作为一种理想提出的，随后再具体化为国家和地区的一种教育实践。19 世纪末以来，教育平等成了许多国家教育政策中的一个主导思想；20 世纪中叶，更成为"教育民主化"运动中的一项基本内容。

■ （一）古代朴素的教育平等观点

最早提出教育平等思想的学者是中国的孔子和古希腊的柏拉图。孔子主张"富而后教""有教无类""因材施教"，同时他身体力行，招收学生不论贫富贵贱、不分年龄地域等。在西方，柏拉图最早提出了儿童不分男女，从 6 岁起都接受初等教育的主张。不过，孔子和柏拉图的教育平等思想都带有特定历史阶层的等级观念。例如，孔子对人进行"上、中、下等"的划分，柏拉图所设想的理想社会实质上仍然是阶级分层社会。

> 古代朴素的教育平等观反映了古代思想者对扩大教育平等的追求，但仍是以阶级分层为基础的。

■ （二）古典自由主义的教育平等观点

古典自由主义在中外历史上都有着悠久的学术渊源。不过，对近现代教育思想影响最大的则是文艺复兴、宗教改革和 18 世纪的资产阶级思想启蒙运动。英国空想社会主义者莫尔在其名著《乌托邦》中，勾画了"公共普及教育制度"的蓝图；在西方教育史上被誉为"国民教育之父"的德国神父马丁·路德旨在传播新教，主张实行普及性的强迫初等教育，并率先开创了普及义务教育的实践；17 世纪捷克教育家夸美纽斯不仅主张并亲身实践了"教育要普及到每一个人""把一切知识教给一切人"的思想，他也是最早提出普及 6 年初等教育主张的教育家；18 世纪法国启蒙思想家卢梭在《社会契约论》《爱弥儿》等著作中，大力倡导"人人生而平等、人人都有同样权利"的教育思想。

总体而言，欧洲早期自由主义者和空想社会主义者强调，社会和政治制度只是一种人类的契约，而不是神圣的法令；在自然状态下，人人都是平等的；穷苦人们的痛苦和不平等是由于剥夺了他们受教育和参与政治机会的不公平的社会安排；这种社会的不平等可以借助人类理性加以纠正。因此，首先应该由国家和政府为每个儿童（不论其家庭出身）提供初等教育的均等入学机会，而个体此后的发展则完全依赖于其天赋和家庭，这样就有助于建立一个更为公正的社会。

> 古典自由主义的教育平等观突出了教育乃是"天赋人权"的思想，但这种教育平等实际上只是在"资本"面前的平等。

■ （三）"民主主义学派"的教育平等观点

19世纪末20世纪初，西方的教育民主得到了进一步的发展。此期间对教育民主观念影响最大的是来自美国的教育理念。《独立宣言》把"人人生而平等"作为不言而喻的真理，杰克逊民主时期，美国的公立教育得到了大发展。

20世纪最有意义的教育事件之一，就是杜威划时代的著作《民主主义与教育》（1916）的问世。这是自柏拉图的《理想国》以来，教育和政治或社会理论方面最重要的论著。该书首次对"民主的教育"的含义做了系统和充分的表述，并提出了指导未来教育活动的总的建设性理论。在杜威看来，民主不仅仅是一种政治的形式，而主要是一种联系生活、交流经验的方式。民主的社会有两个基本的标志：每个人在社会中自觉地相互分享各种利益的数目和种类，以及一社会和另一社会之间相互影响的范围和自由。这种社会必须有一种教育，使每个人都有对于社会关系和社会控制的个人兴趣，都有能促进社会的变化而不致引起社会混乱的心理习惯。

在杜威等自由主义者看来，教育具有三大功能：整合（integration）、平等（equality）与发展（development）。教育首先被看成是"延续社会生命的工具"，也被认为具有使贫富两大极端平等的功能，也被视为促进个人心灵发展与道德发展的主要工具。这三种功能不但相容而且相互支持。因为，资本主义社会的职业角色最好由已经达到个人发展最高程度的个人来担任，个人的发展具有经济上的生产力；自由且普遍的学校制度能够提供自我发展的机会，免受种族、文化、阶级、性别等的影响。

以杜威为代表的进步主义教育思想，在20世纪初乃至之后更长的时期内产生了广泛的影响。这种以强调"个人自由"为核心的民主主义，更接近于现代意义上的教育平等思想。其实践意义已被20世纪教育机会均等的立法所证明了；在教育实践中，"强迫入学"已扩展到小学之后两年或更长的时期。所有这一切均表明：人们有了比较广泛的接受教育的机会。但是，杜威所谓的"个人自由"，仍然是源于"资本"和"财富"的自由。因此，一方面公立学

校制度发展起来了，另一方面为中、上等阶级开设的私立学校的数量也有了大
发展；而 1929—1933 年的西方资本主义国家"经济大萧条"时期，教育方面
的最大受害者仍然是劳工阶级的子弟。

> "民主主义学派"的教育平等观强调了"个人自由"是人类的最高理
> 念，而教育平等是实现个人自由与社会民主的基本途径。当然这种自由是基
> 于"资本"和"财富"的自由。

■（四）技术绩效主义的教育平等观点

第二次世界大战以后，尤其在 20 世纪五六十年代，西方许多社会学家、
经济学家、政治家及其他学者对教育充满信心，他们深信：教育是促进经济增
长、社会变迁和增加个人机会的有效手段；教育是促使经济增长的关键，因为
它能向社会提供把科学技术应用到开发性发展上的熟练劳动力。这种观点，被
称为技术绩效主义。它也主张教育具有杜威所述的三种功能，而且三种功能是
彼此相容的。但它更强调，现代社会中，经济收入、权力与地位的不平等，实
质上是个体间心智、身体的及其他技能分配不平等的一种反映。所以，越成功
者是具有越多技能而且越聪明的人。

根据这种观点，现代工业是建立在日趋复杂的科技基础上，经济发展越来
越依赖于劳动力的知识与技能。同时，学校教育的大众化为所有有能力和意愿
的人提供了发展的机会，因此，人的心智、技能的经济重要性越来越突出，这
样便提高了学校教育促进经济机会平等的作用。换言之，学校教育的平等可以
促进经济和社会的平等。

总之，技术绩效主义认为教育有推动经济增长、减少社会罪恶、促进个人
发展、提高整个社会质量的作用。教育系统是形成并改造社会的积极代理者。
他们的基本信条是：技术增长水平决定经济增长水平，而技术增长水平取决于
学校教育水平。

显然，在这种观点中，不平等不归结于人的社会出身等归属性因素，也不
归结于经济制度，而是归结于个体的竞争能力（知识、学历、文凭、技能等）。

> 技术绩效主义的教育平等观把社会不平等归结为个体的竞争力，因而学
> 校教育的大众化可以为个体提供各种发展机会，进而可以促进经济和社会的
> 平等。

■ 三、教育平等的实践

■（一）初等义务教育的兴起

初等义务教育的普遍兴起主要是西方资产阶级大革命的产物。法国大革命

时期已经把"学校世俗化"问题提上议事日程，但在全国范围内的实行是 19 世纪 80 年代以后的事。《费里法案》（1881—1882）宣布实施普及的和公共的初等教育。英国全国性规模的公立教育的施行始于 1870 年。1824—1860 年间在美国马萨诸塞州洛厄尔市出现了美国历史上第一个现代学校制度①；1837 年，教育改革家曼恩任马萨诸塞州教育秘书，自此开始了全州范围内普及公立教育的运动；至 19 世纪 60 年代，公立教育制度已在全美范围内确立。

■ （二）初等义务教育的普及

欧美资本主义国家初等义务教育运动经过近百年的发展，到 20 世纪 60 年代基本上得以普及（见表 13-1）。

表 13-1 部分国家 1967、1968 年入学率

（单位:%）

地区	初等学校学龄儿童 （在任何阶段）	中等学校学龄儿童 （在任何阶段）	高等学校注册学生 （20～24 岁青年）
北美洲	98	92	44.5
欧洲和苏联	97	65	16.7
大洋洲	95	60	15.0
拉丁美洲	75	35	5.0
亚洲	55	30	4.7
阿拉伯国家	（50）	（25）	（3.1）
非洲	40	15	1.3

资料来源：联合国教科文组织国际教育发展委员会. 学会生存 教育世界的今天和明天 [M]. 上海师范大学外国教育研究室，译. 上海：上海译文出版社，1979：63.

从世界范围来看，至 1980 年初等教育毛入学率已达 96%，到 1990 年达到 99.2%。

■ （三）中等教育的普及

欧洲中世纪的中等教育基本上是为贵族服务的。德国教育家斯图谟（J. Sturm）于 1538 年创办的文科中学，是欧洲第一所文科中学。至 19 世纪，文科中学已成为欧洲国家中等教育的主流。德国教育家策姆勒（C. Zemmler）于 1708 年首创实科中学，这是中等教育走向平民化的一个重要开端。随后中等教育在欧洲各国相继得到发展。例如，英国颁布的 1867 年议会改革法案，主

---

① 鲍里斯，季亭士. 资本主义美国的学校教育 教育改革与经济生活的矛盾 [M]. 李锦旭，译. 台北：桂冠图书股份有限公司，1989：233-234.

要关心的就是扩大中等教育的机会，1870 年颁布了《初等教育法》，1918 年妇女获得了选举权，国会再一次对教育设施加以扩展。总体来说，西方国家的中等教育经过近两个半世纪的发展，到 20 世纪 60 年代，已有部分国家基本普及了中等教育，大多数国家则在努力实现中等教育的普及。

■（四）高等教育的大众化

大学产生于 11 世纪的西方，长期以来，上大学是贵族的特权。而高等教育入学率的迅速增长则是第二次世界大战以后的事情。例如，1870 年美国 18—21 岁的人口中大学生的比例占 1.7%，到 1940 年也仅占 15.6%，而到了 1950 年迅速增长到 29.6%。20 世纪 60 年代以后是世界高等教育发展的第二个高峰。还以美国为例，美国高校 20—24 岁青年的入学率 1980 年达到 56.0%，1989 年达到 70.3%，克林顿总统在 1997 年的国情咨文中提出了要让所有 18 岁青年都接受高等教育的目标。

> 教育平等的实践表现在数量方面是初等和中等教育的普及、高等教育机会的扩展、扫盲运动的进一步深入，这已成为世界性趋势。

■ 第 3 节　教育制度与教育公平

教育平等问题与社会制度有着密切的关系。马克思主义认为，社会经济结构是区分人类历史上不同社会形态的最基本的标准，也是区分同一社会形态不同发展阶段的最基本尺度。据此可将人类社会区分为五种基本形态，即原始公社制度、奴隶制度、封建制度、资本主义制度和广义的共产主义制度。由于社会经济结构涉及的是不同社会集团（阶级、阶层）的各方面的地位和利益问题，它同教育的关系就集中表现为：不同社会集团之间教育权利的分配与教育机会的分配问题。换言之，教育具有阶级的属性，教育平等首先反映了社会平等问题。本质上，教育平等是社会制度的反映。

■ 一、制度化教育：教育不平等的制度根源

人类的教育最初是不定型的，当社会经验积累到非经过专门组织传递不可的程度时才使教育制度化。19 世纪近代学校形成以后，开始出现制度化的教育。制度化教育是现代教育的基本形式。制度化教育与教育平等存在双重关系：积极意义与消极意义并存。一方面，从历史上看，制度化教育是推动普及教育、实现教育平等的基本途径，而从现实来看，制度化教育又是导致教育不平等的制度基础；另一方面，普及一定年限的教育主要依靠制度化教育，而同时教育上的竞争与筛选又导致了教育的不平等。

制度化教育的特点如下。

1. 学校是一个自我封闭的连续系统，形成一种从低到高的系列。但是这种连续性实际上只保证部分人受教育的连续性，却妨碍更多人受教育的连续性。

2. 封闭的教育系统强调选择性和竞争性，它主要依靠该体系内部规定的标准来决定允许谁学习和不允许谁学习，以及在什么年龄学习。

3. 这种教育为应试教育，以升学为宗旨。

4. 学校教育成为社会的工具，体现和执行社会意志。

5. 学校成为社会所需人才的选拔机构，文凭则成为选拔人才的标准之一。

6. 学校教育主要履行社会化和选拔两大并重的功能。

制度化教育的形成对整个教育活动带来了重大影响。这种影响不仅表现在它导致教育主体与客体的关系发生变化，更重要的是使教育的目标与手段发生混淆。

制度化教育的形成，导致教育平等的理想一旦付诸实践，往往演变成手段取代了目的。办教育的人总是高举伟大的理想旗帜，其实际的教育措施却可能南辕北辙。比如把教育当成经济的手段或政治的工具，或根据筛选的需要把人当成被筛选的标准件。

因此，理想的教育平等在现实中也可能演变为实际的教育不平等。实质上，平等是关于人的尊严与自由的，也是关于人与人之间的平等和个性尊重的，还关系到程序的公正与权利义务的对等。因此，教育平等的终极原则是：人即目的，教育不能把人当手段当工具，人人居于平等的地位而有同等的机会。但这种平等不能是机械式的，社会的进步有待于不同的人发挥不同的潜能。教育的平等，一方面包含使每个人依其潜能获得最佳的发展，另一方面则要求这种差别性的安排必须使社会上处于最不利地位的人的利益得到保证。

> 从历史上看，制度化教育是实现教育平等的基本途径；从现实来看，制度化教育又可能成为实现教育平等的制度障碍。因此，教育制度的创新极为重要。

■ 二、终身教育：教育平等的制度基础

终身教育的思想始于 20 世纪 20 年代，在国际上流行于 20 世纪 60 年代。特别是《终身教育引论》（保尔·朗格朗，1970 年）、《学会生存　教育世界的今天和明天》（联合国教科文组织，1972 年）两书出版后，成为指导未来教育的时代理念。此后出现的"学习化社会""教育化社会""回归教育"等思潮和实践，正是在这种指导思想的影响下产生的。

所谓终身教育，即主张教育应该贯穿人的一生中的各个年龄段，而非仅在儿童和青少年时期。因此，这种教育包括了各个年龄段的各种方式的教育，既有正规教育也有非正规教育，既有学校教育也有社会教育。换言之，终身教育既是一个贯穿现代一切教育的理念，更是构建未来教育体系的一种制度实践。

讨论终身教育可以从不同的层面进行。从实现教育平等的立场分析，终身教育是实现教育平等的制度基础。

终身教育的基本性质至少可以归结为如下几点：

1. 教育乃是一个人终身的事情，而非一个阶段的事情；

2. 人们可以在环境、家庭和社会中获得大量的经验性知识，学校教育的主要作用在于使这种经验性知识系统化和概念化；

3. 终身教育是开放系统，它不仅要求发展非正规的家庭教育、社会教育，而且要求将整个制度化教育都纳入本体系中；

4. 保障公共教育的教育机会，使人们的整个一生都能获得良好的成长和发展；

5. 重新设计和整合教育系统，以促使每个人能够在最适当的时机和场所，接受最适当的教育；

6. 通过把教育和人们的生活紧密结合，使每个人在任何情况下都可以自由采用适合于本人的自我学习、自我训练和自我培养的手段，进而使每个人将各自的教育变义务为责任。

终身教育指学习包括一个人的整个一生（既指它的时间长度，也指它的各个方面），而且也包括全部社会（既包括它的教育资源，也包括它的社会的和经济的资源），即人人皆学、终身学习的社会。它彻底排除了制度化教育产生的不平等因素。显然，终身教育的理念完全不同于制度化教育。它首先符合"人即目的"的原则，其次符合"机会均等"的原则，再次也符合"差别性对待"的原则。因此，形成终身教育的体系乃是实现教育平等的制度基础。

> 终身教育是现代教育制度创新的一个核心理念和实践，它是实现教育平等、推进教育民主化运动的十分重要的制度保障。

■ 第 4 节　受教育权的确认和保障

教育平等是教育民主化的一个重要方面，发展学校规模和数量、扩大入学机会、延长就学时间、更为客观的测评方法，以及发展奖、助、贷学金制度等，都是促进教育民主化的有效手段。克服教育内部的民主障碍，实现参与教育管理的平等，则是教育民主化的另一个重要方面。

■ 一、从"受教育权"到"学习权"的转变

不管从个体的发生发展史还是从人类的发生发展史均可以发现：教育最初是属于个体的、自然发生的"私事"；随着国家的兴起和学校的出现，教育受其社会的制约，学校替代了家庭教育的职能，教育同时成为国家和社会的"公事"。这就自然地涉及"由谁来进行教育"这一所谓"教育权"的问题，它也涉及"谁能受到教育"这一所谓"受教育权"的问题。这两者之间存在着有机的联系，即都是由国家和法律赋予的权利。

> 受教育权是指个体享有某种不可剥夺的接受教育的权利。

由于承认个体在社会中的主体地位，承认学习者在教育教学过程中的主体地位，人们发现，为确保儿童的教育权益，必须实现从"受教育权"到"学习权"的转变。这不仅是历史的可能，也是教育自身发展的必然。所谓学习权，是指现代各国宪法和各种国际性宣言中所规定的"受教育权"，是从强调受教育者的主体性的立场重新加以解释的概念。

西欧中世纪的人文主义教育思潮对人有了进一步的认识；18世纪的卢梭在教育天地中更深刻地发现了"人"；20世纪初杜威提出"儿童中心主义"；苏联的赞可夫于20世纪50年代提出"一般发展"理论……，所有这些无不反映了社会对学生学习权益的尊重。特别是20世纪60年代出现的"学生自治""学生参政""民主管理"以及各种校园文化的出现，不仅表现为一种教育法学观念的转变，更主要的是表现为一种教育人学观念的增强。这是历史的一大进步。

在我国，这样一个进步也经历了一个漫长的过程。虽然早在两千多年前的《学记》中就有"教学相长"的观点，但因时代的限制，学生的主体性不可能得到真正的重视；而在漫长的封建时期，注重"家法""师承"，"学"归结于"教"，学生的学习权利充其量是做一个蓄水的罐子、盛物的袋子而已。近现代的教育思想家特别强调了学生的权利，例如陶行知先生的"教学做合一"的思想。今天，我们否定"应试教育"推广"素质教育"，实际上正是对学生学习权益的确认，是把学生从学习机器中真正解放出来。

> 学习权是立足于学习者主体的角度，对受教育权利、学习机会、学业成功机会的确认，是对学习者选择、确定学习内容权利的肯定。

■ 二、学习权的保障

从更深层的意义上说，学习权是和生存权、自由权等同的一种基本人权。

所谓教育，是对学习的一种支持、帮助和引导，而不是按社会、他人的意志和要求有计划、有组织进行"塑造"，其最终目的是人的全面自由的发展。从"受教育权"到"学习权"的转变，将是"什么是教育"的教育理念的根本转变。

现代教育的一个基本课题就是最大限度地保障学习者的学习权益。"如果任何教育体系只为持消极态度的人们服务，如果任何改革不能引起学习者积极地亲自参加活动，那么，这种教育充其量只能取得微小成功。"① 仅仅确保学习者教育权利的平等是不够的，甚至仅仅确保学习者学习机会的均等也是不够的。学习权益的保障涉及众多问题。

它首先涉及教育的终极目的。要重新确立"人即目的"的指导思想，就需要重新检讨由国家和成人所提供、把学习者视为被动体的整个教育体系，从行政、制度、内容、方法、评价等方面做彻底的改革。保障学习者权益的根本原则，就是重新确立学习者的主体地位，变"要我学"为"我要学"，变教育主要是"教师的责任"为"师生的共同责任"。简言之，就是使学习者积极主动地参加到整个教育活动中来。

其次，需要对制度化教育中的分流教育做彻底的改造。分流教育是社会分化到一定阶段的产物，它强调通过考试选拔来对人才进行分流培养。这种制度极容易衍生"升学主义"和"应试教育"。但是，由于现代社会分工的需要，分流教育又是不可或缺的。因此，为了符合和实现教育平等的目标，就必须形成一种符合"人即目的""机会均等""差别性对待"原则的分流教育制度，真正在公平、自由、民主的基础上实行对全体人员的分流教育，达到"人尽其才，因材施教"。

再次，改变制度化教育体系，逐步形成终身教育体系。终身教育体系是实现教育平等、保障学习权益的制度基础。

如果说，上述措施因更多地与教育政策、国家政策、国家制度等宏观决策有关而在短期内难以实践的话，那么，下面的措施则可以在学校系统内予以变革，从而在微观上推进教育民主化。

第一，实施共同管理和自我管理。要保证人们能够充分行使他们在教育上的民主权利，就意味着要保证他们有权参与教育的民主决策与管理。教育的民主化必须从真正的民主行动开始。所谓共同管理，是指由教师、家长、科学家、教育学家、心理学家、教育行政人员、学生等共同参与对教育的决策与管理；所谓自我管理，主要是指使学习者从学习对象变为学习主体、逐步走上自

---

① 联合国教科文组织国际教育发展委员会. 学会生存　教育世界的今天和明天 [M]. 上海师范大学外国教育研究室，译. 上海：上海译文出版社，1979：290.

我教育的轨道，使教育充满了自由探索、自我发展、发现和创造、激情和愿望等状态。

第二，需要确立"差别性对待"原则。儿童学习与成人学习、普通教育与专业教育是不同的；不同的儿童，也会因其社会文化背景、智力、能力及其他学习条件的不同而有不同的表现。故需要视不同条件，在就学与教育机会、教育方法的选择、升学等教育保障的各个侧面，分别去追求"最佳的权益"。"给每个人平等的机会，并不是指名义上的平等，即对每个人一视同仁，如目前许多人所认为的那样。机会平等是要肯定每个人都能受到适当的教育，而且这种教育的进度和方法是适合个人特点的"①。

第三，发展新型的师生关系。确保儿童的受教育权益，还需要从根本上重新评价师生关系这一传统教育大厦的基石：支配与从属、统治与被统治、指挥与服从、传授与被动接受等。事实上，这种传统的师生关系在当前已受到强烈的抵抗，诸如学生退学与反抗、教师权威危机等。从确保儿童受教育权益的立场出发，教师的职责应更多地表现出激励、启发、发现、引导、意见交换等，教师要集中更多的精力与时间以促进学生的自我发现与创造活动。

> 学习权的保障，既涉及国家政策和教育制度等宏观方面的改革，也涉及学校内部实施民主参与与管理等微观方面的创新。

■ 三、学习竞争、选拔与平等

竞争是人们在追求有限社会资源时的一种行为模式，选拔则是在竞争基础上进行"择优汰劣"的过程，因而竞争和选拔也就成了社会资源的一种配置方式，这就必然涉及社会平等与公平问题。

社会竞争是在权利平等的基础上对机会的公平追求。但是，竞争中的机会均等是相对的，它首先受制于竞争者在起点上的资源和条件均等；更重要的是竞争不可避免地造成结果的不平等，竞争本身是一种实力的较量、一种择优机制和奖励制度，因此它排斥平等地占有和分配社会资源，而必然造成资源占有上的不平等。不过，由于竞争中的不平等是在机会开放的前提下造成的，因此，它又是一种获得了默认和达成了共识的结果不平等。

教育制度中充满了学习竞争和选拔。"高考"或"会考"是目前大多数国家教育体系中最重要的竞争和选拔制度，考试成绩或分数成了最根本、最主要的选拔标准。

目前，人们过分重视选拔、考试和文凭。这种制度奖励强者、幸运者和顺

---

① 联合国教科文组织国际教育发展委员会. 学会生存　教育世界的今天和明天 [M]. 上海师范大学外国教育研究室，译. 上海：上海译文出版社，1979：116.

从者，而责备和惩罚弱者、不幸者、迟钝者、不能适应环境者以及那些与众不同者和感到与众不同者。教育中的竞争和选拔制度从历史上来看是民主的，从现象上来看也是平等的，因为它是以成绩优异获得权利，代替了过去以出身或幸运获得权利。但是，这种貌似民主和公平的竞争制度，掩盖了实践中的不公平。首先，这种选拔制度极少考虑来自社会和经济方面的障碍；其次，几乎没有证据可以证明，选拔的程序能够正确地预测一个人是否具有某种特殊职业所需要的才能。尽管如此，这种考试制度仍在到处使用，对于这种考试制度产生的问题，只有遵循终身教育的路线，把教育过程的结构进行彻底改造，才能得到真正的解决。

终身教育可以排斥任何最后的、过早的选拔，彻底改变升级和颁发证书的程序，进而强调真正的本领、才能和动机，此方面的价值高于分数、学分的价值。"当教育一旦成为一个连续不断的过程时，人们对于成功与失败的看法也就不同了。如果一个人在他一生受教育过程中的某个年龄和某个阶段上失败了，他还会有很多机会。他再也不会终身被驱逐到失败的深渊中去了。"[①]

> 教育中的竞争与选拔是一种相对民主与公平的制度，但它隐含着各种影响学生学习权益的因素，因而对这种制度的创新与变革极为重要。终身教育和终身学习，是解决教育不公平的制度保证。

■ 第 5 节 促进教育公平的中国模式

教育公平是人类社会的共同追求，是社会公平的基础，也是衡量一个国家文明水平的重要标志。中国社会一直有着"有教无类"的朴素理想，但这一理想在新中国成立后才得以实现。70 多年来，中国共产党和中央人民政府将一个人口多、底子薄、发展极不均衡的教育弱国改造成了一个教育大国，实现了教育公平的历史性跨越，不仅极大地保障了中国人民受教育的权利，也为全球可持续发展和减少教育不平等提供了"样板"。从 1949 年到 2018 年，中国人均受教育年限从 1.6 年提高到 10.8 年，新增劳动力受教育年限提高到 13.5 年，走完了发达国家 200 年走完的历程，创造了促进教育公平的中国模式，为世界促进教育公平提供了宝贵经验和重要动力[②]。

---

① 联合国教科文组织国际教育发展委员会. 学会生存 教育世界的今天和明天 [M]. 上海师范大学外国教育研究室，译. 上海：上海译文出版社，1979：118.
② 袁振国. 教育公平的中国模式 [J]. 中国教育学刊，2019（9）：1.

■ 一、以"为民"理念引领教育公平

全心全意为人民服务是中国共产党的根本宗旨，坚持立党为公、执政为民是中国共产党的基本执政理念。使全体人民受益，让所有人分享改革开放的成果，是国家各项工作的总的指导思想。这一思想在促进教育公平的进程中，得到了最鲜明的体现。

1. 学校向工农开放，教育为工农大众服务

1949 年 12 月召开的第一次全国教育工作会议，确定新中国的教育是民族的、科学的、大众的教育，其方法是理论与实际一致，其目的是为人民服务，首先为工农兵服务，为当前的革命战争与建设服务。发展为人民服务的思想、办面向工农大众的教育，成为新中国成立初期我国教育发展的思想原则和工作任务。

为了贯彻党的教育方针、普遍推行以工农为主的人民教育、落实《中国人民政治协商会议共同纲领》，新中国成立初期的教育主要从五个方面采取了改革措施：举办工农速成中学，加强工农干部的知识教育；推行工人和农民的业余补习教育；所有设施都向工农劳动人民开门；改革旧学制，颁布新学制，实行普及儿童初等教育；推行全国规模的识字教育，逐步扫除文盲。

2. 立足国情，不断推进教育从机会公平向结果公平提升

首先是效率与公平并重。改革开放初期，我国教育事业发展严重滞后，各类知识人才尤其是专门人才奇缺。邓小平同志亲自抓科技和教育，并以恢复中断了 10 年的高等学校招生考试制度为突破口，实行全面的拨乱反正，我国教育事业也由此开始了历史性的大变革。邓小平在 1977 年明确提出了"办教育要两条腿走路，既注意普及，又注意提高。要办重点小学、重点中学、重点大学"。同年 8 月，党的十一大指明"要采取强有力的措施，扩大和加快各级各类事业发展的规模和速度，提高教育质量"。

1990 年，我国文盲率高达 22.23%，与印度、巴西等 9 个发展中人口大国一起被列为重点扫盲国家。联合国教科文组织 2006 年发布的《全民教育全球监测报告》显示，2002 年我国全民教育发展指数为 0.954，在 121 个被监测国家中排名第 38 位，比 2001 年的第 54 位上升了 16 位。我国解决了世界上人口最多国家的义务教育问题，是发展中国家推进全民教育的成功范例。

其次是更加注重教育公平。2006 年，党的十六届六中全会通过的《中共中央关于构建社会主义和谐社会若干重大问题的决定》提出"在经济发展的基础上，更加注重社会公平"；2007 年，党的十七大把教育列为以改善民生为重点的社会建设六大任务之首，强调"教育是民族振兴的基石，教育公平是社会公平的重要基础"，鲜明地指出"要处理好效率和公平的关系，再分配更

加注重公平"。

2013 年 9 月，习近平总书记在联合国"教育第一"全球倡议行动一周年纪念活动的视频贺词中表示，中国将"努力让 13 亿人民享有更好更公平的教育"。这是继 2012 年党的十八大报告提出"努力办好人民满意的教育"重要论述后，国家对教育发展方向新的指引，更加注重公平成为 21 世纪以来教育事业改革发展最重要的特征。

■ 二、以优先发展促进教育公平

教育公平是一个历史发展过程，公平与发展密切相关，公平问题既在发展过程中产生，又必须依靠发展来解决。加快教育发展、不断提高教育水平，是促进教育公平最强大的动力和最根本的保证。

1. 把教育摆在优先发展的地位

1992 年 10 月，党的十四大第一次明确提出要把教育摆在优先发展的战略地位，之后国家将科教兴国作为基本国策。2017 年 10 月，习近平在党的十九大报告中说："建设教育强国是中华民族伟大复兴的基础工程，必须把教育事业放在优先位置。"

2. 把义务教育作为重中之重

1986 年，新中国第一部基础教育方面的法律《中华人民共和国义务教育法》诞生。1992 年，党的十四大提出本世纪末（20 世纪末）实现"两基"的目标，之后它成为地方各级人民政府教育工作的"重中之重"。"重中之重"从此长期坚持，成为国家的战略部署。《国家中长期教育改革和发展规划纲要（2010—2020 年）》继续强调义务教育是教育工作的重中之重。

3. 以信息化促进教育公平

改革开放 40 多年来，从资源建设到深化应用，从硬件配置到数据革命，我国教育信息化水平不断提高。21 世纪以来，国家将教育信息化的地位提到前所未有的高度，创建教育信息化"三通两平台"，即"宽带网络校校通""优质资源班班通""网络学习空间人人通"和"教育资源公共服务平台""教育管理公共服务平台"。我国基础教育信息化水平从加强基础设施建设、资源共享进入网络学习空间的建设，极大地促进了优质教育资源的共享，促进教育公平迈上了新的台阶。

■ 三、以惠民政策保障教育公平

机会公平是保证每个人受教育权利的前提，但由于先天的和后天的各种原因，部分人群处于发展不利地位，不能正常享受到平等的机会，为此，必须采取特殊政策，对这一人群予以必要的支持和帮助，以促使他们能够平等地享有大家都有的机会。

1. 倾斜政策

教育资源向农村倾斜，缩小城乡教育差距。20 世纪 80 年代末，我国就开始重视扶持农村和中西部地区的义务教育发展，先后实施"燎原计划""国家贫困地区义务教育工程"等多个项目，推进义务教育的区域与城乡间均衡发展。进入 21 世纪后，我国结束了教育双轨制政策，推进城乡教育一体化。2015 年实施乡村教师支持计划，改善乡村教育师资状况。2011 年起启动农村义务教育学生营养改善计划，2017 年年底实现国家级贫困县农村义务教育学生营养改善计划全覆盖目标，使 3700 万名贫困地区学子受益。

教育资源向中西部倾斜，缩小区域教育差距。2004 年，国家正式启动西部地区"两基"攻坚计划，中央安排 100 亿元资金，实施西部地区农村寄宿制学校建设工程。2016 年，国务院办公厅颁布《关于加快中西部教育发展的指导意见》，第一次对中西部教育改革发展进行顶层设计，大力促进中西部地区教育的公平发展。2018 年，中央财政教育转移支付增加到 3067 亿元，其中80% 用于中西部农村和贫困地区，1/4 左右用于集中连片特困地区、民族地区。

教育资源向薄弱学校倾斜，缩小校际教育差距。2002 年《教育部关于加强基础教育办学管理若干问题的通知》首次提出"积极推进义务教育阶段学校均衡发展"的目标。为了推进学校均衡发展，国家逐步取消了"重点校、重点班"政策，实施义务教育公办学校标准化建设，加大薄弱学校的改造力度，缩小学校间办学条件的差距。2014 年义务教育"全面改薄"工程正式启动，到 2018 年年底，全国 30.96 万所义务教育学校（含教学点）办学条件达到"20 条底线"要求，占义务教育学校总数的 99.76%。

2. 资助政策

贫困生资助政策。早在新中国成立初期，我国就建立了人民助学金制度，后来资助对象不断扩大，实现了"应助尽助"。1999 年召开的全国教育工作会议强调要增加"对贫困家庭的教育资助"，2002 年党的十六大报告提出要"完善国家资助贫困学生的政策和制度"，2012 年党的十八大要求"提高家庭经济困难学生资助水平"。为了不让一个家庭经济困难学生失学，国家通过颁布完善政策，建立起了以政府财政投入为主、学校和社会资金为重要补充的经费筹措机制，形成了政府主导、学校和社会广泛参与的"三位一体"资助格局，形成了世界上覆盖范围最为广泛的资助体系，在制度上保障了"不让一个学生因家庭经济困难而失学"。

精准帮扶政策。20 世纪末以来，我国政府先后推行了"国家贫困地区义务教育工程"等措施，重点支持贫困地区儿童就学、农村地区教育发展。国务院及教育部等职能部门颁布与实施了"学前教育三年行动计划""全面改善贫困地区义务教育薄弱学校基本办学条件"、《乡村教师支持计划（2015—2020年）》、"农村义务教育学生营养改善计划"、《国家贫困地区儿童发展规划（2014—2020年）》等，对准教育最薄弱领域和最贫困群体，有针对性地采取倾斜政策，精准帮扶、分类施策、全面保障，努力实现"幼有所育、学有所教"，带动我国贫困地区教育事业取得长足进步。

3. 对口支援政策

立足于我国基本国情和所面临的历史任务，我国政府发挥社会主义的制度优势，通过教育结对帮扶的形式，形成教育发达地区与不发达地区、优质学校与薄弱学校之间相对稳定的共建机制，推动双方交流，共享教育经验与成果，提高落后地区教育质量和效益，逐步缩小区域间教育发展差距。对口援疆、援藏是支援方最多、规模最大、涵盖面最广的对口支援工作。

■ 四、以规范管理维护教育公平

坚持规范管理、依法治教是党和国家促进和实施教育公平的根本制度保障。新中国成立特别是改革开放以来，我国逐步建立健全了教育法治保障，各级各类学校都实施了校务公开、财务公开制度和招生考试"阳光工程"等社会公开制度，通过制度建设维护了教育公平。此外，我国建立了国家、区域等不同层级的教育质量标准及其评价体系，形成了评估督导制度，有力地推进了义务教育均衡发展，促进了教育公平。

1. 依法治教，为教育公平奠定法律基础

从1954年我国第一部《宪法》到2002年的《民办教育促进法》，我国逐步确立了教育公平的法律原则：中华人民共和国所有公民均有受教育的权利；公民不分民族、种族、性别、职业、财产状况、宗教信仰等，依法享有平等的受教育机会；凡具有中华人民共和国国籍的适龄儿童、少年，不分性别、民族、种族、家庭财产状况、宗教信仰等，依法享有平等接受义务教育的权利，并履行接受义务教育的义务。此外，《职业教育法》《高等教育法》，以及新修订的法律、行政法规、政府规章等，均将保障公民受教育权利、促进教育权利公平作为教育事业发展的基本行为准则。

2. 建立督导问责制度，保障教育公平切实推进

督导制度是我国教育体制的一个重要组成部分，从督学到督政，涵盖了教育的各个层级和各个方面。1986年以后全国人大常委会分别就《义务教育法》《教育法》的执行情况在全国范围内组织了6次大规模教育法律执行情况的执法检查，其中重点对各级政府实施义务教育所需经费落实情况进行了全面审查。这为我国各级政府履行教育责任、持续加大财政拨款力度和支持教育事业发展提供了良好的监督管理机制。2012年，我国成立了国务院教育督导委员

会，义务教育均衡发展就是其最重要的督导工作之一，开创了以督导保障教育公平的新局面。

主题词

学而优则仕	教育机会均等
教育不平等	终身教育
教育平等	制度化教育
民主主义学派	受教育权利
技术绩效主义学派	教育公平
义务教育	促进教育公平的中国模式

习　题

1. "学而优则仕"体现了我国古代社会教育与政治怎样的关系？
2. 阐述义务教育与教育平等之间的关系。
3. 简述教育平等理论发展史上几种经典理论的基本观点。
4. 分析终身教育和教育平等的关系。
5. 如何理解个体受教育权益的确认和保障问题？
6. 讨论促进教育公平的中国模式在第三世界国家普及的问题与挑战。

参考文献

1. 联合国教科文组织国际教育发展委员会. 学会生存　教育世界的今天和明天［M］. 上海师范大学外国教育研究室，译. 上海：上海译文出版社，1979.
2. 伦斯基. 权力与特权：社会分层的理论［M］. 关信平，陈宗显，谢晋宇，译. 杭州：浙江人民出版社，1988.
3. 瞿葆奎. 教育与社会发展［M］. 北京：人民教育出版社，1989.
4. 朗格朗. 终身教育引论［M］. 周南照，陈树清，译. 北京：中国对外翻译出版公司，1985.
5. 袁振国，瞿博，杨银付. 共和国教育公平之路［M］. 上海：华东师范大学出版社，2019.

第*14*章

教育与科学技术

20世纪以来，几乎没有一种其他的人类心智探索能像科学技术那样取得如此巨大的成功，也几乎没有一种其他的活动能像科学技术那样影响到我们生活的各个方面。在人类社会这个大系统中，教育与科技是两个相互独立又密切联系的子系统。教育的发展不仅受政治、经济的制约，同时也受到科技的影响。当然，教育也会对科技的发展起到反作用。

■ 第1节 教育与科学技术的相互作用

科技与教育是相互影响的，这是众所周知的事实。但是，这种影响到底发生在哪些方面？影响又是如何发生的？具有什么样的特点？为了探讨这些问题，我们首先要对"科技"有所了解。

■ 一、科学、技术是什么

"科学"一词，拉丁文是 scientia，原意是指"知识、学问"。现在，许多人也都是首先从知识的角度来定义科学的。例如，"科学，关于自然、社会和思维的知识体系"[1]；"完整地给科学下个定义，应该这样说：科学是建立在实践基础上，经过实验验证，具有严密逻辑论证的，关于客观世界各个领域事物现象的本质、特征、必然联系或运动规律的理性认识、知识体系"[2]。这样来定义科学自有其道理，因为科学最基本的特征之一就是理性的知识体系。

随着科学的发展，人们发现，仅仅把科学定义为知识，还不能反映科学丰富多彩的内涵。于是，一些学者开始用动态的观点来解释科学，把科学看作探

---

[1] 辞海编辑委员会. 辞海 [M]. 上海：上海辞书出版社，1980：1746.

[2] 何钟秀. 科学学纲要 [M]. 天津：天津科学技术出版社，1981：22.

索真理知识的一种特殊的认识活动。到 17 世纪时，由拉丁文 scientia 演化而来的 science 一词，已经取得了一个公认的形容词形式 scientic，其意为"创造知识的"。《大英百科全书》对此解释说："如果我们考虑到大家认为科学是创造知识而不是知识本身，那么，概念和形容词的这种相关就是可以理解的了。于是科学经常与'研究'几乎等同起来，终于意味一个过程，而不是一堆静态的学说。"① 当然，把科学看作认识活动过程，并不是要把知识排除在外，而是要在更广泛的意义上把知识涵盖进去。

把"科学"从"知识体系"推广到"认识活动"，不单纯是一个概念的变化，而是人们对科学进行研究的方法论的转变。科学作为探索真理的一种认识活动，不仅包含了这种活动的结果——知识体系，也包含了取得这种结果的过程——科学方法；不仅包含了这种活动的客体——认识对象的客观因素，也包含了活动的主体——科学家的主观因素，尤其是他们在长期的科学研究活动中凝聚而成的科学精神。

20 世纪中叶以后，用普赖斯的话来说，已经进入到所谓"大科学"时代②。科学已不再是一种单纯的个体认识活动，不再是波义耳、牛顿时代的一种个人爱好，而是变成了一种社会性的活动，形成了一种"社会建制"。科学学创始人贝尔纳较早提出了科学是一种社会建制的思想："作为集体的有组织的机体的科学建制是一种社会活动，是发生在人类社会中的一系列行为。"他认为："科学建制是一件社会事实，即人民团体通过一定组织关系联系起来，办理社会上某些业务。"③ 正因为科学成为一种社会建制，因此，科学成为一种专门职业，它有了自己的组织，成了社会制度中的一个部门。

科学首先是真理性的知识体系，同时也是探索这种知识的认识活动过程；20 世纪中叶以来，它还成为一种社会建制。技术是科学的应用，是根据生产实践和科学原理发展而成的各种工艺、操作方法与技能，还包括生产工具、设备、程序等。科学与技术是相辅相成的，在现代，科学转化为技术的周期越来越短。科学技术对教育的影响经常是综合的，所以我们这里把科学和技术连在一起讲。

■ 二、科学技术如何影响教育

■（一）科学技术对教育的可能影响

从一般的意义上说，教育的基本要素分为三方面，即教育者、教育对象、

---

① 金吾伦. 自然观与科学观 [M]. 北京：知识出版社，1985：376，284.
② 普赖斯. 巴比伦以来的科学 [M]. 任元彪，译. 河北：河北科学技术出版社，2002.
③ 贝尔纳. 历史上的科学 [M]. 伍况甫，等译. 北京：科学出版社，1981：9，7.

教育资料。从理论上说，科学对教育的这三大要素都可能施以重大影响和作用。

首先，科学能够有力地改变教育者的教育观念，提高他们的教育能力。教育观念是教育者的教育价值观、教育理想、教育目的的总和，教育能力则是教育者实现这种理想和目的的本领和技能。教育观念和教育能力在很大程度上反映了一定时期科学发展的水平。尤其是在近代科学产生之后，形成了教育科学这一庞大的科学领域。具体地说，科学发展水平会影响到教育者对教育内容、教育方法的选择和对教育工具的使用，也会影响到他们对教育规律的认识和教育过程中的教育机制。

其次，科学也能够影响到教育对象。一方面，科学的发展日益揭示出教育对象的身心发展规律，从而使教育活动更符合这种规律，并使学习者扩展自己的受教育能力。另一方面，科学的发展及其在技术上的广泛应用，能够使教育对象的视野扩展和实践经验增加。

再次，科学还会渗透到教育资料的所有环节之中，为教育资料的更新和发展提供各种必需的思想要素和技术条件。科技迅速发展迫使教学内容不断更新，课程体系不断变化。学校类型与规模的扩展、教育设施的兴建、教育内容的记载与表达方式、教学用具与器材的制造等，都须臾离不开科学的作用。

综观教育发展的历史，人们可以发现，科学的发展与教育的发展，在总体上是同步的。有什么样的科学发展水平，就会有什么样的教育发展水平。科学一旦有了某种进步，教育也或迟或早地会发生相应的变革。阿什比认为，人类教育史上曾经发生过四次"教育革命"。第一次革命是将教育的责任从家庭转移到专职教师和学校手中，它发生于原始生产方式解体、物质财富丰富到某些人足以离开物质生活资料生产过程之时。第二次革命以文字和书写工具的出现为前提，采用文字和书写作为与言传口授同样重要的教育手段。第三次革命是普遍采用教科书作为教学的基本依据，发生于 17、18 世纪印刷技术和造纸技术兴起时期。第四次革命是光、电、磁等现代新型科技广泛应用于教育，大约始于 20 世纪初，至今方兴未艾①。显然，这四次"教育革命"都与同时期的科学发展直接相关。

> 科学技术对教育的可能影响主要表现为：能够改善教育者的教育观念和教育能力；能够揭示教育对象的身心发展规律，从而扩大教育对象；能够改进教育资料的一切方面和一切环节。

---

① 阿什比. 科技发达时代的大学教育 [M]. 滕大春，滕大生，译. 北京：人民教育出版社，1983：37-38.

■（二）可能的影响转化为现实的影响

前述科学发展对教育的影响，是在可能性的意义上说的。换言之，这种影响力只是一种潜在的力量。虽然这种影响力量是客观的、是由科学本身的性质决定的，但是，并不意味着这种影响力量会即时即地地作用于教育而产生现实的效果。从人类历史发展的总体上看，科学进步与教育发展是同步的，但在某些具体的历史时期和某些局部地区，两者之间并不一定同步，甚至还会出现相反的情况。

英国是工业革命的发源地，水力纺纱机和蒸汽机的发明，带来了科学的大发展和产业的大变革。工业革命对科学技术类人才提出了迫切的需求，按理说这足以改变英国学校的课程与专业结构。但是，这种改变却迟迟没有发生，实用知识与技术类课程始终难以进入学校的课堂。英国还是实验科学始祖培根的故乡，但是英国的学校却不是实验教学的先驱。相反，恰恰倒是带有浓厚理论思维传统的德国学校开创了实验教学方式。1825 年，化学家李比希在吉森大学首创教学用实验室，这种实验室在德国其他学校也得以推广。几十年后，在李比希实验室学习的英国学生才把这种新的教学方式带回到它的精神故乡。中国古代在科学技术上曾有过辉煌的成就，但几千年的封建社会里，科技一直被认为是"雕虫小技"而不能进入被儒家经典所统治的教育殿堂。

科学发展与教育发展的这种不同步，表明科学不会自动地对教育产生影响，它们之间不是直线关系。科学能否对教育产生影响，关键在于科学因素能否进入教育过程。而这种介入的有无或大小，又取决于当时的政治经济制度、科学与教育制度以及文化传统。社会制度和文化传统是一个中转折射站。科学发展的新因素只有经过制度的中转和文化的折射，才能进入教育活动的过程。如果这个中转折射站的方向和科学发展的方向相一致，那么它就起到增力的作用，新的科学因素就能较迅速地进入教育活动，并发生现实的影响。但是，在某个局部如果这个中转折射站的方向与科学发展的方向不一致，那么它就会起减力作用，科学在一定时期内不能与教育相接触，那潜在的巨大影响力量暂时也就被压抑了。

> 科学技术对教育的可能影响，只有在适宜的社会体制和文化传统的中介作用下，才能变为现实。

■（三）影响的途径和特征

一般来说，科学主要是通过两条途径来对教育施以影响的。一条是思想理论的途径，另一条是技术手段的途径。这里所谓思想理论的途径，是指科学以理论以及理论所反映的某种思想观念的形态进入教育领域，从而影响教育者以及教育对象的思想观念、价值取向、思维方式和教育能力、学习能力，或者影响某些教育资料的内容。所谓技术手段的途径，是指科学以物质实体和操作程序的方式进入教育领域，引起教育的物质资料和技术手段的更新，从而促进教育的发展。

科学对教育的影响，就性质而言，首先表现为动力作用。与革命性的科学相比，教育表现出了较大的惰性。教育的某些形态一旦形成，往往几十年、几百年甚至上千年一脉相承，以强大的惯性延续下去。而科学却是一种活跃的、革命性的力量。进入现代社会以后，科学已经成为"第一生产力"，成为整个社会发展的强大动力源。因此，科学的发展能够对教育提出新的要求与挑战，冲击教育领域里的习惯势力，导致教育中先进与落后、新与旧的矛盾斗争，最终促进教育的改革与发展。其次，科学的发展还能为教育的发展指明方向，预示结果，引领教育循着科学的轨道行进。

因此，在其他影响相当的情况下，由于科学的发展而引发的教育改革，一个主要的特征就是趋同性。科学能够促使不同国度、不同文化背景中的教育，经历共同的阶段、朝着共同的方向发展。例如，各国把电化技术应用于教育在时间上有先有后。20 世纪 20 年代初始于英美，随即是日本，我国正规的电化教育实际上始于 20 世纪 60 年代前期。尽管先后不一，但电化教育发展的历程却大同小异，先有幻灯、无声电影，而后是有声电影、录音机、电视、电脑、卫星传送、计算机网络等。今天，在世界各国水平相当的电化教室里，电化教育技术在性能、操作等方面都是共通的，由此而引发出的观念的转变和对教育能力的要求也是相同的。

现代信息技术对教育的影响可以说是革命性的。作为被教育者，广大青少年日益成为"网上的一代"，E-Learning 成为一种重要的学习方式；对教育者来说，几乎所有学科和课程都被电脑加以改造。而面对"网上的一代"，教育教学方式也发生了重大变化；在教育资料方面，书面的文字资料已逐渐被网络的资源库和各种多媒体信息所取代，其传输、提取和处理方式也正改变着一切固有的传统。现代信息技术的水平和利用，已经成为当代教育先进程度的重要标尺，而其发展潜力和发展空间难以估量。

> 科学技术通过思想观念和技术手段两个途径影响教育。

■ 三、教育如何作用于科学

科学的发展推动与制约教育的发展，同时，教育对科学的发展也起着重要的作用。

■ （一）教育与科学知识的再生产

科学知识的再生产是相对于科学知识的生产而言的。科学知识的生产是直接创造新科学的过程，即科学研究过程；科学知识的再生产则是将科学生产的主要产品经过合理的加工和编排，传授给更多的人，尤其是传授给新一代人，使他们能充分地掌握前人创造的科学成果，为从事新的科学知识生产打下基础的过程。

科学知识的再生产有多种途径，学校教育是科学知识再生产的最主要途径。这是因为，学校教育所进行的科学知识的再生产，是一种有组织、有计划、高效率的再生产。它在知之较多的教师的指导下，将前人的科学生产成果加以合理的编制，通过有效的组织形式、选择最合理的方法，在较短的时间内传授给学习者。正如马克思在论述脑力劳动的价值时曾经指出的那样，再生产科学所必要的劳动时间，同最初生产科学所需要的劳动时间是无法相比的，一个学生在课堂上大约只需一个小时就能学会二项式定理，而这项定理的发现，前人却花了几百年的时间。

教育作为科学知识的再生产的最主要途径，其作用一方面在于科学的继承与积累，把前人创造的科学知识加以总结和系统化，一代一代地传下去；另一方面在于科学的扩大再生产，把前人创造的科学知识传授给新的一代，使他们能够站在前人的肩膀上，有所发现、有所创新，生产出更新的科学成果。

> 教育是科学知识再生产的主要途径，它使科学得以继承与系统化，在此基础上又使科学得以创新与发展。

■ （二）教育与科学研究的体制化

早期的科学常常只是社会上少数有闲阶层的"业余爱好"。他们从事科学研究一般也只限于智力上的报偿，或者说是满足好奇心。他们不需要以科学作为谋生的手段。但是，从17世纪开始，这种情况发生了变化。一批职业科学家出现了，一些专门的科学机构出现了。科学史上将这一变化称为"科学研究的体制化"。科学研究的体制化是科学的一大进步，它与教育尤其是高等教育有着密切的关系。

一般认为，科学研究的体制化有两条主要途径，一条是在学校里设立专门的科学教席，另一条是设立专门的研究组织和机构。文艺复兴和宗教改革之后，科学在西欧大地上"时髦"起来。尤其是由于培根、波义耳、牛顿等人的推动，迅速发展的科学成了整个社会的一种时尚。在这种情况下，原先那些业余的科学"爱好者"们再也不满足于这种业余状况，他们致力于为自己的"爱好"找到一个更正式更美满的归宿，以使自己不仅在业余、而且在业内也能从事科学。于是，他们找到了学校、尤其是大学这个理想的场所。大学是个宽松的教育机构，允许他们从事自己爱好的科学研究，同时也有利于他们将自己的研究成果向学生传授并传播出去。另外，大学能够提供比他们原先的

"家庭实验室"更优越的物质条件。于是，一批专门的科学教授席位便开始在大学设立下来。1583 年，爱丁堡大学设立数学与自然哲学教席；牛津大学 1619 年设几何学教席，1621 年设自然哲学教席和天文学教席，1669 年设植物学教席；剑桥大学 1663 年设数学教席，1702 年设化学教席，1704 年设天文学教席①。在法国，有专门从事科学教育的巴黎理工学校、综合技术学校；在德国，则有以"教学与科研相统一"而著称于世的柏林大学和以实用知识教育为主的实科学校。正是在这些学校里，原先那些"业余"科学爱好者变成了专职的科学家。他们在这里专心致志地进行科学研究和科学教育，在这里涌现出了巴斯德实验室、卡文迪许实验室、希尔伯特学派、李比希学派等不朽的科学机构和学派。科学就是这样首先在学校里找到了体制化的母体，并最终发展为一个独立的社会建制。

> 科学研究的体制化，实质上是科学从业余变为职业的过程。学校为科学研究的体制化提供了理想的母体。

■（三）教育与科学研究

现代教育不单纯是科学知识再生产的主要途径，同时也承担着直接的科学生产——科学研究。这一职能在高等学校反映得尤其明显。早期的中世纪大学，主要是单纯的教学机构。1809 年，德国的威廉·冯·洪堡筹建柏林大学，并提出了著名的"教学与科研相统一"的原则。在洪堡和柏林大学的影响下，德国的大学纷起效法，重大科学成果层出不穷，成为世界科学界瞩目的重镇。随之，洪堡原则也迅速传至西欧、美国、东欧、日本和中国，成为现代大学共同遵循的一条原则。各国的大学都在科学研究中扮演着重要的角色。

据 20 世纪 80 年代的统计，在美国，被大学聘用的科学家约占科学家总数的 40%，美国大学担负了全国基础研究的 60%、应用研究的 15%。联邦德国的科学家有 52% 在大学工作，在科学研究协会所支配的研究基金中，约有 90% 是用来资助大学的，联邦德国大学承担了全国 75% 的基础研究。日本实行大学承担基础研究、国立研究机构承担应用研究、民间企业负责开发研究的体制。据 20 世纪 70 年代末的统计，日本大学承担的基础研究已达全国的 57.7%，此外，大学承担的应用研究和开发研究也分别占 35.8% 和 6.5%②。在我国，科学院和高等学校是承担科学研究的两大系统。尽管有科学院系统存在，但高等学校在科学研究方面仍然有很大的比例。据 1995 年报道，全国共

① 默顿. 十七世纪英国的科学、技术与社会 [M]. 范岱年，吴忠，蒋效东，译. 成都：四川人民出版社，1986：39-40.

② 冯之浚，张念椿. 现代文明社会的支柱——科技·管理·教育 [M]. 上海：上海人民出版社，1986：168-170.

有 800 多所高等学校承担着科学研究，投入人力达 24 万；高等学校共承担国家自然科学基金项目的 60%，"863 计划"的 30%，"火炬计划"的 18%。2005—2009 年，全国高校共获得国家自然科学奖的 55.4%，国家技术发明奖的 55.7%，科技进步奖的 51.5%①。我国的高等学校已成为发展科学的重要方面军。

> 教育机构也承担着直接的科学生产的任务，已成为科学研究的一支重要的方面军。

■ 第 2 节　教育中的科学成分

前面已经论述了科学影响教育的基本过程和特征，现在则要深入教育内部，看看科学到底是如何在教育的各个主要领域发生影响、产生作用的。

■ 一、教育过程中的科学成分

■ （一）科学作为教育目标

教育目标具有鲜明的社会历史性，科学进入教育目标范畴，则是近代以来的事。科学作为教育目标，可以从两个角度去理解：第一，培养科学工作者和科学家，是现代教育的重要目标之一；第二，培养新一代的合格公民，换言之，基础教育所要培养的任何人，都必须具备基本的科学素养。

古代学校教育，重在培养统治人才和驯服的臣民。科举进甲、"学而优则仕"被视为青年学子的正途。至于学习科学、成为科学之人，则被视为雕虫小技。古代学校从总体上看是不培养科学家的。贝尔纳曾经断言："在 19 世纪中叶以前，所有伟大的科学家就其科学知识而言都是自学出来的，尽管有了波义耳和牛顿的先例，科学并没有在较老的大学中生根。"② 工业革命以后，情况大为改观。科学知识数量猛增、前沿不断开拓、水平不断加深，科学走到生产的前面成为生产的先导，并且向社会的各个领域渗透。在这种形势下，一方面是社会需要大批的科学家，另一方面则是科学数量与门类的增加，以致一个人不经过系统长期的正规教育，就很难掌握已有的科学知识，更不要说在科学的迷宫中有所发现了。因此可以认为，在当代社会，除了极个别自学成才者以外，几乎所有的科学家都是经过阶梯式的正规教育训练出来的。翻开科学发展史和诺贝尔科学奖的族谱，可以发现这种现象。培养科学家是当代教育、尤其

---

① 人民教育，奠基中国——教育部部长周济谈新中国 60 年教育改革发展 [N]. 中国教育报，2009-08-27（1）.

② 贝尔纳. 科学的社会功能 [M]. 陈体芳，译. 北京：商务印书馆，1982：120.

是高等教育的重要目标。

培养公众的科学素养，也是现代社会的必然要求，是科学教育的更基础性的普遍目标。在古代社会，从帝王将相到达官贵人，懂不懂科学无关紧要，因为科学不是他们生存和生活的必要条件。而我们今天生活的世界，则是一个科学化的世界，从衣食住行到工作就业，从家庭到社会，从生产部门到政府机构，到处都是科学。很难设想一个缺乏起码科学常识的公民在涉及污染、交通、人口等问题时能正确对待和适应；也很难想象一个对现代科学一无所知的政要在处理类似的一些重大问题时能做出正确的决策。生活在今天这个科学化世界中的人，如果没有基本的科学素养，就不能很好地适应和享受科学化的生活，更谈不上去创造生活。正是从这个意义上说，一个人无论他将来从事什么专业或职业，都必须具备基本的科学素养。换言之，科学素养是现代教育目标中必不可少的要素。

> 科学作为教育目标，首先表现为培养公众的科学素养，这是每个现代人都必须具备的品格；还表现为在此基础上培养科学技术专家。

■（二）科学作为教育内容

与教育目标的转变相对应，科学课程大规模地进入学校，也是近代的事。在 17、18 世纪以前的几千年里，正规的学校教育一直是统治阶级的禁脔。伦理道德、语言文字等古典文科是学校教育的主要内容，在课程体系中占据着至高的地位。虽然在柏拉图学园和亚历山大博物馆、在唐代的国子监和宋明书院，曾经有过科学教育的记录，但是从总体上看，在近代以前，科学基本上被排斥在教育的主流之外。在有些地方，科学虽然在形式上也被列入课程表，但实质上仅仅是"神学的婢女"，地位委实低微。17、18 世纪，科学高举着"知识就是力量"的旗帜，终于大规模地进入教育领域。一大批侧重于科学教育的实科学校和理工院校如雨后春笋般涌现出来，形成与古典学校的鼎立之势。此外，科学课程还冲破了古典文科学校坚固的大门，有力地撼动了古典文科的高贵地位。20 世纪以来，尤其是第二次世界大战以来，科学课程与专业不仅形成了庞大的体系，而且其地位与声誉也扶摇直上，以致出现了"重理轻文"的偏颇。

科学作为教学内容，首先当然是因为它"有用"。在一个科学化的时代，不掌握科学，我们就不能更好地生活与发展。在所有科学教科书的"绪言"里，几乎都有一段这样的文字，说明学习本学科对于工农业生产、国防建设、生活水平等是如何重要。但是科学作为教学内容，其意义还不仅仅是"物用"。斯宾塞曾经说过，科学除了具有"知识价值"外，还具有"训练价值"①，即学习科学还能有效地发展学生的智慧、道德和审美情感。这是因为，科学中凝聚着真善美的因素，它是真善美的统一。因此，科学具有全面的智育、德育、美育价值，是哺育人的心灵的最佳精神乳汁。这也正是为什么所有的学生都应该养成基本的科学素养的理由。

> 科学作为教育内容，不仅因为它有用，而且还因为它凝聚着真善美的因素，是真善美的统一。

■（三）科学作为教学方法

从性质与目的来看，科学与教育是两种不同的活动。科学是科学知识的生产过程，旨在探索未知、创造新知；教育是知识的再生产过程，旨在传授已知，培养新人。科学是研究者直接经验、长期探索的过程，教育是学习者在教师指导下学习间接经验的过程。但是，在看到科学与教育是两种性质不同的活动的同时，也要看到它们有一定的相似性和共同性。科学活动的任务是探索未知、创造新知，这自不待言。而在教育活动中，教学内容虽然是前人已知、教师已知的事物，但对于学习者而言，同样也是未知的事物。学习者学习这种未知事物并使其成为自己的新知，有着与科学研究相似的内在心理机制。从这一角度而言，也可以把教学看作是一种探索过程——学习者探索别人已知而自己未知的东西。正因为科学与教学有这种相似性与共同性，使得科学活动过程能作为一种"实践的艺术"而"成为一种较好的教育方式"②。

科学研究的过程一般被分为这样几个阶段：问题→资料与假说→实验与验证→结果解释。科学研究的这样一套流程，始终都在自觉或不自觉地左右着教学的流程。从苏格拉底的"产婆术"，到当代各种层出不穷的新教学方法，或多或少都是在复演这个流程，其差别只不过是在形式上而已。影响广泛的杜威"设计教学法"和布鲁纳"发现教学法"，就是两个很典型的例子。

随着科学的发展以及教育的不断改革，教学方法改革的一个基本趋向，就是越来越"科学化"，越来越力求使教学过程成为科学研究过程的"简约化的精神复演"。

> 科学作为教学方法，是因为教学是学习者在教师指导下探索别人已知而自己未知事物的过程，与科研过程有相似的内在心理机制。除了上述几点之外，科学在教育过程中还可以化作教学手段、教学组织形式等。

---

① 斯宾塞. 教育论 [M]. 胡毅，译. 北京：人民教育出版社，1962：43.
② 本–戴维. 科学家在社会中的角色 [M]. 赵佳苓，译. 成都：四川人民出版社，1988：132.

■ 二、教育决策过程中的科学成分

■ （一）科学与教育政策

当代，科学已经成为各国经济、社会发展的重要动力。"政治与军事的竞争在于经济的竞争，经济的竞争在于科技的竞争，科技的竞争在于人才的竞争，人才的竞争在于教育的竞争"，这已成为国与国之间、地区与地区之间实力抗衡的一条定律。在这样的链条上，科学与教育成为环环相扣的两个基础性环节。国家在科学技术上的需要，往往直接能够在教育政策中得到体现。近几十年来，各国一些重要教育政策的出台，都直接或间接地反映了科学发展的要求。如美国的《国防教育法》（1958）、《国家处在危险之中：教育改革势在必行》（1983），英国的《克劳瑟报告》（1959）、《高等教育——应付新的挑战》白皮书（1987），日本的《临时教育审议会关于教育改革的第一次审议报告》（1985），苏联的《苏联普通学校和职业学校改革的基本方针》（1984）、《关于改善科学教育干部和科研干部的培养与使用措施的决议》（1987），联邦德国的《改组和统一公立普通学校教育的总纲计划》（1959）等政策文件，无不如此。尤其美国 1958 年颁布的《国防教育法》，就是美国朝野反思苏联第一颗人造地球卫星上天之后的一项直接成果。它的颁布，被认为是揭开了世界规模的"教育竞争""教育改革"的序幕。1986 年，美国有感于理工科人才的匮乏和理工科教育的不振，美国国家科学委员会发表了《本科的科学、数学和工程教育》报告，建议国家调动各类资源投入科学、数学和工程领域的教育。2007 年，美国发布《美国竞争力法》，批准从 2008 年到 2010 年，向 STEM 研究和教育计划提供 433 亿美元经费，用于包括教师和学生的津贴和奖学金计划以及用于中小企业的研发辅助资金。2017 年，美国政府进一步制定了一项为期五年的 STEM 教育战略的"北极星"计划，即"为国家的成功制定路线"。

近 30 年来，我国的教育政策越来越表现出对科学发展的敏感性。1995 年我国提出了"科教兴国"的战略，充分认识到科学和教育是我国社会发展的根本动力。这一战略思想将对我国的社会发展，包括科学和教育的发展产生深远的影响。2017 年国务院印发了《新一代人工智能发展规划》，并提出"实施全民智能教育项目，在中小学阶段设置人工智能相关课程"。科学和教育的发展不断与时俱进，共同指向培育 21 世纪的新人才。

> 科学的发展成为当代教育政策制定过程中主要考虑的因素之一。

■ （二）科学作为教育研究的规范

教育研究可以被视作广义教育的一个组成部分。教育研究从其最初始形态开始，就在竭尽全力地吸收和采纳科学研究的一套方法和准则，将其作为自己的研究规范，并将这作为自身能跻身于科学之林的标志。

古代的科学认识水平比较低下，人们只能将世界作为一个混沌的整体，对其进行直观的感悟和笼统的思辨。古代科学的这种特征，给当时的教育研究打上了深深的烙印。早期的教育研究，基本上都是对教育现象的直观描述和思辨，是对教育实践经验的感悟和体认。在个人直观能力和经验达不到的地方，研究则往往陷入神秘主义的解释或做简单的宗教上的归因。

近代以来，科学逐渐摆脱了朴素的直观感悟方式，进入到以理性分析和客观实验为特征的阶段。受此影响，从 18、19 世纪开始，教育研究也开始向分析和实验的方向靠拢。其主要特征，一是教育研究的思维方式注重理性分析，注重建立在形式逻辑基础上的精确性。赫尔巴特以心理学为基础的教学阶段论，彼得斯、索尔蒂斯等人旨在"澄清"概念与命题的分析教育哲学，即属此类。二是实验方法被引入教育研究之中。研究者们通过实验来变革与控制复杂的教育现象，尽力"纯化"研究对象，排除偶然因素，揭示教育活动的规律。在冯特首创心理学实验室的激励下，拉伊和梅伊曼创立了"实验教育学"，并分别著有《实验教育学》（1903）和《实验教育学入门讲义》（1907）。20 世纪中叶后期，由于皮亚杰"发生认识论"、赞可夫"实验教学体系"的成就，实验方法在教育研究中的生命力已经得到了有力的证明。

从 20 世纪中叶开始，随着系统论、信息论和控制论的相继问世，科学在坚持分析型研究的基础上，出现了综合化的趋势；学科在不断分化的同时，也在不断地综合。与此相应，教育研究也开始步入所谓的"教育科学"（science of education）阶段。这个阶段的主要特征表现为，一是研究对象扩大，从早先侧重于研究教学问题扩展到教育的外部，把教育视为一个整体，系统探索它的内外部关系。二是综合性研究大大增加，研究者不再局限于教育的某个单一因素，而是将研究的目光推向更为广阔的方面，把纵向的、横向的多个因素综合起来加以考察，寻求教育的整体效应。在这些综合性的研究中，传统的所谓"基础研究""应用研究""开发研究"再也不是对立的部分，而是有机地结合在同一项研究之中。布鲁纳的"结构课程论"、赞可夫的"实验教学体系"、20 世纪 90 年代以来兴起的建构主义教育理论等，就涵盖了认知结构理论、课程理论、教材编制、教学方法等多方面，形成了从基础理论到应用开发的一个完整系列。三是研究领域和研究方法的多样化。"教育科学"一词越来越多地被用作复数形式（sciences of education）[①]。这一方面表明，教育学已经分化出众多的分支学科领域，成为多门分支学科组成的学科群，而不是一门具

---

① 米亚拉雷，等. 教育科学导论 [M]. 思穗，马兰，译. 北京：教育科学出版社，1991.

体的学科；另一方面也表示教育研究方法不再是单一的，而是"综合的"。尤其是一些大型的整体性研究往往都要采用所有有效的研究方法，非此就不足以充分地把握研究对象。

> 教育本身被作为科学研究的对象，并且其研究规范不断向科学化接近，也是科学在教育领域的重大成果之一。

■ 第3节　新科技革命与教育

当今世界正处在科学技术发生革命性的变革时期。这是一场以电子计算机技术和互联网为核心的新科技革命，准确地说是一场信息革命。这场革命正推动着社会生产力以前所未有的惊人速度向前发展，推动着社会的政治、经济、文化和意识形态发生巨大的变革。同样，这场革命也对教育提出了新挑战，正在引发阿什比所说的人类历史上的"第四次教育革命"。

■ 一、"第四次教育革命"的主要特征

■ （一）能力本位主义

以往的科技革命都以解放人的体力为要务，新科技革命则旨在解放人类的脑力，把人的智慧从繁重的记忆和计算负担中解放出来。这将产生两个重要的结果。第一，信息技术使个体贮存知识的形式和数量发生重大的改变，原先由人的大脑储存的相当一部分事实性知识，经由新技术转移到机器之中。计算机硬盘、软盘和光盘等所贮存的信息的数量和分辨力以及快速提取能力，远非人脑能够企及。第二，新科技革命使知识的更新率急剧加速。一个人在学校学到的知识不能保证他走出校门 10 年之后还能派上用场，更不用说终身能派上用场。因此，这场新科技革命对教育提出的首要课题就是：从知识教育转向能力教育，从结论教育转向方法教育（或称为"过程教育"）。有人预言，"能力本位"将成为 21 世纪的新教育哲学，这是有道理的。

这里所说的能力，不仅仅是心理学所称的那种一般的认识能力，而是一种更广泛的"生存能力"。生存能力不但包括一般的认识能力，还包括一般认识能力在更高层次上综合而成的创造能力，包括根据不断变化的环境有效调节自我的适应能力，包括协调人际关系开展有效人际交流和合作的社会能力等。这里所说的方法，不仅指一般的思维方法，而且还有在机器中贮存与处理信息的方法、独立获取新知识的方法、处理组织与人际问题的方法等。虽然说能力和方法不能脱离知识孤立发展，但是，能力和方法比具体的事实和知识更重要。只有提高了能力、掌握了方法，才是学会了新科技时代的"生存"本领。目

前，许多学校中仍然盛行的"填鸭式"向学生灌输一大堆死的知识和结论的做法，已经到了非改不可的时候了。信息技术的广泛应用，将为这种改革提供可能性和最终的现实性。

■（二）个别化模式

新科技革命对传统的大一统的培养目标提出了严峻的挑战。新的教育革命的一个重要特征是培养目标的个性化。它要求教育要尊重人的个性，尊重人的个别差异，使培养目标定向于特定的个人，使个体的教育产品——经过教育之后的教育对象，成为独特的"这一个"，表现出独特的品质与性格。

就教育对象的本质而言，每个人都是独一无二的。以往按照严格统一的目标模式迫使学生就范、"剪裁"掉他们身上所有与统一规格不相吻合的个性特点的"模压式"教育，与教育对象发展的规律本身是相悖的。新科技革命的意义不仅在于发现了这一规律，而且在于它第一次真正有可能使教育顺应这一规律，按照这一规律将教育对象作为独特的"这一个"来精心培育。

古代教育，采用的主要是师徒式的个别化教学形式。自夸美纽斯开始，班级授课制广泛取代了个别教学，从而提高了教学效率。但是，在"第四次教育革命"中，随着新兴信息技术的普遍采用，个别化教学形式将重新返回学校，并且将在新的技术条件下显示其前所未有的效力，传统的班级授课制度将面临严峻的挑战。由于新型教育技术的广泛采用，传递教学内容的途径将发生重大的改变。尤其是电子计算机的普及，能够确保学生在自己方便的时候和方便的地点学习有关内容。他们可以按照教学要求自订学习计划、学习进度，随时随地提取出贮存在计算机中的教学单元进行独立的学习，并且能够运用计算机进行自我测验和评价。到那时，学生相当一部分学习活动确实可以在家庭或宿舍中进行，学校的教学时间也无须再被分成以班级为单位整齐划一进行的课程表。事实上，这种情况在一些发达国家已经初见端倪了。约在20世纪70年代，美国就出现了"家庭学校"这种形式，学生在家里根据教学软件通过人机对话进行学习和考试。据官方不完全统计，至20世纪90年代中，全美已有50—70万少年儿童在家个别学习。在这种全新的个别化教学形式之中，"填鸭式""抱着走""满堂灌"等一系列过时的教学方法再也不能满足时代的要求了。虽然，有的学者指出，家庭、个人的学习方式，在可以预见的将来不可能完全取代学校教育和学习，但个别化教育和学习方式肯定会在家庭和学校日益兴盛起来。

随着技术与教育的结合发展，教育面临着从大规模标准化教育走向大规模个性化教育的转变。越来越多的学习平台与学习系统，逐步采用知识图谱、学习分析、人工智能等新技术方式，更进一步了解每一个学习者在不同学习领域、不同学习模块、不同学习内容上的差异、边界与漏洞；从而一方面进行个性化智能推送，另一方面为教师提供大量的学生学习数据，便于教师更全面、可追踪地了解每个学生。

■（三）广泛采用高科技教学手段

新科技革命将为教育提供各种先进的教学手段，彻底改变口耳相传的传统方式。计算机辅助教学将广泛采用，并将开发出更多的教学软件和专家系统；通过数字化资源逼真地展示多维空间形象，诸如生命演化、基因排列、宇宙爆炸、原子裂变等物理、化学过程，无须在黑板上画图，而是可以直接在数字化平台上模拟演示和实验。新型的专业教室将取代传统的班级教室。先进的通信设施能让学生同步观察到地球每一个角落发生的事件。电子图书馆、计算机国际网络已经成为现实，信息高速公路的开通使整个教学过程变得更为迅捷。

一系列新兴的数字技术，为学生提供了记录、反思、创造、分享、交流的工具，进一步点燃学生的学习热情，使学生形成良好的求知心理。学生主动参与对所学知识的探索发现和认知过程，体验学习的乐趣，并能够"低门槛"地基于产品设计进行学习。诸如三维打印、开源硬件、虚拟现实等一系列数字技术，为学生们提供了创造作品与产品的新可能。学生们的课桌变成了"工作台"。在高科技教学手段普遍采用之后，可以设想到的一个可能后果大概是这样的：学校承担传统教学的职能、或者说是传授知识的职能将逐渐减弱，学习组织、学习指导、学习服务职能将逐渐加强，而与教育无关的一些社会部门，诸如企事业单位乃至家庭，将参与以至承担越来越多的教书育人工作。换言之，教育将走向更广泛的合作与协同，整个社会将逐步走向学习型社会。

■（四）高情感、高创造性的教育

但是，如果仅仅把新科技革命当作是"物"的现代化，认为技术可以决定一切，那只是对这场革命的肤浅理解。如果认为个体化教学时代的到来，机器将在教学过程中完全取代教师，家庭将完全取代学校，那更是幼稚的想法。新科技革命不仅通过物质手段更新教学技术和形式，而且还会以新的思想和观念影响人，并对教育所要培养的人提出更高的要求，同时为达到这一要求提供物质上的保证。技术越先进，对人的素质和文明程度的要求就越高，高科技和高情感是现代社会腾飞的双翼。如果只有高科技的单翼，那么，现代社会就会由于科学技术的滥用而导致重大的灾难。因此，人文教育和科学教育的融合、或者说科学教育的人文化将是必然的趋势，新教育革命除了教育技术的现代化之外，必将要求更加重视高情感的教育。然而，这种高情感的教育又绝非独处的学习者个体通过人机对话所能实现的。而高技术教育、知识教育也不可能完全由机器来承担。机器的作用主要限于事实性知识的教学，并不能胜任能力培养和方法的训练，只能代替教师部分机械性的劳动，而不能代替教师的创造性劳动。培养学生的情感和个性，培养学生的能力和智力，特别是培养学生与他人交往、共事、合作的素质，仍然需要在群体之中，通过师生之间、学生之间的人际交往和亲身接触才能实现。因此，未来的学校可以把一部分"教学职能"转移给非学校部门，而它将承担起更多新的"教育职能"。由于高科技教学技术的广泛采用，能够将教师从烦琐的机械性劳动中解脱出来，这在客观上也为教师承担起更多的"教育职能"提供了条件。新教学技术的重大优点就在于能使教师从单纯的传授知识的工作中摆脱出来，使他们能够更好地致力于作为一个教育家所应肩负的使命：以智慧培养智慧、以性格培养性格。

> 更加注重能力培养，更加注重教学的个别性，更多采用现代科技手段，更加注重情感、素质教育，是新技术革命对教育的新挑战。

■ 二、科学教育的新取向

在探讨了科学对教育的影响作用之后，再来分析一下科学教育本身的问题，是很有必要的。

■ （一）科学教育人文化

科学教育，狭义地可以理解为使人认识我们生活在其中的大自然，认识我们面对的物质世界。17世纪的新教徒们有充分的理由坚持科学的功利主义立场，不如此，他们就找不到其他武器与至高至尊的古典文科相抗争，也不足以获得一般民众的理解与支持。然而，在科学教育取得了它应有的地位，甚至在教育的天平倾斜到理科的一边时，如果仍然只"见物不见人"，那就极其危险了。"见物不见人"的科学教育，具有明显的趋利性、工具性。通过它培养出来的人或科学家，虽然熟练地掌握了科学的知识和技能，但他们却未必真正地"理解"科学，对科学以外的东西如社会、人生等则知之甚少，甚至一无所知。这样的人是单面的"工具人""经纪人"，其危害性随着当代"全球性灾害"的日益严重而暴露无遗。这些"全球性灾害"，诸如环境污染、生态失衡、资源枯竭、气候反常、核扩散以至高科技犯罪等，都是由于对科学技术的使用不当或滥用而造成的恶劣后果。严酷的事实，迫使人们对科学的社会功能进行痛苦的反思，同样也迫使人们在科学教育的价值取向上做出新的选择。正是在这种痛苦的反思中，科学教育人文化的思路逐渐地清晰起来。

萨顿是给科学教育赋予人的意义的先驱之一。早在20世纪30年代，他就批判了科学教育只教"技术业务"而缺少真正"教育"的偏向，呼吁要使科学及其教育工作"人性化",要"赞美科学所含有的人性意义,并使它重新和人生联系在一起"①。不久,贝尔纳首次提出了"科学教育人文化"的命题。贝尔纳说,"必须打破把科学与人文学科截然区别开来,甚至相互对立的传统,并代之以科学的人文主义。同时,科学教育本身内容也必须人文化"②。《学会生存》报告通篇建立在"科学人道主义"的基础上,指出"合理的教育学说必须以下列标准为依据:目前的社会和未来的社会能够或将证明科学技术本身并不是目的,它的真正目的是为人类服务",并强调"科学,实质上,是培养个性的各个方面和满足个性的各种要求的决定因素"③。科学教育人文化的核心,就是要求把科学首先作为一种文化,而不单纯是一门技术教给新的一代,使他们不仅掌握科学本身,而且还理解科学与社会的关系,懂得怎样合理地应用科学,使之造福于人类而不是贻害社会。

> 科学教育的人文化,就是在教育上,科学首先应该被看作是一种促进人全面发展的精神文化,而不是一门功利性的实用技术。

■ (二) 科学精神的教育

科学教育人文化的主要途径,除了将科学学科与其他人文、社会学科进行有机综合之外,还要注重对科学学科本身所富含的科学精神的挖掘。

科学精神,是科学家在科学实践过程中逐步积累形成的,并为科学界所认同与遵循的稳定而又持久的心理和行为倾向性,是科学本质所要求的价值观念、思想品质和行为准则的整合。它主要包括求实精神、批判精神、创新精神、进取精神、严谨精神、公正精神和科学道德等基本内容。默顿认为,科学精神主要有"普遍性、竞争性、集团性、公有性、诚实性和合理的怀疑"等因素④。它是科学共同体必须遵守的一套规范,是科学家的职业道德,是科学活动的活的灵魂。

科学精神与科学知识及科学方法有密切的关系。科学精神是科学家在运用科学方法探索未知、创造新知的过程中积累形成的。科学精神离不开科学知识和科学方法做载体,但是它又不同于知识和方法。科学精神是科学知识和科学方法在科学家的科学实践中不断升华出来的一种更具有普遍社会意义

① 萨顿. 科学史和新人文主义 [M]. 陈恒六, 刘兵, 仲维光, 译. 北京: 华夏出版社, 1989: 97, 25.

② 本-戴维. 科学家在社会中的角色 [M]. 赵佳苓, 译. 成都: 四川人民出版社, 1988: 132, 341.

③ 联合国教科文组织国际教育发展委员会. 学会生存　教育世界的今天和明天 [M]. 上海师范大学外国教育研究室, 译. 上海: 上海译文出版社, 1979: 132, 101.

④ 默顿. 科学社会学——理论与经验研究 [M]. 鲁旭东, 林聚任, 译. 北京: 商务印书馆, 2003.

的东西，因而它具有更普遍、更重要的教育意义。同样，加强科学精神的教育，也离不开科学知识和科学方法的教育。它要求在科学知识和科学方法的教育过程中，从科学发展史、科学与社会的联系及科学家等角度着手，让学生逐渐领悟其中体现的科学精神并将其内化到他们的精神世界中，这就达到了科学教育的更高境界。1985年颁布的《中共中央关于教育体制改革的决定》指出，新时代需要的人才应该"具有实事求是、独立思考、勇于创造的科学精神"。这是对科学精神的教育意义的充分肯定，也是对培养具有科学精神的新人的号召。

■ 三、知识增长对教育的新挑战

科学技术的迅猛发展，信息化程度的不断提高，对知识增长的方式产生了明显的影响，对人才素质的培养也提出了新的要求。

首先，知识更新的周期不断缩短。据联合国教科文组织所属的世界科学情报系统统计，20世纪80年代以来，科学知识每年的增长率已达到12.5%。19世纪末知识的老化周期为40年，20世纪50年代缩短到15年，90年代以后只有三四年。另外，科研成果向技术转化的周期越来越短，从电能的发现到第一座发电站的建立用了282年，从电话的发明到第一个自动拨号电话局诞生用了16年；从1958年出现第一块集成电路到世界上建成第一条集成电路生产线只用了2年。21世纪以来，互联网逐步在全球范围内普及。互联网开始与各行各业结合，重塑社会生活中的诸多领域。进而，移动互联网、物联网、5G通信、人工智能等新兴技术，都在加速融合与创新。知识的迅速增长和知识更新周期的不断缩短，要求我们把接受性的积累性的学习转变为探索性的发展性的学习。未来的学生是否具备自我学习、自我更新的能力，是否学会学习，决定着他的发展潜力。一个人形成学习能力比掌握知识本身更重要。因此，未来学家阿尔温·托夫勒说："未来的文盲不再是目不识丁的人，而是那些没有学会怎样学习的人。"[①]

其次，知识结构的综合化。知识、学科的发展，一方面在不断分化，另一方面又在不断综合，但从总体上说是一种结构性的综合化趋势。信息科学、生命科学、能源科学、地球科学、环境科学、材料科学、航空宇航科学与技术、认知科学及脑科学已成为一批新的主流科学。数学方法和电脑技术在所有学科中普遍运用。因此，注重学科的交叉，注重学科思维方法的培养，远比掌握具体学科知识的学习更重要。拓宽知识视野，注重知识的综合运用，是当代教育改革的一个方向。

---

① 王言根. 学会学习——大学生学习引论 [M]. 2版. 北京：教育科学出版社，2008：1.

再次，知识传播的数字化。数字化技术的发展，使得人类知识、信息的传播发生了深刻的变革，使以前不敢想象的事变得非常容易。多媒体通信技术的数字化不仅可以传送文字，而且可以传送声音、图像、色彩甚至动态画面；数字化与电脑技术的结合，使得知识信息传播的容量、距离和速度惊人提高，把全套大英百科全书的内容通过信息网络从一地传送到另一地只需要几秒钟。数字化技术与信息高速公路的结合，使得人类相互间的交流不再受任何时间与空间的阻隔，不再受人数的限制。每次信息传播方式的革命，都导致了人类文明的加速发展；现代信息技术的革命必将引起人类教育方式和学习方式的深刻革命。这就要求我们必须掌握现代信息技术，具备吸收、判断、利用和处理信息的能力。

最后，知识文化交流的国际化。信息传播技术的高速发展和信息对人的生活影响的扩大，使得国际社会一体化的趋势越来越明显。它不仅缩小着人类在科学、经济、金融方面的差异，而且缩小着人类在政治、文化语言、思想观念甚至生活情趣和审美情趣上的差异，缩小着教育目标、教育内容、教育对象、教育手段等上的差异。以往的对立关系、竞争关系变成了合作关系；以往的分歧转化为共识；而以前没有或不重要的矛盾成为新的紧张热点。这就向教育提出了培养国际化人的要求。国际化人要有现代国际沟通的基本技能，比如外语、计算机，以及法律、金融等规范性的知识；要有现代国际观念，比如对国际文化的认同观念、共同发展的观念、民主与和平的观念、国际权利与国际义务的观念，等等。知识增长方式的变化将对教育的目的、标准、方式、能力要求等产生深刻的影响，对当代教育提出了新挑战。

主题词

科学	教育决策
知识体系	教育研究规范
认识活动	新科技革命
社会建制	科学人文化
科学知识的再生产	科学精神
科学研究体制化	知识增长

习 题

1. 举例说明科学发展对教育具有哪些影响。

2. 为什么在某些历史阶段和局部地区，科学的发展与教育的发展并不同步？

3. 举例说明当前哪些新教学方法体现了科学研究的流程。

4. 新科技革命对教育的挑战主要有哪些方面？

5. 试述科学教育人文化的基本含义和必要性。

参考文献

1. 联合国教科文组织国际教育发展委员会. 学会生存 教育世界的今天和明天 ［M］. 上海师范大学外国教育研究室，译. 上海：上海译文出版社，1979.

2. 教育部. 中共中央关于教育体制改革的决定 ［EB/OL］.（1985-05-27）［2020-07-22］. http：//www. moe. gov. cn/jyb_ sjzl/moe_ 177/tnull_ 2482. html.

第 *15* 章

教 育 与 文 化

    教育与文化之间有着十分密切的关系，教育是文化的一种反映，任何文化特质或形态，如果没有教育就难以延续。20 世纪以来，世界各国进行的重要教育改革也证实，任何教育改革的背后都隐含着社会文化的制约机制。在一定范围、一定时期内取得成功的教育改革，一般都十分注意与社会主流文化保持一致；一项在一个国家中取得显赫成绩的教育改革措施，在另一个具有不同文化的国家或区域中，并不一定会取得成功。因此，研究教育与文化的相互依存关系及变化发展的规律，对于我们准确剖析教育问题、正确把握教育变革的发展方向具有十分重要的意义。

■ 第1节　教育与文化的关系

■ 一、文化概念的演变与文化的构成

▨ （一）文化概念的演变

    在西方，"文化"一词来源于拉丁语 cultura 和 colere，意为"耕作、栽培、养育"等，最初是指人对自然界有目的的影响以及人自身的培养和训练。古希腊人认为"有教养"是他们与"无文化"的野蛮人的主要区别。从罗马时代后期一直到中世纪，"文化"一词开始与城市生活发生联系。由于享受城市生活的人普遍有较高的"教养"水平，因而，文化被理解为较高的个人修养。到了文艺复兴时期，人们开始把文化与理性联系起来，文化增添了人道主义理想的色彩。直到 18 世纪，文化概念才开始被人们科学地加以界定，并注意到了文化现象与自然现象有所不同。德国古典哲学家康德（Immanuel Kant）认为，文化是在公民社会形成过程中产生和形成的，文化标志着人类从自然状态向社会状态的转变。黑格尔（G. W. F. Hegel）指出，文化始终与人类劳动相

联系，在人类劳动的基础上产生实践文化与理论文化①。19 世纪 90 年代以后，文化概念正式进入人类学家的研究范畴。一般认为，英国人类学家泰勒（Edward B. Tylor）在《原始文化》一书中对文化下的定义，对规范文化概念具有重要意义。他说："文化是一个复合的整体，其中包括知识、信仰、艺术、道德、法律、风俗以及人作为社会成员而获得的任何其他能力和习惯。"②

几乎所有的文化定义都注意把文化与人类的活动及其结果联系起来，都承认文化是独立于各种遗传素质和机体的生物特征之外的，即文化不可能通过遗传或其他生物和机械的方法获得。从这种共同性中，我们可以从总体上比较准确地把握文化最本质的特征。

> 文化是与自然和先天相对应的一种概念，它是人类在改造自然、社会和自我过程中所创造的物质财富和精神财富的总和。语言符号体系、知识技术体系、行为习惯体系、价值规范体系、宗教信仰体系是文化的重要内容。

■ （二）文化的构成

1. 文化特质与文化模式

文化常常可以通过文化特质来考察，文化特质是组成文化的基本单位。一种文化特质可以是一种风俗，也可以是一种行为习惯，还可以是一种观念。一组相关的文化特质叫作"文化模式"。

2. 主流文化与亚文化

每种文化体中一般都有一个主流文化（核心文化）和若干个亚文化（副文化或次文化）。主流文化是指在一定的社会或地域中占据主导地位的文化；亚文化是指由特定社会群体发明、信奉和推行的一种特有的文化价值体系、思维模式和生活方式。亚文化对主流文化的稳定和发展既可能起促进作用，也可能起破坏作用。

3. 显形文化与隐形文化

显形文化是指寓于文学、事件和人的行为之中，通过查阅文献资料和身临其境的观察和聆听能够直接描述出来的文化特质或文化式样，如婚礼仪式、服饰、用餐方式、庆典方式等。隐形文化是指隐含在人们的意识中，只能用抽象和推理的方式概括出来的某个群体或民族所共有的心理倾向或情绪反应方式，如崇古、豪放、偏好浓重热烈的倾向等。

4. 精神文化、制度文化和物质文化

精神文化又称观念文化，在文化体中处于核心位置。精神文化的内容十分

---

① 中共中央党校科社教研室. 文明和文化 [M]. 北京：求实出版社，1982：135.

② 黄云龙. 现代教育管理学 [M]. 上海：复旦大学出版社，1993：71，238.

广泛，包括价值取向、思想观念、行为规范、伦理道德、宗教信仰、思维方式、审美情趣以及知识系统等，其中价值取向、宗教信仰、思想观念、行为规范等更具历史性、民族性和阶级性，也更被人们和社会关注。制度文化和物质文化分别处于文化体的中间层次和外部层次，是精神文化在社会组织制度和物质形态上的凝聚和体现。

从一定意义上讲，单纯的自然物不能称为文化，只有凝聚了人类智慧的结晶，表达了人类价值取向、知识以及审美情趣的物体，才具有文化意蕴。

■（三）教育是一种特殊的文化现象

根据文化的定义，教育也是一种文化现象，是整个人类文化的有机组成部分。但教育的双重文化属性（传递、深化文化与构成文化本体），决定了它在社会文化中具有十分特殊的地位。教育几乎与文化体内所有部分都发生直接联系，任何一种文化特质和文化模式如果不借助于教育的传递和深化，都将影响它存在的质量或缩短它存在的历史长度。

■ 二、教育与文化相互依存、相互制约的关系

特定社会中的教育之所以能与特定社会文化体中的其他方面共存，主要是因为它们之间经过长期的历史共生和磨合，已经社会性地筛选掉了不相适应的部分，并使其余部分形成了一种特定的相互适应和相互依存的关系。所以在其他文化体中的人看来毫无存在价值和道理的一些文化特质，在另一文化中却是不可或缺的。这是构成和保持世界文化多元化的重要基础。

文化与教育的相互依存、相互制约的关系，容易给人们造成这样一种错觉，文化与教育之间似乎是一种封闭的循环关系，二者在相互制约的过程中很难产生变化与发展。其实不然，教育与文化既有相互依存、相互制约的一面，又有在相互依存、相互制约过程中变化与发展的一面。

教育与文化在相互依存、相互制约的过程中，不断地按照各自的运动规律运动、变化和发展。开始时，来自教育或文化方面的本体运动只产生一些渐变性的影响，当这种渐变积累到超出先前两者关系所划定的界限范围时，就会引起突发性变革，出现新的文化、新的教育和一种新的相互适应关系，从而实现两者在更高水平或更新意义上的和谐一致。

■ 第 2 节　学校文化

在对教育与文化各方面的关系做了较为笼统的分析以后，接下来我们把视角转向对学校诸文化现象的分析。

学校是一个文化单位，是一个文化场所。学校从事的是文化的传承、积

累、创新的工作，但学校文化不会自动生成，它需要全校师生共同建设、长期努力。

■ 一、办学理念是学校文化的灵魂

正确的办学思想、先进的办学理念是学校文化的灵魂。它包括对教育意义和功能的理解，对人才、质量标准的看法，对师生关系、教学关系的观念等。学校的精神、理念等隐性文化看不见、摸不着，可是它有着巨大的凝聚力，有着巨大的推动力，有着巨大的生命力。首先学校领导要有先进的办学理念，有了理念才有信仰，有了信仰才有追求，有了追求才可能有成功。当然这种理念是基于对教育的理解，基于对自己学校情况的理性分析。没有这一基础，不可能形成自己的独特校风。现在我们提出的很多新的教育思想，比如对学生强调培养创造性，培养实践能力，培养善于发现问题、分析问题、解决问题的能力，培养综合能力和社会活动能力等，如果一个学校领导只是把这些词句抄到学校的文件上面去，理念很新很高，但是跟学校实际教学融不到一起，那这些新的教育思想就称不上学校文化。学校领导的重要作用就在于能够把这种新的、好的、代表文化发展方向的先进理念转化成为具体的、大家认同的观念，形成学校具体的可操作的目标。

办学理念一般体现在学校办学使命、愿景、育人目标和"一训三风"等要素中，其中办学使命反映了学校办学的基本定位和追求，校训反映了学校整体成员的价值取向，是学校理念最集中和凝练的表达。一个好的校训可以引导学校朝着正确的方向发展，给所有师生带来强大的精神动力。有特色有内涵的办学理念是学校办学品质和文化品位的集中体现。

目前，在学校办学理念的表达上存在两种倾向。一是千篇一律，没有个性，不能反映学校的办学特色，比如"求实、创新……"的词汇特别多，鼓励求实、创新是不错的，可是这些话放在哪儿都是适用的，放在学校适用，放在机关、企业也适用。这不是具体的办学理念，不是从自己的土壤里面生长出来的。学校是个文化场所，它不是生产螺丝钉、不是生产半导体晶片的工厂，学校是和人打交道的，是在做思想和思想的交流、情感和情感的沟通、生命和生命的对话的。不能把握学校工作的特点，没有自己的追求，就不可能形成自己的文化。二是为了追求学校办学特色，使用一些生僻词汇，甚至是生造词汇的现象也比较多。比如"绳锯木断""明德其昌"之类的表达，让人看不懂。办学理念是对学校发展和师生行为的一种期待，体现的是一种集体价值，因此，要简洁、通俗易懂，容易识记，要富有一定的个性特色和文化内涵。蔡元培先生对北大的地位、品位、风气的确定，养育了兼容并包、学术自由的北大文化。陶行知先生对大众教育宗旨的确定，形成了晓庄学校"做中学"的文化，为我们理解和创建学校文化树立了榜样。

形成先进的教育理念非常重要，但理念停留在文件上或少数人的头脑中还不能形成学校文化，重要的是要把办学思想和理念转化为教师的共同认识和追求。如果学校的先进理念只被少数人理解、接受，那称不上学校文化。如果广大教师能以真切生动的语言讲出来，举学生的例子、举家长的例子、举课堂的例子来说明理念，就说明学校的奋斗目标真正被教师认同了。相反，有些学校请了许多大学的专业人员帮助设计办学规划、办学理念，很漂亮，印得也很好看，可是不为广大的教师了解。办学思想是写出来的，而不是从自身的土壤里面长出来的，没有变成学校师生员工的共同追求，没有得到大家的认同，那只是纸上谈兵。学校文化是一个学校根据自己的地域、人和时代的特点，通过学校管理者、教师、学生、家长在不断的探求和发展过程中逐渐形成的、符合自己特点的追求目标。

要使广大的教师认同先进的办学理念，要把办学理念与学校课程建设、课堂教学改革、制度建设、学生活动，以及学校环境文化建设充分联系起来，要成为学校教育教学工作和制度建设的指导思想和原则，要利用各种途径和载体宣传自己的办学理念。当然，最重要的是发动师生、组织师生参与到学校教育教学改革的活动中，在活动中将办学理念内化为自己的理念，从而达成"内化于心，外化于行"的目的。

■ 二、学校空间是学校文化的物质载体

物质文化作为学校文化的要素之一，主要体现在学校空间的设计和使用上。学校空间包含学校实体范围内的所有物质设施及其空间关系，它不只是一个提供教育的场所，也是非常重要的"大教具"和"课程资源"。一般而言，学校空间对师生主要起三种作用。首先，空间作为保护物，为师生提供了遮风挡雨的地方。其次，学校作为个体生活的空间，师生可在其中构建自身的经验或回忆。再次，学校作为教育实施的场所，时刻在潜移默化地影响着每个人。

广义上，学校空间可分为物理空间和人际空间；狭义上，学校空间主要指物理空间。从狭义的角度来看，学校空间文化即通过学校办学空间，如教室、走廊、办公室、操场等校园建筑设施的使用和美化而表现出来的符号特征和象征意义，通过这些空间的使用和赋予其象征意义来表达学校的办学理念和价值追求，从而引导和形塑师生的思想、意识、价值观和行为。构建学校空间文化，可从设计文化、艺术环境，规划生活休憩空间，建构教学中心的学校，建立性别平等校园，设置科技咨询设备，加强无障碍校园环境，推展学校社区的

融合等方向展开①。学校空间的规划与设计，一方面要遵从实用、安全、经济、人文等原则；另一方面还应满足教育性、美观性、自然性、参与性、舒适性、私密空间与社交空间共存等原则。其中，教育性作为构建学校空间文化的核心原则，要求办学者必须对学校的教育价值观和办学理念有清楚的认识，并能将其与学校空间融合起来，从而达到环境育人的功能和目的。

■ 三、人性化的管理制度

学校是培养人的地方，学校的出发点和归宿都是"以人为本"，也就是以学生、教师的发展为本。这就需要建立相应的人性化的管理制度和管理措施。每个学校都有自己的规定、守则、纪律、程序等，也就是管理制度和管理措施。那么，我们制定这些规定和措施是为了什么呢？它与我们的办学理念一致吗？它有利于教师和学生的发展吗？它与整个学校文化融为一体了吗？管理的目标本来是实现目标，对于学校来说，就是为了学生和教师的发展。可是我们常常看到的情况是，制度和措施本身成了目标。当一项合理的工作无法开展时，其原因经常是"规定是这样的"。当一项不合适的做法不得不继续时，其理由也往往是"规定是这样的"。我们把这种现象称为管理主义，也有人把它称为管理的异化。建立起人性化的、弹性的管理制度，是学校文化建设的重要任务。

■ 四、形成办学特色

办学特色的形成和办学理念是一脉相承的。实际上，办学理念明确，办学理念能具体化，办学理念能够被教师认同并成为自己的行动目标，学校就一定会形成自己的办学特色。学校是人文荟萃之所，是人与人直接交流的地方，有自己的特色是顺理成章的事。人和人有很大的不同，不同的学生群体和教师群体之间也有很大的不同。这样的场所，淹没了自己的特色是很遗憾的。试想，每个家庭都有每个家庭的特色，学校怎么会没有自己的特色呢？但特色的形成不是几个人想要搞一个特点，然后坐下来议论"搞一个什么特色吧"，就成了特色的。特色需要细心地观察，长期地探索，多方面地互动，用心地栽培。

学校的特色建设会遇到很多困难，包括社会的压力、家长的压力，也包括教师内部的压力。但是如果已经具有了一种教育思想，这个思想又是切合实际的，能被大家所接受，就能克服困难。一个学校有自己的特点，才有竞争力。每个孩子都是有特点的，每个孩子都有他的长处和短处，作为学生、作为家长，当然希望自己或自己孩子的一技之长、性格中与众不同的地方能够有机会得到发展，而不想在学

① 汤志民. 学校建筑与规划：未来 10 年的新脉络与新策略 [J]. 教育行政研究，2011（1）：155−186.

校里被抹平。一个学校一旦形成了自身的特色，有这方面特点的孩子，家长就会努力把孩子送往这个学校。有特色的学校是学生呈现特色的舞台。

> 学校文化是学校领导与全校师生共同努力形成的办学理念、办学目标、制度及管理风格特征的总和。办学理念是学校文化的灵魂，学校空间是学校文化的物质载体，学校特色是学校文化的核心要素。先进的学校文化有利于促进学生的全面发展。

■ 第3节 教师文化

■ 一、教师的文化类型

教师角色的特点和风格是教师文化的集中表现。教师文化不仅是教师个人特点的体现，而且是教师群体价值取向、教育理念的体现。教师文化从不同角度可以进行不同划分，划分标准不同，所展示的类型也就各异。一般地说，已有的研究主要从教师表现出的角色来划分。

> 教师文化是教师群体的价值取向、集体风气、人际关系、角色特点等的总体特征。

教育学者哈格里夫斯（Hargreaves）在其《人际关系与教师》中把教师在教室中的角色分为三种类型：驯狮型、娱乐型、浪漫型。

对驯狮型教师来说，教育是教化学生的进程，学生则被看作野性的未驯化的"动物"。教师认为对学生有益的事就是"驱使"他们学习。教师是他所教学科的专家，他要维护这门学科的标准并把学生提高到所需的水平。学生的角色就是吸收摆在他面前的知识。纪律必须严格，考试应经常进行。

而娱乐型教师则不同，他虽并不相信学生是愿意学习的，但认为引导学生学习的最好办法就是使教材有趣味，因而喜欢用精心设计的所谓"发现法"之类的有趣方法进行教学，并常常使用各种音像设备，他用很多时间来巡视教室，看学生是否在按主题专心学习。

浪漫型教师从另一观点出发，认为学生天生乐意学习，学习是人的本能，教师的角色就是帮助学生学习，学生应能够自由选择他们所希望学习的内容，课程应由学生与教师共同选择，而不是由教师预先设置。教师与学生的关系必须以信任为基础，分数是靠不住的，因为对学生最为重要的是"学会怎样学习"。

如果说驯狮型、娱乐型、浪漫型是根据教师的学生观和管理特点概括出的教师文化类型的话，从教师群体的自我发展观来看，则可把教师划分为消耗型和发展型。

消耗型教师群体有这样的共识：教师之于学生是知之较多者，是道德训导者，教师的职能主要是把自己已知的内容转化为学生的认识和行为。他们甚至认为自己已经大学毕业，"一朝受教终身受用"，教育过程成为知识和经验的消耗过程，等到自己退休的时候，也差不多是油尽灯枯的时候了。

发展型教师群体能够强烈感受社会的迅速变化和知识的不断更新，他们将师生关系理解为互动关系，自觉地不断地自我充实和提高，不断更新自己的观念，形成了有组织的或非组织的讨论、研究氛围，在教育活动中不断发展自己。

■ 二、教师文化对学生的影响

教师文化会对学生产生何种影响？1939年，美国心理学家勒温（K. Lewin）和同事所做的一个经典性实验，可能会在一定程度上说明问题。他们的研究表明，教师的领导及行为方式是影响课堂气氛及师生相互作用模式的重要因素。死板的安排、威胁和专制主义的控制，隔断了学生与学生之间的联系，使有的儿童与集体分离。这些消极影响也造成学生的紧张、神经过敏和互相攻击。

教师的不同文化特征和活动方式给学生带来的影响不同，这就涉及了一个问题：教师文化与学生之间是如何相互作用的呢？其间的机制是什么？近年来，曾有一些学者尝试用微观解释的方法对这种相互作用的过程进行了研究，提出了下列模式①。

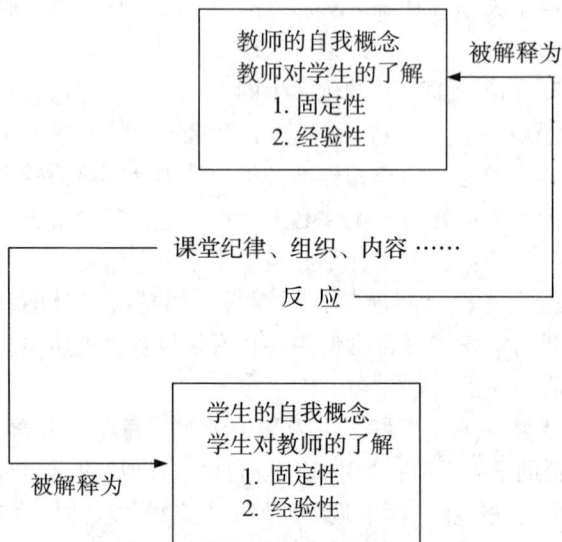

图 15-1　师生间相互作用的模式

①　布莱克莱吉，亨特. 当代教育社会学流派——对教育的社会学解释 ［M］. 王波，陈方明，胡萍，译. 北京：春秋出版社，1989：257.

在这个模式中，教师通过自己的教学经验形成了自我概念——对自己的认识、对教育内容的认识以及对学习方法的认识。并且，教师会对学生有所了解和期望，其中有些期望来自固定的因素，如学生的年龄、性别、家庭背景等。这种固定性期望，往往是教师在接触学生之前就已经存在了。教师也会有一些经验性的了解和期望，这产生于教师在课堂上对学生行为的观察和评价。教师的自我概念与对学生的了解、期望相结合，就产生了课堂纪律、组织和内容等，形成了特定的课堂情境。

同教师一样，学生也有其自我概念和对教师的了解，这些因素产生了学生对教师要求和期望的反应。教师对学生的各种反应进行解释、评价，形成对学生经验性的了解。这种新的了解和认识，可能使教师修改他对学生的某些要求和期望，并能改变教师的自我概念。正是教师与学生间的这种互动，使得教师对学生的了解逐步加深，学生对教师的了解也逐步加深，彼此做出了一定的反应。

■ 第4节 学生文化

学生是学校中一个特殊的群体，虽然他们接受着教师和班级文化的影响，在一定程度上有着与教师文化、班级文化相同或相似的特征，具有着学校文化的普遍性。但是，由于学生身心发展的特定需要，他们也会在相互作用中形成自己独有的文化特征，构成学校文化中一种相对独特的文化形态。

> 学生文化是学生群体的价值取向、集体气氛、人际关系、行为特点等的总体特征。

■ 一、学生文化的成因

如果我们用归因的方法对学生文化产生的根源进行分析的话，可以看到至少有以下几个因素影响着学生文化的形成。

■ （一）学生个人的身心特征

这表现在学生处于不同的年龄阶段，由于特定的身心发展的需求，有着一些不同于其他年龄阶段的思想观念和行为规范；同时也表现在某些学生由于身心方面的显著特征（如超常学生和残障学生等），在其生活经历中会形成不同于其他学生的文化特征。

■ （二）同伴群体的影响

学生多处于青少年时期，有着自己交往的同年龄的群体。在这种群体中，会形成一些共同的价值规范等，构成一种与成人文化不同的文化形态。

■（三）师生的相互作用

教师与学生的交往活动，是学校生活一个最主要的组成部分。在这种交往中，教师所采用的教学形式不同，学生的反应也就随之各异。例如，在教师为主的教学情境中，学生处于被动接受的境地，他们就会形成一些与此相应的心理特征和行为方式。不同的师生互动模式，可以产生不同的集体气氛和不同的行为方式。

■（四）家庭社会经济地位

学生所处家庭的社会经济背景是制约学生文化特征的又一重要因素。不同的社会经济地位一般都有其特定的思想观念、价值规范等，学生生活在家庭中，其思想、行为难免深深打上所属家庭的烙印，他们是带着不同的社会文化特征走进学校的，并且会在学校中或维持、强化这种特征，或经由群体间的交互作用改变、调整这种特征。

■（五）社区的影响

学生生活的社区对其文化的形成也产生着一定的影响，社区作为聚集在一定地域范围内的社会群体和社会组织，一般总会形成与社会生活共同体相应的规范与制度，它使得生活在其中的学生在有意无意中习得了社区的文化特征，并把它带到学校里来。

■（六）学校外部各文化形态的影响

学校外部除社区文化之外，还受着其他一些文化形态的影响，美国社会学家弗拉克斯（R. Flacks）在探讨社会变迁与青年亚文化之间的相互关系时指出，20 世纪 60 年代美国青年反种族隔离、反歧视、反越战运动等，其中蕴含着一种新的青年亚文化，这种文化是与既定的文化相对抗的。他认为社会文化变迁的速度过快引起了社会文化的失调，新的科技发展与固有文化体系之间的冲突产生价值体系的混乱，使许多青年产生认同上的危机，也就是无法确定生命的意义，无法接受上一代所赋予的成人的生活意义及行为规范。在青年人对社会文化不满、与社会文化相互作用时，就形成了青年亚文化[①]。此外，大众传播媒介随着信息技术的快速发展对学生也有着越来越重要的影响，学生从中接受的流行文化等内容，会成为其文化中的显要特征。

可以说，学生文化正是在上述因素的影响下逐步发展起来的，这种文化是多种影响的"合金"，教师对学生文化分析时，要注意到其根源上的多样性和复杂性。

---

① 布莱克莱吉，亨特. 当代教育社会学流派——对教育的社会学解释 [M]. 王波，陈方明，胡萍，译. 北京：春秋出版社，1989：264.

■ 二、学生文化的特征

对于学生文化的特征，从不同方面考察可得出不同的认识，但以下几个特征是较为显著的。

■ （一）学生文化具有过渡性

学生文化是介于儿童世界与成人世界之间的一种文化现象，是学生从儿童迈向成年的过渡性的产物。它一方面表现为与成人相异的一些价值观念和行为方式，反映出其要求自主、独立的需求；另一方面由于他们受着教师、家长等的深刻影响，也在一定程度上认同着成人的价值观念。可以说，学生文化是儿童文化与成人文化相互妥协的产物，它的这种特性，使得学校各群体间的价值观念和行为间的冲突得到了缓解，尤其是师生之间价值观念与行为的差距得以缩小，彼此有了一种共同的文化基础。经由学生文化，学生既有机会学习成人的价值观念和态度，为进入成人世界打下基础，同时也使自己的需求得到了一定程度的满足。

■ （二）学生文化具有非正式性

与教师文化和学校文化不同，学生文化的非正式性或者说非组织性更明显一些。它一般都是非正式形成的，没有经过教师的组织或有意的安排，往往是学生在日常的相互交往中，由于有着共同的价值观念和行为方式，结为一个个群体而表现出来的。同时，这种文化对学生的影响也是非正式的，学生文化中蕴含着学生群体的价值观念和规范，这些文化特征构成一种"环境"，影响着处于这种文化情境中的每个学生，使得学生在不知不觉之中就习得了这种文化。学生文化是隐性课程中的重要内容，有助于学生在非正式的交往中适应学校生活环境，掌握学习经验及与学校不同群体相处的方式。

■ （三）学生文化具有多样性

学生文化的类型是多种多样的。他们可能会因共同的种族、民族等特征结成为一个相对独立的文化群体，也可能会因共同的社会经济背景而形成独特的社会阶层文化。他们可能会因性别间的差异在学校中表现出不同的性别文化特征，也可能会因年龄的不同而在不同的年龄阶段显现出不同的社会文化需求。他们既会基于共同的心理需要结为有共同价值观念的群体，也会因身体方面的某些具有特征（如超常儿童、残障儿童等）经由社会经历表现出不同于其他学生的思维观念。学生文化因为学生群体的多样性而繁复多样。

■ （四）学生文化具有互补性

学生文化之所以有着多种类型和样式，就其存在意义来讲，是因为各种文化的作用各不相同，每一类型或样式的文化只是学生生活的某个方面或者说某个片段表现出来的特征，它们虽然彼此间不可替代，但因其固有的局限性而不能包罗其他各个方面，这样一来，就使得各文化作用相互间的互补成为必要。学生文化作为一种独特的文化类型，是对学校文化的一种补充，严格来讲，是对学校主流文化的一种补充。人的生活是多侧面、多色彩的，人的主观能动性也是在不断地发挥着作用的，学校主流文化毕竟只是文化的一个主要方面，无法包容学校生活和学生生活的全部内容，学生文化作为一种补充方式体现了学生生活的意义和价值。不同类型的学生文化，如年龄文化、性别文化、同伴群体文化等，也是在各自发挥自身作用的同时纠缠在一起互为补充的。

■ 三、学生文化研究与学校教育

对于学生文化，可以从两个角度进行分析：一是代际分析，即主要探讨学生与教师、成人之间的价值观念等的连续性或中断；二是结构分析，涉及学生亚文化内部、不同的亚文化群体之间以及学生亚文化与学校其他亚文化群体之间的结构关系的分析。

研究学生文化的目的，在于如何更有效地引导学生发展，促进学生发展。应该认识到，学生文化虽然在很大程度上是受其身体和心理成熟程度影响的，但是成人以及成人文化的影响有时也是可以使学生文化发生改变的。

作为教师来说，在学生文化这一问题上，需关注到下列几点。

1. 发现学生中存在的多种不同的学生文化

多数学生都会从同伴那里学会如何与教师和学校行政人员打交道。他们往往运用教师和学校行政人员的语言，描述教师和行政人员的期望。在这里，重要的是要超出这两种文化的疆界，关注到学生实际拥有的价值和假设，以及他们作为学生在讨论他们的生活时所使用的框架，也就是试图从他们的角度去认识他们的文化，在甄别出教师个人的假设和参考框架的同时，形成倾听学生声音的能力。

2. 运用文化的观点去诊断和分析

在试图改进学生群体之前，重要的是去理解它，要用文化的观点对他们进行考察。例如，是什么把这些群体维系在一起的（如历史、传统、仪式、故事、杰出人物等）？是什么动力（如某些共同的动力或某一个悲剧性事件等）和因素（如年龄、性别、居住地、共有价值等）把这些学生集结为一个群体的？从文化的角度来讲，他们集结在一起会发生些什么（如持续的相互使用、形成一定的规范、有共同的经历等）？对这一群体的成员来说，他们共同的价值和假设是什么？

3. 要认识到生活区域和交往密切的群体对学生文化的重要性

较为密切的和持续的相互作用，是文化发展的强有力因素。为某些群体提供特定的生活区域是促使其形成亚文化的一种有效方式；同样，要抵制某种文化，将这一文化所属的亚群体分隔开来，也是一种有效的策略。

4. 不要轻易地试图去系统地改变学生文化，但同时也要注意到学生文化是可以改变的

系统地改变学生文化的企图往往会失败，但这并不说明学生文化不可以受到影响。如果有些学生文化所拥有的价值和假设与学校目的是相悖的，那么教师首先就要从学生的角度去调查这种与学校目的相悖的观念是如何发展起来的；要转变学生文化中与学校目的相排斥的方面，最好是从学生刚刚入学时开始，此时他们尚未被其他高年级的学生社会化，要依靠学校的力量采用一些干扰手段，如向学生言明学校的价值规范等。重要的是要用先进的学校文化、教师文化去积极影响学生文化，这是学校的任务与职责；反过来，这也是形成学校文化的重要内容。

5. 在与边缘群体相互作用时，注意运用文化的观点

边缘群体指那些残障学生、年龄较大的学生等。对这些学生，第一，寻找各种让这些群体的成员感到自己的"重要"的方式，如引导他们参与学校事务；第二，使这些学生积极地并持续地与其他学生相互交往；第三，提高这些学生在群体中（不是在他们所处的边缘群体中）的地位。

"因材施教"是我国古已有之的教学原则，这里所说的"材"应包括对学生各方面素质、情况的了解，学生的文化特征也应当涵盖在内。但是，长期以来，在教学中我们对学生群体的文化特征、学生所处的社会文化背景等似乎重视不够。了解学生文化、适应学生文化、引导学生文化、改变那些与学校文化相悖的学生文化，是我们在教育和教学中应予以关注的问题。

■ 第5节　班级文化

■ 一、班级文化的概念

班级是我国中小学对学生进行教育和管理的最小社会组织和基本单位，也是学生每天学习和生活的地方。班级文化反映着班集体的建设水平，直接影响学校教育工作的成败及学生品德、文化、心理等各方面素质的培养和提高。

班级文化是指班级全体成员为实现社会和学校所提出的教育要求以及自身的发展目标，在教育、教学、学习和生活等实践活动中形成的文化。

班级文化包括显性文化和隐性文化。班级显性文化指班级文化中能直接被

感觉到的部分，包括班级的物质环境、集体活动和各种规章制度等，是班级文化的载体和基础。班级隐性文化主要包括班集体的群体心理氛围、价值取向、学习风气、意志品质、思维方式和道德情操等，相对来说是班级文化的深层部分。

■ 二、班级文化的功能

班级文化的功能可以分为直接功能和间接功能。班级文化的直接功能主要包括教育功能、行为导向功能和凝聚功能。

1. 教育功能是班级文化的首要功能

班级文化是一种隐性的教育力量。教育功能是班级文化的首要功能，也是它区别于其他组织文化的重要特征。班级文化一经形成，就会创造一种情境条件和一定的心理氛围，对班级成员起着潜移默化的教育作用。班级文化表现了一个班级独特的精神面貌，是一个班级作为教育组织的精神灵魂所在。班级文化作为学校教育组织中一种特有的教育力量，渗透在一切有意识和无意识的教育活动之中，形成了无所不在和无所不包的"社会—心理动力场"，对学生各方面的发展和教育具有潜移默化的陶冶作用。

2. 班级文化的个体行为导向功能

班级文化发展和建设中所形成的行为规范体系制约着学生的日常言行，具有明显的行为导向功能。在一种成熟的文化环境中，当一个人的行为与所处的文化环境相一致时，他就会觉得自由自在，心情舒畅，产生行为的增力；当他的行为与文化环境相冲突时，就会觉得不自然、有压力，产生行为的减力。

3. 班级文化的集体凝聚功能

班级文化通过以价值观为核心的文化体系能把班级成员的个人利益与班级的共同目标紧紧地联系在一起。班级文化是班级成员共同创造的群体文化，体现着他们共同的心理意识、价值观念和文化习性。良好的班级文化会激发学生对班级目标、准则的认同感和作为班级一员的使命感、自豪感和归属感，从而形成强烈的向心力、凝聚力和群体意识。

班级文化还有很多间接功能，特别是班级文化具有维护校园和谐的功能。青少年学生思想单纯、缺少判断力和自制力，难免会出现一些问题行为。如果不对这些问题行为加以矫正和制止，很可能会影响校园和谐的氛围。加强班级文化建设，一方面寓教于乐，通过有教育意义的各种文化活动，对学生进行爱国主义、集体主义、社会主义思想教育，形成良好的政治环境；另一方面通过丰富多彩和健康向上的班级文化，达到净化学生心灵的效果。这些都有利于和谐校园的建设。

■ 三、班级文化建设

班级文化的形成既是一个自然形成的过程，也是一个自觉建设的过程。

1. 班级文化的形成

班级文化是班级组织不断发展的产物，班级文化的形成大致需要经历以下三个阶段。

第一个阶段是班级组织创立和制度文化形成的阶段。在这一阶段，因不同家庭背景和生活经历而价值观和行为方式各异的中小学生，仅仅因为年龄的近似性而被组织到一起。不仅学生之间互相不了解，师生之间也缺乏了解。因此，整个班级组织需要明确的规章制度和统一的行为规范。

第二阶段是班级组织发展和文化磨合阶段。当班级规章制度逐渐建立、班级成员之间逐渐熟悉之后，随着共同活动的增多，班级组织中的矛盾开始显现，冲突频发。矛盾主要表现在：班级规章制度和个体成员的价值观、行为方式之间的矛盾，个体成员的价值观之间的冲突，班级制度文化建设和班级实际活动之间的不协调等。然而，正是在矛盾对立中，通过磨合形成共识，组织内的个体成员逐渐理解和创造了班级的组织文化，并能够准确定位自己在组织中的位置。

第三阶段是班级组织健全和文化成熟阶段。经过第二个阶段的发展，班级组织和班级文化逐渐走向成熟。在这一时期，成熟的班级文化反过来对班级的存在和发展发挥巨大作用。

2. 班级文化建设的基本途径

班级文化的建设需要从以下几个主要方面进行。

第一，班级物质文化建设。班级物质文化是班级文化的基础，这是班级文化的硬件，也是班级精神文化形成的基础和外在标志，比如班级环境布置、班徽、班旗等。

第二，班级制度文化建设。班级制度文化是班级全体成员共同认可并自觉遵循的行为准则，也是班级文化形成并顺利发挥各种功能的保障，比如班级的规章制度、班级守则等。

第三，班级精神文化建设。班级精神文化是班级文化的核心，它是一个班级的本质、个性和精神面貌的集中反映，具体表现在班风、学风、班集体舆论和班级人际关系等方面。班风是班级文化建设的核心和精髓所在，优良班风对学生起着熏陶、感染的作用，是一种巨大的教育力量。它的形成需要一个漫长的培育过程，一方面要持之以恒，另一方面要抓住时机，因势利导。学风是班级学生集体的学习态度，它影响着班级里每一位学生的学习行为和学习成绩。

3. 班级文化的建设主体

学生是班级文化建设的主体。班级文化建设是为了学生，必须依靠学生去建设。班级文化建设不能强制学生去完成，而应该依靠丰富多彩的活动内容，采取喜闻乐见的形式，按照启发性原则，在学生个人兴趣和爱好的基础上，创造宽松和谐的班级文化，让学生在独立自主的活动中自然而然地受到教育。

班主任在班级文化建设中发挥主导作用。班主任要充分认识到班级文化建设的重要性，注重整体建设，利用各种有效的资源创建班级文化的重要价值，从而更好地发挥班级文化的育人功能。首先，要强调班主任的教育引导在班级文化建设中的重要作用。班主任要积极引导班级文化发展，为学生营造轻松、愉快和向上的学习环境，更好地提高学习的效率和效果。其次，班主任应激发学生主体的深层次需求，使之正确处理个人与集体、眼前与长远的相互关系，从而引导班级文化向健康、科学的方向发展。最后，班主任还应不断自我提高。班主任能否提供学生真正需要的精神引导，主要取决于班主任的人格魅力、业务水平和工作能力。因此，在教育实践中，班主任还应注重自身各方面的不断提高。

> 班级文化是班主任和全班同学共同自觉形成的，反映着班集体的建设水平，在班级活动中能够发挥教育、引导和凝聚班级成员的作用，包括班级物质文化、班级制度文化和班级精神文化。班主任和学生是班级文化主要的建设者。

主题词

文化	教师文化
学校文化	班级文化
学生文化	

习 题

1. 简述教育与文化的基本关系。
2. 教育的文化功能有哪些？
3. 学校文化具有哪些特性？有哪些基本要素？
4. 试析教师文化对学生的影响。
5. 学生文化与教师文化有哪些不同？研究学生文化对学校教育有何意义？
6. 如何加强班级文化建设？

参考文献

1. 埃尔. 文化概念［M］. 康新文，晓文，译. 上海：上海人民出版社，1988.

2. 庄锡昌，孙志民. 文化人类学的理论构架［M］. 杭州：浙江人民出版社，1988.

3. 墨菲. 文化与社会人类学引论［M］. 王卓君，吕迺基，译. 北京：商务印书馆，1991.

4. 孙本文. 社会的文化基础［M］. 上海：世界书局，1929.

5. 苏丁. 中西文化、文学比较研究论集［M］. 重庆：重庆出版社，1988.

6. 怀特. 文化科学——人和文明的研究［M］. 曹锦清，等译. 杭州：浙江人民出版社，1988.

7. 班华，高谦民. 今天，我们怎样做班主任：小学卷［M］. 上海：华东师范大学出版社，2006.

后　记

　　本书的出版和修订得到了教育科学出版社一如既往的全力支持，特别是凝聚了祖晶主任、孔明丽编辑的大量心血；在内容的修改、调整上，得到了有关作者的理解和支持，谨表谢忱！

　　第 4 版各章作者如下：第 1 章，袁振国教授（华东师大）；第 2 章，杨明副教授、徐辉教授（浙江大学）；第 3 章，袁振国教授；第 4 章，燕国材教授（上海师大）、张乐天教授（南京师大）；第 5 章，唐玉光教授（华东师大）；第 6 章，朱永新教授（苏州大学）；第 7 章，杨启亮教授（南京师大）、杜萍副教授（淮阴师院）；第 8 章，崔允漷教授（华东师大）；第 9 章，黄忠敬副教授（华东师大）；第 10 章，黄向阳副教授（华东师大）、冯增俊教授（华南师大）；第 11 章，王明宾副教授（江苏教院）；第 12 章，王铁军教授（江苏教院）；第 13 章，唐玉光教授（华东师大）；第 14 章，马和民教授（华东师大）；第 15 章，周川教授（苏州大学）；第 16 章，郑金洲教授（华东师大），傅维利教授（辽宁师大）。杜晓利、王素副研究员对有关统计数据进行了更新；特别得到了鲍传友博士的帮助，从意见收集、组织修改到直接参与修改。周彬、姜月、徐国兴副教授、张宁娟博士也参与了有关章节的修改。特致谢意。

　　此次修订，袁振国（华东师范大学教授）修改了第 1 章、第 3 章、第 9 章；沈伟（华东师范大学副教授）修改了第 2 章、第 10 章、第 11 章；周军

（浙江宁波理工学院图书馆馆长）修改了第 4 章、第 13 章；鲍传友（北京师范大学教授）修改了第 5 章、第 15 章；郑太年（华东师范大学教授）修改了第 6 章、第 7 章、第 8 章；崔海丽（北京大学博士后）修改了第 12 章；杨晓哲（华东师范大学副教授）修改了第 14 章。

袁振国
2020 年 9 月